THE
SPIRITUAL
DIMENSION
OF THE
ENNEAGRAM

# 에니어그램의
# 영적인 지혜

산드라 마이트리 Sandra Maitri 지음 / 황지연 · 김세화 옮김

한문화

산드라 마이트리가 쓴 이 놀라운 책을 만나기 이 년 전부터 나는 에니어그램에 대한 이야기를 듣고 있었다. 그러나 인간의 유형을 정하고, 분류하고, 판단하는 그 체계 자체가 의심쩍었다. 이와 비슷한 점성학에 크게 실망한 적이 있었기 때문이다. 처녀자리라고 말하면 사람들은 내가 까다롭고 쌀쌀맞을 거라 지레짐작하고는 안됐다는 얼굴로 쳐다보고 슬금슬금 도망가 버렸다. 그러고는 남은 저녁시간을 인기 있는 물병자리나 사자자리 사람들과 보내는 것이었다. 그런데 베다 점성학에 따르면 내가 천칭자리라는 말을 들었다. 그 후로는 누가 내 별자리를 물어보면, "베다 점성학에서는"이라고 한두 번 중얼거리고 나서 '천칭자리'라고 슬며시 얘기하곤 했다.

십 년 전에 친구 베스가 이제 점성학은 한물갔고 에니어그램이 뜨고 있다고 말해주었다. 그녀는 내가 '4번'의 성향을 모두 갖고 있다면서 그건 좋지 않다고 했다. 이유를 묻자 "4번은 어둡고 비극적이며, 극적인 데에다가 고통을 즐기기 때문이야"라고 대답했다. 이 충격적인 사실에서 채 회복되기도 전에 베스는 빠르게 덧붙였다. "그리고 4번은 항상 자기가 갖지 못한 것을 갈망해. 그래서 행복한 4번은 드물어."

서점에서 에니어그램에 대한 책 두어 권을 뒤적이며 4번에 대한 설명을 찾아보니 정말 내 이야기 같았다. 그러나 대부분 드는 생각은 이랬다. '그래서 어쩌라고? 내가 이렇단 사실은 이미 알고 있는데…' 비뚤어진 행동을 되풀이하는 게 나만이 아니라는 사실에서 약간의 위안을 얻었지만, 그 위안이 비뚤어진 것을 바로잡아주지는 않는다. 그러고는 부부관계에 도움이 될까 해서 남편의 유형을 찾아보았지만 알 수가 없었다. 차라리 다행이었는지도 모르겠다. 남편과 싸우는 중에 "전형적인 3번(혹은 7번)처럼 군다"며 비난한다면 부부 사이가 더 멀어질지도 모르니 말이다.

산드라가 이 책을 집필 중이라고 했을 때 각 장이 끝날 때마다 보여 달라고 부탁했다. 산드라라면 내가 에니어그램의 체계를 분명하고 정확하게 이해하는 데에 도움이 될 뿐 아니라 에니어그램과 내적 작업(정신적 성장을 위한 작업)의 여정과의 관계도 파악할 수 있게끔 책을 쓰리라 믿었다. 게다가 산드라에게 말하지는 않았지만, 4번 유형이 다른 유형들보다 아주 조금이라도 낫다는 증거를 발견하길 기대했다.

제자와 스승으로 만나 오랜 시간에 걸쳐 친구 사이가 되면서, 에니어그램이라는 복잡하고 은유적인 개념을 뜻이 통하게 구체화하는 산드라의 놀라운 능력을 익히 보아왔다. 그 이치는 전율을 일으킬 만큼 제각각의 사람들 모두가 처한 상황에 딱 들어맞았다. 혼란스럽거나 세

5

상에 압도당할 때면 몇 번이고 그녀의 수업에 참석했다. 그러면 늘, 존재조차도 모르다가 갑자기 생생하게 눈앞에 펼쳐진 푸릇푸릇하고 풍성한 세상의 한 조각을 맛보면서 나왔다. 그녀와 '다이아몬드 접근법 Diamond Approach'을 통해 변화할 수 있다는 것을 체험적으로 배웠다. 우리는 진정으로 변할 수 있다.

새삼 새로울 것도 없을지 모르지만 나에겐 충격적인 발견이었다. 나는 이십 년 동안 심리치료를 해왔고, 명상요법도 집중적으로 받아봤으며, 수십 개의 워크숍과 명상 프로그램에도 참석해봤다. 그러나 나의 내면은 변하지 않았다. 여전히 사랑받지 못한 어린 시절이라는 똑같은 렌즈로 세상을 보고 있었다. '가장 원하는 것은 가질 수 없게 되어 있어', '사람들은 항상 떠나', '다리가 더 길고 머리숱이 더 많았다면 행복했을 텐데….' 객관적으로 실제 상황이 어떻든 간에 나는 내 자신과 나를 둘러싼 세상에 대해서 항상 똑같은 결론에 도달하는 것 같았다.

대부분의 사람들이 이와 같다. 그리고 그것을 현실이라고 부른다. 그 너머를 향한 갈망을 자극하는 사람이나 책을 만나는 행운이 오기 전까지 이것은 변하지 않는다. 두 살, 세 살, 혹은 여덟 살 아이의 마음 안에 우리의 크고 빛나는 마음을 억지로 눌러 넣지 않아도 되도록, 삶을 펼칠 더 너른 공간을 우리 안에 마련하고 싶은 갈망 말이다.

《에니어그램의 영적인 지혜》는 그런 책들 중 하나이며, 이 책에 담긴 산드라의 지혜와 통찰은 국가적인 보물로 지정하고 싶을 정도다. 그녀는 성격 자체를 관찰하면서 우리의 기분이 좀더 나아지는 방법을 제시하기보다 실재라는 차원, 즉 더 좋고 더 나쁜 성격이 없이 모두 똑같다는 차원에서 시작한다. 이런 관점에서 보면, 실재 그리고 실재로부터 우리를 단절시키는 그 무엇만이 존재한다.

그 벽을 부수고 우리의 본성本性으로 들어가는 길을 제시한다는 점이 《에니어그램의 영적인 지혜》가 보배 같은 이유이다. 마치 산드라가 우리 삶의 굳은 껍데기를 벗겨내고 그 아래에 숨겨진 비밀을 드러내주는 것 같다. 그녀는 이렇게 말한다. "그래요, 당신이 자신을 어떤 사람이라고 생각하는지 알겠어요. 하지만 그런 신념 밑에 숨겨진 진정한 당신, 진정한 무엇을 내가 보여드리겠습니다. 당신의 보석 같은 잠재력을 보여드리겠어요." 그녀는 우리가 삶이라고 부르는 자아 이미지의 뭉치들과 패턴들 아래에 숨겨진 진정한 모습을 드러나게 해준다. 그 모습은 우리가 알고 있던 우리 자신보다 훨씬 더 광대하고 경이롭다.

현존과 탐구라는, 산드라가 가르쳐준 내적 수행법과 책 속의 가르침들을 오 년간 실행한 결과, 긴 다리와 숱 많은 머리를 가진 것보다 더 기적 같은 일이 벌어졌다. 지금까지 알던 내 자신, 사랑받으려면 그렇게 긴 다리와 풍성한 머리숱이 필요하다고 믿었고, 가장 사랑하는 대상과 분리되었다고 느끼던 아이는 내가 아니었다. 절망, 결핍감, 남의 인생을 내 맘대로 주무르려던 욕심 등 나 자신을 인지하던 근원적인 방식들이 안정감, 솔직함, 충만함으로 조금씩 바뀌었다. 산드라가 가르쳐준 방법을 통해 나는 내 인생을 찾게 되었다.

이제 당신도 그녀와 함께 당신의 내면을 바꿔놓을 작업을 시작해 보길 바란다. 이 책이 주는 선물을 마음껏 받아들이길 바란다. 그러면 당신의 크고 빛나는 가슴이 활짝 열리고, 그 안의 보석이 찬란한 광채를 뿜어낼 것이다.

제닌 로스

**차례**

**에니어그램 목록**

최근에 사망한 수피 지도자 이드리스 샤Idries Shah가 들려준 우화가 있다. 나는 에니어그램을 소개할 때 항상 이 우화로 시작한다. 억울한 누명을 쓰고 감옥에 갇힌 금속 세공인이 기적적으로 탈출에 성공한 이야기다. 탈출한 몇 년 후, 사람들이 어떻게 탈출했냐고 묻자 그는 말했다. "직조공인 아내는 내가 하루에 다섯 번씩 하는 기도 중에 쓰는 깔개를 만들어 넣어주었는데, 거기에 감방 문을 열 수 있는 자물쇠의 도안을 짜 넣었더군요." 기도용 깔개에 숨겨진 감방 자물쇠의 도안을 눈치 챈 그는 교도관에게 말하길, 연장을 구해주면 작은 공예품을 만들어 줄테니 내다 팔아 돈을 벌라고 했다. 그 사이 그는 틈틈이 연장을 사용해 자물쇠를 제작해서 어느 날 마침내 감옥에서 탈출한 것이다. 이 우화의 교훈은 감옥의 자물쇠 도안을 이해하면 그 문을 여는 열쇠를 만들 수 있다는 것이다.

## 성격의 감옥을 벗어나 심원한 '나'에게로

수피의 가르침이 모두 그렇듯이, 이 우화 역시 은유이다. 이 이야기는 '자아의 구조'라는 미궁에 갇힌 대부분의 인간 상태를 묘사한다. 거의 모든 사람이 자신이 생각하는 자기의 모습과 세상이라는 감옥에 갇혀 좁은 한계 안에서 살아간다. 그러나 감옥에서 탈출한 사람의 관점에서 보면 그것은 실제로 우리에게 허락된 세상의 아주 작은 부분일 뿐이다. 특정한 사고 패턴, 감정 그리고 무엇보다 특정한 상황이 삶에서 계속 반복되다 보면, 나는 이런 사람이고 내가 사는 세상은 이런 세상이라는 신념이 굳어진다. 이런 믿음은 태어나서 몇 년 사이에 형성된다. 그 기간 동안 우리가 접하는 환경과 사람에 반응하면서 발달한 자아에 대한 정의와 선천적 성향이 합쳐져 형성되는 것이다.

이 고착화된 신념이 우리의 사고 패턴과 감정적 반응을 형성하고, 일관된 내적 경험을 하게 만든다. 따라서 사람들 대부분은 내면적, 외면적으로 자기 과거의 산물이 만들어낸 세상 안에서 살고 있지만 이 사실을 자각하기란 매우 어렵다. 외면적인 덫은 어린 시절과 비교해 더 정교해지고 그때그때 상황에 맞춰 변형될 것이다. 하지만 내면의 핵심, 즉 우리가 생각하는 나 자신의 모습은 두세 살 시절에 형성된 외곽선이 섬뜩할 정도로 그대로 유지된다. 살면서 만나는 등장인물은 바뀌겠지만 그들과 관계를 맺고 반응하는 방식, 그들과 함께하면서 느끼는 감정과 경험은 거의 유사하며 신물이 나도록 익숙하게 느껴질 것이다. 수피 샤가 얘기해준 우화 속의 금속 세공인처럼 눈에 보이는 창살과 벽은 없지만 사실상 우리는 가상의 현실이라는 감옥 속에 살고 있다. 그리고 이 필터를 통해서 주변 세상과 자신의 경험을 인식하고 받아들인다.

현실의 경험은 제한되어 있으며, 불필요하게 한계가 지어진 세상에서 살고 있다는 사실을 우리는 대개 자각하지 못한다. 사회가 우리를 행복하게 할 거라고 가르쳐준 돈, 재산, 지위, 권력, 명예, 사랑 등에서 만족을 찾으려고 아무리 노력해도 막연한 불만족감, 죽은 듯한 느낌, 의미와 충만함이 결여된 느낌을 떨칠 수 없다. 어떤 사람들은 자신의 삶이 제한되어 있다는 더 뚜렷한 징후에 시달리기도 한다. 내면에서부터 불만족스러움, 결핍감, 허탈함 혹은 모두 헛되다는 느낌이 올라와 고통스럽고, 자신을 좀먹는 것 같을 수 있다. 위기의 순간에는 그런 느낌들이 의식의 표면으로 더 가까이 떠올라 우리의 속박 상태를 넌지시 알려주기도 한다.

이렇게 얼핏 보는 것부터가 탈출의 시작이다. 자신이 감옥에 갇혀 있다는 것을 깨달은 순간부터 다른 대안을 모색할 수 있는 가능성이 열린다. 오래 전부터 전해 내려오는 정신적인 가르침들은, 우리 내면의 한계선에 둘러싸인 세상 저 너머에 우리가 생각하는 것보다 더 크고 광대한 삶이 있다고 말한다. 감금된 채 눈이 가려진 우리의 자아 너머에 있는, 현자들이 본 세상을 분명하게 설명할 뿐만 아니라 여러 가지 탈출 방법도 가르쳐준다. 금속 세공인의 우화는 자유를 얻는 방법 중 하나를 알려준다. 감옥의 자물쇠를 여는 열쇠의 도안을 이해하는 것이다. 그러나 금속 세공인의 기도용 깔개와 같은 도움이 없다면, 즉 가상의 현실(감옥의 자물쇠)이 어떻게 작용하는지 안내하는 도움이 없으면 탈출에 성공하기가 어렵다.

자아의 영역을 다룬 심리 지도나 정신적 지도는 수없이 많지만, 나는 에니어그램처럼 강력한 지도를 본 적이 없다. 그래서 지금까지 거의 삼십 년 동안 에니어그램으로 나 자신도 내적 작업을 했고 또 가르쳐왔다. 성격의 에니어그램은 아홉 가지 다른 성격 혹은 자아 유형을 묘사한다. 각 유형은 특징적인 정신적·감정적·행동적 패턴이 있다. 이것을 바르게 이해하면 어떻게 그리고 왜 우리가 어린 시절에 정신적 심원과 단절됨으로써 이런 패턴이 생겼는지 알 수 있다. 또한 각 유형이 진지하게 수행하면 정서와 행동이 변하고, 그 결과 정신적 심원과 다시 연결되는 과정도 묘사한다. 이 내용은 뒤에서 더 자세히 설명하겠다. 에니어그램을 본래의 목적대로 활용하는 통합의 부분이기 때문이다. 궁극적으로 에니어그램이란 정신적 변화를 위한 도구로, 자아의 미로를 보여주고 거기에서 벗어날 수 있게 도와주는 역할을 한다.

현재 에니어그램을 활용하는 전문가들은 거의 각 유형의 심리학적 특성과 패턴에만 초점을 맞추고 있기 때문에 대부분의 사람들이 에니어그램을 그렇게 알고 있다. 특히 헬렌 팔머Helen Palmer와 돈 리소Don Riso가 책을 통해 많은 사람들에게 에니어그램을 소개했다. 이제는 에니어그램에 대한 기사도 자주 등장하고, 뉴스레터와 공동체들도 생겼다. 기업에서 인사 결정에도 활용하는가 하면, 자신에게 맞는 반려자를 찾는 방법으로도 쓰인다. 아홉 가지 성격 유형의 심리학적 측면에 초점을 맞춘 에니어그램이 알려지면서, 에니어그램의 다른 측면에 대해서도 관심을 갖는 사람들이 늘어났다. 에니어그램의 가장 심오한 기능은, 성격 차원 너머에 있는 무한히 더 심원한 자신의 참모습으로 우리를 안내하는 것이다. 이것은 흥미로울 뿐 아니라 엄청난 선물이다. 이 책은 그 여정을 돕고 안내하기 위해 쓰였다.

## 에니어그램을 서양에 소개한 구르지예프

아홉 개의 점으로 이루어진 에니어그램 상징의 기원은 미스터리에 싸여 있다. 에니어그램에 대한 가르침이 구전으로만 내려왔기 때문일 것이다. 에니어그램이 처음으로 서양에 소개된 것은 약 백 년 전으로, 아르메니아인 신비주의자 조지 이바노비치 구르지예프George Ivanovitch Gurdjieff를 통해서다. 그는 중앙아시아의 신비주의 종교 단체인 사르뭉 성직자단(Sarmoung Brotherhood)에서 배웠다고 한다. 구르지예프의 자서전을 집필한 제임스 무어James Moore는 그런 단체가 실존했는지 의문을 품었지만 그 답은 지금까지 분명하지 않다.[1] 구르지예프의 연대기 작가인 제임스 웹James Webb은 구르지예프 이전으로 거슬러 올라가 에니어그램의 기원을 추적하기도 했다.[2] 그러나 현재 우리가 알고 있는 에니어그램 상징의 명확한 흔적은 찾을 수 없었다. 고대에 생겨났다고 막연하게 언급한 내용과 1665년 예수회에서 발간한 책의 앞표지에 그려진, 아홉 개의 점으로 이루어진 도형을 찾았을 뿐이다. 이것은 세 개의 정삼각형으로 이루어진 도형으로, 오늘날 우리가 사용하는 에니어그램 상징과는 달랐다.

구르지예프는 에니어그램에 대해 흥미로운 사실들을 많이 가르쳤는데 그 중 일부를 옮겨보겠다. 에니어그램을 다양하게 해석하고 활용할 수 있는 원리를 잘 설명하고 있다.

> 에니어그램은 우주만물의 상징임을 이해해야 한다. 모든 지식은 에니어그램에 끼워 맞출 수 있고, 에니어그램으로 설명할 수 있다. 이런 관점에서 보자면, 어떤 대상을 에니어그램에 적용할 수 있을 때만 그 대상을 실제로 아는, 즉 이해한 것이다. 에니어그램에 적

용할 수 없다면 이해하지 못한 것이다. 누군가가 에니어그램을 활용할 능력이 있다면 그에게는 책도, 도서관도 모두 필요 없다. 세상 만물을 에니어그램에 끼워 맞출 수 있고, 에니어그램으로 풀이할 수 있다. 사막 한가운데에서 인간은 매우 외로울 테지만 모래속에서 에니어그램을 더듬어 가면 그 안에서 우주의 영원불변한 법칙을 읽어낼 수 있다. 그리고 이전에는 몰랐던 매번 새로운 것을 배울 수 있다. … 에니어그램은 우주만물의 언어로 사용되는 근원적인 그림문자로, 사람들의 수준만큼이나 다양한 의미를 갖는다. … 에니어그램은 영속하는 움직임을 간결하게 추려서 보여주는 그림이다. 즉 영구히 작동하는 기계이다. 물론 이 그림을 해독하는 방법은 배워야 한다. 이 상징을 이해해서 활용하는 능력을 갖는 사람은 강력한 힘을 얻는다. 이것은 영속하는 움직임이자, 연금술사가 모든 것을 황금으로 바꾸는 힘이 있다고 믿어 찾아 헤매던 현자의 돌이다.[3]

에니어그램 이해의 진화와 그 의미를 둘러싼 관점의 차이를 올바르게 인식하려면 구르지예프가 말했듯이, 우선 에니어그램 지도의 상징에는 한 가지 의미 혹은 한 차원의 세상만 있는 것이 아님을 알아야 한다. 이것은 아주 중요하다. 서로 다른 심리학, 종교, 정신적인 학파들이 어떻게 이 하나의 상징으로 완전히 다른 현상을 설명할 수 있는지 그 이유를 알 수 있기 때문이다. 비록 이론과 내용이 다르면 서로 잘못 사용하고 있다고 비난하더라도 말이다. 같은 현상을 놓고 다른 수준으로 해석되는 것도 이것으로 설명할 수 있다. 앞의 인용문에서 구르지예프가 말했듯이, 에니어그램은 '사람들의 수준만큼이나 다양한 의미를 갖는다.'

원형原形의 상징으로서 물리적 변화와 원리뿐 아니라 심리학이나 정신적 이론을 설명하는 데에도 사용할 수 있다. 그래서 요일과 태양계의 행성 등 사물이나 현상의 다양한 차원을 설명하는 에니어그램이 있는 것이다.

## 에니어그램을 정신적 작업에 사용한 이카조

구르지예프는 에니어그램을 우주의 원리를 이해하는 모델로 사용했으며, 자신이 고안한 움직임 훈련(movement excercise)을 통해서만 에니어그램을 완전히 이해할 수 있다고 생각했다. 에니어그램을 내적 작업의 지도로 사용하기 시작한 사람은 구르지예프가 아니라 볼리비아의 신비주의자 오스카 이카조 Oscar Ichazo이다. 그는 70년대 초에 칠레 아리카에서 몇 명의 제자들에게 에니어그램을 소개했다.

이카조의 제자들 중 최근 에니어그램 역사에서 핵심 인물이 된 사람이 칠레의 정신과 의사 클라우디오 나란호Claudio Naranjo이다. 나는 1971년에 나란호가 미국에서 처음으로 에니어그램을 가르친 모임에 참여하면서 에니어그램을 만났다. 이카조를 만나기 전에 나란호는 여러 동양철학과 서양 심리학 이론을 광범위하게 연구했다. 그는 이카조에게 배운 이론에 자신의 임상적 지식, 프리츠 펄Fritz Perls의 게슈탈트 요법, 카렌 호니Karen Horney의 자기 심리학과 연계한 자신의 연구에서 얻은 심리학적 통찰을 통합했다. 그 후 미국으로 돌아와 에니어그램을 가르치기 시작했다. 그는 캘리포니아 버클리에 설립한 모임에서 에니어그램을 가장 주요한 심리학적 도구로 사용했는데, 내가 참여한 모임이 바로 이것이다. 이 모임은 나란호가 'SAT'라고 이름붙인 모임들 중 최초였다. SAT는 산스크리트어로 '진리'를 뜻하며, 진리를 찾는 사람들 (Seekers after Truth)이라는 의미이기도 하다. 구르지예프를 따르던 추종자들의 초기 모임의 이름도 같았다. '내면의 실현을 위한 다이아몬드 접근법(Diamond Approach to Inner Realization)'이라는 내적 깨달음을 향한 정신적 프로그램을 창설한 A. H. 알마스Almaas도 이 모임의 일원이었다.

모임이 지속된 사 년 동안 우리는 거의 모든 주요 철학들의 정신적 가르침과 수행법을 배웠다. 테라바다 불교와 티벳 불교, 힌두교, 수피교, 유교와 구르지예프의 네 번째 길(일상에서 행하는 정신적 수행을 따르는 사람들) 등 다양했다. 그러나 모임의 근본적인 목표는 구르지예프의 영향을 가장 많이 받았다. 자신의 정신적 심원과 다시 연결되기 위해서 구르지예프가 '성격'이라고 부른 것(과거를 바탕으로 정신적 구성체가 쌓여서 만들어졌으며, 분리된 자신에 대한 조건반사적인 인식)[4]을 극복하는 데에 중점을 두었다. 결국 나란호의 접근법은 심리학적 작업과 정신적 작업을 통합하는 것이었는데, 당시로서는 놀라운 혁신이었다. 우리가 에니어그램을 이용해 수행하게 된 배경은 이러했다.

우리는 에니어그램과 함께 살고 숨 쉬면서 자기 체험 안에서 그 이론에 다양한 수준과 차원을 부여했다. 에니어그램이라는 강력한 지도에 대한 나란호의 가르침은 성격의 작용을 대면하고 체험하길 회피하던 우리의 방어벽을 철저하게 꿰뚫고 들어왔다. 그의 가르침은 우리를 자신 안의 지옥으로 끌고 들어가 성격의 근저에서 느끼는 결핍감과 대면하도록 밀어붙였다. 이런 결핍감은 '진정한 본성(True Nature)'과 분리되면서 생기는, 피할 수 없는 결과이다. 자아결핍감이라는 감정은 내면의 공허함, 무의미함, 목적의식 상실, 무기력함, 중요한 알맹이나 참다운 가치가 빠진 듯한 느낌, 불충분함, 불만족감으로 나타날 수 있다. 이것은 그 불쾌한 상태의 몇 가지 특징만 열거했을 뿐이다. 자아결핍감과의 대면을 회피하기 위해서 그동안 움켜쥐고 있던 수단이 모두 제거되고, 끊임없는 영적 수행과 모임에서 흥분되고 경이로운 수많은 체험을 한 후에도 이 상태에서 벗어나지 못하는 사람이 많았다. SAT 모임은 사 년 후에 해산했고, 다양한 구성원들은 여기저기로 흩어졌다. 다른 정신적 혹은 심리학적 지도자를 찾아간 사람도 있었고, 우리가 구르지예프 식으로 불렀던 '작업(the Work)'을 완전히 그만둔 사람도 있었다.

오늘날 일반적으로 알고 있는 에니어그램은 이카조의 가르침을 나란호가 인간 심리의 내적 경험과 연결지어 발전시킨 것이다. 두 사람이 제시한 에니어그램은 기본적으로 두 개의 범주로 나뉜다. 첫째는 자아경험 즉 성격과 관련되고, 둘째는 조건반사적인 자신을 넘어선 본질의 경험과 관련된다. 이 두 개의 에니어그램이 서로 절대 떨어질 수 없도록 연결되어 있다는데, 그 관계가 명확하지 않았다. 우리는 에니어그램의 언어로 '신성한 사고(Holy Idea)'란, 현실을 바라보는 아홉 가지의 다른 객관적 관점 혹은 깨달은 관점을 뜻한다고 배웠다. '신성한 사고'를 잃어버리면 현실을 받아들이는 인식이 왜곡되고 고착된다. 이를 '고착화(fixations)'라고 하며, 아홉 가지 성격 유형의 중추를 형성한다고 했다. 이것이 경험적으로 어떻게 풀이되며 왜 발생하는지는 불분명했다. 이것을 이해하지 못하면 우리가 걸어온 발자국을 되짚어가 잃어버린 정신적 심원과 재접속하도록 도와줄 지도로 에니어그램을 사용할 수 없다. 실재의 영역을 체험하기 위해서 우리가 고작 할 수 있는 일은 자신의 성격을 아예 초월하거나 뿌리째 뽑아버리는 것이다. 그 실제적인 과정을 구체화하는 숙제가 SAT 모임에서 만난 나의 오랜 친

18

구인 알마스에게 맡겨졌다.

## 경험을 여과하는 가상의 세계, 성격

잠시 구르지예프로 다시 돌아가 보자. 그는 에니어그램에 무엇을 적용하는지를 보면 우리가 얼마나 그 대상을 이해했는지 알 수 있다고 했다. 에니어그램 자체만 보면 단순히 원형原形의 지도일 뿐이다. 우리의 철학적·정신적 방향은 오롯이 우리가 그것을 어떻게 해석하느냐에 달려 있다. 즉 에니어그램의 해독은 우리가 이 지도에 적용하는 영역을 얼마나 이해하고 있느냐에 달려 있다. 이 책에서 에니어그램이라는 지도로 나타내는 영역은 성격 그리고 성격과 정신적 심원의 관계이므로 나의 관점과 접근법을 따르는 것이 중요하다.

이 책에서 소개하는 에니어그램은 내가 '실재(Being)'라고 부르는 모든 만물의 궁극점 또는 '진정한 본성(True Nature)'이 모든 존재의 근원적 본성(존재의 정신적 심원)이라는 이해에서 시작한다. 개개인의 의식을 '영혼'이라고 부를 것이며, 나는 영혼이 우리의 신성한 본성 즉 '실재'가 개인으로 발현한 형태라고 본다. 따라서 한 사람 한 사람 모두가 '실재'의 유일무이한 산물이다. 우리가 내면에서 '실재'를 체험할 때는 우리 존재의 본질(성격의 모든 구성체가 녹아내린 후 가장 마지막에 남는 무엇)을 체험하는 것이며, 따라서 우리의 본질적 본성과 만나는 것이다. 그러므로 내가 '본질(Essence)'이라고 부르는 것은 우리 각자의 영혼을 통해 체험되는 '실재'이다.

우리의 영혼은 달궈진 쇠처럼 물렁하기 때문에 삶에서 만나는 사람이나 환경이 그 쇠를 두들겨 모양을 결정한다. 특히 방어구조가 견고해지기 전인 인격 형성기에 거의 형태가 정해진다. 이 시기에 우리는 자신과 현실에 대한 구조화된 혹은 고착화된 인상, 즉 성격을 발달시킨다. 성격은 영혼의 껍질 층을 이루고, 우리는 점점 그 껍데기와 자신을 동일시하면서 내면의 '신성(Divine)'과 분리되어간다. 그 과정을 들여다보면 정교하면서도 경이롭다. 이 내용은 1장에서 내부 삼각형(inner triangle)을 이루는 세 개의 에니어그램 번호를 탐구하면서 자세히 다룰 것이다.

내가 생각하는 정신적 성장을 위한 작업이란 우리 영혼의 정신적 심원(본질적 성질)과 다시 연결되는 것이다. '본질'은 정지된 상태나 경험이 아니라 의식 속에서 서로 다른 자질로 떠오를 수 있다. 몇 가지만 언급하자면, 연민, 평화, 명쾌함, 수용력, 흠 없음, 관대함, 지혜 같은 것이다. 각 자질마다 독특한 느낌과 인상이 있지만, 모두 현존의 특징적인 감정 상태와 성질을 품고 있다. '본질' 또는 '진정한 본성'의 이런 다양한 발현 혹은 특징을 '본질적 측면(Essential Aspects)'이라고 한다.

에니어그램이 그림을 통해 보여주는 우리의 성격과 본질적 성질에 대한 정보를 어떻게 적용하고 활용하는지는 방법론에 따라 좌우된다. 간단히 요약하자면, 이 책은 자신의 몸과 감정, 생각 안에 오롯이 머물면서 거기에서 발견한 사실을 어떻게 탐구하고 조사하는지 그 접근법을 소개한다. 따라서 '현재에 머무르기'와 '탐구하기'가 바로 두 개의 주춧돌이다. 탐구하기가 생각의 차원에 그치면 영혼의 내면 작업에 빛을 밝혀 보여주는 통찰력이 생기지 않기 때문에, 이 내적 작업에는 반드시 깊이 있는 체험이 함께해야 한다. 호기심을 갖고 탐구하는 태도로 순간의 경험 안에 완전히 머무르고, 내면에서 발견한 것은 무엇이든 당연하다거나 원래 주어진 것으로 치부해버리지 않는다면 우리 영혼 속의 알맹이가 스스로 자신을 드러낸다. 대개 제일 처음 의식하고 마주치는 것은 성격의 가장 바깥 껍질층, 더 자세히 말하자면 내면의 비판자, 즉 슈퍼에고이다. 내면의 더 깊은 층들은 탐구해 갈수록 조금씩 떠오르기 시작하고, 얼마의 시간이 지나면 점점 더 투명해진다. 그리고 우리의 근본적 바탕이 가진 다양한 '본질적 측면'들이 차츰 드러나기 시작한다.

조금 다르게 표현해보자. 성격이 창조해낸 세계를 현실로 받아들이지 말고 경험적으로 탐구해 들어가면, 성격이란 우리의 내적·외적 경험을 필터처럼 여과시키는 가상의 세계임을 깨달을 것이다. 그것은 자기 혼자서 만든 영화로, 줄거리는 어린 시절의 경험을 바탕으로 현실이란 이러이러하다고 결정해버린 내용에 따라 흘러간다. 우리가 하는 모든 경험은, 끊임없이 무의식적으로 재생되는 이 영화를 통해 여과되고 따라서 왜곡된다. 이 영화에는 살면서 만나는 사람들도 포함되는데, 이상하게도 그들 역시 우리의 어린 시절에서 중요한 인물들의 역할과 성격을 그대로 답습한다. 영화의 줄거리, 전체적인 감정 상태, 우리가 반응하는 방식에 자신의 에니어그램 유형의 지울 수 없는 흔적이 담겨 있다.

자세히 들여다보면 이 내면의 현실은 실체가 없는 환상으로, 컴퓨터가 만들어낸 가상현실 즉 허구의 이미지와 다를 바가 없다. 현대 분자물리학에서는 물질을 극도로 확대해보면 대부분 빈 공간으로 구성되어 있기 때문에 물질의 고형성은 지각에 따른 환각이라고 한다. 우리 내면의 세상도 마찬가지다. 보통의 의식 상태에서 보면 너무나 진짜처럼 보이지만, 가까이 들여다보면 그렇게 견고하지 않다. 자신의 경험과 깊이 접촉하고 그 알맹이에 호기심을 가질 수 있도록 끊임없이 현재

21

에 머무는 능력을 개발하면, 내면의 영화가 만들어내는 왜곡에서 벗어나 자유롭게 현실을 바라볼 수 있다. 영화의 일부가 아닌 더 깊은 차원의 현실이 스스로 드러나기 시작하면서 자아라는 필터 너머의 더 근본적인 '무엇'과 점점 연결된다. 그 무엇이란 진정한 현실 즉 우리의 궁극적 본성이자 만물의 본성이다.

이런 관점에서 진정으로 영혼을 변화시키는 정신적 성장을 위해서는 심리학적 작업이 반드시 필요하다. 성격은 다루지 않은 채 정신적 수행에만 몰두하면 뿌리 깊고 고질적인 문제가 깨끗이 해결되지 않고, 정신(spiritualty)도 완전히 통합되지 않은 채 끝나는 경우가 많다. 많은 철학과 정신적 지도자들이 이 상태에서 한계에 부딪히거나 좌절했다. 반대로, 대부분의 심리학적 작업은 성격의 영역을 최종적인 현실로 보며 지나치게 그 믿음에 근거한다. 본질적인 상태가 드러나면 심리학자는 대개 그 상태를 제대로 다루지 못하거나 중요성을 알아차리지 못한다. 진정한 심리학적 통찰은 우리의 영혼을 깊이 건드리는 번뜩이는 깨달음의 순간에만 생긴다. 그런데 심리치료 요법에는 자신의 경험에 오롯이 머무른다는 개념이 없다. 이 관점을 통해 우리는 에니어그램이라는 지도가 안내하는 영역을 달리 이해하고, 에니어그램을 진정한 정신적 변화의 도구로 활용할 수 있게 될 것이다.

## 아홉 가지 유형의 신성한 사고

에니어그램 자체에만 초점을 맞춰 그림1, 2를 보면 에니어그램의 두 개의 범주를 볼 수 있다. 그림1은 객관적 경험(성격의 주관적 경험과 반대되는 것)을 묘사한 것이고, 그림2는 자아 경험

(집합적으로 성격의 에니어그램이라고 불리는 것)을 묘사한 것이다. 이 그림들이 보여주는 정보를 책 전체에 걸쳐 반복해서 설명할 것이므로 지금 당장 전부를 이해할 필요는 없다. 먼저 성격의 에니어그램(그림2)을 보면 에니어그램들을 올려놓은 인물상이 거꾸로 뒤집혀 있다. 사람의 자아 상태를 그림으로 묘사한 것으로, 몇몇 정신적 가르침들에서는 이를 '수면 상태'라고 했다. 즉 암흑, 무지, 거짓의 상태, 혹은 사물을 거꾸로 뒤집어 바라보는 상태이다. 자아 상태를 나타내는 거꾸로 뒤집힌 사람의 은유는 타로 카드의 '매달린 남자'에서도 볼 수 있다.[5]

먼저 '신성한 사고(Holy Ideas)'의 의미부터 살펴보자. 에니어그램의 정신적 측면을 이해하는 데에 초석을 이루기 때문이다. 아홉 개의 '신성한 사고'는 성격이라는 필터를 통하지 않고 현실을 받아들이는 아홉 가지의 서로 다른 직접적 인식을 나타낸다. 그러므로 아홉 가지의 깨달은 시각으로도 볼 수 있다. '사고(idea)'라는 단어는 보통 정신적 개념으로 사용되지만, 에니어그램에서 '사고'란 현실을 인식하는 특정한 시각, 현실을 바라보고 경험하고 이해하는 관점을 말한다. '신성한 사고'는 어떤 정신적 체험이나 의식 상태가 아니라 성격에서 비롯한 선입관에서 벗어나 자유롭게 현실을 바라보는 시각임을 명확히 이해하는 것이 중요하다. 따라서 '신성한 사고'는 경험에서 끌어낸 의미와도 관련이 있고, 다양한 경험을 연결하는 보이지 않는 실을 인식하는 일과도 관련이 있다. '신성한 사고'란 눈앞을 가리는 것이 아무것도 없는 채로 현실을 인식하는 여러 가지 시각이기 때문에 그림1의 인물상에서 아홉 가지 '신성한 사고'는 머리 부분에서 볼 수 있다.

여러 가지 일반적인 현실에 초점을 맞춘 '신성한 사고'도 있는 반면, 우주만물 안에서 인간의 위치에 더 초점을 맞춘 것도 있다. 하나씩

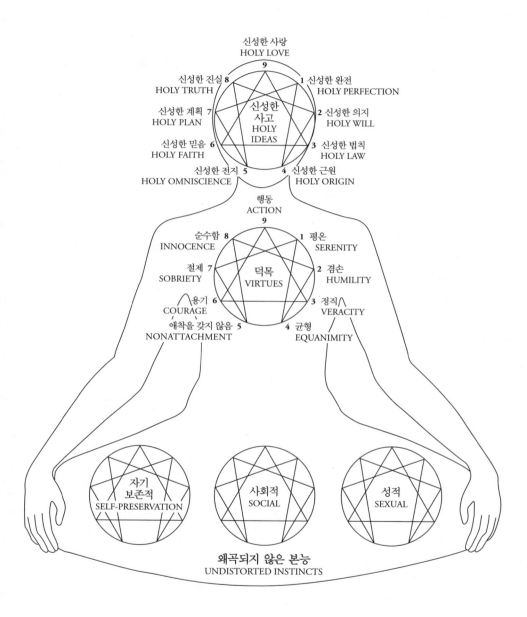

**그림1**
객관적 에니어그램

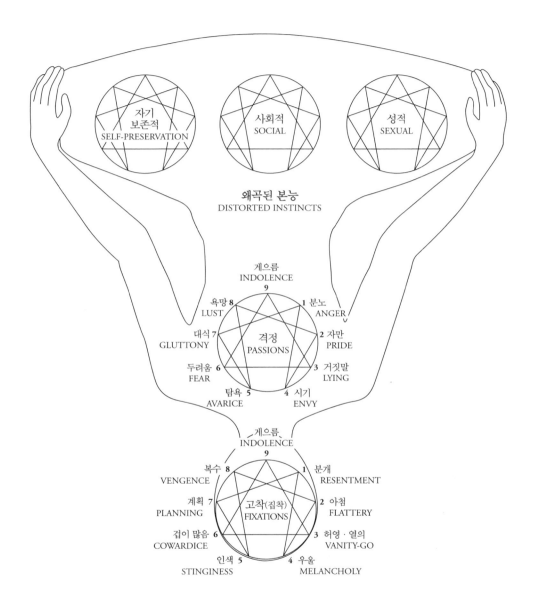

자기
보존적
SELF-PRESERVATION

사회적
SOCIAL

성적
SEXUAL

왜곡된 본능
DISTORTED INSTINCTS

게으름
INDOLENCE
9

욕망 8 　 1 분노
LUST 　 ANGER

대식 7 　 2 자만
GLUTTONY 　 PRIDE

격정
PASSIONS

두려움 6 　 3 거짓말
FEAR 　 LYING

탐욕 5 　 4 시기
AVARICE 　 ENVY

게으름
INDOLENCE
9

복수 8 　 1 분개
VENGENCE 　 RESENTMENT

계획 7 　 2 아첨
PLANNING 　 FLATTERY

고착(집착)
FIXATIONS

겁이 많음 6 　 3 허영·열의
COWARDICE 　 VANITY-GO

인색 5 　 4 우울
STINGINESS 　 MELANCHOLY

**그림2**
성격의 에니어그램

개별적으로 설명하면 '신성한 사고'라는 말의 뜻을 더 쉽게 전할 수 있을 듯하다. 이해하기 쉬운 것도 있고 다소 생소하고 난해한 것도 있을 것이다. '신성한 사고'가 묘사하는 현실을 바라보는 시각은 매우 심오하고, 수 세기가 넘는 오랜 세월 동안 위대한 정신적 가르침들의 주제였으며, 우리의 평범한 시각을 훨씬 뛰어넘는 무엇임을 명심하자.

에니어그램의 제일 꼭대기에 있는 9번의 '신성한 사고'부터 시작하자. '신성한 사랑(Holy Love)'의 시각으로 현실을 바라보면, 모든 존재의 궁극적인 본성이 자비이고 사랑이며, 우리 모두는 사랑으로 창조된 사랑의 표식임을 깨닫게 된다. 에니어그램을 시계방향으로 돌아 1번의 '신성한 사고'인 '신성한 완전(Holy Perfection)'의 시각에서 현실을 바라보면, 자신을 포함한 만물의 근원적인 본성이 타고날 때부터 완전하고 선하며 긍정적임을 깨닫는다. 2번의 '신성한 사고'인 '신성한 의지(Holy Will)'의 시각으로 경험하면, 우주만물이 그 자체로 방향과 추진력을 갖고 전개되며 우리 내면과 인생에서 일어나는 모든 일이 그 '신성한 의지'의 한 부분임을 알게 된다. 3번의 '신성한 사고'인 '신성한 법칙(Holy Law)'의 시각에서 보면, 무슨 일이 일어나든 그것은 만물이 변화하는 패턴의 한 부분이며 아무것도 그리고 아무도 그 전체의 움직임에서 분리되어 작용할 수 없음을 깨닫는다. 4번의 '신성한 사고'인 '신성한 근원(Holy Origin)'의 시각에서 현실을 경험하면, '진정한 본성(True Nature)'이 자신을 포함한 모든 발현의 근원이며 모든 것은 그 근원에서 분리될 수 없음을 깨닫게 된다.

5번의 '신성한 사고'인 '신성한 전지全知(Holy Omniscience)'를 통해 바라보면, 우리 모두가 현실이라는 직물의 일부로서 따로 분리될 수 없으며, 우리를 구분하는 경계선이 궁극적인 것이 아님을 깨닫게 된다. 6

번의 '신성한 사고'인 '신성한 믿음(Holy Faith)'의 시각에서 현실을 경험하면, 우리 내면의 본성이 곧 '본질'이며 이것이 우리를 떠받치고 나와 현실에 대한 신뢰와 믿음을 불어넣어 준다는 사실을 절대적 확신과 함께 깨닫게 된다. 7번의 '신성한 사고'인 '신성한 계획(Holy Plan)'에서 바라보면, 나 자신을 포함한 모든 인간의 영혼이 활짝 펼쳐지도록 고유의 논리와 과정을 타고났으며, 인간의 영혼은 애벌레가 나비로 진화하듯이 자연스럽게 자기실현을 향해 나아감을 알게 된다. 8번의 '신성한 사고'인 '신성한 진실(Holy Truth)'을 통해 현실을 인식하면, 모든 존재의 궁극적인 본성은 '실재'이고 만물이 '실재'로 이루어졌으며, 따라서 모든 이원성 즉 신과 세상, 정신(Spirit)과 물질, 심지어 자아와 '본질'의 구분조차도 궁극적으로 착각임을 깨닫게 된다.

## 신성한 사고란, 세상을 바라보는 특정한 관점

사람은 모든 '신성한 사고'를 통해서 현실을 경험할 수 있지만 특히 한 가지 관점에 본능적으로 끌린다. 자신의 에니어그램 번호의 '신성한 사고'가 상징하는 시각으로 끌리는 것이다. 이카조의 이론에 따르면, 우리는 아홉 가지 '신성한 사고' 모두를 경험할 수 있게 태어나지만, 특정한 한 가지에 '민감하게 반응하거나' 더 각별하게 맞춰져 있다. 어떤 예민한 신경처럼, 우리는 삶을 이해하는 방식들 중에서 특히 어느 한 가지에 취약하고 영향을 잘 받는 상태로 지구상에 오는 것 같다. 그런데 이런 이해와 연결되어 있던 상태에 영향을 끼치는 어떤 일이 발생한다. 그러고 나서 모든 사람에게 생후 몇 년 동안 공통적으로 일어나는 일은 자신의 본질적인 바탕과 점점 단절되면서 성격 구조를 발달시키는 것이다. '본질'과 단절되면서 우리는 자신의 '신성한 사고'가 나타내는 특정한 진실과도 연결이 끊어진다.

우리는 현실의 깊은 차원을 빠뜨린 채로 현실을 인식하며, 현실에 대한 인식이 불완전하기 때문에 '신성한 사고'가 상징하는 현실에 대한 중대한 이해도 부족하다. 이 제한된 시각을 해석하는 방식이 현실에 대한 고착화된 믿음 즉 자기 에니어그램 번호 특유의 착각으로 변하는데, 이를 '고착(집착, fixation)'이라고 한다. 현실과 인간 본성에 대한 이 집착이 '신성한 사고'를 대신하게 된다. 이런 이유로 고착이 그림2의 머리 부분에 들어간 것이다. 우리의 고착(집착)이 성격 형태가 발달하는 토대를 형성하고, 거기에 특유의 심적 성향, 감정적 반응, 행동적 패턴이 더해지면서 완성되어 간다. 예를 들어, 당신이 에니어그램 1번 유형이라면 당신의 '신성한 사고'는 모든 것을 근본적인 완전함, 선함, 올바름으로 바라봐야 한다. 그런데 어린 시절에 본질적인 바탕과 단절됨으로써 당신과 그 밖의 모든 것들을 완전하게 해주는 무언가와 단절됐다고 느끼게 되었을 것이다. 이 때문에 깊은 내면에서부터 당신과 당신 밖의 현실이 근본적으로 잘못되었다는 확신이 올라온다. 그 결과, 그림2에 분개(resentment)라고 나오는 1번의 고착이 잘못된 모든 것에 대한 분노라는 내면의 감정적 분위기를 만들어내고, 뭐든지 뜯어고쳐서 바르게 만들려는 행동 패턴을 형성한다.

한 가지 특정한 '신성한 사고'에 민감하게 태어난다는 것은 어떤 한 가지의 성격 유형을 발달시키게끔 태어난다는 뜻이다. 그렇다면 에니어그램 이론에 따르면, 우리는 전적으로 환경의 산물이 아니라 그 환경을 특정한 방식으로 해석하도록 결정된 채 태어나는 것이다. 심리학계의 시계추는 선천적 자질이 성격을 결정한다는 믿음에서, 어린 시절에 어떻게 키워졌느냐에 따라 성격이 결정된다는 쪽으로 움직였다. 그러다가 지금은 다시 성격이 유전적 구성의 결과물이라는 믿음으로 돌아가고 있다. 에니어그램 이론의 관점에서는 성격의 발달과 형성에는 천성(선천적으로 타고나는 한 가지 '신성한 사고'에 대한 민감성)과 양육(환경의 영향)이 복합적으로 영향을 미친다.

그렇다면 우리 모두는 한 가지 특정한 시각, 즉 에니어그램에서 자신의 번호에 해당하는 시각을 통해 현실을 바라보도록 맞춰져 있다. 나란호가 최근에 만들어낸 '에니어그램 유형(enneagrammatic types or ennea-types)'이라는 용어는 이런 의미에서 사용할 만하다.[6] 나란호가 초기에 사용한 '자아 유형(ego-types)' 혹은 '집착(fixations)'이라는 용어는 성격만 언급하기 때문이다. 즉 완전히 깨달음을 얻고 환경의 암흑화에서 벗어나도 우리는 자기 에니어그램 번호의 '신성한 사고'를 통해 현실을 인식할 것이다. 또 다른 번호보다 자기 번호의 깨달은 정서 상태[이것을 덕목(virtue)이라 한다]를 더욱 경험하고 구현하게 될 것이다. 깨어있는 상태든 잠든 상태든 간에 자신의 유형은 여전히 똑같다.

성격의 에니어그램은 자아 또는 성격이 어떻게 작용하는지 그 전체를 완전히 보여주는 지도이다. 그러므로 태어날 때부터 한 가지의 '신성한 사고'에 특별히 민감하고 그래서 특정한 에니어그램 유형을 갖긴 하지만, 우리는 누구나 아홉 가지 유형을 모두 내포하고 있다. 그렇기 때문에 대부분의 사람들은 모든 유형의 역학을 쉽게 이해하고 설명할 수 있다. 요약하자면, 모든 유형이 우리 내면에 있지만 그 중 한 유형이 가장 크게 드러나며, 그 유형에 해당하는 현실의 본성에 대한 근본적인 착각이 우리의 핵을 형성한다.

다시 성격의 에니어그램과 객관적 에니어그램으로 돌아가보자. 그림2의 머리 부분에서 집착을 볼 수 있다. 집착이란 각 에니어그램 유형의 핵에 자리한 고착화된 관념(fixed ideas) 혹은 착각(delusions)이다. 에니어그램 주변에 표기된 단어들이 본문의 설명과 정확하게 일치하지는 않지만, 여기서는 이카조가 붙인 용어를 그대로 사용했다.[7]

그림2에 있는 '격정의 에니어그램(The Enneagram of Passions)'은 현실에 대한 근원적 편견에서 비롯한 각 유형의 감정적 혹은 정서적 분위기를 나타낸다. 이 감정적 기질은 강박적이고 민감하게 반응하며 강렬하다. 이것은 다른 감정 상태의 배경, 즉 각 유형을 특징짓는 영속적이며 강박적인 감정 기질을 이룬다.

여기에 상응하는 그림1의 '덕목의 에니어그램(The Enneagram of Virtues)'은 '신성한 사고'의 시각과 통합됨으로써 얻는 정서 상태를 말한다. 우리가 더 객관적으로 될수록 즉, 자신이 상영하는 주관적인 영화를 뛰어넘을수록, 우리의 경험과 행동 안에서 덕목이 정서적인 경향 또는 기질을 이룸으로써 격정의 반응을 대신한다. 더 깊은 차원에서 보면, 자기 에니어그램 번호의 덕목이 바로 객관적으로 자신을 경험하기 위해 필요한 성향이다. 동시에 더욱 진실하게 마음 깊은 곳에서 자신을 경험할수록 자기 번호에 해당하는 덕목 또한 더욱 발달한다. 각 에니어그램 유형을 설명하는 장에서 이 문제를 자세히 다루겠다.

그림1과 2에 나오는 왜곡되지 않은 본능(undistorted instincts)의 에니어그램과 왜곡된 본능(distorted instincts)의 에니어그램은 설명이 좀 필요하다. 나란호는 세 가지 본능이 있다고 가르쳤다. 자기보존 본능, 사회적 본능, 성적 본능으로 모든 사람은 이 중에 더 '강렬한' 본능 혹은 가장 주요하게 열중하는 본능이 하나씩 있다. 에니어그램 유형과 관련

된 격정은 삶의 특정한 영역에서 가장 강하게 표출된다. 자기보존 본능이 강하다는 것은 안전과 생존에 몰두한다는 뜻이다. 사회적 본능이 강하면 사회적 지위, 인간관계, 소속감에 집중한다. 성적 본능이 강하면 친밀하고 깊은 관계에 몰두한다. 각 에니어그램 유형마다 이렇게 세 가지 부속 유형이 있는데, 각각 하나의 본능에 초점이 맞춰져 있고, 같은 유형의 성격이라도 행동양식과 중점을 두는 부분이 다르다. 사실 각 유형마다 세 가지의 변형 혹은 이형異形이 있다. 이것에 대해서는 부속 유형의 장에서 설명하겠다. 그림1에서 이것과 상응하는 에니어그램에는 '왜곡되지 않은 본능'이라고만 되어 있다. 이것은 자신과 자기의 성격을 동일시하는 것에서 벗어날수록 과거보다 현재의 사실에 반응하면서 각각의 본능이 나타내는 삶의 영역에서 더 객관적으로 기능할 수 있다는 뜻이다.

이 책은 9번, 6번, 3번으로 이루어진 삼각형 즉 에니어그램의 내부 삼각형의 의미를 탐구하면서 시작한다. 이 내부 삼각형은 '진정한 본성' 또는 '실재'와 단절된 채 자아구조 혹은 성격을 발달시켜가는 원형原型의 과정을 상징하며, 다른 유형들의 토대를 이룬다. 다음에는 그림3에 나오는 아홉 가지 에니어그램 유형을 각각 설명하면서 각 번호의 '신성한 사고'를 기술하고, '신성한 사고'를 잃음으로써 각각의 성격이 어떻게 발달해 나가는지 살펴보겠다.[8] 그 결과로 생기는 정신적·감정적·행동적 특성과 그 정신역학적인 경향도 명

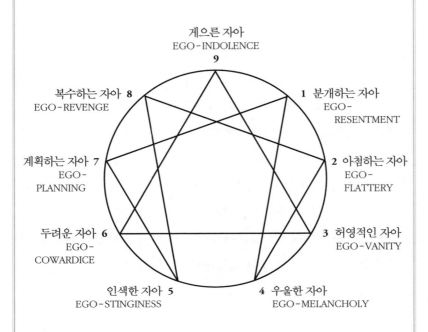

게으른 자아
EGO-INDOLENCE
9

복수하는 자아 8
EGO-REVENGE

1 분개하는 자아
EGO-
RESENTMENT

계획하는 자아 7
EGO-
PLANNING

2 아첨하는 자아
EGO-
FLATTERY

두려운 자아 6
EGO-
COWARDICE

3 허영적인 자아
EGO-VANITY

인색한 자아 5
EGO-STINGINESS

4 우울한 자아
EGO-MELANCHOLY

**그림3**
에니어그램 유형

확하게 밝혀보겠다. 내가 전달하고 싶은 것은 이 모든 특성
의 밑에서 전개되는 과정에 대한 통찰이다. 최초에 비뚤어지
게 인식함으로써 영혼에 비틀림이 생기고, 결국 각각의 에니
어그램 유형으로 발현하게 되는 과정 말이다. 성격의 발현에
는 고유의 논리가 있다. 이 암호를 해독하면 성격의 특성 자
체를 이해하는 토대가 마련된다.

자기 에니어그램 유형을 잘 모르는 사람은 부록A를 참

고하자. 부록A에 자신의 유형을 찾는 몇 가지 방법을 소개했다. 에니어그램 유형을 찾아내는 일은 기술이라고 할 수 있다. 에니어그램을 충분히 이해하고 확실한 유형의 사람들과 오랫동안 함께 지내면서 익숙해져야 터득할 수 있는 기술이다. 내가 사람들이 자기 유형을 찾을 수 있도록 도우면서 터득한 몇 가지 팁들도 유용할 것이다.

유형을 소개하는 순서는 각 번호들 사이의 동적인 움직임의 순서를 따르겠다. 이것을 에니어그램에서는 '내부 흐름 (inner flow)'이라고 한다. 그림5에 묘사되어 있으며, 11장에서 자세히 살펴보겠다. 자기 에니어그램 유형을 설명하는 장으로 곧바로 넘어가고 싶은 사람도 있겠지만 소개되는 순서대로 읽어나가기를 강력히 추천한다. 각 유형이 그 앞에 나오는 유형의 딜레마와 해결법에 대한 반응이며 그것을 토대로 하기 때문이다. 따라서 전체를 이해하기 위해서는 이 관계를 이해할 필요가 있다.

에니어그램에 대한 다른 책을 본 사람들은 이 책이 각 유형의 장점이나 활동의 단계적 변화를 크게 다루지 않는다는 사실을 알 것이다. 건강한 발현과 불건강한 발현을 다루는 저자들은 더 활발하게 기능하는 자아구조, 혹은 더 느리게 기능하거나 기능장애를 일으킨 자아구조에 대해 설명한다. 심리학적 측면에서 보면 이런 구별도 타당하고 유용하지만, 성격의 에니어그램이 자아구조의 설계도를 보여준다는 사실을 잊으면 안 된다. 감옥의 벽이 달라진대도 감금 상태라는 데에는 변화가 없다. 나의 목표는 독자들이 속박된 채로 더 흡족한 상태를 찾기보다는 그 한계를 뛰어넘도록 도와주는 것이다.

　그리고 각 유형의 다양한 특성들, 감정 상태, 행동들 중 일부는 극단적이고 비정상적으로 보일 것이다. 나는 매우 건전하고 분별 있는 사람들의 내면에도 상당한 광기가 있다는 사실을 경험했다. 자신의 영혼 속으로 깊이 잠수해 들어가면 그런 면들을 알아차릴 수 있다. 이런 극단적인 면들이 얼마나 자신을 지배하는지가 심리학적으로 건강한 정도를 보여주는 지표이다. 즉 그런 면이 지속될수록 더욱 굳어지고, 따라서 성격 구조는 더 취약해진다. 그럼에도 각 유형의 의식의 내용물은 그 모양과 발현이 똑같다.

　유형들이 겉으로 보이는 행동과 실제 내면의 경험이 일치하지 않는 경우가 있다. 예를 들어, 4번은 겉으로는 초연하고 우월감을 가진 것처럼 보이지만, 속으로는 추방당할까봐 두려워하고 사회적으로 불안정하다. 8번은 위협적이고 타인과의 대립을 즐기는 것처럼 보이지만, 속으로는 나약하고 무능하고 무력할까봐 두려워한다. 나는 각 유형의 내면의 경험과 각 유형이 남들에게는 어떻게 보이는지 전달하고자 애썼다. 이런 불일치를 지적당하면 자신을 오해하거나 비판한다고 느끼는 독자도 있을 것이다. 그것은 나의 의도가 아니며 각 유형에 대해 균형 잡힌 묘사를 하려는 뜻임을 밝혀둔다.

　　각 유형의 태도와 행동에 때때로 내가 가볍고 유머러스하게 접근하는 것이 어떤 독자에게는 상처가 될 수도 있겠지만, 그것 역시 나의 의도가 아니다. 성격을 너무 심각하게 받아들인 나머지 의도치 않게 자신과의 동일시를 부채질하는 것과, 성격의 발현에 둔감하거나 아예 무시하는 것 사이에서 균형을 잡기는 어렵다. 이 균형을 유지하기 위해 나름대로 세심한 배려를 했는데, 이런 나의 의도가 독자들에게 부디 전달되기를 바란다.

　　각 유형의 특징적인 어린 시절과 부모상에 대해 설명하는 에니어그램 책들이 있는데, 정신역학에 대한 나의 관점을 분명히 하고 가야겠다. 각각의 에니어그램 유형들이 어린 시절에 실제로 어떤 사건을 경험했는지보다는, 부모와 어린 시절의 사건에 대해 어떤 시각을 가졌는지를 다루는 것이 더 적절하다고 본다. 각각의 유형은 특정한 인식 필터를 통해 인생을 경험하기 때문이다. 각 유형들은 해당 시점에서 앞의 것만을 따르는데, 기억 속에서 맨 처음 시점에 있는 것은 각 유형의 필터에 들어맞는 부모의 성향과 어린 시절의 경험들이다. 집집마다 에니어그램 유형이 서로 다른 자녀가 있을 것이다. 이때 아이들은 같은 부모를 각각 다른 특정한 렌즈를 통해 경험한다. 4번 아이는 엄마를 방관적이고 수치심을 주는 사람으로, 5번 아이는 엄마를 자기 세계를 침해하는 히스테릭한 사람으로, 6번 아이는 엄마가 변덕스럽다고 경험할 것이다. 이런 식으로 에니어그램 유형에 따라 같은 사람에 대한 경험이 모두 다르다. 성격은 특징적인 동일성이 있기 때문에 나이가 들어도 자녀들이 경험하는 부모는 근본적으로 변하지 않고, 극단적으로 다른 사람들이다. 따라서 각 유형의 어머니에게 특정한 성향과 양육방식이 있고 각 유형의 어린 시절에 특정한 사건이 일어났다는 주장은 매우 모호한 명제이다. 각 유형이 어머니, 아버지, 형제, 자매, 어린 시절의 사건을 어떻게 해석하고 이해하는지를 살펴보는 편이 더 적절하다.

　각 자녀는 선천적인 민감성에 따라 부모의 특정한 성향, 부모와 자기의 관계, 특정한 경험에 초점을 맞출 것이다. 각각의 자녀가 부모의 성격과 상호작용 방법에서 특정한 태도를 이끌어내며, 따라서 같은 부모라도 각각의 자녀에게 어느 정도는 다른 사람이라고 할 수 있다. 이렇게 보면 자녀의 선천적인 성향과 민감성이 부모의 행동 양식에 어느 정도는 영향을 끼치며, 따라서 부모의 행동 양식이 전적으로 자녀의 성격이나 에니어그램 유형을 결정하는 것은 아니다.

　독자에게 각 유형의 성향과 전체적인 느낌을 전달하기 위해 유명인들을 표본으로 제시했다. 그러나 미리 말해두건대, 내가 이들을 개인적으로 아는 것은 아니며 그들의 유형 번호를 확정적으로 말할 수도 없다. 다만 공개적으로 보이는 그들의 인격을 바탕으로 판단했다.

각 유형을 설명할 때 부속된 에니어그램들도 다뤘는데, 부록B에서 그림을 볼 수 있다. 부속된 에니어그램들을 언급할 때 찾아보면 도움이 될 것이다. 그림9의 함정들은 각 유형이 문제의 해결책으로 집착하는 특유의 개념들로, 우리를 잘못된 방향으로 끌고 가버린다. 그림10의 회피는 각 유형이 특히 피하려는 특정한 감정 상태이다. 그림11의 본성과 멀어지게 하는 행동은 각 유형이 자신의 영혼을 부식시키고 등을 돌리게 만드는 행동들이다. 그림12의 거짓말은 각 유형이 현실에서 자기 자신과 타인을 속이는 특징적인 태도와 방법들이다. 나는 이 내용을 모두 나란호에게 배웠으며, 그림9 함정의 에니어그램만 이카조의 것이다.[9]

덧붙여, 알마스가 각 유형의 '이상화한 측면(idealized Aspect)'이라고 부른 것도 탐구할 것이다. '실재' 즉 '본질적 측면(Essential Aspects)'에는 수백 가지 성질이 있지만, 각 유형은 그 중에서 특히 한 가지를 붙잡아 이상화한다. 각 유형은 '실재'의 그 특정한 성질을 자신의 고통과 결핍감에서 구해줄 해독제로 보는 것이다. 그 성질이 '본질'의 진짜 성질인데도 성격은 자체적으로 모방품을 만들어낸다. 그래서 각 에니어그램 유형은 자기 번호가 '이상화한 측면'의 특성을 열심히 흉내 내면서 유사한 행동양식, 목표, 전반적인 태도를 창조해낸다. 뿐만 아니라 각 유형은 이 '이상화한 측면'의 성질을 외면적으로 구현한 듯 보이는 대상을 찾아다닌다. 그러나 '본질'의 이런 성향을 흉내 낸 성격의 모방품은 각 유형마다 가진 특유의 내적 결핍감을 절대로 해결해주지 못한다. 외부의 무엇으로 내면의 결핍을 채우는 것은 불가능하기 때문에 '본질'의 이런 성향을 구현한 대상을 손에 넣는다고 해도 각 유형을 괴롭히는 내면의 어려움을 해결하지는 못한다.

예를 들어, 공포와 의심에 끊임없이 시달리는 에니어그램 6번 유형에게는 자기에게 필요한 것이 내적인 지지처럼 보인다. 그러면 그 측면이 이상화된다. 그런 성향을 획득하고 흉내 내야 할 것처럼 보인다. 그러면 6번은 자신에게 부족한 내적인 견고함, 확신, 용기를 느끼기 위해 애쓴다. 내적인 기반이 느껴지지 않아서 자신에게 화를 내고, 실제로 자기 내면에는 공포와 의심이 존재하면서 오히려 내적인 견고함, 확신, 용기 등이 있다고 증명하기 위한 행동을 자주 한다. 이 흐름을 이해하면 6번 특유의 방어적인 태도와 반항심이 사실은 나도 배짱이 있다고 증명하려는 노력이며, 마음 깊은 곳에서는 자신에게 그런 것이 없다고 느끼고 있음을 알 수 있다. '이상화한 측면'의 특성을 획득하려는 시도가 잘못은 아니지만 우리가 갈망하는 충만감으로 이끌어주지는 못한다. 6번이 아무리 영웅적인 업적을 성취해도 내면의 불확실함과 공포를 떨쳐버릴 수는 없다. '이상화한 측면'을 획득하려는 시도가 어떻게 우리의 삶과 의식을 만들어나가는지 이해하면, 진정으로 우리를 완성시키는 것이 무엇인지 이해하고 결국에는 만날 수 있게 될 것이다. 깊은 곳에 있는 우리의 참모습과 연결되는 것이다.

'이상화한 측면'이라는 개념에 또 다른 차원을 보태자면, 각 유형의 '이상화한 측면'과 '신성한 사고' 사이에는 직접적인 관계가 있다. 앞서 말했듯이 '신성한 사고'는 현실과 인간의 영혼을 인식하는 특정한 관점으로, 우리는 아주 어린 시절에 환경에 적응하는 과정에서 그것과 단절된다. '신성한 사고'는 의식의 상태가 아니다. 반면, 각 유형의 '이상화한 측면'은 의식의 상태이며, 그 유형의 '신성한 사고'가 현실에 대해 가진 시각을 구체화하는 것 같다. 즉 각 에니어그램 유형은 '이상화한 측면'을 경험함으로써 현실에 대해 잃어버린 이해를 회복하려고 한다. 여기에서 내면의 논리는 '만약 내가 어떤 성향들(친절함, 쾌활함, 강함 등)을 가진다면 완전하다고 느끼겠지' 하는 것이다.

이 복잡한 연계를 이해하는 데 도움이 되도록 앞의 예를 다시 한 번 이용하자. 6번이 잃어버린 현실에 대한 이해('신성한 사고')는 '실재'가 우리의 내적 토대이자 진정한 받침목이라는 사실이다. 이 이해가 없으면 6번에게 현실은 생존을 위해 악전고투해야 하는 무서운 세상이고 타인들은 잠재적 위협처럼 보인다. 내적 토대가 있다는 사실을 알았다면 '이상화한 측면'의 특성인 지지, 확신, 용기라는 감정을 경험했을 것이다. 그러므로 6번이 용감하고 대담무쌍해지려는 노력은 6번의 '신성한 사고'가 말하는 사실, 즉 '실재'가 우리 존재를 떠받치고 있다는 사실을 경험적으로 구현하려는 시도이다.

에니어그램 유형을 설명하는 장들의 마지막에는 각 유형이 대면해야 하는 몇 단계의 내적 작업과 문제점을 소개하겠다. 그리고 각 유형의 덕목이 내면의 방향 찾기에서 어떻게 길잡이 역할을 하며 내적 작업을 해나갈수록 어떻게 더 강해지는지도 설명하겠다.

유형들을 소개한 다음에는 앞에서 언급한 내부 흐름에 대한 나란호의 본래 이론인 '에니어그램상에서 연결된 번호들 사이의 동적 관계'를 다루고 확장해보겠다. 이 이론을 배울 때는 알마스가 가르친 영혼 안의 미발달된 구조 즉 내면의 아이로서의 자아 이미지와, 그 구조와 '이상화한 측면'의 관계도 통합시킬 것이다. 이 내용에 대해 작업을 하고 터득하면 각 유형이 진정한 변화의 과정 중에 대면하는 핵심 문제를 완전히 이해하고, 각 유형을 설명하는 장들의 끝에 제시된 내용을 확장시킬 수 있다.

마지막 장에서는 에니어그램에 대해 이해한 내용을 마무리하면서 앞에서 언급한 본능별로 구분한 부속 유형을 설명하고, 각 에니어그램 유형 양옆에 있는 두 개의 번호를 일컫는 '날개(wings)'를 이해하고 활용하는 방법도 설명하겠다.

이 장의 설명은 철저히 규명하거나 정의하려는 목적이 아니라 개인적 내면의 탐구와 에니어그램을 더 깊이 이해하는 출입구로 제시한 것이다.

본격적으로 에니어그램을 살펴보기에 앞서 주의의 말을 먼저 해야겠다. 여기에서 소개한 내용은 매우 강력하며, 아주 신중하게 접근해야 한다. 의식 깊은 곳을 다루며 동시에 깊은 상처를 줄 수도 있기 때문에 에니어그램에 어떻게 접근하고 활용할지 숙고해야 한다. 에니어그램은 우리의 성격이 감추려고 시시각각 방어하고 있는 나와 타인의 진짜 모습을 의식 위로 끌어올린다. 이것은 유리한 점도 있고 불리한 점도 있다. 숨겨졌던 면이 드러나면서 안도감을 줄 수도 있지만 크게 불쾌할 수도 있다. 우리가 알고 있고 경험한 나란 사람이 근본적으로 왜곡된 개념을 토대로 한다는 것을 깨달으면 마음이 동요할 수밖에 없다. '신성한 사고'를 체험적으로 이해하면 우리가 '신성한 사고'의 관점에서 얼마나 떨어져 있는지, 내면의 심원함에서 얼마나 멀리 있는지 적나라하게 대면하게 된다. 진정한 변화는 이러한 대면의 과정 없이는 불가능하다.

지금부터 배울 내용은 자신의 참모습을 이해함으로써 자신을 얽매고 있던 동일시의 매듭에서 풀려날 수 있도록 도울 것이다. 다른 사람들이 왜 그렇게 행동하고 느끼고 생각하는지도 이해할 수 있게 됨으로써 우리의 마음은 이해와 공감으로 충만해질 것이다. 그러나 의식과 자아계발을 북돋기 위한 에니어그램의 본래 의도와 달리, 두 가지 면에서 성격을 지탱하는 용도로 이용하기도 쉽다. 이 부분을 이해할 필요가 있다. 하나는 에니어그램을 나와 남을 판단하는 근거로 사용함으로써 옳고 그름을 판별하는 내적 잣대를 강화하는 것이다. 어렵겠지만 이 책에서 소개하는 내용 위에 가치 판단과 자기 평가를 쌓아올려서는 절대로 안 된다. 에니어그램 자체는 중립적이지만 우리가 활용할 때는 그렇지 않을 가능성이 높다. 나머지 하나는 낡은 내용물을 더 멋진 포장지에 싸는 식으로, 새롭고 더 나은 정체성을 만들어보겠다고 특정 에니어그램 유형과 자신을 동일시하는 것이다. 이 두 가지 행동은 모두 성격을 더 강화할 뿐 아무것도 나아지지 않는다. 지금까지 에니어그램이 신비주의 학파에서 구전으로만 전해진 데에는 아마도 이런 이유가 가장 컸을 것이다.

　알마스와 내가 확장시킨 이론이 추가되긴 했지만, 이 책에서 성격의 에니어그램에 접근하는 방식은 나란호에게 배운 본래의 정신과 이론을 충실히 따랐다. 내가 이 책을 쓰는 목적은 에니어그램이 대중화되면서 사라져버린 본래의 참뜻을 전달하고, 나의 스승과 그가 나누어준 지혜에 존경을 표하며, 단순히 심리학적 도구가 아니라 정신적 도구로서의 에니어그램을 보여주기 위해서이다. 아마도 최근에 에니어그램의 심리학적 측면이 대중화되면서 생긴 관심들이 에니어그램의 더 깊은 측면에 대한 호기심을 자극했을 것이다. 이런 관심은 인류가 더 널리 퍼져나간 에니어그램의 지혜로부터 혜택을 받을 수 있는 시점에 와있다는 암시일지도 모른다.

이제부터 소개할 내용이 내가 책을 쓴 참 의도대로, 연민의 마음을 갖고 근원적으로 우리가 누구인가에 대한 진실을 입증하기 위해 활용되기를 바란다. 그럼 이제부터 우리가 갇힌 감옥의 자물쇠를 탐구해보자. 여기에서 얻은 이해로 부디 자유로워지기를!

# THE SPIRITUAL DIMENSION OF THE ENNEAGRAM

# 1장

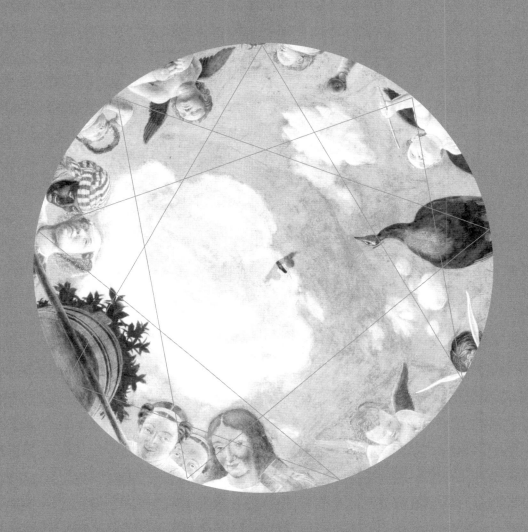

## 내부 삼각형과 추락

THE INNER TRIANGLE AND THE FALL

본질의 피어남은 삶의 과정이 된다.

삶은 더 이상 기쁨과 고통이라는 분리된 끈이 아니라

생명력의 자연스러운 흐름이 된다.

— A. H. 알마스A. H. Almass

에니어그램의 상징은 9번, 6번, 3번을 연결하는 내부 삼각형과 1번, 4번, 2번, 8번, 5번, 7번을 연결하는 도형으로 이루어져 있다. 다음의 그림4에서 볼 수 있듯이, 이 두 가지 도형은 서로 교차하지 않으므로 내부 삼각형은 별도의 분리된 독립체이다. 성격의 에니어그램 차원에서 볼 때 내부 삼각형은 원형原型의 진행 과정 즉, 우리의 근본적 혹은 본질적인 바탕과 단절됨으로써 발생하는 자아구조의 발달에서 원인이 되는 요인과 단계를 나타낸다. 본질적인 바탕이란 과거의 영향으로부터 자유로운 상태에서 체험하는 자신을 말한다. 이는 환경의 영향을 받지 않은, 선천적으로 내재된 의식이다. 아기였을 때의 상태이며, 친절함, 예민함, 강인함 등과 같은 영혼의 고유한 성질과 공존한다. 그러나 아기였을 때는 아직 자기성찰이 발달하지 않았기 때문에 그 상태가 자신의 경

47

험임을 인지할 능력이 없다.

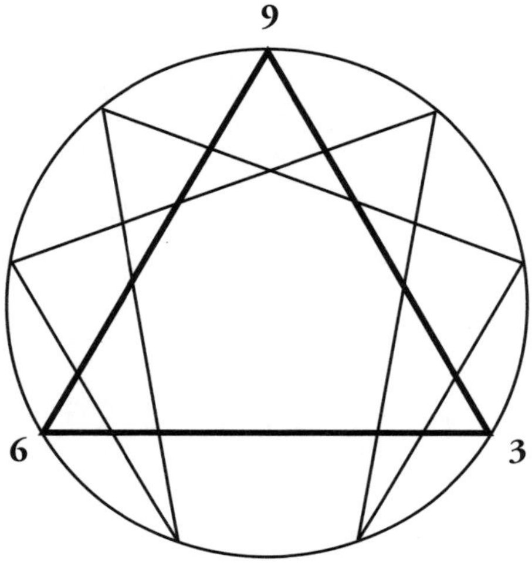

그림4
내부 삼각형

본질적인 바탕과 단절되는 과정은 모두에게 일어난다. 자아를 발달시키는 사람은 누구든지 이 과정을 거친다. 자아구조가 발달하지 않는 성인聖人 또는 미치광이로 태어나지 않은 한, 지구상의 모든 인간이 해당된다. 삼각형의 각 꼭짓점에 있는 에니어그램 유형은 이 상실 과정의 세 가지 원형적인 요인을 중심으로 각각 형성됐으며, '특화'됐다고 볼 수 있다. 또한 자아발달 과정의 3단계를 강조하며 거기에 초점이 맞춰져 있다고 볼 수도 있다. 이와 대조를 이루어, 에니어그램 위의 다른 번호들은 그 과정에서 더 정교해졌다고 생각하면 된다. 내부 삼각형이 상징하는 과정을 이해하면 성격의 에니어그램뿐만 아니라 본질적인 바탕과 다시 연결되기 위해 내면에서 대면해야 하는 것이 무엇인지 이해할 수 있다. 여기서는 3가지 에니어그램 유형을 각각 설명하기보다 보편적인 과정의 단계를 설명하므로, 각 유형의 이름을 사용하지 않고 9번, 6번, 3번이라고 부르겠다.

## 본질과 단절되는 세 가지 요인

에니어그램 꼭대기에 있는 것에서 보듯, 9번은 자아발달을 촉발시키는 근본적인 원동력, 즉 '진정한 본성'과의 단절을 나타낸다. 이 단절을 정신적인 작업에서는 '잠들어 있다'고 표현하기도 하는데, 무지 혹은 어둠의 상태에 이르게 만든다. 환경에 영향받지 않은 선천적인 상태와 단절되는 과정은 생후 몇 년 동안 점진적으로 일어나고, 네 살쯤 되면 '본질'을 거의 지각하지 못한다. 본질적인 바탕에 대한 의식을 상실함과 동시에 자아구조를 발달시키기 시작한다.

이 구조를 발달시키는 일은 정신적인 성장을 위해서는 꼭 필요한 필수조건이다. 자아의 일부에서 자기성찰 의식이 발달하기 때문이다. 자기성찰 의식이 없으면 우리는 자신의 의식을 인식할 수 없다. 여러 정신적인 학파들에서 이 피할 수 없고 유감스러운 과정의 원인을 다양한 방법으로 설명해 보려고 했다. 그러나 결국은 신비로 남았으며, 정신적인 어떤 목적을 위해 이런 상실을 경험한다고 믿을 뿐이다. 이 상실의 과정은 그냥 주어지는 것으로, 거기에 대응해 행동을 취할 수도 있고 아니면 계속 잠들어 있을 수도 있다.

## 첫째, 자기 존재와 몸의 동일시

'본질'과 단절되게 만드는 요인에는 여러 가지가 있다. 첫 번째는 자기 존재를 몸과 동일시하기 때문이다. 하인즈 하트만Heinz Hartmann은 프로이트 이후의 정신분석학자들 중 주요 인물이며 자아 심리학의 아버지이다. 그에 따르면 신생아 의식의 특징은 분화되지 않은 모형母型이며, 나중에 나타나게 될 심리학적 구조들(자아, 초자아, 본능적 욕구)이 뚜렷하게 드러나거나 구별되지 않은 상태라는 점이다. 하트만보다 근래의 심리학자이며 어머니와 자녀 관계에 대한 정신분석적 연구의 선구자인 르네 스피츠René Spitz는 이 개념을 미분화(nondifferentiation)로 확장했다. 즉 의식 속에 내부와 외부, 나와 타인, 정신과 몸의 어떤 구별도 없는 상태, 따라서 아무것도 인식하지 않은 상태이다.

성격 구조의 가장 깊은 층과 그 안에 감싸인 기억에 이르기까지 깊이 들어가본 사람들의 체험을 바탕으로 이해한 바로는, 유아는 신체 감각, 감정, 본질적 상태들이 모두 한데 합쳐진 상태이다. 의식의 모든 내용물이 하나로 뒤섞여 일종의 원초적인 수프와 같다. 아기는 구별된 사물을 보더라도 그 사물들이 서로 별개임을 모르는 것 같다. 따뜻한 엄마 품을 느끼고, 빨간 고무공을 보고, 배고픔을 느끼지만 이것들을 서로 다른 경험으로 인식하지 못한다. 따뜻함, 빨간색, 배고픔이 모두 단일적인 경험의 일부인 것이다.

인식은 쾌감과 불쾌감의 차이를 구별하기 시작하면서 생기고, 이런 인상(impressions)들에 대한 기억의 흔적들이 발달 중인 아기의 중앙 신경체계에 조금씩 기록된다. 이런 인상들이 반복되면서 기억이 형성되기 시작한다. 우리가 처음으로 구별하는 대상이 쾌감과 고통이라는

사실은 인간이 쾌락을 좇고 고통을 회피한다는 프로이트의 이론이 자아구조 밑에 깔리는 가장 근원적인 원리임을 뜻한다.

아기는 점점 더 많은 것을 구별하기 시작하고, 내부와 외부에 대한 지각이 생긴다. 몸에서 수집된 감각들이 이제 막 형성되기 시작한 정체성이라는 내적 관념으로 기록되어 자기 관념의 바탕을 이룬다. 양육자와 접촉한 경험들이 쌓여 몸의 표면에 대한 감각이 생기고, 이렇게 수집된 감각이 몸의 경계선을 이루는 관념이 된다. 개개인의 몸은 다른 사람의 몸과 분리되어 있기 때문에 피부와 환경이 반복적으로 접촉하면서 자신은 개별적이고 분리된 존재라는 관념이 자리 잡기 시작한다. 자신을 절대적인 경계선이 있는 무엇으로 정의하는 이 단절감이 자아구조의 또 다른 근본적인 신념과 특징을 형성한다.

자기성찰 의식은 신체의 감각과 함께 시작되므로 자신이 누구이고 어떤 존재인지에 대한 인식이 신체와 동일시된다. 프로이트가 말했듯이, "자아는 무엇보다 먼저 신체 자아(body ego)이다."[1] 몸과의 동일시, 즉 신체로 서로 분리되어 있다는 사실을 바탕으로 우리가 누구이며 어떤 존재인지 정의함으로써, 만물을 하나로 느끼던 유아기 의식과 단절된다. 이 유아기 의식은 수세기에 걸쳐 신비가들이 전한 깊은 정신적인 체험과 똑같은 일치감이다. 본래부터 나는 분리된 존재라는 생각을 멈추는 순간, 우리의 근원적인 본성과 우주만물의 본성이 같은 것임을 깨닫는다. 우리가 하나에서 나온 유일무이한 발현 형태들이며 우주라는 한 몸을 이루는 서로 다른 세포들임을 체험하는 대신에 자신을 신체 즉 분리와 동일시하면, 자신이 근원적으로 단절되어 있으며 나 이외의 나머지 현실과 멀리 떨어져 있다고 느끼게 된다.

## 둘째, 충분하지 않은 양육환경

본질적인 바탕과 단절되는 두 번째 요인은 충분하지 않은 양육환경과 관련이 있다. 여기에는 침해와, 유아의 욕구에 대한 양육자의 조율 부족과 반응 부족이 있다. 유아는 말로 욕구를 표현할 수 없기 때문에 이런 조율 부족은 거의 불가피하다. 엄마는 아기가 배가 고픈지, 배에 가스가 찼는지, 변을 보는지 짐작하는 수밖에 없다. 아기가 처음에 겪는 고통은 신체적인 것이다. 아기는 여기에 반응해 고통을 없애려고 애쓴다. 생존 불안(survival anxiety)이 작동하고, 아기는 경계체제에 돌입해 고통으로부터 자신을 보호하고 원인을 제거하려고 노력한다. 이렇게 반응할 때 유아는 미분화된 상태, 즉 의식이 '본질'과 완전히 하나인 상태와 단절된다. 고통이 지나가면 유아의 의식은 다시 미분화 상태로 녹아들어간다.

환경에 따라서 이런 반응과 이완의 주기는 계속 되풀이된다. 학대나 다른 형태의 심각한 침해가 있으면 반응이 어느 정도 지속된다. 극단적인 외상이 없더라도 정상 신경을 가진 사람에게도 환경의 지원이 다소 변덕스럽다고 기록되며, 따라서 본질적인 바탕과 어느 정도 단절된 채 성장한다. 조율과 반응〔심리학 용어로 안아주기(holding)[2]〕이 일관되게 상실되면 환경에 대한 불신으로 이어지고, 결국 자아발달의 근저가 되는 반응으로 이어진다.

'안아주기'가 사라진 양육환경에 반응해야 하면 아기는 더 이상 단순하게 그냥 존재하지 않으며, 영혼이 무의식적이고 자연스럽게 커나가던 것이 중단된다. 이 반응이 지배적이게 되면 아기의 발달은 '실재'의 연속이 아니라 그 반응에 바탕을 두게 된다. 아기의 발달이 안전하지 못한 환경에 대한 반응에 토대를 두면 '실재'와 단절되어 발달하고, 따라서 자아가 가장 발달하게 될 것이고. '실재'의 연속성을 바탕으로 발달해 나가면 아기의 의식은 자신의 본질적인 바탕을 중심으로 머물고, 그 바탕을 성숙시키고 발현시킬 것이다.

양육환경에서 '안아주기'가 제공되지 않으면 아기의 발달은 신뢰할 수 없는 환경에 대처하기 위한 불가피한 시도, 즉 반응을 바탕으로 이루어진다. 아기는 의지할 수 없는 환경에 대응하기 위한 심리적 기제들을 발달시키고, 이것이 자신에 대한 관념, 즉 자아의 토대를 형성한다. 이렇게 발달한 아기의 의식은 불신을 바탕으로 하므로 불신은 자아발달 토대의 일부이다. 아기의 의식(영혼)은 자신이 자라는 환경을 흡수한 뒤에 그 환경을 세상에 투영한다.

그러므로 자아에 내재된 것은 현실에 대한 근본적인 불신이다. 양육환경에서 '안아주기'를 제공하지 못하면 근본적인 신뢰의 부재로 이어지고, 다음에는 '실재'와 단절되며, 결국 반응 즉 자아 활동이 일어나게 된다.[3]

처음의 미분화 상태와 단절되면 자신과 '본질' 사이에 전환 혹은 이원성이 생긴다. 거기에다 신체와 자신을 동일시하면서 자신이 본래부터 분리된 존재라는 믿음이 생겨난다. 이것이 이원성에 대한 착각이 발생하는 시초이다. 이 문제는 오랜 정신적 논쟁점으로, 이것 때문에 우리는 자신과 '실재'가 서로 다른 두 개의 상태라고 느낀다.

## 셋째, 본질에 대한 부모의 조율 부족

'실재'와의 연결을 잃게 만드는 세 번째 요인은 우리의 심원에 대한 부모의 조율 부족이다. 완전한 깨달음을 얻은 부모 밑에서 태어나지 않는 한, 자신이 근본적으로 분리된 존재라고 믿는 부모의 손에 길러졌다는 사실이 우리의 의식 깊은 곳을 형성한다. 부모도 자신의 본질적인 바탕에 대한 조율이 부족했기 때문에 우리의 진정한 심원을 인식하거나 반영하지도, 거기에 가치를 두지도 못했다. 생후 몇 개월 동안의 의식은 엄마의 의식과 합쳐지기 때문에 엄마가 경험하는 우리가 곧 자신이 경험하는 나다. 마가렛 말러Margaret Mahler가 주장했듯이, "공생단계에서 주고받는 상호 신호가 지울 수 없이 각인된 형상(복잡한 패턴)을 만들고, 이것이 '유아가 자기 엄마의 아이가 되는' 주요 동기가 된다."[4] 즉 우리는 엄마가 생각하는 사람이 된다. 부모는 사회와 문화를 전달해줄 뿐만 아니라 그들의 세계관도 나눠준다. 모유와 함께 흡수한 엄마의 세계관이 성격의 세계관이며, 신체만이 현실에서 유일하게 '실재'하는 차원이라고 경험한다. 부모가 현실의 더 깊은 차원인 우리의 본질적인 바탕을 인식하고 반영하지 못하기 때문에 우리도 점차 그것과 단절된다.

앞에서 말했듯이, 우리 의식과 영혼의 본성인 '본질'은 '본질적 측면'이라는 여러 가지 특성이 있다. 인자함, 힘, 지혜, 기쁨, 평화, 흠 없음, 정신적 양식은 이런 '측면들'의 일부일 뿐이다. 그래서 영혼의 '진정한 본성'은 그대로 있는 반면, 그것이 발현된 특성은 변한다. 즉 어떤 특정한 시기에 우리가 가장 강하게 연결되어 있는 특성은 변한다. '본질'이 발현시키는 특성은 우리가 처한 외부 상황 또는 내면의 과정에서 일어나고 있는 일에 따라 달라진다. 괴로움을 겪는 친구를 만나면 연민이 올라오기도 하고, 내면의 자신감이 부족하면 내적 지원이 올라오는 것을 느낄 것이다. 어둠 속에서 코끼리의 다른 부분을 만지고 나서 코끼리에 대해 서로 다른 느낌을 말하는 율법학자들에 대한 수피교 우화처럼, 각 '측면'은 우리의 '진정한 본성'이 가진 다양한 성향을 보여주지만, 결국 모두 하나에서 온다. '본질'이 보여주는 얼굴은 다를 수 있지만 결국 전부 하나이다.

유아가 '본질'의 여러 가지 성향을 경험하는 것처럼 보일지라도 특정한 발달 단계에서는 특별한 성향이 두드러진다. 말러가 공생관계라고 부르는 생후 2~6개월 사이에 가장 두드러지는 '측면'은 무아지경의 황홀한 사랑으로, 완전히 녹아드는 감미로움과 모든 것과 일치된 느낌이 특징이다. 이 단계에서 아기와 엄마는 서로 하나가 된 듯이 느낀다. 이 더없이 행복한 일치감을 어른이 된 후에도 사랑에 빠짐으로써 무의식적으로 되찾으려 한다. 6~7개월 사이에 기어 다니기 시작하고 엄마와 신체적으로 떨어지면서부터 아기는 엄마와 분리된 존재라는 느낌을 내면에 형성하기 시작해 공생관계의 궤도에서 '벗어난다.' 이 분화의 하위단계에 해당하는 '측면'은 원기 왕성한 팽창, 강하고 유능한 느낌으로 나타난다. 아기가 세상을 탐험하기 시작하고 신기할 따름인 사람과 사물을 즐겁게 만지고, 맛보고, 마음대로 움직이기 시작하면서 또 다른 '측면'이 현저하게 두드러진다. 이 '측면'은 즐거움과 만나는 모든 대상에 대한 끝없고 목적 없는 호기심이 특징이다.

아기가 각각의 자아발달 단계를 거칠 때마다 그에 따르는 '측면'이 함께 두드러진다. 발달 단계 중에 단절이나 정신적 외상이 일어나면 (환경에 가장 잘 순응한 아이에게도 이런 일이 많다) 그 단계에 해당하는 '본질적인 측면'과의 관계에 영향을 미쳐 연결을 약화시킨다. 이런 단절은 우리 몸과 영혼에 저장된 과거의 일부가 된다.

## 본질과의 단절이
## 성격을 형성한다

심원과의 단절을 '추락'으로 부르는 이들도 있다. 몇몇 정신적인 가르침에서는 추락은 갑자기 일어나지 않고 네 살이 될 때까지 특정 '측면'이 두드러지게 나타나는 발달 단계를 거치면서 점진적으로 일어난다고 한다. 일부는 서서히, 일부는 갑자기 의식에서 본질을 사라지게 하다가 끝에 가서는 일종의 고비질량(critical mass)에 이르러 본질의 영역 전체가 의식 속에서 희미해진다. '본질'은 영혼의 본성이므로 추락이란 정말로 '본질'을 잃어버리는 것이 아니라 그것과 단절되는 것을 말한다. 이것은 '본질'의 영역은 항상 존재하며, 단지 우리가 그 영역을 '망각'하거나 의식에서 차단했을 뿐이라는 뜻이므로 이 구별은 중요하다. 본질은 매순간 여기에 있고 우리 존재와 분리될 수 없지만 무의식 속으로 침잠해버렸다. 깨달음을 논하는 정신적인 가르침들은 이런 이해가 바탕이 되지만 우리에게 큰 위안은 되지 않는다. 왜냐하면 '본질'의 영역은 그것이 존재한다고 머리로 아는 것만으로는 의식 위로 떠오르지 않기 때문이다.

그래서 정신적 성장에 접근하는 한 가지 방법은 의식을 무의식으로 확대하는 것이다. 보통의 의식 상태에서 '본질'의 영역은 성격의 가장 깊은 층 아래에 덮여 있다. 이 층은 의식에서 억압된 내용들뿐 아니라 본능적 욕구와 여기에 관련된 기억과 환상들처럼 의식 위로 한 번도 떠오른 적 없는 내용들로 이루어져 있다. 무의식이라는 개념을 체계화한 프로이트는 무의식이 의식하지 못하는 자아(ego), 초자아(superego)의 기능 일부, 그리고 그가 이드id라고 부른 것을 담고 있다고 생각했다. 그가 정의한 이드의 개념은 이렇다. "선천적으로 물려받은 것, 처음부터 가지고 태어난 것, 조직에 입력된 모든 것. 무엇보다 육체의 구조에서 비롯하며, 우리에게 알려지지 않은 형태의 최초의 육체적 표현을 발견하는 본능이 여기(이드)에 담겨 있다."[5] 비록 그가 정신적 차원에 대해 이론화하거나 기술하지는 않았지만, 태어날 때부터 존재하는 '본질'의 영역은 재미있게도 프로이트가 내린 이드의 정의에 포함된다.[6]

　'본질'이 이드의 일부로 무의식이라는 커다란 가마솥 밑으로 가라앉으면서, 우리는 이 귀중한 자신의 일부(사실상 애초에 우리 존재를 귀하게 만든 무엇)와 한 번에 한 가지 '측면'씩 점차 단절되어 간다. 이 깨달음은 알마스가 구멍 이론(the theory of holes)으로 체계화했는데, 그 이유는 곧 명확하게 설명될 것이다. 각 '측면'을 '잃어버림'으로써 우리는 뭔가 빠진 느낌, 뭔가 부족한 느낌을 경험하고 이를 결함으로 해석한다. 즉 '내 안에 뭔가 빠져 있기 때문에 나는 뭔가 잘못되었다'고 생각한다. 마치 의식 속에 절대적으로 필요한 무언가가 있어야 할 자리에 구멍이 난 듯하고, 글자 그대로 빈자리가 느껴질 것이다. 심지어 물리적으로 말짱한데도 신체 여러 부분에 구멍이 있다고 느낄 수도 있다. '본질적 측면'을 잃고 이런 구멍들이 더 많이 생길수록 공허감과 결함의 느낌으로 기울게 되고, 결국 의식적으로든 무의식적으로든 대부분의 사람들이 느끼는 내적인 경험의 핵을 형성한다. 무가치함, 보잘것없음, 하찮음, 약함, 무력함, 무능함, 불충분함, 쓸모없음 …. 아무것도 떠받쳐주는 것 없이 허공에 부유浮遊하는 기분으로 느껴질 수 있는 이런 자아결핍 상태가 가장 깊은 층을 형성하고, 성격의 가장 깊은 체험을 이룬다. 그럴 수밖에 없다. 왜냐하면 성격이란 자신에게 기반('본질')이 결핍되어 있다는 감각이며, 그래서 오직 부족한 느낌밖에 가질 수 없기 때문이다.

첫 번째 단계, 즉 본질적 바탕과의 단절이 성격 또는 자아구조를 형성하기 시작하고, 그 결과 마음 깊은 곳에 결핍의 공허한 상태를 만드는 단계는 내부 삼각형 위의 9번으로 상징된다. 복잡한 차원을 덧붙여 독자를 혼란스럽게 만들 위험이 있지만, '본질'과 단절시킨다고 설명한 세 가지 요인들(신체와의 동일시, 반응과 환경에 대한 신뢰 상실, '본질'의 영역이 우리에게 다시 반향되지 않음)은 내부 삼각형의 꼭짓점에 자리 잡은 세 개의 번호와 관련이 있다. 그러니까 삼각형 안에 삼각형이 있는 것이다. 신체와의 동일시는 9번, 유아기에 양육자가 욕구를 충분히 만족시켜주지 못한 데 대한 반동적 불안은 6번, 부모 또한 '본질'의 영역과 단절되어 자녀에게 반영하지 못한 점은 3번에 상응한다. 지금부터 왜 이런 상관관계를 만드는지 설명하겠다.

## 본질과 단절되는 요인과 각 유형의 상관관계

그림3에서 9번과 그 이웃 번호인 8번, 1번은 에니어그램 삼각형의 '나태함' 모퉁이를 형성한다. 즉 이 유형들(게으른 자아(9번), 복수하는 자아(8번), 분개하는 자아(1번))은 전부 '잠들어 있다'라는 보이지 않는 실로 연결되어 있다. '본질'과 단절되고 외부를 향해 있다는 뜻이다. 이 개념은 자신의 '진정한 본성'을 모르는 채 잠들어 있으며 무의식의 잠에서 깨어나려고 노력하지 않는 것(의무를 다하지 않는 것)은 게으름이라는 뜻이다.

삼각형을 따라 이동하여 성격 확장의 다음 단계는 6번으로 상징된다. 6번(두려운 자아)과 이웃한 7번(계획하는 자아), 5번(인색한 자아)으로 이루어진 이 모퉁이는 에니어그램의 '두려움' 모퉁이다. 양육 환경이 붕괴되어 영혼 안에 자리 잡은 결과 '본질'과 멀어지게 만드는 두려움, 또 그 단절로 악순환의 고리처럼 생겨나는 두려움을 나타낸다.

구멍이 형성되면 결핍의 공허감이 뒤따라오는데, 유아의 의식이 겪기에는 너무나 고통스럽기 때문에 그 상실감으로 생존하지 못할 거라는 두려움을 일으킨다. 상실을 경험하면 살아남지 못할 것 같은 두려움이 어떤 구멍이 생기든 주위에 긴장과 위축의 층을 형성하고, 그 층이 성격 구조의 기저에서 공포의 고리처럼 느껴진다. 이 고리가 단절되고, 길을 잃고, 마음 깊은 곳에서 위험에 처해 있다고 느끼게 만드는 두려움의 차원이다. 더 정확하게는 원시적 공포라고 할 수 있다. 이것은 영혼이 위축되는 것이며 신체의 긴장이나 방어라는 패턴으로 나타난다. 궁극적으로 성격 구조 전체가 결국 하나의 커다란 위축〔강직된 붙들기(rigid holding)〕으로, 영혼 안에 결정화된 이 원시적 공포와 동의어이다.

'본질'과의 연결을 회복하는 과정에서 체험적으로 성격의 외부 층을 지나 기저에 깔린 결핍의 공허 상태와 가까워지기 시작하면서 이 두려움의 층은 특히 뚜렷해진다. 이 두려움 층이 신호불안의 원형原形이다. 신호불안이란 무의식 속에 저장된 무언가가 의식 위로 떠오르기 시작함을 느끼면서 올라오는, 위험이 임박한 기분을 말한다. 이것이 자아의 방어체제를 동원해 그 내용물이 계속 의식 밖에 밀봉돼 있도록 만든다. 그러므로 신호불안(signal anxiety)은 이 원시적 공포 층의 표층적 발현이다. 앞서 말했듯이, 이 두려움은 역설적으로 최초에 우리를 '본질'에서 떨어져 나오게 만든 두려움과 똑같다. 양육환경의 붕괴가 '실재'에 머무르던 우리를 '실재'와 단절시키는 반응을 유발하기 때문이다. 본질적 바탕과 다시 연결되는 과정을 설명할 때 이 두려움 모퉁이를 다시 살펴보겠다.

생존하지 못하리라는 두려움에 직면한 아이는 점차 떠오르는 자신의 심리 구조에서 평안을 회복하려고 시도한다. 자아발달 과정에서 이 부분으로 넘어가면, 3번이 상징하는 상태를 다루게 된다. 생명을 위협하는 두려움에 대처하기 위해 아이는 구멍과 그 주위를 둘러싼 두려움에 대한 의식을 놓음으로써 구멍을 덮어버린다. 영혼 안에 있는 이 빈 공간에 대한 의식을 일단 놓아버리면, 동시에 그 공간을 채우기 위해 노력한다. 억압되긴 했지만 구멍이 거기에 존재한다는 사실을 영혼이 알기 때문이다. 아이는 빠진 무언가를 외부에서 찾아 구멍을 메우려 노력하고, 이 과정은 나이가 들수록 더욱 복잡하고 정교해진다. 처음에는 따뜻한 젖병이나 '좋아하는 담요'가 감미로운 사랑의 연결을 상실한 것을 대체한다. 어른이 되면 이 구멍 메우기 작업은 무력함의 구멍을 메우기 위해 세상의 성공을 구하고, 무가치함의 구멍을 메우기 위해 인정을 구하거나 귀중한 물건을 축적하고, 하찮음의 구멍을 메우기 위해 사회적으로 중요한 행위를 하려 하며, 나약함 또는 무능함의 구멍을 메우기 위해 산에 오르고, 사랑받을 수 없는 존재라는 구멍을 메우기 위해 동반자를 찾는 등으로 나타날 수 있다.

그 결과 각 구멍에 상응해 성격의 영역이 발달한다. 앞서 설명한 기억의 흔적이 자기표상, 즉 자신에 대한 내적 이미지 속으로 합체된다. 자기표상 안에는 각 '측면'과 단절된 기억, 단절로 생긴 자신에 대한 신념, 그런 자신에 대한 느낌의 일부로 올라오는 감정을 담고 있다. 이런 자기표상이 곧 전체적인 자기이미지(self-image), 즉 자신에 대해 갖는 내적 그림의 일부분을 형성하지만 대부분 무의식으로 남아 있다. 우리는 자신이 나약하거나, 사랑받을 가치가 없거나, 인내 또는 총명함이 부족하거나, 본질에서 단절된 그 측면의 성향이 없는 사람이라고 인식한다.

세상에 내보이는 외적 인격은 단지 자신에 대해 가진 이 내적 그림이 가장 바깥에서 발현된 것이다. 외적 인격은 흔히 자기이미지라고도 한다. 그림3에서 보듯이, 에니어그램의 '이미지' 모퉁이에 있는 유형들은 이름이 아첨하는 자아(2번), 허영적인 자아(3번), 우울한 자아(4번)로, 모두 이미지(외부로 나타나는 이미지와 내면에 비춰지는 이미지 모두)에 초점과 관심을 맞추고 있다. 이것은 자신에 대한 내적 그림(자기이미지)과 동일시하는 더 깊은 과정의 표층적 발현이다.

결국 이 자기이미지는 시간이 지날수록 나는 이러이러한 성향, 특색, 능력을 가진 사람이라는 일관성을 갖춘다. 이것은 대부분 자기 인식을 형성하는 특정한 구멍과 물려받은 특성에 따라 결정된다. 대상관계(object relations) 심리학자들은 이런 자기 인식이 '타인'에 대한 인식과 함께 발달한다고 설명한다. 발달중인 유아의 의식에 기억의 흔적으로 등록되는 반복적인 인상과 경험이 결국 나 그리고 내가 아닌 것, 즉 타인(처음에는 엄마 또는 아기 때 돌봐준 사람)에 대한 인식으로 녹아들어간다. 타인에 대한 이 최초의 내면의 그림 또는 개념, 즉 대상이미지(엄마가 남긴 인상을 영원히 지닌다)는 틀을 형성하고, 우리는 외부 세상 전체를 이 틀을 통해 경험한다. 자기이미지의 발달이 부모가 인식해서 우리에게 '반영(mirror)'하는 것과 밀접한 관련이 있듯이, 타인에 대한 인식도 어린 시절에 반영해준(mirroring) 사람을 모방한다. 이런 이유로 친구와 애인은 부모를 상기시키는 특정 습관을 갖고 있다. 심지어 마음 가장 깊은 곳에 있는 신에 대한 개념도 어머니를 상기시킨다는 괴로운 특성을 가진 경우가 많다.

주변 세상과 관련하여 우리가 누구인지 정의하는 이 자기와 대상이미지의 정신구조는, 우리의 심원보다 존재의 표층에 의식을 집중시키고 동일화하는 필터 역할을 한다. 표층과의 동일시는 심원한 본성에 대한 부모의 인식 부족과 밀접한 관련이 있다. 이것은 앞서 설명했듯이 '본질'과 단절시키는 요인 중 하나이며, 여기서는 3번으로 상정된다. 알마스는 다음과 같이 말했다.

> 때가 되면 의식의 경험에는 '본질'이 없어질 것이다. '본질'이나 '실재' 대신에 많은 구멍들, 온갖 종류의 강도 높은 부족감과 결핍감이 생긴다. 그러나 사람들은 보통 이렇게 구멍 난 상태를 의식하지 못한다. 대신에, 이런 결핍감에 대한 지각을 덮은 충전물(filling)을 인식하고 그것을 자신의 성격으로 받아들인다. 그래서 '본질'을 깨달은 사람들은 성격을 허구라고 말한다. 하지만 우리는 그것이 단지 충전물이고 근원적인 상실의 경험을 덮은 여러 겹의 베일에 지나지 않는다는 것을 모른 채, 자신이 아는 자기의 모습을 믿는다. 보통 '본질'과 그것을 상실하는 경험은 나이가 들수록 더해지고 깊어지며, 희미하게 불완전한 느낌과 끊임없이 자신을 괴롭히는 결핍감만을 남긴다.[7]

알마스가 말한 불완전한 느낌과 결핍감이 인생의 무의미함과 내면의 공허감 말고 뭔가 더 있지 않을까 하는 의문을 갖게 한다. 그리고 드디어 문제의 해답을 바깥에서 찾을 수 있다는 희망을 포기할 때, 나를 충족시켜줄 것 같은 무언가를 얻기 위해 특정한 양식으로 행동하지 않을 때, 내면의 공허함을 메우거나 이 공허함을 회피하기 위해 주의를 딴 데로 돌리지 않을 때, 마침내 인생의 바퀴의 위대한 반전反轉을 시작할 수 있을 것이다. 즉 우리의 경험을 실제로 결정하는 내면의 세계와 우리 의식과 똑바로 그리고 진실하게 대면하는 것이다.

불완전한 느낌이 심원과 연결이 끊어진 결과이며, 이 연결이 여러 층의 심리적 구조에 덮여 흐려졌다는 사실을 이해하면, 정신적 뿌리와 연결되기 위해 해야 할 일이 무엇인지 알게 된다. 그것은 거꾸로 이 구조를 뚫고 나아가 그 너머를 향해 가는 것이다. 성격을 형성하는 구조는 구멍에 반응해서 발달하기 때문에 의식에서 잃어버린 '실재'의 특성을 모방한다. 따라서 심원과 다시 연결되기 위해 할 일은 사실상 발달의 단계를 거슬러 올라가는 것이다. 그러려면 필연적으로 그 순간의 경험에 머물러야 한다. 즉 신체의 감각, 감정, 생각에 완전히 연결되어 느껴야 하며, 우리가 찾은 사실에 대해 호기심을 갖고 탐구해 들어가야 한다. 정신의 구조물, 즉 우리의 자기이미지와 대상이미지의 바탕에 깔린 것이 무엇이든 체험적으로 탐구하면 용해되고, 결국 이 거짓 구성물이 채우고 있던 '본질'의 구멍이 드러난다. 그 구멍이 어떤 것이든 본래부터 진정한 그 무엇이 확장되고 우리 의식 속에서 더욱 뚜렷해질 것이다.

내적 작업에서 자기기만, 부정, 회피의 방어태세를 놓으면 우리가 알던 자신은 허구의 성격이며, 진정한 본성과 단절됨으로써 생긴 구멍을 메우는 무엇에 지나지 않음을 가장 먼저 발견한다. 그럼 이제부터 우리의 표층, 즉 성격과의 동일시를 상징하는 3번에서 여정을 시작해 보자. 3번은 성격을 위한 모든 지원(인간관계, 부, 권력, 지위, 지식 등 나를 채우기 위해 외부 세계에서 추구하는 모든 것)을 나타내기도 한다. 말하자면 구멍을 메운 충전물을 상징한다. 그것이 정신적 구조물이든 외부의 장신구이든 간에 실제로 우리와 우리 삶의 표면을 떠받치는(그리고 그 안에 내재하는) 심원과 더욱 확실하게 단절시킬 뿐이다.

## 본질과 구별되는
## 성격의 특성

성격은 본질적 바탕과 명백하게 구별되는 여러 가지 특성이 있다. 가장 주요한 특성 중 하나는 경직되고 고정적이라는 점이다. 그래서 자기인식이 매순간 거의 변하지 않으며, 삶 속에서 부딪치는 사건에 주관적인 자기인식을 바탕으로 반응한다. 현재의 순간에 대한 우리의 경험은 먼 과거의 요소가 조각조각 짜 맞춰진, 나는 누구이며 세상은 어떤 곳인지에 대한 여러 층의 그림들(우리 각자의 내면의 영화)을 통해 여과된다. 사건과 우리 사이를 완충시켜 인식한 사실을 왜곡하고 오역하게 만드는 것이다. 실제로 우리는 현재가 아니라 과거에 반응하는 셈이다.

간단한 예를 들자면 이런 것이다. 욕구를 강하게 드러내야 하는 상황에서도 우리는 잘 표현하지 않는다. 왜냐하면 그래서도 안 되고 자신은 그럴 수 없는 사람이라고 경험하기 때문이다. 이런 경직성은 친밀한 관계에서 상대가 나를 정말로 사랑한다고 믿지 못할 때나(나는 근원적으로 사랑받을 수 없는 존재라고 믿을 때), 나를 정말 사랑하긴 하지만 내 생각만큼 그렇게 멋진 사람은 절대 아닐 거라고 믿을 때 가장 날카롭게 드러난다. 또 다른 쉬운 예로, 높은 승진을 하거나 성과에 대해 크게 인정받으면 틀림없이 뭔가 잘못됐다고 생각하는 경우다.

이 예시들을 연결하는 공통분모는, 그들이 성격의 가장 깊은 층을 형성하는 결핍감을 반영하는 부족감에 근거한 자기이미지를 주장한다는 것이다. 이것 때문에 그토록 원하던 것(그 구멍을 정말로 채워줄 거라 생각한 것)을 손에 넣고도 정말 좋은 거라면 내 것이 될 리가 없으며, 그저 아직 나쁜 점을 찾지 못했을 뿐이라고 생각한다. 그렇지 않더라도 성취감은 그리 오래가지 않는다.

자기이미지는 의식 속에 너무 확고하게 조직화되었기 때문에 우리 의지대로 할 수 있는 대상이 아니라는 것을 이해해야 한다. 오히려 나 자신, 타인 그리고 우리를 둘러싼 세상에 대해 아무런 의심 없이, 대부분 무의식적으로 가진 확신이라고 보는 편이 맞다. 살면서 부딪치는 사람은 많겠지만 내면의 영화 속에서 그들에게 배정하는 역할은 거의 바뀌지 않는다. 대부분 어린 시절에 중요했던 사람들의 역할이 정교해진 것이다. 살면서 겪는 상황들을 보면 계속해서 반복된다는 지독한 습성이 있다. 성격과 자신을 동일시하고 있다는 사실을 진실로 이해하면, 자신이 얼마나 거대한 자기이미지에 감금되어 있는지 깨닫기 시작한다.

몸에 의식을 집중하고 의식 속의 어떤 감각, 감정, 생각이든 완전히 떠오르게 해서 경험하면, 깊은 내면으로 들어가면서 자신과 더 연결이 잘 되는 것을 느낀다. 외부로 향해 있던 초점이 내면의 탐구로 옮겨지면서 성격이 더 이상 꼼짝하지 못하기 시작한다. 내면의 영역을 탐구하기 시작하면 제일 처음 만나는 것들 중 하나가 내부의 비판자인 초자아에서 오는 내면의 '해야 한다'이다. 이 내면의 목소리는 어린 시절의 권위적인 인물들이 내재화한 것이다. 성격에서 가장 마지막으로 발달한 층이기 때문에 제일 먼저 맞닥뜨리게 된다. 프로이트가 최초에 독일어로 붙인 이름(Über-Ich)이 뜻하듯이, 이것의 기능은 이히Ich, 즉 '나'를 감시하는 것이다. 명령과 훈계를 통해 성격을 유지시키며, 무엇을 하고 어떻게 행동해야 하며 무엇이 옳고 그른지 이야기한다. 초자아는 우리의 경험을 좋고 나쁜 것, 옳고 그른 것, 괜찮고 안 괜찮은 것 등으로 평가한다. 우리가 더 '나아지기만' 하면 그토록 원하던 충족감을 얻을 것이라는 희망을 계속 갖게 만든다. 초자아는 체험적 탐구를 통해 성격의 구조물이 해체되는 것을 방해한다. 왜냐하면 초자아는 우리 내면에 어떤 일이 일어나고 일어나지 않아야 하는지를 명령하기 때문이다.

## 내적 작업의 순서

내적 작업을 시작하는 첫 번째 순서는 초자아로부터 방어하는 법을 배우는 것이다. 판단과 비난은 자신에게 고통을 가하는 일임을, 이런 식으로 자신에게 접근하면 역효과를 낼 뿐임을 알아야 한다. 자신을 비난하고 판단하는 것이 내면의 결핍감을 영속시켰다는 사실을 깨달아야 한다.[8] 각에니어그램 유형의 초자아는 각각 특색이 있고, 또 우리가 자신이라고 경험하는 무엇과 특유의 관계를 갖는다. 이 부분은 각각의 유형을 다루면서 더 살펴보겠다.

초자아로부터 방어하는 법을 배우면 무엇이 떠오르든 간에 의식의 내용물에 머무르기가 더 쉬워진다. 사건, 반응 또는 신체적 긴장의 실마리를 따라가면 그것과 관련된 심리 구조물과, 그 구조물이 '본질'의 특성과 단절된 후 우리 의식에 남은 구멍에서 시작해 발달해온 역사로 우리를 이끌어줄 것이다. 다음의 예를 보면 이 과정을 이해하는 데에 도움이 될 것이다.

삶에서 물질적 지원에 대해 문제가 있다고 하자. 항상 필요한 물건을 살 돈이 넉넉하지 않고, 주변에서 값비싼 휴가를 가거나 집을 사는 사람을 보면 화가 치밀고 질투가 난다. 이런 문제가 생길 때마다 자신이 박탈감을 느끼며 가난하다고 경험하는 상태라는 사실을 알아차린다. 자신이 항상 그렇게 느껴왔다는 것을 깨닫고 어린 시절의 많은 기억이 떠오를 수 있다. 자신은 부모에게 받지 못한 것을 다른 아이들은 받았던 기억이 날 수도 있다. 엄마가 곁에 있어주지 않았으며, 감정적 ·

물질적인 필요를 채워주지 못했던 것이 기억날 것이다.

깊은 고통이 떠오르고, 그 고통이 뱃속 저 아래의 긴장에서 올라오는 것임을 알아차린다. 고통을 받아들이면 그 고통의 중심에 있는 공허감을 어렴풋이 감지할 것이다. 그리고 그것을 완전하게 느끼기가 두려워질 것이다. 이 두려움에 머물면서 무엇이 무서운지 이해하려고 노력하면, 엄마가 자신의 필요에 반응해주지 않아서 생존하지 못할 거라는 두려움에 휩싸였던 기억이 떠오르고, 자신이 마치 한 살 아기처럼 느끼고 있다는 사실을 깨닫는다. 아기일 때는 이 구멍을 도저히 견뎌낼 수 없었지만, 이제는 어른이며 두려움을 느껴도 견딜 수 있을 거라는 사실을 깨닫는다. 구멍을 있는 그대로 느끼면, 배의 긴장이 이완된다. 그러나 그 공허감은 지독하다. 영원히 계속될 것만 같고, 마음에서는 이것을 계속하는 일이 무의미하다고 말한다. 이 구멍은 자신이 기억하는 한 늘 거기에 있었으며, 매우 친숙한 느낌이라는 것을 알아차린다. 비록 배경 속으로 파묻혀 거의 눈에 띄지 않았지만 자신의 일부와 같다. 그것을 진심으로 경험하는 일이 쓸데없다고 느꼈고, 봉인해서 보이지 않는 곳으로 밀어냈다는 사실을 이해한다.

이제 그것과 직면하자 바닥이 쑥 꺼진 듯하고, 그 안으로 들어가면 끝없이 추락할 것만 같다. 이것이 그저 추측일 뿐임을 깨달은 후, 그 구멍을 체험적으로 확인해보고 자신이 구멍의 한가운데에 있음을 발견한다. 순간 자신이 떨어지지 않고 공중에 떠 있으며, 무언가 자신을 떠받치고 있음을 느낀다. 그것이 무엇인지 탐구해 들어가면 확고하게 떠받치는 느낌의 강한 존재를 자각한다. 처음에는 그 존재가 자신 밖에 있는 것 같지만, 그 체험에 계속 머무르면 이 존재가 실은 자신 안에 있음을 깨닫는다. 사실은 공허감이 자리했던 뱃속의 바로 그 자리에서 이 떠받치는 존재를 느낄 것이다.

이것은 본질의 떠받침이라는 구멍을 통과하는 가상의 예이다. 그 안에서 우리는 일상생활 속의 문제들, 특히 반복해서 부딪치는 문제가 본질적 바탕의 특성 중 하나와 단절됨으로써 발현된 현상이라는 사실을 이해한다. 표층의 불안은 저 깊은 곳에서 일어나는 일과 직접적인 연결 관계가 있다. 근본적으로 이 심원과 연결돼야만 실질적으로 표층이 바뀐다. 또한 우리는 이 예시에서 자신의 경험을 자유롭게 탐구하는 태도가 어떻게 물결이 휘몰아치는 표면의 저 밑바닥에 있는 구멍으로 인도하고 또 통과하게 해주는지 알 수 있다.

위의 예시에서 보듯이, 모든 구멍은 두려움으로 둘러싸여 있다. 그 구멍과 직면할 때 우리는 내부 삼각형의 지도를 따라 이동해 6번에 서게 된다. 앞서 말한 대로 구멍을 뒤덮고 있는 두려움은 그 구멍을 경험하는 데에 대한 불안이자 애초에 구멍이 생기게 만든 영혼의 반동적 불안이다. 이 두려움 속에는 구멍을 완전히 느끼면 도저히 견딜 수 없으리라는 확신이 필연적으로 내포되어 있다. 이것은 자신이 미치거나, 무너지거나, 붕괴되거나, 분열되거나, 사라지거나, 죽을지도 모른다는 공포로 발현될 수 있다. 구멍이 당사자의 성격 구조의 근저에 가까울수록 두려움은 더욱 클 것이다.

그러나 사라지고, 용해되고, 붕괴되는 것은 바로 두려움 위에 층을 형성한 성격의 영역이다. 즉 두려움을 넘으면 성격을 뛰어넘는 것이다. 우리는 이것을 원한다고 단언하지만, 동시에 가장 두렵기도 하다. 성격이 우리 자신이자 전부라고 믿게 되었기 때문이다. 두려움 속에는 구멍에서 멀리 떨어지려는 위축감이 내포되어 있고, 역설적으로 이렇게 멀리 떨어지기 때문에 결핍감이 생긴다. 구멍을 거부하는 한은 기분이 좋지 않다. 구멍을 받아들이고 마음을 여는 순간, 결핍됐다고 느끼던 바로 그것이, 잃어버린 줄 알았던 그 '본질'의 특성으로 가득 채워진 광대함으로 변한다. 내부 삼각형의 지도를 따라 이동해 두려움을 넘어서 결핍의 공허감으로 움직이고, 또 그것을 넘어서 '본질'의 광대함으로 가는 움직임은 9번을 통과해 가는 움직임이다.

3번이 상징하는 성격의 구조물을 통과하고, 6번에서 각 구멍을 에워싼 두려움 층을 통과하고, 9번이 상징하는 결핍의 공허감에서 '본질'로 향하는 이 과정을 여러 차례 수행해야 실제로 성격과의 동일시에서 벗어날 수 있다. 어렸을 때 구멍들의 고비질량에 이르러서 내면의 균형이 기울어져 '본질'과의 동일시에서 성격과의 동일시로 넘어갔듯이, 귀환의 여정에서도 고비질량에 이르러야 한다. 구멍을 통과해 본질적인 바탕과 연결되는 과정을 반복하면, 마침내 성격에서 '본질'과의 동일시로 넘어갈 것이다. 이 시간이 얼마나 걸릴지는 많은 요인에 따라 사람마다 완전히 다르다. 어린 시절 겪은 정신적 외상의 강도와 자신의 '본질'을 만나기 위해 무엇이든 할 내적 동기의 정도 등에 따라 달라질 수 있다.

자신의 본질적인 바탕과 다시 연결되는 작업은 쉽지도 않고 금방 끝나지도 않는다. 그러나 자신의 심원을 발견하고자 하는 내면의 불꽃을 느끼는 사람이라면 이 작업은 필수이다. 13세기의 신비주의 시인 제라루딘 루미Jelaluddin Rumi는 이렇게 썼다.

당신은 두려워했습니다.
땅속으로 꺼질까
대기 속으로 사라질까.

이제, 물구슬들을 놓아주자
대양 속으로 떨어져 들어가
본래 왔던 곳으로 돌아갑니다.

이전의 모양은 사라지고 없지만,
여전히 물입니다.
본질은 똑같습니다.

이 포기는 슬픈 일이 아닙니다.
당신 자신을 영광스럽게 하는 일입니다.[9]

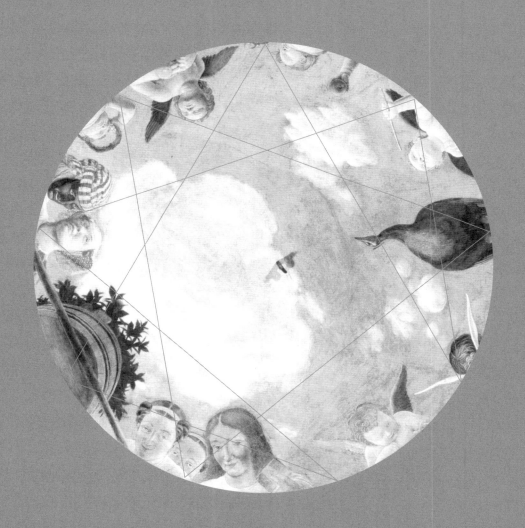

# 2장

# 에니어그램 9번 유형 – 게으른 자아

ENNEA-TYPE NINE : EGO-INDOLENCE

영적인 열림은

자신만의 안전한 동굴로 움츠러드는 것이 아니라,

지혜와 친절한 가슴을 가지고

어떤 분리감도 없이 삶의 모든 경험을 끌어안는 것이다.

— 잭 콘필드Jack Kornfield

## 인물상

에니어그램 9번 유형은 모든 유형의 '어머니'이다. 1장에서 살펴봤듯이, 9번은 본질적인 바탕과 단절되는 원리를 나타낸다. 이렇게 '진정한 본성'과 멀어지는 것은 모든 자아에 공통적으로 일어나는 일이기 때문에, 다른 유형들은 성격의 이 근본적인 원형原型에서 파생되었다고 볼 수 있다. 달리 말하면 이 성격 유형은 가장 순수하게 진정한 나를 잊어버리는 문제(자신의 가장 심원한 본성에 잠들어 있는 문제)에 닻을 내리고 있다. 다른 유형들은 자아의 핵이 되는 이 근본 원리가 변주되거나 꾸며진 것이다.

이 에니어그램 유형의 특성을 짧게 요약하자면, 9번은 자신에게 사람들의 관심이 쏠리는 것을 피한다. 성격이 강하지 않으며 특징이 없거나 흐릿하다. 자신보다 타인을 우선시하며, 자신과 다른 사람의 관심

73

이 자기에게 집중되는 것을 힘들어한다. 다른 사람에게 조명이 집중되도록 하는 편을 더 좋아하며, 자신은 별로 중요하지 않고 그냥 우연히 생겨난 존재로 여겨 배경 속으로 자신을 감추곤 한다. 앞으로 나서는 일이 거의 없으며, 모든 일을 화목하고 기분 좋은 상태로 유지하고 싶어 한다. 또 다른 사람이 기분 나빠 하거나 불편해 하거나 논쟁을 불러올 것 같은 일이나 말은 무척 하기 어려워한다. 그래서 이들은 대립을 피하고, 부정적인 기분이나 의견을 거의 표현하지 않으며, 긍정적인 면에 초점을 맞춘다.

9번은 뛰어난 중재자이다. 모든 사람의 관점에서 바라볼 수 있지만, 자신의 관점을 인식하고 표현하는 것은 어려워한다. 자신에게 정말로 필요한 것이 무엇인지 판단하고 주의를 기울이는 데에 어려움을 느낀다. 그래서 내면의 삶을 무시하며, 자신의 감정과 생각에 주의를 기울이지 않고, 일상생활에서 해야 하는 일들을 돌보지 않는다.

마음이 외부로 향하기 때문에 매우 활동적일 수도, 게으를 수도 있다. 어느 쪽이든 자신과 자신의 개인적 욕구에는 관심이 없다. 9번은 일상적인 삶 속에서 길을 잃기도 하고, 정말로 처리해야 하는 일이 무엇인지 잘 구별하지 못한다. 관성慣性의 경향이 있어서 움직임을 시작하기도 어렵고, 또 일단 움직이면 방향을 바꾸거나 멈추기도 어렵다. 흐리멍덩하고 무질서할 수 있지만, 편안하고 악의가 없다. 결핍감을 중심으로 한 무가치함, 하찮음, 결함의 느낌이 내면에서 올라오면, 이런 고통스러운 감정을 마비시키기 위해 안락함과 오락으로 자신을 달랜다. 건강한 9번들은 충실하고 안정적이며, 믿음직스럽고 친절하다.

## 신성한 사고

9번의, 자기 자신을 망각하는 중심적 태도가 성격 유형의 가장 근원이 되는 것처럼, 9번의 '신성한 사고'도 마찬가지이다. 각 유형의 '신성한 사고'는 성격의 모든 주관적인 장막이 사라졌을 때 현실을 인식하는 특유의 방식이다. 각각의 '신성한 사고'는 서로 약간 다른 각도에서 현실의 '본질'을 바라보는 방식이되, 모두 현실에 대해 깨달은 시각이며 똑같이 진실이다. 각각의 에니어그램 유형은 그 번호의 '신성한 사고'에 특히 예민하며, 이것은 가장 불안정하다는 말이다. 어떤 유형이 '실재'와 단절되면 그 유형의 '신성한 사고'와도 단절된다. 각 유형을 살펴보면서 자세히 탐구하겠지만, '신성한 사고'를 잃어버림으로써 각 유형의 근본적인 맹점(blind spot)이 생긴다.

현실에 대한 특유의 관점, 즉 '신성한 사고' 중에서 9번 유형이 특히 예민한 관점은 '신성한 사랑(Holy Love)'이다. '신성한 사랑'은 자아라는 필터 없이 바라보면, 현실이 본래 사랑으로 가득하며 사랑스럽고, 기쁨으로 가득하며 기쁘고, 즐거움이 가득하며 즐겁고, 경이로움으로 가득하며 경이롭다고 본다. '신성한 사랑'은 '실재'가 사랑의 근원이자 사랑 자체이며, 모든 존재가 그 사랑의 발현이고 구현이라는 사실을 알려준다. '신성한 사랑'은 사랑의 느낌 그 자체보다는 '실재'나 '진정한 본성'이 본래부터 긍정적이며 우리에게 호의적인 방식으로 영향을 미친다고 본다. 알마스는 이 특성을 '비개념적 긍정성'이라고 불렀다. 그의 말대로 이것은 말로 전달하기 어렵다. 일반적으로 긍정성과 부정성, 또는 선과 악에 대해 가진 비교 개념을 넘어서는 무엇이기 때문이다. 발생하는 모든 일이 긍정적이라기보다 모든 창조의 근원적인 본성이 이롭고 호의적이라는 뜻이다. 힌두교는 현실의 이런 특성을 아난다(ananda,

75

즉 '지복至福'이라고 하며, 이것은 '실재'의 특성을 떠오르게 하고 더욱 깊어지게 하는 박티bhakti, 즉 '헌신적인' 정신적 여정의 기반이다.

'신성한 사랑'은 감정도 아니고 본질적인 상태도 아니다. 좀 이해하기 어려울 수도 있겠다. 알마스가 다양한 '본질적인 측면들(Essential Aspects)', 즉 의식의 상태 중에서 '신성한 사랑'의 사고를 묘사한 다음의 내용을 보면 좀더 명확해질 것이다.

> '신성한 사랑'은 각각의 '본질적인 측면'의 내용과 의식 그 자체가 뚜렷하고 분명하게 가지고 있는 특성이다. '신성한 사랑'은 각 '측면'의 긍정적이고 마음을 고조시키며 더없이 행복한 정서와 영향에서 찾아볼 수 있다. 이것은 사랑 속에 있는 감미로움과 부드러움이며, 기쁨 속에 있는 경쾌함이자 쾌활함이다. 이것은 지성과 재기의 고귀함과 우아함이며, 의지가 가진 순수함과 자신감이다. 이것은 '레드', 즉 '강함의 측면'이 가진 생기, 흥분, 마력이다. 이것은 '블랙', 즉 '평화의 측면'이 가진 신비함과 부드러움이다. 이것은 '펄Pearl', 즉 '개개인 안의 본질' 속에 있는 완전함과 통합이다. 이것은 '공간'의 신선함과 새로움이다. 이것은 심원이자 깊은 따스함이며, '진리'의 충만한 실재이다.[1]

'신성한 사랑'은 어느 시기에 어떤 특성이 앞서든, 우리의 본질적인 바탕이 본래부터 아름다우며, 이것을 체험하는 일은 언제나 긍정적인 경험으로 본다. 우리의 본질적인 바탕은 우리 존재 전체의 핵을 형성한다. 따라서 개인 차원에서 '신성한 사랑'이 말하는 바는, 우리가 근원적으로 아름답고 사랑스러우며 그렇게 만드는 것은 바로 '실재'와의 불가분성이라는 것이다. 달리 말하면, '진정한 본성'은 우리 영혼과 육체를 아름다움과 사랑스러움으로 가득 채우며, 또한 우리를 아름답고 사랑스럽게 만드는 바로 그것이다.

개념적 사고의 필터 없이 '실재'를 직접 체험할 때 의미, 가치, 이로움, 실현의 느낌을 받는다. 영혼이 이완되고 마음이 열리며, 그 순간에 행복을 체험한다. 우리는 '신성한 사랑'이 묘사하는 현실 본래의 특성, 그 순수한 긍정성에 반응하고 있는 것이다. 알마스는 다음과 같이 말했다.

> 현실을 객관적으로 이해하면 … 현실에 대해 긍정적으로 느낄 수밖에 없다. 이런 체험 속에는 당신의 사고가 분리해 놓은 긍정 또는 부정의 구분이 없다. 여기에는 양극성이 존재하지 않는다. 이 비개념적 긍정성은 모든 극성을 뛰어넘는다. 그래서 선과 악을 가르는 당신의 지적 판단에 상관없이, 현실의 본성이 당신의 마음을 더 건드리면 건드릴수록 당신의 마음은 더욱 더 행복과 충만함을 느낀다.[2]

그러므로 심원과 가까워질수록 우리는 더 균형과 조화를 느낀다. '신성한 사랑'의 관점에서 보면 '실재'는 근본적으로 긍정성을 띠며 우리에게 그런 영향을 미치기 때문이다. 진실한 자기 경험, 즉 있는 그대로의 자신을 내보이면 설령 자신에게서 보기 싫거나 드러내기 싫은 점일지라도 기분이 좋은 이유는 이것 때문이다. 내면으로 더 깊이 들어갈수록 영혼은 '진정한 본성'의 선함에 가까워지고, 그것으로 채워진다. 자신과 더 깊이 접촉하는 것이 접촉하지 않는 것보다 기분이 좋다. '신성한 사랑'의 이런 특성이 없다면 정신적인 여정을 지속할 의욕이 생기지 않을 것이다. '실재'와의 접촉은 기분 좋고, 이로우며, 긍정적인 방식으로 감명을 주어 의식 확장을 위한 분투와 고생에 들인 시간과 노력과 헌신을 보람 있게 만든다.

내적 작업을 하는 과정 중에 자신의 표층에 머물면, 즉 껍데기(성격)와 자신을 동일시하면서 시키는 대로 움직이면 고통을 당한다는 사실을 곧 체득한다. 껍데기 아래의 실체에 잠들어 있으면 있을수록, 충만하고 의미 있으며 기쁨이 넘치는 생활과 삶은 멀어진다. 에니어그램 식으로 표현하자면, 고착화가 심하면 심할수록 '신성한 사랑'과 더욱 더 단절되기 때문에 사랑이라는 현실의 본성과 함께하지 못한다. 우리가 겪는 고통은 애인이 없거나 사랑하는 사람과 문제가 있다든지, 돈이 너무 없거나 너무 많다든지 하는 일로 빚어진 결과가 아니다. 또한 외모가 만족할 만큼 예쁘지 않다거나 성격이 자기 생각대로 유쾌하지 않아서도 아니다. 우리가 고통을 겪는 이유는 심원과 떨어져 있기 때문이다. 이유는 그렇게 단순하다. 영혼에 '실재'가 더 채워질수록 외부 환경이 어떻든 기분은 더 좋고, 삶은 더 나아 보인다.

이것은 '신성한 사랑'에 대해 미묘한 차이가 있는 또 다른 이해, 즉 '신성한 사랑'의 우주보편성으로 우리를 이끈다. 현실이 본래부터 품고 있는 선함은 어떤 장소에 제한되어 있지 않다. 존재하는 우주만물의 바탕에 내재한다. 우리와 만나기 위해 어떤 장소에서 기다리는 상품도 아니며, 특정한 사람 안에 존재하거나 특정 상황에 휘둘리지도 않는다. 우리와 분리되어 우리 밖에 있는 무엇이 아니다. 만물의 본성이며, 우리가 성격의 장막을 통해 삶을 경험하는 한 보지 못한다. 현실의 선함 또는 이로움을 왔다가 떠나는, 한순간 가졌다가 다음 순간 잃어버리는, 특정

78

한 상황과 여건에서만 얻을 수 있는 무엇이라고 생각할 수도 있다. 예를 들어, 누군가가 우리를 사랑하거나 관심을 가져줄 때, 또는 승진하거나 월급이 인상될 때만 삶의 선함을 느낄 수도 있다. 또는 정신적 여정의 초기에는 명상 중에나 스승과 함께일 때만 본질적인 바탕과 접촉하면서 자신을 경이롭고 사랑스럽게 체험할 수도 있다. 그래서 본성의 긍정성은 짧게 지속되는 것처럼 보이기도 한다. 그러나 이것은 하나의 단계일 뿐이다. 결국에는 '실재'의 아름다움과 경이가 타인 속에 존재하는 무엇 혹은 우리 안에 존재하는 어떤 것이 아니라 만물의 본성이며, 따라서 어디에나 있음을 깨닫는다. 이렇게 볼 때 사실 '실재' 외에는 아무것도 없음, 즉 '실재'가 획득해야 하는 무엇이 아니고, 심지어 접촉해야 하는 것도 아님을 이해하게 된다. 그러면 더 이상 여기에서 저기로 이동한다는 인식이 없어지며, '실재'의 선함과 광채를 알아차리고 그 안에 머물게 되면서 내적 여정이 다른 무엇으로 변한다.

## 본질과의 단절

이런 이해가 없으면 우주 안에 자비가 있다는 것을 알아도 그것이 자신을 포함한 모든 것의 본성임을 깨닫지 못한다. '신성한 사랑'과 단절되면 그것이 경계가 없다는 특성과도 단절되고, 현실의 선함이 어디에는 있고 어디에는 없다고 생각하게 된다. 그 결과 긍정성은 조건부이며 흘러가버리는 것이 된다. 즉 특정한 상황에서만 떠오르며 한순간 머물다가 다음 순간에는 사라져버리는 것이 된다. 마찬가지로 어떤 사람은 사랑스럽고 다른 사람은 그렇지 않은 것이 된다.

삶의 선함이 조건부이고 한정적이라는 관념 때문에 9번 유형의 착각이 존재할 수 있다. 즉 자신이 사랑으로 만들어졌으며 본래부터 사랑스럽다는 인식과 단절돼버린 것이다. 9번의 눈에는 다른 사람은 사랑스럽고 삶의 자비 속에 함께 있는데, 자신만 그렇지 않은 것처럼 보인다. 이것이 에니어그램 9번 유형이 가진 근본적인 인식의 왜곡이며, 9번의 모든 성향이 그 위에 쌓아올려져 있다. 이 왜곡은 모든 성격 유형의 근원이기 때문에 알아차리기 어려울 수 있다. 그러나 우리 몸과 의식의 실체가 그 주요 특성이 긍정성인 '실재'의 표현이고 구현임을 생각한다면, 어떻게 우리가 본래부터 사랑스럽지 않을 수 있겠는가? 어떻게 우리의 사랑스러움이 생김새가 어떻고, 누가 우리를 사랑하며, 얼마나 가졌는지로 결정될 수 있겠는가?

'본질'과의 단절이 생후 삼사 년간 점진적으로 일어나는 사이에 에니어그램 9번 유형은 '신성한 사랑'에 대한 인식도 잃는다. 본질적인 바탕과 단절되는 과정이 9번에게는 자신이 본래부터 사랑스럽지도, 가치 있지도, 중요하지도, 의미 있지도, 귀하지도 않다는 확신(고착된 인식, 즉 집착)으로 귀착된다. 따라서 '본질'과 단절되거나 등을 돌리면 삶의 모든 긍정적인 것들을 누릴 만큼 자신이 귀중하고 가치 있는 존재라는 경험과도 단절된다. 9번은 자신이 삶의 선함 밖에 있으며 삶의 일부가 아니라고 느낀다. 이 근본적이고 고착화된 확신이, 그 결과로 생기는 이 유형의 모든 정신적 구조물, 정서적 성향, 행동 패턴 밑에 깔리는 토대이다.


**주요 심리**　　　　9번의 정신과 정신역학을 형성한 어린 시절의 원동력(forces)이라는 측면에서 보자. 이들은 유아기에 따뜻한 보살핌과 '진정한 본성'의 반향이 부족한 것을 자신이 근본적으로 가치 있고 관심을 기울일 만한 가치가 없는 존재라는 의미로 해석했다. 비록 그 뿌리가 비개념적이기는 하나 이런 추론이 나오는 이유는, 우리가 그 핵에서 분리될 수 없음을 영혼이 본래부터 알고 있기 때문이다. 자신의 근원인 '실재'가 받아들여지고 소중히 여겨지지 않으면, 우리는 이것을 자신이 귀중하지 않고, 사랑스럽지 않으며, 함께 있을 만한 가치가 없다는 뜻으로 받아들인다. '신성한 사랑'에 무지한 9번은 자신이 어린 시절에 무조건적인 사랑, 보살핌, 관심을 그다지 받지 못했다고 인식하고 경험한다. 신체적 혹은 감정적으로 무시당했든 당하지 않았든, 모든 9번의 영혼에는 자신만을 위한 보살핌을 받지 못한 기억이 강하게 각인되어 있다. 이것은 사실상 가장 중요한 것, 즉 자신의 본질적인 바탕에 충분히 관심을 받지 못했기 때문이다. '진정한 본성'에 대한 무관심이라는 거의 보편적인 현상을 9번은 매우 개인적으로 받아들인다. 말로 표현되는 일은 거의 없지만, 이들은 "우리 부모가 진정한 내 모습인 나의 심원에 관심이 없는 걸 보니 나는 중요하지 않은 게 틀림없어. 그러니까 나는 원래부터 하찮은 사람인 게 분명해."라는 결론에 이른다.

그 결과, 9번은 어린 시절의 양육자를 모방하여 의식을 '실재'에서 딴 데로 돌림으로써 자기 내면의 심원을 저버린다. '실재'가 떠나는 것이 아님을 이해하는 것이 중요하다. 단지 무의식 속으로 미끄러져 들어갈 뿐이다. '실재'는 진정한 자신이기 때문에 자신을 외면하지 않고서는 '실재'를 외면할 수 없다. 따라서 9번은 점차 자신에게 귀를 닫아버리고 세상도 그래주길 바란다. 재미있게도 이 유형과 관련된 신체 부위가 귀다. 그래서 이들은 자기 내면의 소리만 듣지 못하는 것이 아니라 다른 사람의 말에도 무관심하거나 놓치곤 한다.

9번의 '귀머거리 증상'의 뿌리는 앞에서 봤듯이 '본질'의 영역을 향해 맞춰진 주파수 상실이다. 그래서 자신이 무시당해도 좋고 잊히기 쉬운 존재라고 확신하면서 '본질'과 단절된 채 자기 자신도 망각해 간다. 자기망각은 이 에니어그램 유형의 품질증명서라 할 수 있는데, 심원부터 성격의 가장 표층부까지, 즉 '본질'에서부터 일상적이고 단순한 직무에 이르기까지 망각 증상이 나타난다. 자기망각은 기본적으로 9번의 자신과의 관계를 표현한다. 그림11 '본질과 멀어지게 하는 행동의 에니어그램'에서 9번에는 '자기망각(self-forgetting)'이라고 쓰여 있다. 앞에서 설명했듯이, '본질과 멀어지게 하는 행동의 에니어그램'은 각 유형이 자신이라고 경험하는 것(자신의 영혼)과의 특징적 관계를 보여준다.

심원을 망각함으로써 '내게 관심을 기울일 필요가 있을까? 어차피 내 안에는 가치 있는 게 아무것도 없어'라는 잠재적 태도가 9번의 행동, 생각, 정서에 배어든다. 마침내 자신이 특별하지 않으며 훌륭한 점이 하나도 없다고 느낀다. 내면은 무시되고 망각되며, 외부만이 주의를 쏟을 가치가 있다고 여긴다. 외부적인 표현과 경험이 내면에서 일어나는 일보다 훨씬 중요해 보이고, 내면은 상대적으로 덜 중요하고 하찮게 여겨진다. 9번은 내면보다 외부를 향하게 된다. 내면의 자극보다 환경과 타인에게 필요한 것에 동조하고 반응한다. 상대적으로 덜 중요하고 우선순위가 낮다고 느껴지는 자신의 욕구는 타인의 욕구에 밀려난다. 9번의 자긍심은 곧 자신보다 타인에게 반응하고 봉사하는 것에 기반을 두게 된다.

그 과정에서 외부적인 표현과 활동에 의미와 중요성을 부여하는 정신적인 기반이 사라진다. 그 결과, 삶의 바깥 껍질이 피상적으로 되고 활기를 잃는다. 우리의 정신적인 차원, 즉 우리의 본질적인 바탕과 단절되는 것은 성격과 동일화된 사람에게 일어나는 일이다. 그 말은 최소 인류의 99퍼센트가 그렇다는 뜻이다. 거의 모든 사람에게는 껍데기를 넘어선 삶을 산다는 개념이 없기 때문에, 삶의 껍데기를 살면서 그 이상이 있다는 사실을 망각하는 일은 이미 사회적으로 주어진다. 그러므로 문명인이 되는 데에는 다른 사람들처럼 되는 과정, 즉 우리의 심원과 단절되는 과정도 포함된다. 정신적인 측면에서 볼 때 잠에 빠지고 자기를 망각하는, 이런 인간적응 또는 조정 과정이 에니어그램 9번 유형으로 예시화된다.

'진정한 본성'이 받아들여지지 않고 우리에게 다시 반향되지 않았을 때, 본성을 외면하고 본성과의 관계를 모방하는 데에 그치지 않고, 왜 이런 일이 생기는지 해석을 덧붙인다. 이런 관념은 우리가 사고력을 갖기도 전에 형성되기 때문에 애초에 의식하지도 못하고, 심지어 개념적이지도 않다. 그럼에도 불구하고 우리가 자신과 맺는 관계 전체를 좌우하고 분위기를 결정한다. 그리고 자신과 세상에 대해 이후에 발달하는 더 많은 인식적인 신념과 태도가 이 비개념적인 '해석'에 뿌리를 둔다. 9번에게 자신의 가장 심원한 본성을 환경이 감싸 안아주지 않는 경험은, 자신이 대면할 가치가 없고, 원래부터 귀하지도 사랑스럽지도 않으며, 궁극적으로 잊기 쉬운 존재라는 뜻으로 해석된다. 뿐만 아니라, 근원적으로 자신에게 뭔가 결핍되어 있다고 느끼게 만든다. 매우 고통스러운 이 결핍감은 자신에게 뭔가 빠져 있고, 뭔가 형성되고 발달되지 않았으며, 뭔가 결함이 있고, 뭔가 태생적으로 비틀리고 잘못됐다는 느낌을 준다. 9번의 이런 자기 관념은 '진정한 본성'과 단절되고 남은 구멍 주위를 둘러싸고 있으며, 이것이 이들의 근원적인 결핍감을 형성한다. 각 에니어그램 유형마다 성격의 바탕이 되는 특징적인 결핍 상태가 있다. 그러나 모든 유형은 9번의 상태, 즉 자신이 뭔가 결여되었거나 잘 못됐다는 근본적인 내면의 느낌의 변주變奏이다.

모든 유형에게 이런 결핍감이 자기이미지의 무의식적인 토대가 되는 경우가 많으며, 결과적으로 자신에 대한 경험을 형성한다. 9번은 마치 뭔가 기본적인 것이 완전하게 발달하지 못했거나 혹은 애초부터 없었던 것처럼 느낀다. 근본적으로 자신에게 어떤 부분이 빠져 있고, 필요한 것 전부를 갖고 태어나지 못했으며, 결정적인 무언가가 부족하고, 발육을 방해받았으며, 기형이라고 생각하고 경험한다. 심지어 자기 영혼이 사산했거나 죽었다고 느끼기도 한다. 이 깊고 고통스러운 결핍감은 '미달未達'의 느낌을 바탕으로 만들어진 자기이미지 너머에 있는 진정한 자신과의 연결이 빠져 있다는 진실의 반영이 분명하다.

1장에서 살펴봤듯이, 자기이미지는 독립적으로 떠오르지 않는다. 유아기부터 형성되며 몸에 뿌리를 두는 자기관념은, 내면의 느낌을 바탕으로 생겨날 뿐만 아니라 피부 표면으로 환경과 접촉하면서 발달한다. 따라서 '내가 누구인가?' 하는 감각은 항상 '나 이외의 타인은 무엇인가?', 즉 우리 몸의 경계선 너머에 있는 것과 연계해서 일어난다. 그러므로 자기이미지는 대상이미지(object-image), 즉 '타인'에 대한 개념적인 그림과 대조되어 존재한다. 9번에게 타인은 자신이 갖지 못한 것을 가진 사람, 즉 모든 부분이 완전하게 태어났고 본래부터 사랑스럽고 귀하게 타고난 것처럼 보인다. 타인과 비교해 9번은 격렬한 열등감을 가져서 자신이 그들보다 훌륭하지도, 완벽하지도, 가치 있지도 않다고 느낀다. 부모가 특별하고 재능 있어 보일 때나, 부모가 심하게 감정적이고 정신적으로 불안정하거나 아주 외향적일 때 이런 느낌은 커질 수 있다. 이런 부모와의 관계에서 9번은 병풍처럼 뒷전으로 밀려난다. 다시 한

번 말하지만, 이것이 그 부모의 주요한 특성이나 강한 성향은 아니었을 거라는 사실이 중요하다. 9번 특유의 민감함 때문에 이런 점을 포착하고 거기에 반응한 것일 뿐이다.

가족 내에 자기보다 더 주목받거나, 자기주장이 더 강하거나, 특별한 재능이나 문제가 있는 형제자매를 둔 상황도 흔한 변주 형태이다. 또 하나는 많은 사람들 속에서 성장하는 경우이다. 식구가 많은 집에서 자라면 9번은 전부 한데 뒤섞인 속에서 어찌할 바를 모르게 된다. 가족 내에서 중요한 것은 오직 자신의 역할이나 의무뿐이고, 자신의 사적인 문제는 전부 사소하고 잊힌 듯이 보인다. 어떤 대상과 관련하여 자기관념이 일어났든, 이 초기 관계가 그 후 자기와 타인에 대한 모든 경험의 틀을 형성한다. 요약하자면, 9번은 자신이 남들보다 열등하며 하찮다고 느낀다.

그러면 9번은 자기는 타인의 눈에 띄지 않는 존재라는 인식과, 타인뿐 아니라 자신의 의식 속에서도 한 번도 주목받거나 사랑받거나 소중하게 대접받지 못했다는 깊은 체념을 키운다. 이것은 몸에 밴 자기희생을 만들어낸다. 내면에서 자신이 가치 있고 귀중하다는 느낌을 잃어버렸기 때문에 9번은 자신이 사랑과 관심을 받지 못할 것이며, 또 그럴 만한 가치도 없다고 생각한다. 이렇게 체념한 자기비하는 여러 가지 형태로 나타난다. 자신에게 관심이 쏠리는 일, 자기만의 사적인 공간을 차지하는 일, 타인의 시간을 뺏는 일, 사랑받고 싶으니 나를 보고 귀 기울여달라고 요구하는 일이 이들에게는 너무나 어렵다. 또 자신을 제일 앞자리에 내세우는 행동이나 관심을 끌어 모으는 일은 무엇이든 피하는 경향이 있다. 이들은 뒷배경 속으로 녹아들어 집단 내에서 자신을 드러내는 일이 거의 없다. 현실은 우리의 신념대로 되는 특이한 성질이 있기 때문에 9번이 자기 생각을 말하고 주장할 때면 자신의 의견이 무시당할 거라는 9번의 가정이 사실상 확증되는 경우가 많다. 마치 자기 주변에 "나에게 관심을 기울이지 마세요. 나는 중요한 사람이 아닙니다." 라고 말하는 영역을 만드는 것과 같다. 그러므로 이들은 타인에게 쉽게 간과되고 주목받지 못한다. 이것은 9번이 자신에 대해 가진 근본적인 가정을 반영하고 강화한다. 재밌게도 9번의 체형은 그와 반대로 당당하고 근육형이어서 크고 둥글며 튼튼하게 생겼다.

## 방어기제

각 에니어그램 유형은 그 핵에 자리 잡은 결핍 상태를 경험하는 것을 방어한다. 말할 수 없이 고통스럽고 최종적인 결론, 즉 궁극적이고 불변하는 자신에 대한 진리처럼 보이기 때문이다. 다시 한 번 말하지만, 자신이 무언가 근원적으로 결여되거나 잘못됐다는 이런 확신은 성격을 형성하는 모든 신념이 그렇듯이 단순히 지적인 개념이 아니다. 느낌으로 올라오는 체험이고, 그래서 사실처럼 보인다. 너무나 사실처럼 느껴지기 때문에 단지 가정일 뿐이라고 말하는 것조차 터무니없어 보인다. 현실처럼 보이는 탓에 성격의 에너지는 이 고통스러운 결핍감에서 의식을 떼어놓는 데에 쓰이며, 사용하고 있는 모든 방어수단이 꼭 필요하고 정당한 듯이 느껴진다. 경험하면 사실이라는 것을 확인할 뿐인데 그렇게 확고부동해 보이는 사실에 왜 의문을 제기하겠는가? 성격의 모든 방어 전략과 기제가 그 핵심에서는 이렇게 자신이 결핍되어 있다는 경험에 맞서 모여 있다.

9번은 아주 솔직한 방법으로 자신의 근원적인 결핍감과 사랑받지 못하는 느낌에 대항한다. 이들은 단순하게 그 느낌을 의식에서 밀어낸다. 내면의 인지력을 마비 또는 무감각하게 하거나, 주의를 내면에서 외부로 옮기는 것이 내면의 고통을 무디게 하는 가장 좋은 방법처럼 보인다. 자신을 달래어 심리적 수면에 빠지게 하는 것이 9번의 방어 기제이며, 이를 '마취'라고 한다. 유감스럽게도 우리는 내적 경험의 어떤 측면을 무의식으로 보내고 간직할지 선택할 수 없다. 그 결과, 비록 전부는 아닐지라도 9번의 내적 삶의 대부분이 무의식 속으로 희미해져 간다. 자기 마취는 외관상으로도 나타날 수 있다. 9번은 눈빛이 흐리멍덩하며, 생기가 없고 흐릿해 보일 수 있다. 또 의식을 자신이 아닌 다른 곳으로 돌려줄 오락 활동을 좋아하는 형태로 나타나기도 한다. 내가 아는 어떤 9번은 항상, 심지어 잘 때도 TV나 라디오가 있어야 하며, 외출할 때는 늘 워크맨을 갖고 다닌다. 글자 맞추기 놀이나 간단한 보드 게임, 유치한 토크쇼, 신문, 시시한 소설에 몰두하는 것도 9번이 주의를 다른 곳으로 돌리기 위해 사용하는 오락 형태들이다.

## 격정

그 결과는 습지나 자욱한 안개 속에 갇힌 듯 아무것도 뚜렷하게 보이지 않고 구별되지도 않으며, 모든 것이 어둠침침하고 산만하게 흩어진 속에 있는 듯하다. 9번의 전형적인 내적 경험이다. 생명력과 활기 부족, 마비, 권태, 메마름, 무기력, 침체가 배어든다. 나란호는 여성 9번을 '늪의 여왕'이라고 표현했는데, 활기 없고 정체된 9번의 내면 풍경을 정확하게 묘사한다. 이것은 9번 유형의 정서 경향 즉 격정의 상태로, 그림2의 '격정의 에니어그램'에서 보듯이 '나태(indolence)'이다. 늪 같은 내면 지대의 특징이 나태, 즉 게으르고 꼼짝하지 않는 성향으로, 9번 유형에게 벗어날 수 없는 중력을 발휘한다. 미루는 버릇, 무기력, 빠른 시간 내에 직무를 완수하고자 분발하기가 어려움, 온갖 일을 하면서 막상 정말 처리해야 될 일은 하지 않는 형태로 나타날 수 있다.

9번의 내면 지대의 흐리멍덩함은 어느 방향으로 움직여야 할지, 어떤 행동을 해야 할지 식별할 능력이 없는 데서 오는 경우가 많다. 어떤 길을 선택할지 명확하게 파악해서 그 길을 따라가기보다 어둠 속에서 이리저리 부딪히면서 최소 저항선을 따라 비틀거리며 따라가는 형상과 비슷하다. 내면의 혼란과 무질서는 외양적으로 지저분하고 흐트러진 모습으로 나타나는데, 이런 내적 상태가 더 표층적으로 발현된 것이다. 다른 사람의 눈에는 미루는 버릇으로 보일 수 있지만, 9번에게는 주어진 일에 전념하기 전에 흐트러져 보이는 주변을 정리하고 상황을 명확히 파악하려는 것일 수도 있다. 이것은 9번이 자기 내면의 혼란과 대면하여 해결하고자 하는 노력이다. 자신과 대면할 때만 주어지는 안내와 방향감은 사라졌다. 9번의 내면의 얇은 의식의 표면을 깨뜨리지도 못하고, 그렇다고 무시해버릴 수도 없다.

게으름과 부주의로 묘사될 수도 있는 이 나태한 분위기에는 많은 차원의 수준과 미묘한 차이가 있다. 나태는, 필요한 주의와 행동에 대한 건망증, 해야 될 일이 있다고 느끼고도 정확히 뭔지 식별하는 능력이 부족하거나 결정하는 데 어려움을 겪는 것, 중요도를 평가하기 어려워하는 것, 사소한 일상에서 자신에 대한 초점과 접촉을 잃는 것, 해야 될 일 대신 부주의하게 다른 일을 해버리는 것 등으로 나타날 수 있다. 예를 들어 이런 식이다. 중요한 프로젝트의 마감일이 닥친 9번은 처음에는 일에 집중할 수 있도록 먼저 온 집 안을 청소하거나 모든 파일을 재

검토하다가, 어느덧 하던 일에 너무 정신이 팔려서 결국 프로젝트는 까맣게 잊어버리고 만다. 할 일에 우선순위를 매기는 데에 어려움을 겪는 것은 판별과 조직화에 약한 9번의 전형적인 문제점을 반영한다. 9번은 무슨 일을 해야 하는지, 어떤 순서로 처리해야 하는지 잘 식별하지 못한다. 해야 할 일이 명확한 상황이라면, 나태는 그 일을 할 에너지가 없어서 안 해버리는 식으로 나타날 것이다.

9번의 외관에서 전형적으로 드러나는 나태는 자기 외모와 식단, 운동에 대한 무관심(비만한 경향을 불러옴)과 또 다른 형태의 자기방임이다. 어떤 9번은 자신의 신체적, 심리적 경계선에 대한 조율 부족으로 자신을 지나치게 확장해 주로 타인의 요구만 들어주다가 무너지는 지점까지 가기도 한다. 또 어떤 9번은 자신을 지나치게 축소해 편안함을 좋아하고 애써 움직이길 피하기도 한다. 또는 영양보충제 같은 것에 집착하면서 식단에는 무신경한 채 운동도 게을리 할 수 있다. 원인보다 증상에 초점을 맞출 수도 있다. 가령 쑤시는 발목에만 관심을 쏟고 그 통증이 과도한 체중이나 불편한 신발 때문일 수 있다는 생각은 못 한다.

그러나 근본적으로 9번의 나태의 핵심은 외부지향적인 행동이나 신체를 방치하는 것과는 관계가 없다. 이 문제는 아주 중요하며 꼭 이해해야 한다. 왜 어떤 9번은 일중독인 반면, 어떤 9번은 아무 일도 하지 않고 시간을 보내는지 알 수 있기 때문이다. 9번은 자신에게 가장 중요한 것을 가장 무시하며, 결정적으로 이들이 게으름을 부리는 부분은 자기 안의 가장 참된 무엇에 관심을 갖고 접촉하려고 노력하지 않는 것이다. 이 게으름은 근본적으로 자신의 본질적인 바탕을 의식하지 않고 그것을 의식하지 못한 채로 남아 있는 것이다.

앞서 말한 대로, 9번의 전형적인 건망증은 자신의 심원인 '진정한 본성'에 대한 지각의 상실뿐 아니라 더 표층적인 멍한 상태로 나타나기도 한다. 9번은 잘 잊어버리는 경향이 있다. 기억을 잘 못하고, 해야 하는 일이 머릿속에서 사라지며, 관계없는 일에 쉽게 정신을 뺏겨 하던 일을 잊는다. 건망증의 뿌리에는 자신이 사랑스럽지 않고, 하찮으며, 가치가 없다는 내면의 느낌을 무디게 하려는 시도가 있다. 문제가 있는 것처럼 보이겠지만, 결국 이것은 도저히 견딜 수 없을 것 같은 경험을 피하기 위한 방어이다. 잘 잊어버리는 경향은 방향을 잃은 듯한 느낌, 내면의 습지 속에서 방황하는 느낌을 악화시켜 결과적으로 9번이 자주 어쩌지 못하고 속수무책으로 당하는 옴짝달싹못하거나 마비된 느낌을 강화한다.

이 옴짝달싹못함은 마치 젖은 시멘트에 발이 깊이 파묻힌 느낌이나 모래수렁에 빠지는 느낌과 비슷하며, 9번 특유의 관성과 관계가 있다. 물리학에서는 관성을 '가속도에 저항하는 몸의 성질 또는 정지해 있는 몸은 정지한 상태로 머무르려 하고, 움직이고 있는 몸은 외부의 힘에 방해받지 않는 한 일직선으로 계속 움직이려 하는 성질'이라고 정의한다.[3] 관성은 9번만의 독자적인 영역이 아니다. 유형에 관계없이 관성은 성격이 갖는 영속성의 근본이다. 관성은 조건반사적인 우리의 생각, 감정, 행동 패턴이며, 먼 과거의 경험을 통해 영혼에 각인된 습관이다. 이 패턴이 성격이라는 직물을 짜나간다. 성격을 유지하는 관성을 체험적으로 만나면 납처럼 무겁게 느껴지고, 우리를 꽉 내리누르며 감각을 무디게 한다.

일반적으로 9번에게는 이 관성이 행동을 시작하기 힘든 경향, 또는 일단 움직이면 방향을 바꾸기 매우 힘든 경향으로 나타난다. 9번을 상징하는 동물인 코끼리처럼 이들은 움직이기 시작하는 데에 오랜 시간이 걸리며, 일단 움직이면 멈추기가 어렵다. 일단 진로가 정해지거나 습관이 생기면 쉽게 변하지 않으며, 완고하게 고수한다. 9번은 자기 입장을 양보하지 않고, 생각이나 행동의 진로 바꾸기를 거부하면서 집요하게 완고할 수 있다. 이 모습은 많은 9번들이 자신의 깊은 열등감과 결핍감을 단호하게 붙잡고 있는 모습에서 가장 통렬하게 나타난다. 그렇지 않다는 증거를 아무리 많이 제시해도 깊이 박힌 이 확신을 제거하지 못하는 경우가 많다.

9번의 초자아는 이들의 결핍감을 부채질한다. 9번의 내면세계의 다른 부분들과 마찬가지로, 이것도 대개 정해진 형태가 없고 명확하게 분화되지 않은 비판적이고 판단적인 내면의 목소리이다. 처음에는 억압적이고 움츠리게 만드는 정서 경향, 눈에 띄지 않게 조용히 있으면서 너무 나서지 말라는 강하고 조용한 압력처럼 느껴질 수 있다. 초자아의 증거는 두 가지 경우에서 찾아볼 수 있다. 욕구와 불만을 가졌을 때 절대로 그런 게 있어선 안 된다는 듯 느껴지는 수치심과, 조금이라도 분노하거나 분개할 때 느껴지는 수치심이다. 9번의 초자아는 지나치게 튀지 않으면서 모호한 방식으로 '너는 주위를 행복하고 안전하게 유지할 책임이 있다'고 요구하면서 다른 사람을 돌보도록 압박한다. 어렸을 때는 전학 온 아이나 아픈 아이의 친구가 돼줘야 한다는 내면의 소리 때문에 억지로 강요당하는 기분을 느꼈을 것이다. 이것은 다른 사람의 고통을 최소화함으로써 자신이 사랑받지 못하거나 사랑스럽지 않다는 느낌이 떠오르지 않게 하는 방법이기도 하다. 이들의 초자아는 남을 화나게 하지 말며 중간노선에 머물도록 압력을 가한다. 그래서 9번은 반항기인 청소년기에도 자신을 싫어하는 사람이 없게 하려고 노력한다.

변화는 힘들고 위협적이기 때문에 9번은 인간관계, 일, 삶의 진로 등에서 변화를 회피한다. 익숙한 것을 붙잡고 있으려는 성격의 보편적인 특징이 여기서 나타난다. 이들은 안정과 현 상태를 유지하는 것을 좋아하며, 변화와 개혁을 거부한다. '제도'라고 불리는, 우세한 사회·정치적 질서를 유지하는 일이 9번의 영역이다. 전체적으로 볼 때 이들은 정치와 그 밖의 영역에서 보수적이고 정통적이며, 전통에 집착하고, 관습에 속박되며, 변화에 저항한다. 9번이 절대로 혁명당원이 되지 않는다는 말은 아니다. 그러나 일단 혁명당원이 되면 매우 교조주의적이며, 그들의 새로운 제도를 고수하고 지지하면서 사실상 보수적인 급진파가 된다.

## 거짓말

9번은 대개 자기가 개인적으로 중요하게 생각하는 가치가 무엇인지 잘 구별하지 못한다. 대신에 자신이 속한 문화나 하위문화의 가치에 순응하면서 최소저항선을 따라간다. 그림12 '거짓말의 에니어그램'에서 9번에 '배려·기계적 순응(consideration·mechanical conformity)'이라고 쓰인 이유가 바로 이것이다. '거짓말의 에니어그램'은 각 유형이 자신의 진실을 저버리는 특유의 방식을 도표로 보여준다. 9번의 거짓말은 앞서 살펴본 대로 자신이 아니라 타인을 배려하고, 우세한 흐름을 기계적으로 따르는 데에 있다. 이런 경향 때문에 9번의 성향은 관료주의, 로봇 같은 행동, 개인은 없이 전체의 움직임만 중요하게 돌아가는 조직을 연상시킨다. 풍파를 일으키지 않기 위해 9번은 환경에 자신을 끼워 맞추고 배정받은 역할에 순응하면서 완벽하게 일정대로 따른다.

이들은 커다란 바퀴의 부품이 되어 의식과 자신을 차단시킴으로써 삐걱거리는 소리에 기름을 치며 주어진 틈새에도 불평 없이 전념한다. 내면의 세계에 무감각한 채 어떤 질문도 없이 외적인 역할을 수행하는 데에 몰두함으로써, 9번에게 삶은 획일화되고 기계적이고 로봇같아진다. 이름도 얼굴도 없는 전형적인 관료의 모습이 이런 성향을 대표한다. 관료적 형식주의에 얽매이고, 서류 처리에 몰두하며, 이치에 닿지 않을 때도 계획안대로 밀고 나가기 때문에 정말 중요하거나 적절한 사항은 아무것도 이루어지지 않는다. 미국 체신부와 국세청이 대개 이런 이미지다. 더 자세히 살펴보면, 9번은 삶의 한 가지 영역에서는 꼼꼼하게 문제없이 자기 역할을 수행하지만, 그 나머지 영역은 어질러진 상태이거나 심지어 나머지 삶이라고 할 만한 것조차 없을 수도 있다. 사적이거나 개인적인 사항은 무엇이든 전부 중요하지 않다고 방치하거나 회피한다. 구소련과 중국(9번을 상징하는 두 가지 문화)에서 구현된 공산주의는 국가라는 기계 속에서 얼마나 매끄럽게 기능하는가로 개인의 가치를 매기고, 개개인의 의견이나 희망은 집단 속에 포함시켜버렸다. 여기서 기계적인 삶의 예를 볼 수 있다.[4]

정신적 측면에서 9번의 관성은 익숙하고 알려진 것에 완고하게 매달리는 형태와, 독단적이고 자기 생각을 고집하는 경향으로 나타난다. 일단 개념적 습관 위에 착륙하면 이들의 마음은 닫히고 감화와 설득에 저항적이다. 상상력 없이 사실 그대로만 받아들이고, 무미건조하며, 미묘한 부분을 살피기보다 대상을 액면 그대로만 받아들이는 데서 이들의 정신적 게으름은 드러난다. 또한 행동, 절차, 정책 이면의 본래 목적은 잊어버린 채 그저 기계적으로 이행하는 데에서도 볼 수 있다.

자기 진로에서 움직이지 않고 고집이 세며 융통성 없는 9번을 남들은 심심하고 재미없으며 굼뜨다고 할 수도 있지만, 그 이면에는 굳건하고 바위 같은 모습도 있다. 신뢰할 수 있고, 잘 흔들리지 않으며, 끈기와 일관성이 있다. 변덕을 부리거나 폭발하는 일이 거의 없는 9번은 다른 에니어그램 유형들보다 한결같기 때문에 항상 기댈 수 있는 사람이라는 인상을 주며, 대개 실제로 그렇다. 이들의 한결같음과 신뢰성은 자기를 우선순위에서 빼고 외부 활동에서 자신의 가치와 귀중함을 찾기 때문에 생긴 결과이다. 따라서 이런 성향은 9번에게 이롭기도 하지만 해롭기도 하다.

**함정**　　　9번의 관성과 밀접하게 관련된 것은 불편함을 피하는 이들의 성향이다. 이들에게는 편리함이 매우 중요하며, 육체적 · 감정적으로 편하기 위해 상당한 시간과 에너지를 투자한다. 앞에서 설명한, 이들의 방어기제인 마취는 마음의 평안을 얻기 위한 심리적인 노력이다. 행동의 측면을 보면, 이들은 삶이 더 쉽고 수월하게 돌아가도록 도와줄 기구를 소개한 카탈로그를 뒤지면서 자신의 삶을 표면적으로 더 즐겁게 만들어줄 물건을 수집하는 경향이 있다. 9번들은 물침대, 온수 풀, 모텔, 리모트 콘트롤, 기포가 나오는 욕조 같은 물건을 즐기는데, 이것들이 육체적인 불편함을 줄여주기 때문이다. 편리함을 약속하는 기구와 장치는 9번의 특징인 기분전환을 추구하는 경향의 일부이며, 오락, 농담, 퀴즈게임 등에 대한 이들 특유의 애정도 마찬가지다. 근본적으로 모든 기구와 오락은 고통스러운 결핍감과 사랑받지 못한다는 느낌에서 주의를 돌리기 위한 것이다. 이것이 기분전환과 편안함을 통해서 진정시키거나 마비시키고 싶은 고통이다.

이들은 되도록이면 풍파를 일으키지 않고, 자신이 그러길 원하듯 남도 편안하게 해주려고 노력하기 때문에 9번과 같이 있으면 대개 기분이 좋다. 그러나 곧 뭔가 씹을 거리나 할 거리에 목말라할 수 있다. 9번은 태평하고 아무 걱정 없이 평온해 보인다. 이들은 유순하고 우호적이며, 거짓이 없고 친절하며, 대부분 어울려 지내기가 쉽다. 속으로는 무슨 생각을 하는지 알 수 없어도 배려와 위안을 느낄 것이다. 좋은 예시 인물이 예전에 '투나잇 쇼Tonight Show'의 보조진행자였던 에드 맥마흔Ed Mcmahon이다. 그는 진행자였던 자니 카슨Johnny Carson의 수성(mercury) 기질과 대조하여 이런 역할을 수행했다. 월터 크론카이트 Walter Cronkite도 60~70년대에 CBS TV 저녁뉴스에서 격한 사건을 도맡아 보도하며 수십 년 동안 미국 가정에 평온함을 전하는 존재였다. 지금은 여배우이자 토크쇼 진행자인 로지 오도넬Rosie O'Donnell도 있다. 뒤의 두 사람은 게으른 9번의 모습과 맞지 않아 보일 수 있지만, 9번의 나태가 외부적으로 직분을 완수하느냐 못 하느냐의 문제보다 훨씬 깊은 무엇임을 기억하자.

**회피** 9번에게 가장 불편한 것은 대립이기 때문에 이들은 무슨 수를 써서라도 '대립(conflict)'을 피한다. 그림10 '회피의 에니어그램'에서 이것을 볼 수 있다. 상황의 우세한 흐름을 방해하면 불편할 것이기에 9번들은 결단코 그 일을 피한다. 남과 부딪히기보다 양보하고 달랜다. 9번은 다른 사람과 맞서기를 어려워한다. 특히 다른 사람이 자신을 못 보고 지나치거나 무시하거나 귀 기울이지 않을 때, 이들은 불만을 드러내어 다투는 위험을 무릅쓰는 대신, 혼자 성난 마음을 달래거나 차라리 다른 곳으로 주의를 돌려버린다. 이런 점에서 영부인 버드 존슨Bird Johnson 여사가 떠오른다. 그녀는 변덕스러운 8번 남편 린든 존슨Lyndon Johnson 대통령을 돋보이게 만들어주었다. TV 드라마 '올 인 더 패밀리All in the Family'에서 에디트 벙커Edith Bunker도 고집불통에 사나운 8번 남편 아치Archie 곁에서 똑같이 진정시키는 역할을 했다.

평화를 유지하는 것이 너무나 중요하기 때문에 이들은 훌륭한 중재자이자 조정인으로서 사태를 원만히 해결할 방법을 찾아 문제를 해결한다. 조화를 유지하고 싶어 하는 동기를 넘어서 이들이 중재 역할을 잘 해내는 또 하나의 이유가 있다. 여러 각도에서 사태를 바라볼 수 있고 모두의 시각을 이해할 수 있기 때문이다. 2차 세계대전 중에 연합군 최고 사령관이었고 미국 대통령을 두 번 지낸 드와이트 아이젠하워Dwight D. Eisenhower가 9번이 지닌 장점의 좋은 예이며, 아래에 발췌한 그의 전기문에서 이런 성향이 잘 드러난다.

아이젠하워가 군대 내에서 비교적 이름이 알려지지 않은 채 오랫동안 지내다가 빠르게 승진한 이유는 군사적 전략에 대한 지식과 조직력 때문만이 아니라 다른 사람을 설득하고 중재하고 호감을 주는 능력 덕분이었다. 다양한 배경과 국적의 사람들이 모두 그의 친근함, 겸손, 변하지 않는 낙천주의에 감명받아 그를 좋아하고 신뢰했다.[5]

모든 유형 중에서 9번이 가장 객관적인 견해를 가지며, 개인적인 편견 없이 사태를 명확하게 파악할 수 있는 능력이 있다. 이는 자기망각을 바탕으로 하기 때문에 또 다른 이중의 축복이다. 이들에게 어려운 것은 자신이 어디에 서 있고 어떻게 느끼는지 아는 것이다. 내면보다 외부를 향해 주파수를 맞추고 있기 때문이다. 자신의 견해, 특히 타인에 대해 비판적인 의견을 다소 모호하고 불분명하게 함으로써 남에게 상처를 주지 않으려 한다. 이들은 만약 자기가 날카롭고 뚜렷한 의견을 가지면 상처를 줄 수 있다고 생각한다. 자신의 생각이나 느낌을 알고 있어도 공격받을 위험 때문에 솔직하게 표현하는 일은 거의 없다. 정신역학적인 측면에서 봤을 때, 이렇게 대립을 회피하는 뿌리는 어린 시절에 무뚝뚝한 부모를 만나 그나마 조금 받던 사랑과 관심조차 잃을까봐 두려워 화내거나 반항하지 못한 데에 있을 수 있다. 평온하고 느긋한 폴리네시아 문화가 편한 것을 좋아하고 대립을 회피하는 9번 유형의 한 예이다.

## 이상화한 측면

서론에서 설명한 대로, 각 에니어그램 유형의 성격 구조와 행동 패턴은 '실재'의 특정한 성질이나 그 유형의 '이상화한 측면'이라는 의식 상태를 모방한다. 이 모방은 영혼이 자신을, 잃어버린 '신성한 사고'의 구현처럼 만들려는 시도로 볼 수 있다. 그러나 영혼이 본질적인 뿌리와 단절됐기 때문에 이 구현은 가짜일 수밖에 없다. 이렇게 흉내를 냄으로써 영혼은 잃어버린 '신성한 사고'를 되찾으려 한다. 그 '신성한 사고'가 9번의 경우에는 우주가 본래 사랑으로 이루어졌으며 사랑의 발현인 자신도 본래부터 사랑스러운 존재라는 이해이다. 9번 유형이 열심히 모방하는 '실재'의 성질을 '다이아몬드 접근(Diamond Approach)'에서는 '빛 속의 삶(Living Daylight)'이라고 한다. 왜냐하면 그 특정한 존재, 즉 따스하고 생명력 넘치는 햇빛과 접촉하면 그렇게 느껴지기 때문이다. 완전한 사랑이며, 자비심이 흘러넘치고, 우리에게 호의를 가진 감미롭고 온화한 존재에게 안겨 있는 듯이 느껴질 것이다. 긴장을 풀고 붙잡고 있던 모든 것을 놓아도 될 것 같고, 그러면 선함으로 가득하고 본래부터 친절하며 생명을 지지하는 우주가 잡아주고 지원해줄 것 같은 느낌이 들 것이다. 이것은 모든 창조물에 스며들어 떠받쳐주는, 온화하고 사랑이 충만한 존재로, 우주적 사랑 또는 신성한 사랑 또는 신이라는 개념으로 일컬어지는 존재이다.

'빛 속의 삶'을 흉내 내는 모습은 9번 유형의 모든 성격적 특성에서 엿볼 수 있다. 전체적으로 봤을 때 이 유형의 지적·정서적·행동적 양식은 조심스럽고 튀지 않게 사랑하고 받아주며 지원해주고, 친절하며 온화한 사람이 되려는 시도이다. 이 유형의 특징인 안정감과 굳건함, 공평함과 친화성, 편안함과 조화의 강조는 모두 이 차원의 현실을 성격 수준에서 흉내 내는 것이다. '빛 속의 삶'은 '실재'가 자신을 지원하는 기반이라는 체험이기 때문에 그늘 속에 조용히 머무는 9번의 삶의 태도는 이 흉내 내기에서 중요한 부분이다.

성격이 '이상화한 측면'을 흉내 내려 하기도 하지만, '실재'의 이 특성이 마치 자신의 어려움과 결핍감을 없애줄 해결책처럼 보여서 이상화되기도 한다. 그러므로 각 에니어그램 유형은 '이상화한 측면'을 가지려는 시도일 뿐만 아니라 그렇게 되려는 시도이기도 하다. 그 특정한 의식 상태를 직접적으로 또는 그것을 구현한 것처럼 보이는 사람이나 대상을 통해 추구할 것이다. 그래서 9번은 자신을 '빛 속의 삶'의 복사품처럼 '보이게' 만들거나 그런 틀 안에 집어넣을 뿐 아니라, 자신이 사랑받고 받아들여지고 전체에 소속된 한 부분처럼 대우받으면(그런 대우가 어떤 것이든) 자신의 문제가 해결되리라고 믿는다. 이들이 찾는 사랑과 인정, 그리고 소속감이 사회적 관계 또는 친밀한 관계 속에, 편안하고 쉬운 생활 속에, 혹은 재미있는 오락거리와 기분전환 속에 존재하는 것처럼 보일 것이다.

## 본질과 연결되기 위한 덕목

그러나 진정한 해결책은 그런 곳에서 찾을 수 없다. 진정한 해결책은 성격 영역과의 동일시에서 벗어나 '실재'의 영역과 다시 연결되는 데에 있다. 그러려면 9번은 그림1의 인물상의 가슴에 있는 에니어그램에서 9번과 관련된 덕목, 즉 '행동(action)'을 계발해야 할 것이다. 앞서 말한 대로 미덕은 성격과의 동일시에서 더 자유로워진 상태의 발현이자 동일시에서 벗어나기 위해 필요한 것이기도 하다. 다음은 행동의 미덕에 대해 이카조가 내린 정의이다.

> 그것은 사고의 방해를 받지 않은 본질적인 움직임으로써 환경과 조화를 이루어 작용하고자 하는 신체의 필요에 따라 자연스럽게 일어난다. 행동은 자신의 에너지와 조화되고 행성의 에너지와 조화된 인간이 갖는 정상적인 자세이다.[6]

그렇다면 참된 조화와 내면과 외부 모두에 대한 반응을 바탕으로 한 참된 행동이 나오려면 9번은 초점을 완전히 바꿔야 한다. 가장 먼저 자기 내면에서 무슨 일이 일어나고 있는지 그 순간에 머물면서 의식해야 한다. 그리고 초점과 방향을 자신의 행동과 타인과의 상호관계가 아니라 활동의 근원지인 자신의 의식이나 영혼으로 옮겨야 한다는 뜻이다. 우리 영혼의 상태, 즉 내적 경험을 더 의식할수록 그리고 그 틀을 형성하고 있는 것을 더 탐구할수록 성격의 껍데기는 더욱 투명해진다. 조금씩 얇아져서 마침내 그 너머에 있는 '실재'의 영역을 체험할 수 있게 된다. 이것은 무의식의 잠에서 깨어나는 것이며, 9번이 망각한 내면의 심원을 기억하는 것이다. 이것이 참된 행동, 즉 본질적인 행동이며 가장 중요한 행동이다.

여기에서 사용된 행동의 의미는 나태한 격정의 반대를 뜻한다. 따라서 주의를 딴 데로 돌리거나 불필요한 일을 하거나 아무것도 하지 않는 대신에, 진짜로 해야 될 일이 무엇인지 판단하는 능력을 발휘하고 그 일을 실제로 행동으로 옮기는 것이다. 이것이 참된 행동이다. 9번이 성격과의 동일시라는 지배에서 더 자유로워질수록 실질적으로 중요한 일을 할 수 있게 된다. 이것은 단순히 자신의 신체적 또는 감정적 욕구에 주의를 기울이는 일에서부터, 더 깊은 차원으로는 '본질'의 영역을 포함한 무의식을 의식화하는 데 필요한 작업을 한다는 뜻이다.

앞에서 9번을 상징하는 동물이라고 한 코끼리는 행동의 미덕과 상관관계가 있다. 불교의 도상학圖像學에서 정신적 수행을 상징하는 보디사트바 사만타바드라Bodhisattva Samantabhadra(산스크리트어, 보현보살)나 후겐ふげん(보현보살)은 코끼리 뿔 위에 앉아 있다. 이것은 자신에게 베풀 수 있는 진정한 친절은, 헌신적이고 결연한 태도로 내적 작업을 수행할 코끼리 같은 끈기, 견실함, 인내, 내면의 힘을 갖는 것임을 상징한다.

초점을 외부에서 자신의 내면으로 옮기는 이런 혁신적인 이동은 9번에게 커다란 한 걸음이고, 영혼을 활짝 펼칠 수 있는 열쇠이다. 이

걸음을 떼려면 자신에 대해 가졌던 근본적인 확신들, 특히 자기는 중히 여기고 관심을 기울일 가치가 없는 존재라는 가정에 의문을 제기해야 한다. 자신은 무시하고 타인의 욕구, 선택, 행동의 우세한 흐름을 그냥 따라가는 것이 9번에게는 무릎반사 반응과 같다. 내적 작업의 여정 전반에 걸쳐 자기는 없고 자신을 보살피지 않는 이런 성향이 계속해서 미묘한 방식으로 드러날 것이다. 그러면 반복적으로 알아차리고 자기가 왜 그러는지 이유를 탐구해 들어가야 한다.

이렇게 내면의 방향을 전환하려면, 즉 내면의 삶에서 주의를 돌리게 만드는 성격의 관성적인 끌어당김을 역전시키기 위해 실질적인 행동을 취하자면, 자신에게서 딴 곳으로 관심을 돌리는 버릇과 반드시 직면해야 한다. 끝없이 터지는 삶의 문제나 직장에서의 끊임없는 요구들을 쉴 새 없이 처리하느라 자신에게 관심을 기울일 틈이 없는 것 같을 것이다. 의식 속에 자신을 최우선 순위에 오게 하려면 머리 위로 바쁘게 돌리던 접시는 기꺼이 전부 떨어지게 내버려둘 자세가 되어야 한다. 자신의 어려움을 타인과 삶의 탓으로 돌리며 외부 조건에서 만족을 찾으려는 태도도 주의를 다른 데로 돌리려는 시도로 봐야 할 것이다. 그리고 만족과 해답을 자기 밖에서 구하는 경향, 즉 그림9 '함정의 에니어그램'에서 '추구하는 사람(seeker)'이라는 말로 요약된 자신의 성향을 똑바로 대면해야 할 것이다. 함정은 각 유형이 진짜 문제에서 다른 곳으로 주의를 돌리는 특유의 방식이다. 공들이 떨어지지 않도록 쉬지 않고 던져 올려야 한다고 아무리 꾀어도, 9번은 외부에서 일어나는 일에 초점을 맞추지 말고 자신의 내면에서 일어나는 일에 관심을 기울여야 한다.

9번의 초자아가 초점 이동이 일어나지 못하도록 호시탐탐 감시하겠지만, 그렇기 때문에 자신에게 주의를 기울일 공간을 확보하기 위해 자신에 대한 내면의 공격에 대항해야 한다. 이들의 초자아는 자신의 욕구, 감정, 내면의 충동에 귀를 기울일 때 필연적인 결과인 듯한 타인과의 대립으로부터 어떻게든 보호하고 싶어 한다. 초자아는 이들을 호되게 꾸짖으면서 좋은 사람이 되고, 괜한 풍파를 일으키지 말며, 대세의 흐름에 따르라고 명령한다. 또한 자신을 너무 중요하게 여기지 말라고 경고하며, 너무 많은 공간을 차지하면 위험할 거라고 주의를 준다. 이런 공격에 대항하기 위해서는 나태한 껍데기 속에 있는 참 자신을 알고자 하는 욕구가 편안하고 싶은 욕구보다 강해져야 한다. 이것은 상호적인 과정이다. 본질적인 자기와 더 많이 연결될수록 자신의 영혼을 지키려는 내면의 힘도 회복되기 때문이다. 이들은 진정한 평안과 편안함이 나태한 자기망각이 아니라 '실재' 안에 존재한다는 것을 깨달을 것이다.

자기를 모른 체하고 방치하는 습관적인 성향과 맞서 싸우려고 진정으로 노력하고 초자아에 맞서 방어하기 시작하면, 9번은 마음속 깊은 곳에서 올라오는 자신이 가치 없고, 소중하지 않으며, 사랑스럽지 않은 존재라는 느낌과 빠른 시간 안에 맞닥뜨릴 것이다. 더 깊이 들어가면 자신이 근원적으로 뭔가 부족하고 불충분한 존재라는 느낌, 즉 성격의 핵에 자리 잡은 결핍감을 만날 것이다. 왜 자신을 그렇게 생각하는지, 어떻게 해서 이런 중대한 확신이 자기관념의 토대가 되었는지 파고들어 탐구해야 한다. 불충분하고 열등하다는 이 극도로 고통스러운 느낌을 털어내려 하지 말고 그대로 느끼고 있으면, 그런 자기관념을 일으키고 떠받친 개념적·비개념적인 기억 모두가 표면으로 떠오를 것이고, 이 기억들을 소화해야 한다. 그 결과로 생기는 대상관계(object relations), 즉 자신과 타인에 대한 관념이 외부에서 활동하는 상태를 잘 살펴볼 필요가 있고, 이 내면의 구조물을 의식 위로 끌어올려야 할 것이다.

동시에 진정한 행동을 취한다는 것은 자기 몸과 연결되고, 완전히 몸과 함께 산다는 뜻이다. 내면의 감정을 건너뛰거나 최소화하지 말고, 거기에 주파수를 맞추고 주의를 기울여야 한다. 몸과 체험적으로 깊이 연결되면 자신을 소홀히 해온 오랜 시간들이 떠오르면서 아마 많이 슬퍼질 것이다. 더 완전히 자기 몸 안에 머물면서 관심을 집중할수록 자기 고유의 가치나 자존감과 더욱 연결될 뿐 아니라 이들을 더욱 지원하게 된다. 뿐만 아니라 자기 몸에 주의를 기울일수록 자신의 감정을 더 잘 알아차리고 귀 기울이기 시작할 것이며, 정신은 한층 날카로워지고 명확해질 것이다. 그리고 점점 자신이 살아 있으며 세상의 한 부분이라고 느낄 것이다. 의식을 계속 내면에 맞추면 마침내 이들은 영혼의 완전함을 느끼게 될 것이다.

## 내적 작업의 결과

현재에 머물면 머물수록 자신의 본질적인 바탕과 단절됐다는 사실을 더욱 자각할 것이며, 영혼 안의 커다란 구멍이 느껴질 것이다. 이 구멍을 피하려고 잠을 자거나 다른 곳으로 주의를 돌리지 않고 그대로 머물면서 느끼고 호기심을 가지면, 결핍의 공허감으로 느껴졌던 것이 변화하는 경험을 할 것이다. 점점 마음을 열고 실제로 어떻게 느껴지는지 탐구하면 부정성과 결핍감이 변한다. 공허함은 드넓은 공간감이 되고, 이렇게 반복해서 내면 깊이 내려가다 보면 '실재'의 모든 성질이 곧 의식 위로 점점 떠오른다. 영혼 안에서 일종의 고비질량에 이르러 정체성이 성격에서 '실재'로 옮겨갈 때까지는 오랜 시간 동안 '실재'가 왔다가 떠나가는 것처럼 보일 것이다. 그 시간이 지나면 '실재'가 경험의 기반으로 느껴진다. 또 '실재'는 항상 그 자리에 있을 뿐인데 왔다가 떠난다고 느끼고, 실재에 대한 자각을 잃었다가 다시 얻은 것은 바로 자신이었다는 것을 깨달을 것이다.

마침내 성격의 껍데기가 점점 더 투명해져서 그 너머에 있는 '실재'가 보이기 시작한다. 그렇게 되면 자신이 열심히 흉내 내려 했던 '실재'의 성질, 즉 '빛 속의 삶'을 체험하고 구현하고 증명하는 자신을 발견할 것이다. 또 부족하고 사랑받지 못하며 하찮고 소홀하게 취급받는다고 느끼던 내적 경험이, 사랑과 축복으로 가득한 이 자비로운 세상과 자신이 분리될 수 없다는 느낌으로 점차 변할 것이다. 이런 변화가 일어나면 자신이 정말로 '신성'의 사랑의 발현이고 구현이라는 진리를 마침내 완전하게 깨달을 것이다.

# 3장

# 에니어그램 6번 유형 – 두려운 자아
## ENNEA-TYPE SIX : EGO-COWARDICE

우리의 가장 큰 욕구는

자신 안에 있는 더 깊은 진실에 충실함으로써

삶을 신성하게 만들고자 하는 것이다.

— 크리스토퍼 프리맨틀Christopher Freemantle

**인물상**　　　에니어그램 6번 유형은 두려움이 특징이다. 모든 유형이 두려움을 안고 있지만, 6번에게는 두려움이 이 유형을 구별하는 중심 요소이다. 6번은 자기가 인식한 것에 의혹을 품고, 자신에 대해 의문을 제기하며 아는 것도 다시 생각하고, 의심이 많으며, 확신과 자신감이 부족하고, 대부분의 정신 에너지가 불안을 처리하는 데에 쓰인다. 이들은 에니어그램의 편집증 환자들로, 의식을 하든 못 하든 남들이 자기를 잡거나 해치거나 위협하려고 쫓아온다고 믿는다. 밑바닥에 잠재된 내면의 역학은 같지만 6번에는 성향이 다른 두 가지 스타일이 있다. 겉으로 보기에도 공공연하게 두려움에 떠는 공포순응형과, 무섭지 않다는 것을 증명하는 데에 열중하는 공포대항형이다. 어떤 영역에서는 공포순응형인 반면 어떤 영역에서는 공포대항형

인 6번도 있지만, 일반적으로 행동양식에서 한 가지 결정적인 스타일이 지배적이고 뚜렷하다.

공포순응형 6번은 두려움과 불안이 확연하게 보인다. 이들의 태도는 뭔가 감추는 듯하고, 권위나 힘이 있어 보이는 인물에게 순종적이며, 결정을 내리고 단호하게 행동하기를 어려워한다. 또 타인에게 충고와 지도를 구하고, 신앙이나 명분 혹은 지도자에게 맹목적으로 충성스러울 수 있다. 대개 이들의 행동에는 한 발은 앞에 두고 다른 발은 뒤로 뺀 채 더듬거리며 나아가는 습성이 있고, 말하는 패턴에서도 이 습성을 자주 볼 수 있다. 반면 공포대항형 6번은 두려움을 정복하는 방식으로 행동함으로써 자신의 두려움을 숨기거나, 자신과 타인에게 자기는 사실 불안하지 않다고 증명하려 할 것이다. 이들은 위험을 감수하거나 무모하게 덤비는 저돌적인 사람으로, 자신의 힘과 자신감을 증명하기 위해 도전적인 상황과 용기를 시험하는 상황을 찾아다닌다.

## 신성한 사고

6번은 자신의 두려움과 의심을 진정시켜줄 수 있는, 현실에 대한 특정한 이해 즉 '신성한 사고'와 단절되었다. 현실에 대해 6번의 주파수와 가장 잘 동조同調하는 특정한 시각은 두 가지 의미가 있기 때문에 이름도 두 가지다. 첫 번째는 '신성한 힘'이다. '신성한 힘'은 영혼의 본바탕이 '본질'이라는 이해이다. 우리는 우리의 몸이나 생각, 감정이 아니라 수많은 성질과 단계적으로 더 깊은 차원의 심원함을 지닌 존재 또는 '실재'라는 인식이다. '신성한 힘'은 이 존재를 영혼의 토대로 보기 때문에 이 존재가 영혼에게 힘을 주는 것이자 영혼의 힘이다.

'본질'이 인간 내면의 본성이라는 인식이 없으면 자기가 지반이 결여되어 있다고 경험하기 때문에 근본적으로 약하고 무력하다고 느낀다. 자기를 몸 그리고 몸의 본능과 동일시하게 되어 자신에게 유일한 보호수단은 커다란 뇌밖에 없는, 털 없는 동물이라고 경험한다. 몸은 질병과 죽음을 겪는다. 만일 우리의 존재를 곧 우리의 몸으로 받아들인다면 실제로 우리는 매우 위험한 상황에 처한 것이다. '실재'를 인식하지 못하면 삶은 덧없고 무상하며 영속적인 의미가 없다. '실재'와 더 굳건히 연결되어 '신성한 힘'이라는 관점에서 바라볼수록 우리의 '진정한 본성'이 영원불멸하며 몸의 영고성쇠榮枯盛衰에 영향받지 않는다는 사실을 더 잘 알게 된다. 육체적 고통을 겪을 수는 있겠지만 심원에 대한 인식을 바탕으로 서 있으면 그것마저도 견딜 수 있다. 본질적인 바탕을 이해하면 그런 앎이 없다면 참을 수 없을 것 같은 일도 꿋꿋이 견딜 수 있게 해 준다.

본질적인 바탕을 더 깊이 인식할수록 우리가 근본적으로 신성의 구현이자 표현이라는 사실을 더 깊이 깨닫는다. 이 세상 전체가 신성의 발현이기는 하지만, 자신의 가장 깊은 본성을 인식할 수 있는 능력은 인간에게만 있다. 이런 이유로 우리는 창조물들 중에서 독특한 위치에 있다. 또한 이것이 우리 힘의 다른 측면이기 때문에 '신성한 힘'의 의미가 갖는 또 다른 뉘앙스이다.

이런 인식이 우리에게 끼치는 영향이 6번과 연계된 두 번째 '신성한 사고'인 '신성한 믿음'이 뜻하는 바이다. 우리 내면의 본성이 '본질'이라는 인식은 우리에게 믿음을 준다. 이 '신성한 사고'를 제대로 이해하려면 여기서 사용한 믿음이라는 단어에 설명을 덧붙여야겠다. 일반적으로 이해하는 믿음이라는 단어와는 사용방식이 다르기 때문이다.

직접 체험하지 않았거나 실질적인 증거가 없어도 사실일 거라고 믿을 때 대개 믿음이라는 단어를 사용한다. 이렇게 우리의 믿음은 체험적이라기보다는 지적이나 직관적이다. 또한 믿음은 충실하다는 뜻, 즉 신이나 자신의 의무 또는 타인에게 충성스럽다는 뜻으로도 사용한다. 여기서 '신성한 사고'로서 믿음이 뜻하는 바는, '본질'과의 직접적인 연결과, 그 연결과 우리 영혼의 통합을 바탕으로 우리 내면의 본성이 '본질'임을 아는 것이다. 이 믿음은 타인의 체험이나 종교적 혹은 정신적 교의를 근거로 진실이라고 믿는 것이 아니다.

이 체험적인 지식은 '본질'이 우리의 본성이며, 지금 이 순간 심원과 연결되어 있다고 느끼든 그렇지 않든 그것이 사실이라는 흔들림 없는 확신을 갖게 해준다. 우리 내면의 본성이 '실재'라는 것을 한 치의 의구심도 일지 않는 방식으로, 즉 직감적으로 그냥 알게 된다. 이렇게 의심이 일어날 수 없는 방식으로 우리의 존재가 '본질'임을 인지하면 우리의 영혼은 근본적인 변화를 겪는다. 자기 자신과 세상을 경험하는 방식이 이 의식의 전환 이전과는 극적으로 달라진다. 우리는 더 이상 신봉하거나 무언가를 끊임없이 추구하는 대신 자신의 존재 자체를 '실재'와 동일시하게 된다. 이것이 6번이 깨달음을 생각하는 특유의 방식, 즉 6번의 관점으로 보는 깨달음이다. 그렇다면 현실에 대해 '신성한 힘'과 '신성한 믿음'이 초점을 맞추고 있는 깨달은 시각은 우리 영혼의 본성 즉 우리 존재가 '실재'라는 것이다.

많은 사람들이 정신적인 작업을 시작하고 나서 근본적인 변화를 체험했다고 느끼지 못한 채 오랜 시간 그 여정을 터벅터벅 걸어간다. 진정한 변화, 즉 영혼의 무게 중심이 성격에서 '본질'로 이동하려면 절대 의구심이 들지 않는 방식으로 자신이 '본질'이라는 것을 알아야 한다. 정신적인 스승과 가르침을 아무리 믿는다고 해도 자신에 대한 관념을 근원적으로 바꾸기에는 부족하다. 그리고 객관적인 현실이 무엇인지 아무리 정신적인 개념을 갖춰도 우리의 방향을 바꾸기에는 부족하다. 우리 영혼은 직접적인 체험을 통해서만 변한다.

직접적으로 타인을 '본질'로 체험하거나 심지어 우주 전체를 '실재'의 구현으로 체험해도 자신에 대한 관념이 근원적으로 바뀌기에는 부족하다. 정말로 '신성한 믿음'과 통합되려면 반드시 자신의 영혼이 '본질'이라는 사실을 직접적으로 체험해야 한다. 알마스는 다음과 같이 말했다.

> 우리는 자신처럼 느껴지지 않고 뭔가 이질적이거나 남이 나에게 부어주거나 유발하거나 전달한 것처럼 느껴지는 '본질'의 체험과, 자기 내면의 현실처럼 느껴지는 '본질'의 체험을 구별하고자 한다. 이것은 엄청난 차이이다. '본질'을 체험하고 나서도 단지 자신의 정신적인 스승을 느낀 것이거나 최면술에 걸렸다고 믿는 사람들이 많다. 자신의 본성으로서의 '본질'에 대한 인식이 부족하다는 뜻이다.[1]

만일 그런 인식이 있다면, 우리의 본성이 '본질'이라는 이 직접적인 지식이 영혼에 견고한 토대를 마련해준다. 그런 인식이 없다면 그 기반의 결여가 모든 형태의 불안과 두려움을 만들어낸다. 이것은 6번이 자신의 성격과 동일시되어 있을 때 나타나는 상황이다.

## 본질과의 단절

6번은 어린 시절에 '본질'과 단절되면서 '본질'이 자기 내면의 본성으로 존재하며 자신을 떠받치는 무엇이라는 인식을 잃는다. '본질'과 단절된다는 것과 '본질'에 대한 인식을 잃는다는 것이 같아 보이겠지만 그렇지 않다. 내면의 심원한 차원과 단절되는 경험을 하더라도 그런 차원이 존재한다는 사실은 확연히 알고 있다. 지금은 본질적인 체험을 하지 않더라도 과거에 그런 체험이 있었음을 여전히 기억하며 알고 있다. 이 '신성한 사고'가 없으면 그런 앎은 사라진다. 그런 체험이 한 번도 일어난 적이 없거나 자기가 허위로 만들어낸 것처럼 느껴진다. 그 결과, 자신과 세상에는 '본질'이 결여되어 있고, 따라서 이기주의와 생존경쟁을 뛰어넘어 사랑, 이타주의, 관대함, 고귀함 같은 인간다움을 낳는 모든 것이 결여되어 있다고 경험한다. 자기를 포함한 모든 인간을 고결한 충동과 가치가 없는 존재로 경험하기 때문에 인간은 순수하게 본능적이고 동물적인 동기로 움직인다고 이해한다. 이런 인식이 극단에 이르면, 세상은 그저 생존을 위해 고군분투하며 강자가 약자를 이기고 파괴하는 다윈설의 정글처럼 보인다. 이렇게 되면 사랑과 보살핌은 덧없으며, 삶은 어디까지나 인내력의 문제로 남는다.

이것은 6번이 '신성한 힘'과 '신성한 믿음'이라는 '신성한 사고'에 대해 예민하기 때문에 어린 시절에 부족했던 온전한 보살핌을 이렇게 해석한 것이다.

## 주요 심리

6번의 영혼은 어린 시절 충족되지 않은 신체적인 욕구, 침해, 신체적인 위협을 가하는 분위기에 대한 반동 불안(reactive alarm)을 둘러싸고 있으며, 그 상태로 움츠러들어 있다. 6번은 닥쳐올 정신적 외상을 예상하고 걱정이 가득한 채 방어 자세를 취하지만 절망적이게도 아직 준비가 덜 됐다고 느끼며, 이 느낌은 그 밖의 모든 것을 압도해버린다. 6번은 주위환경은 믿을 수 없고 예측할 수 없는 것으로 인식했고, 어린 시절에 이런 불안정한 렌즈로 부모를 바라보았다. 수시로 정반대로 행동하는 알코올중독자인 부모 손에 길러졌을 수도 있다. 또는 부모가 사소한 일에도 자극받아 예측할 수 없이 발작적으로 분노했을 수도 있다. 부모 중 한쪽이 감정의 기복이 심했을 수도 있고, 자녀에 대한 애정의 질이 시시때때로 극단적으로 변했을 수도 있다. 부모 중에 주로 양육을 맡은 사람이 아기인 6번의 몸을 다루거나 요구를 들어주면서 자신 없어 했을 수도 있고, 단순히 소심한 성격이었을 수도 있다. 한쪽 부모가 엄격하고 권위적인 사람이라서 절대적인 복종을 요구하며 끊임없이 어린 6번을 겁줬을 수도 있다. 실제로 부모가 어떠했든 6번은 '신성한 믿음'과 '신성한 사고'에 예민하기 때문에 이런 요인에 초점이 맞춰졌고, 그 경험이 각인되었다. 발달 중인 아이의 의식은 한쪽 혹은 양쪽 부모 모두, 또는 환경 전체가 자신의 요구를 만족시키기 위해 일관되게 의지할 수 있는 대상이 아니라고 '해석'했다. 따라서 전적으로 남에게 의지해야 하는 아이는 생명의 위협을 느꼈다. 그리하여 영혼은 생존불안과 육체적 죽음에 대한 두려움을 중심으로 고착되었다. 자신의 욕구도 충족시킬 수 없다는 무력함과 무능함에다, 신뢰할 수 없는 타인에 대한 인상이 결합되어 6번의 자기관념에 각인되고 그 핵을 형성했다.

　이처럼 유아기에 굳어진 현실에 대한 이해는 6번의 영혼의 틀을 형성하고, 알마스가 냉소적이라고 표현한 6번의 세계관 전체로 퍼져나간다. '신성한 믿음'이 없으면 믿음의 형태는 있지만 이런 식이다. 이 우주에는 근본적으로 사랑도 지원도 없으며, 인간 역시 본래 이기적이고 스스로를 강화할 뿐이며(자기강화적), 자신의 행동이 남에게 미치는 영향 따위는 신경도 안 쓰는 존재다. 이 세상은 냉혹하고 인정사정없는 곳이다. 생존경쟁에서 강자라는 사실을 증명하려고 자신을 크게 부풀리든, 공공연하게 자신이 약자라고 여기든 6번의 눈에 비치는 현실은 그렇다. 희망과 의심 사이에서 오락가락하겠지만, 인간은 본래 이기적이고 자기이익을 위해 행동한다고 믿는 냉소주의가 의식적 또는 무의식적으로 이들의 영혼 속에 확고하게 자리 잡는다. 그런 세상에서는 만약 타인의 자기만족을 방해하면 그가 자신을 잡으러 뒤쫓는다는 '확신' 외에는 인간 본성에 대한 신뢰가 거의 없다.

자신의 참된 토대인 '본질'을 인식하지 못하면 자신의 본성 속에서도 신뢰할 수 있는 것을 거의 찾지 못한다. 그러면 6번은 발 딛을 기반 없이 남겨지며, 인생이라는 전쟁터에서 절망적으로 무력하게 느낄 수밖에 없다. 위협적으로 보이는 세상에서 생존도구라고는 자기의 지력밖에 없는 채, 진정한 지원군인 내면의 어떤 것과도 연결은 고사하고 인식도 못할 때 맞닥뜨리는 결과는 내면의 부족감밖에 없다. 인생의 작은 접전들에서 필요한 뭔가를 갖지 못한 기분(예측불가능하고 신뢰할 수 없는 타인 앞에서의 무력감)이 6번의 결핍 상태이며, 앞서 설명한 대로 자기관념의 핵을 형성한다. 이들은 의식적으로든 무의식적으로든 자신이 생존의 위기에 처한 사람이라고 느낀다. 예를 들면, 한 배에서 난 새끼들 중에서 작고 약한 동물, 준비가 부실한 자, 무방비 상태인 자, 부적절한 자, 연약한 자, 겁쟁이처럼 말이다. 타인의 삶은 더 힘세고, 강하고, 튼튼하고, 똑똑하고, 상황에 밝고, 능숙하고, 능력 있고, 무엇보다 자신감에 넘쳐 보인다.

세상에 대한 냉소적인 인식과 그 속의 자신은 불충분하다는 느낌이 6번 유형의 고착화된 심적 태도(집착), 즉 그림2에 묘사된 '겁이 많음(cowardice)'이다. 여기서 이 유형 특유의 모든 행동적, 감정적, 지적 패턴이 나타난다. 여기에 대해서는 곧 살펴볼 것이다.

반동불안과 생존불안을 중심으로 현실에 대한 6번의 태도가 어떻게 배열되는지 앞서 살펴본 내용에 초점을 맞추면, 순수한 육체적 본능의 차원, 즉 인간 영혼의 동물적인 부분이 가장 지배적인 것을 볼 수 있다. 1장에서 설명했듯이, 에니어그램 유형과 관계없이 모든 성격의 근간을 형성하는 이 차원이 6번의 각별한 선입견이다. 의식을 지형학으로 생각했을 때, 위의 것에 초점을 맞추다보면 아래의 것, 즉 '실재'의 영역이 흐려진다. 6번이 타인의 내면에서 위협적으로 경험하는 자기강화적이고 이기적인 경향뿐 아니라, 그 위협에서 생존하고자 하는 6번의 본능적인 욕구도 이 동물적인 본능이라는 바탕에서 올라온다. 본능의 차원이 적敵인 동시에 구원자인 셈이며, 이 모순 속에 6번의 내면 풍경의 지형을 이루는 갈등과 불확실성의 뿌리가 박혀 있다.

## 본질과 멀어지게 하는 행동

이것은 악순환의 고리이다. 건설적이고 보완적일 수도 있는 내면의 감정과 충동, 인식을 그것들이 내면의 위험한 부분, 즉 본능적이고 동물적인 부분에서 생겼을지도 모른다는 이유로 의심하고 부정한다. 따라서 의심의 그늘이 모든 충동을 봉쇄해 어떤 것에 대해 행동하기보다 의심하게 만든다. 6번도 흔히 두려움 때문에 충

115

동적이고 반응적으로 행동할 수 있지만, 내면에서 저절로 일어나는 모든 내용을 사고가 의심하면서 하나하나 가려내어 결국 생명력을 잃게 만든다.

얄궂게도, 자기방어에 뿌리를 둔 이 모든 행동의 결과가 6번이 딛고 선 바로 그 지반을 깎아내린다. 이것은 자기거세(self-castration)의 형태로, 심리학적으로는 자신을 무력하게 만들거나 자신에게서 생명력을 박탈한다는 뜻이다. 자기거세는 모든 종류의 자기파괴적인 성격에서 나타나는 심리학적인 특성일 뿐 아니라, 6번이 정신적인 차원과 연결되는 것도 방해한다. 자신의 경험이 깊어져야만 결국 그 밑바닥에 잠재된 본질의 차원과 다시 연결될 수 있는데, 내적인 경험의 부정과 충동의 억압은 6번이 이 유일한 길을 신뢰할 수 있는 역량마저 훼손한다. 그림11 '본질과 멀어지게 하는 행동의 에니어그램'에서 6번에 나오는 '자기억압(self-inhibiting)'이 이렇게 충동을 눌러 약화시키는 행동이 어떻게 6번이 영혼을 펼치는 일을 방해하는지 보여준다.

이렇게 자신의 내면을 약화시키는 것이 프로이트도 정의한 이 유형에서 전형적으로 나타나는 '거세 콤플렉스(castration complex)'의 바탕이다. 거세 콤플렉스는 권위적인 인물의 손에 신체가 손상되거나 힘을 뺏길 거라고 느끼는 무의식적인 두려움이다. 심리학에서는 거세 불안이 극도로 심해지면 남녀 양성 모두에서 남근에 대한 자기애적 과대평가의 형태가 나타난다고 설명한다. 6번과 관련된 신체 부위는 자연히 성기이며, 6번 주변에 있으면 이들이 행동을 통해 자신의 성기를 방어하거나 과시한다는 인상을 종종 받는다. 여기서 우리는 심리적인 민감성이 신체적으로 치환되는 것을 확실히 볼 수 있다.

우주보편적인 현상이긴 하지만 다이아몬드 접근에서 '생식기의

116

구멍(genital hole)'이라고 부르는 것이 특히 여기에 관계가 있으며, 6번이 전문이라고 할 수 있다. 생식기의 구멍은 자기의 생식기가 있다고 생각하는 자리에서 체험되는 부재감이다. 일반적으로 사람들이 '본질'과 단절되었다는 것을 신체 차원에서 체험하는 첫 번째 방식 중 하나다. 이 구멍이 주는 느낌에 그대로 머물면 공간감의 체험, 마치 깊은 공간 속에 있는 듯한 느낌으로 이끌린다. 이 공간이 모든 '본질적인 측면'들이 떠오르는 토대이다. 이 깨달음은 거세의 의미에 또 다른 차원을 더한다. 정신적인 측면과 연결되어 있지 않으면 우리는 실제로 자신이 생식기가 없는 것처럼 경험하기 때문이다.[2]

　'실재'라는 토대를 인식하지 못한 데에다가 우리의 뿌리가 박힌 원시적이고 본능적인 영역까지 거부하면, 세상은 참된 기반이 없는 불확실한 장소이다. 따라서 모든 것이 본래 불안정하고 위태롭다. 냉소적인 렌즈로 바라본 타인은 신뢰할 수 없는 존재이고, 그래서 의지할 수도 없다. 6번이 겉으로는 친절하고 다정하며 협력적으로 보이겠지만, 이들은 진짜 상황과 나머지 결말이 드러나기만을 의심쩍은 눈으로 지켜보고 있다. 그러나 가장 방심할 수 없는 불확실성은 바로 자신의 내면이다. 개인의 집착 정도에 따라 심하고 덜한 차이는 있겠지만, 내면에 신뢰할 수 있는 것이 거의 없기 때문에 불확실한 상태에 살면서 거의 어떤 것에도 확신을 갖지 못한다. 여기에는 자신이 느끼는 것, 원하는 것, 경험하는 것, 생각하는 것도 포함된다. 의심이 모든 것에 스며들어 망설임, 주저함, 흔들림, 애매모호함, 우유부단함, 동요, 회의론으로 나타난다. 자기가 어디에 서 있고 무엇을 느끼는지 확실하지 않기 때문에 결정을 내려야 할 때 강박관념에 사로잡히고 잘못된 선택을 할까봐 두려움에 시달린다. 6번은 말이든 행동이든 더듬거리면서 스스로를 막아서며, 이런 자기의심 없이 행동하기를 어려워한다. 결정을 내린 후 행동하고도 다시 곱씹으면서 '잘못했으면 어쩌지' 하고 걱정한다. 이런 이유로 이들의 움직임은 신체적으로든 단지 은유적으로든 이 번호와 관련된 동물인 토끼처럼 갑작스럽고 단속斷續적이다.

**격정**　　　　6번 유형의 격정, 즉 이들의 내면에 밴 정서 상태는 그림2의 '격정의 에니어그램'에서 보듯이 '두려움(fear)'이다. 심리학적으로 두려움은 현실적인 외부의 위험에 대한 의식적인 반응으로 정의한다. 반면, 불안은 그 뿌리가 내적이고 무의식적인 위험에 대한 반응으로 정의한다. 대부분의 6번에게 이 두 가지는 아주 비슷한 말이다. 곧 설명할 '투사(projection)'라는 방어기제를 통해서 내적인 위협이 외적인 것으로 경험되기 때문이다. 6번이 자신에게 각인되어 끊임없이 진행되는 정서적인 분위기로 경험하는 두려움과 불안은 내면 혹은 외부에서 일어날지도 모르는 일에 대한 예상에서 나온다. 사실상 6번은 자기가 두려워하던 상황이 실제로 닥치면 별로 무서워하지 않는다. 그러므로 두려움은 명백히 관념을 바탕으로 한다.

여기서 이 유형이 가진 불안의 성질을 이해하는 데에 다시 한 번 프로이트가 관련된다. 프로이트의 많은 이론이 6번의 심리에 아주 잘 들어맞는 것은 그 자신이 6번인 이유도 있을 것이다. 불안에 대한 프로이트의 후기 이론은 두 가지로 나뉜다.[3] 프로이트가 '자동적인 불안(automatic anxiety)'이라고 이름붙인 첫 번째는 그가 정신적 외상 상황이라고 부른 것에서 일어난다. 이 상황에서 정신은 맞서 싸울 수 없는 과도한 자극으로 넘쳐나고 압도당하는 느낌으로 경험된다. 이런 종류의 불안은 주로 자아구조의 합병이 시작되기 전인 유아기 초기에 발생한다. 정신분석학자이자 미국 정신분석학회 전 회장인 찰스 브레너Charles Brenner 박사가 프로이트를 부연 설명한 아래의 인용문은 이 종류의 불안이 가진 특유의 분위기를 잘 설명해준다.

> 유아는 대부분의 신체적인 욕구뿐 아니라 본능의 충족을 엄마에게 의존한다. 유아는 본능의 충족을 적어도 생후 몇 개월 동안은 주로 신체적인 만족과 연결해서 경험한다. 예를 들어, 유아에게 젖을 먹이면 배고픔만 해결되는 것이 아니다. 유아는 동시에 구강 자극과 합쳐진 본능적인 쾌감과, 거기에 더해 품에 안겨 따뜻하게 품어지고 사랑받는 쾌감도 경험한다. 특정한 나이가 되기 전까지 유아는 이런 쾌감, 즉 본능의 충족을 스스로 만족시킬 수 없다. 그렇게 하려면 엄마가 필요하다. 만약 엄마가 부재할 때 엄마를 통해서만 만족시킬 수 있는 본능적인 욕구를 경험하면, 유아는 프로이트가 정의한 개념의 정신적 외상을 경험한다. 본능적인 욕구를 미결 상태로 남겨둔 채 만족을 미룰 수 있을 만큼 유아의 자아가 충분히 발달하지 않았기 때문에, 유아의 정신은 밀어닥치는 자극에 압도당한다. 이런 자극을 억제할 수도, 적절히 해소할 수도 없기에 불안이 발달한다.[4]

성인과 더 깊이 관련된 두 번째 불안은 신호 불안으로 이미 1장에서 6번을 설명하면서 짧게 살펴보았다. 이 불안은 정신적 외상의 결과로 일어난다기보다 그런 상황이 예상될 때 일어나며, 각 상황에서 외상을 입지 않기 위해 성격의 방어 기능을 결집시킨다. 객관적인 외부의 위험이 이런 예기 불안을 불러오며, 우리가 방어적으로 행동하도록 할 것이다. 반면 위험하게 느껴지는 심리적인 갈등 상황에서는 자아의 방어 기능을 동원해 의식 위로 떠오르려고 위협하는 충동이나 감정을 막으려고 할 것이다. 위의 예시를 이용해 보면, 신호 불안은 유아기 후기에 아기가 엄마가 떠난다고 예상할 때 나타날 것이다. 아기가 엄마의 부재를 앞서 설명한 잠재적 외상과 관련시켜 생각하기 때문이다.

프로이트는 발달 중인 아이의 자아구조에 위험한 일련의 상황도 묘사했다. 그 상황들은 아이라면 누구나 특정 발달 단계에서 관계가 있으며, 앞으로 확인하겠지만 특히 6번의 심리와 전부 관계가 있다. 첫 번째 위험 상황은 자신을 돌보는 사람, 즉 자신의 양육자이자 애정 대상의 상실이다. 나중에는 그 사랑을 잃을까봐 두려워하게 되고, 발달단계상으로 거세공포가 뒤따른다. 마지막으로 6~12세 사이의 잠복기 공포는 내면화된 부모상의 처벌, 즉 초자아에 대한 두려움이다. 각 단계별 특유의 위험과 결합된 불안은 후기 단계들까지 지속된다. 여기에는 성인기도 포함된다. 겉보기에는 성인의 관심사와 걱정이 무의식 속에 깊이 파묻힌 이런 원시적인 불안과 일치하지 않는다. 그러나 무의식 속에서이긴 하지만 6번에게는 이런 위험 상황이 전부 현재처럼 보인다. 끊임없는 내적 동요와 걱정에서부터 노골적인 공포에 이르기까지, 신경증 정도에 따라 6번 내면의 두려움과 불안의 모습은 다양할 것이다. 정도야 어떻든 자신의 성격과 동일시되어 있는 한 두려움은 존재할 것이다.

**방어기제**       '두려움'의 격정은 앞서 언급한 6번의 방어기제인 투사와 떼려야 뗄 수 없이 연결되어 있다. 투사는 '개인이 용납하기 어려운 충동이나 생각을 외부 세계로 돌리는 정신 작용. 이 방어 작용의 결과로 자신의 욕심과 욕구가 마치 타인의 것처럼 인식되거나, 자신의 정신적인 경험이 교감상의 현실과 혼동될 수 있음'이라고 정의한다.[5] 이 방어기제 때문에 6번은 객관적으로 상대방의 마음속에서 일어나고 있는 생각과, 자신의 무의식인데 마치 상대방의 생각인 것처럼 경험되는 것을 구별하기 힘들 수 있다.

6번은 곧잘 자신의 공격적이고 적대적인 감정과 충동을 투사함으로써 악의적인 세상에 대한 두려움에 기름을 붓는 결과를 만든다. 조금 덜 적나라하게 공격적이긴 하나 비판과 판단과 거부도 6번이 잘 하는 투사이다. 공격을 투사하는 영혼이 무의식적으로 갖는 '이론'은, 어린 시절에 그것들을 위협적으로 경험했기에 내면에 그것들을 갖고 있다는 것은 위험한 무엇을 내면에 담고 있다는 뜻이다. 6번이 이 내면의 위협을 제거하는 방법은 투사를 통해 그것을 부정하는 것이다. 게다가 자기 자신을 공격적인 존재로 경험하는 것은 두려움에 떠는 약자라는 6번의 핵심적인 정체성에도 위배된다. 그런 자기 관념이 고통스럽지만 익숙하기에, 아이러니하게도 안전한 영역이다.

동성애적 충동 또는 손에 넣을 수 없거나 금지되거나 냉담한 사람을 향한 이끌림처럼 용납할 수 없는 사랑의 감정과 성적 끌림이 투사의 과정을 통해 자주 변형되곤 한다. 그러면 그 애정 대상이 자신을 괴롭히고 품위를 떨어뜨리는 너무 싫거나 잔인한 사람으로 보인다. 그렇게 함으로써 무의식적으로는 원하는 대상에 대해 의식적으로는 증오나 두려움을 느낄 수 있게 되어, 용납할 수 없는 욕망에 대항해 성공적으로 방어할 수 있다. 6번의 이 방어기제에서 볼 수 있는 또 다른 전형적인 변형 형태는 자신의 힘과 권위를 이상적으로 보이는 대상에게 내어주는 것이다. 6번은 그 대상에게 확고부동한 충성과 헌신을 다하기 때문에, 그 대상이 악의적이며 자신을 학대하고 거세하는 사람으로 경험될 것이다. 이 유형이 특히 문제를 겪는 부분인 권위와의 관계를 집중해서 다룰 때 이런 종류의 투사를 더 자세히 살펴보겠다.

그렇다면 의식 위로 떠오르려고 위협하는 용인될 수 없는 내면의 감정, 생각, 충동뿐만 아니라 그와 동반될 불안으로부터 투사의 방어기제가 6번을 보호하는 것이다. 이 불안은 투사를 통해 두려움, 즉 외부 사람이나 외부 세계에 대한 두려움으로 바뀐다. 용납할 수 없는 이드id의 욕구, 즉 본능적이거나 그 밖의 무의식적인 충동들이 자기 외부에서 경험되고, 이것은 '신성한 사고'와의 단절로 생긴 6번의 근본적인 인식의 왜곡(세상이 얇은 가면을 쓴 이기적인 동물들로 가득한 위험한 곳이라는 인식)을 뒷받침하고 강화한다. 그러므로 타인과 세상에 대한 6번의 경험의 틀을 모양 잡을 때 투사가 기초가 된다. '신성한 힘'과 '신성한 믿음'의 상실에서 비롯해 딛고 설 수 있는 안정적이고 견고한 지반이 없다는 내면의 느낌은, 앞서 살펴본 것처럼 깊은 불확실성과 불안정한 내적 느낌에 이르게 한다. 이 느낌은 투사를 통해 타인, 일반적으로는 세상으로 옮겨지고, 그때부터 타인과 세상은 의지할 수 없고 신뢰할 수 없는 대상으로 보인다. 어린 시절의 각인만큼이나 투사를 통해서도 6번에게 세상은 무섭고 위험한 곳이 된다. 어디에서부터 각인이 끝나고 투사가 시작되는지는 파악하기 어려울 것이다.

## 행동 및 정서 습관

결과적으로 투사는 우리를 편집증이라는 문제, 즉 6번 유형의 심리적 중심으로 이끈다. 웹스터 사전에서는 편집증을 다음과 같이 정의한다. "개인이나 집단에 나타나는 타인에 대한 과도한 혹은 불합리한 의심과 불신의 경향으로, 객관적인 현실이 아니라 무의식적인 충동에 대항해 자아를 방어하고자 하는 욕구가 바탕이 된다. 투사를 방어기제로 사용하며, 보상적 과대망상증의 형태를 띠는 경우도 흔하다."[6] 극단으로 가면 편집증은 자신이 박해당하고, 표적이 되어 학대당하며, 중상모략의 피해자이고, 심지어 특정한 사람이나 집단이나 세상이 자신을 독살하려 한다고 믿는 정신이상의 형태가 된다. 보통 정도의 신경증을 가진 6번들도 때때로 그런 기분을 느끼기 때문에, 편집증적 태도에 대해 얘기하려면 정신건강을 측정하는 수평 도표에서 기능장애 지표 쪽에 있지 않은 6번을 살펴보는 것이 더 적당하다. 편집증적 태도란 모욕, 공격에 대한 초경계 상태와 과민증, 의심, 일반적인 의미의 불신을 말한다. 알마스는 6번의 이런 편집증적인 특성을 '방어적인 의심'이라고 불렀다.

6번의 편집증적 태도는 희생당하고, 박해당하고, 괴롭힘당한다는 느낌을 갖게 할 뿐 아니라, 희생양 만들기의 형태로 타인을 같은 방식으로 취급하게 만든다. 6번의 눈에는 특정 개인이나 집단이 자기 문제, 특히 자신이 약하고 무능하다는 느낌의 원인처럼 보일 것이다. 이것은 6번과 관련된 두 가지 문화인 독일과 남아프리카 공화국에서 뚜렷하게 볼 수 있다. 독일 나치즘의 출현은 제1차 세계대전 직후에 패배하고 나약해진 조국에 대한 반응으로, 유태인 지식 계급으로 상징되는 번영하고 강력한 집단의 사람들에게서 영향력을 빼앗고 파괴하려 한 시도로 볼 수 있다. 남아공에서는 공적으로 소수 백인 집단이 흑인과 혼혈인종을 열등한 지위로 격하시킴으로써 자신들의 위치를 높였다. 이론상으로는 분리되었으나 평등하다고 하지만 실상 흑인들은 자국 내에서 정치적인 힘이 전혀 없다.

편집증에는 의심의 태도가 내재되어 있는데 그 자체가 마음속에 있는 두려움의 영향이다. 편집증이 지배적으로 되면 6번은 모든 것을 의심의 렌즈로 바라보면서 의문을 제기한다. 이 의문은 개방적인 고찰이나, 실질적인 우유부단함이나, 사실에 대한 신중한 검토가 아니라 편견에서 온 것이다. 대상에 대한 회의, 믿지 않는 경향, 의심이다. 물론이 편견은 세상이 자신을 돕는 척하자마자 곧 공격할 이기적인 사람들로 가득한 위험한 장소이며, 그것이 현실의 핵심이라는 냉소적인 인식을 기반으로 한다. 데이비드 사피로David Shapiro는 편집증 유형에 대한 설명에서 에니어그램 6번 유형의 극단적인 모습을 잘 묘사하면서 편견에 사로잡힌 의심의 사고思考를 아래와 같이 표현했다.[7]

의심이 많은 사람은 마음속에 무언가를 꾹 가지고 있는 사람이다. 고착화되고 편견에 사로잡힌 예상으로 세상을 바라보며, 반복적으로 그 예상에 대한 확증만을 찾는다. 의심 또는 의심을 바탕으로한 행동계획을 버리라고 설득해도 듣지 않는다. 그러기는커녕 아무리 합리적인 의견을 제시해도 자기의 시각을 실질적으로 확증해줄 어떤 측면이나 특징을 찾기 위한 목적 외에는 주의를 기울이지 않는다. 의심이 많은 사람을 바꾸려 하거나 설득하려던 사람은 실패할 뿐만 아니라, 그런 노력을 일찌감치 포기할 정도로 분별력이 없다면 그 자신도 의심의 대상이 될 것이다.

사피로의 말처럼, 편집증적인 사람은 자기가 의심하는 것을 확인하기 위해 얻을 수 있는 정보는 샅샅이 뒤지면서도 자기는 단지 상황의 진실을 파악하려는 것뿐이라고 주장하고, 심지어 그렇게 믿을 것이다. 이들은 매우 날카로운 관찰자이지만 숨겨진 의도는 자기의 의심을 확증해줄 단서를 찾기 위한 것이다. 그래서 관찰한 사실조차도 자기가 이미 세상에 대해 그려놓은 그림에 맞춰 잘못 해석한다. 예를 들어, 당신이 자기를 좋아하지 않는다고 굳게 믿는 6번은 당신이 아무리 그렇지 않다는 확신을 주어도 당신의 행동 중에서 거부의 의미로 해석할 수 있는 것을 과민하게 감시하고, 조만간 정말로 자기가 두려워하는 확증을 찾아낼 것이다. 6번의 초경계 태세 뒤에는 잠깐이라도 긴장을 풀고 경계 태세를 해제할 수 있도록 안전하고 든든한 느낌을 갖고 싶은 희망이 숨어 있다.

앞에서 언급했듯이, 내면의 역학은 똑같지만 6번에는 두 가지 다른 행동양식이 있다. 6번은 두 가지 행동양식을 모두 보이면서 특정 시기와 상황에 따라 두 행동양식 사이를 왔다 갔다 할 것이다. 그러나 대개는 한 가지 양식이 성격 속에서 우세하게 드러나는 경향이 있다. 첫 번째는 공포순응형이다. 마치 전조등 불빛에 잡혀 놀란 사슴처럼 격렬하게 두려움을 느끼고 그 때문에 마비되는 6번이다. 이 유형의 6번은 소심하고, 태도가 애매모호하며 주저하고, 고분고분하고, 불안이 심하며 끊임없이 안전해지려 하고, 위험에서 멀리 떨어져 있으려 한다. 6번 유형일 가능성이 큰 영화배우 다이안 키튼Diane Keaton은 6번의 이런 우유부단하고 불안한 면을 보여주는 역할을 자주 맡았다. 반면 그녀의 친구 우디 알렌Woody Allen은 이 유형의 신경과민에 편집증적인 측면을 그의 영화에서 희화화해 보여준다. 공포순응형 6번은 겁에 질린 듯이 보이고 그렇게 행동하며, 이들의 영혼은 두려움에 바짝 얼어 있다.

125

두 번째 양식은 공포대항형으로 무섭지 않다는 듯이 행동하는 6번이다. 이 스타일의 6번은 자기가 두렵거나 약하지 않다는 것을 증명하기 위해 적극적으로 위험한 상황을 찾아다닌다. 무모하게 덤벼드는 이들로, 고층빌딩 사이에서 줄타기를 하거나 사자 입속에 머리를 들이밀고, 위험한 산봉우리를 기어오르거나 엄청난 액수의 돈을 배팅하면서 순간적으로 결정을 내리고, 실험 전투기를 몰고 위험한 출격을 나가거나 절벽에서 스노보드를 탄다. 실베스터 스텔론Sylvester Stallone과 아놀드 슈왈츠제네거Arnold Schwarzenegger는 영화 속에서 보디빌더 공포대항형의 역할을 맡아 예를 보여주었고, 해리슨 포드Harrison Ford, 윌리엄 데포Willem Dafoe, 클린트 이스트우드Clint Eastwood는 곤경에 맞서 싸워 가까스로 탈출하는 모험과 영웅들을 자주 보여주었다. 린다 해밀턴 Linda Hamilton이 '터미네이터'에서 맡았던 역할은 그 여성형이다. 공포대항형 6번은 영웅적이고 위대하고 전능하게 보이는 데에 집착해 과대망상적일 수 있다. 나폴레옹과 히틀러가 그 예이다. 무섭지 않다는 것을 증명하기 위한 공포대항형 6번의 온갖 시도에도 불구하고 두려움에 대한 강박관념이 이들을 움직이도록 부채질하는 주요 동기이다.

이 두 가지 행동양식의 초자아는 서로 약간 다른 특색이 있다. 두 가지 초자아 모두 권위적(전제적, 위압적)이고 완전한 순응을 요구한다. 그리고 자신은 결함이 있고, 인생이라는 경기장에서 필요한 것을 갖추지 못한 그저 평범한 존재라는 이들의 기본적인 관념을 강화한다. 공포순응형 6번의 내면에서는 압제적이고 명령적인 내면의 비판자가 6번에게 겁이 많고 나약하며 배짱이 없다고 호되게 야단친다. 공포대항형 6번의 내면에서는 자신이 판단하기 좋아하고 비판적이라고 경험하는 사람에게 초자아가 투사되어 자신을 해치고 위협한다. 이들의 초자아는 강인하고 억세져야 한다고 요구하며, 공포순응형 6번의 초자아처럼 이들의 두려움을 혹평한다. 곧 살펴보겠지만, 6번과 초자아의 관계는 이들이 권위적인 인물과 맺는 관계를 반영한다.

**함정**　　　　권위적인 인물과의 관계에서, 겉으로는 이 두 가지 양식이 서로 다르게 행동하지만, 바닥 깊은 곳의 근원은 같다. 둘 다 권력, 지위, 권위, 영향력을 가진 사람과 갖지 못한 사람이 누구인지, 즉 누가 위고 아래인지 민감하게 주파수를 맞춘다.

　　자기 내면에 중심이 되는 힘, 능력, 안내의 느낌을 거의 갖지 못한 6번은 그 권위를 자신의 외부로 투사한다. 내면에 불안정과 내적 기반이 결여된 느낌이 있기 때문에 이들은 잃어버린 그 권위를 자기 외부의 개인, 조직, 종교의 형태에서 본다. 공포순응형은 자신이 외부 권위라고 여기는 그 대상이나 사람과의 관계에서 헌신적이고, 충실하며, 비위를 맞춘다. 이들은 영웅 숭배자이고 헌신적인 추종자이다. 전형적으로 비위를 맞추는 아첨꾼이며, 충실하고 순종적인 부하이다. 그 역할을 그만두는 것은 꿈에도 생각지 못하면서 두려워하는 사람이 공포순응형 6번의 예이다. 이들은 그 권위가 자신에게 결여된 확실성과 결단성을 제공해주길 원한다. 누군가가 자기에게 무엇을 해야 하며 무엇이 옳고 그른지 말해주길 원한다. 이들은 온 마음을 다해 믿고 충성할 수 있는 교의敎義, 명분, 믿음을 원한다. 이들은 힘 있고 견고한 느낌을 주고, 자기보다 크고 위대한 무언가를 위해 산다는 삶의 의미를 불어넣어줄 기둥을 원한다. 자기가 헌신하고 충실할 수 있는 무엇 혹은 누군가를 원한다. 요약하자면, 공포순응형 6번은 자신에게 '안정감(security)'을 줄 무엇 혹은 누군가를 원하며, 그림9 '함정의 에니어그램'에서 보듯이 이들에게는 이것이 유혹이자 함정이다.

한편으로 이 영웅 숭배는 6번이 자기 내면의 안내, 판단, 힘을 모두 그 권위에게 넘겨주고, 종속적이며 복종적인 위치에 머물게 한다. 이는 머지않아 거세당한 것처럼 느껴진다. 실제로는 스스로 자신을 거세했지만, 다시 한 번 투사라는 방어기제 때문에 이들은 자기가 권위에 학대당한 피해자처럼 느낀다. 따라서 공포순응형 6번의 다른 모든 부분처럼 권위와의 관계도 반대 감정이 병존한다.

공포대항형 6번의 권위와의 관계는 어떨지 살펴보자. 공포대항형은 반항적이고 도전적이며 자신의 자율성을 지키는 데 집착해 그 어떤 외부의 권위도 인정하지 않는 상태까지 간다. 여기서 명분도 없는 반란자의 전형을 볼 수 있다. 이들은 실제 혹은 상상의 위해危害와 예상되는 거세를 피하려고 권위에 반항한다. 공포대항형 6번은 앞서 언급한 히틀러와 나폴레옹처럼 자신을 권위로 세우면서 남들이 자기를 따르고 이상화하기를 원할 수 있다. 컬트 지도자 짐 존스Jim Jones(사이비 종교 '인민 사원'의 교주. 1978년 900명이 넘는 신도들에게 자살을 명하고 동반 자살한 사건으로 유명하다. —편집자) 역시 공포대항형의 극단적인 형태를 보여주는 사람이다. 이것은 공포대항형이 자기 내면의 권위를 되찾으려는 시도로, 그렇게 큰 권력을 휘두르고 남들에게 영향을 끼치니 자신은 내면의 권위가 있다고 스스로에게 증명하려 한 것이다. 이들은 충성스러운 신봉자들에게 숭배, 두려움, 추종을 받음으로써 안정감을 찾으려고 한다. 앞서 언급한 대로 이것이 이들의 함정이다.

**거짓말**　　자기보다 위대해 보이고 자신을 복종시킬 수 있는 대상이나 사람을 맹목적으로 추종하려는 공포순응형 6번의 욕구와, 권위에 반항하거나 자신이 권위가 되어야 하는 공포대항형 6번의 욕구는 그림12 '거짓말의 에니어그램'에서 6번에 해당하는 '이상화(idealization)'라는 단어로 나타난다. 이 모든 권위와의 관계에서 6번의 진정한 힘('본질')의 특성이 그런 표상에 투사되었음을 알 수 있다. 어떤 사람이나 대상이 떠받들려야 하고, 강하고 이상적이며 권력 있어 보여야 한다. 그리고 다른 누군가는 그보다 약하고 두려워하며, 이 이상화된 대상에 봉사해야 한다. 자신을 어느 쪽과 동일시하든 이것이 6번의 핵심적인 대상관계이다.

　　공포순응형과 공포대항형의 권위에 대한 두 가지 관계 모두가 나치 독일에서 나타났다. 공포대항형 편집증 환자로 완벽한 충성과 복종을 요구했던 히틀러는, 다수의 사람이 맹목적으로 따를 강력한 지도자를 원했던 문화에서 그것을 받았다. 울슬라 헤기Ursula Hegi는 그녀의 소설《강에서 온 돌(Stones from the River)》에서 나치 시대의 독일의 행동을 설명한다.

　　부르크도르프에서는 히틀러가 구술한 '나의 투쟁(Mein Kampf)'을 몇몇 사람밖에 읽지 않았고, 많은 이들이 히틀러가 말한 순수한 혈통(Rassenreinheit)이 우스꽝스러우며 시행불가능하다고 생각했다. 그러나 연장자, 정부, 교회에 대한 순종을 오랫동안 훈련받은 이들, 심지어 나치의 시각을 수치스럽다고 여기는 사람조차도 자신의 염려를 입 밖에 내기 힘들게 만들었다. 이들은 모욕당할까봐 굴복했고, 입을 다문 채 나치와 그 사상이 지나가기를 기다렸다. 그

129

러나 매번 순응할 때마다 조금씩 자기 자신을 포기하게 되었고, 그러자 마을의 성격은 약화되면서 반대로 나치의 세력은 팽창했다.[8]

## 회피

겉으로는 그토록 잘 동의하고 공손해 보이는 공포순응형 6번조차도 숨겨진 일탈의 경향이 있다. 미세할 수도 있지만 더 공공연하게 드러날 수도 있는데, 소극적인 공격으로 나타나기도 한다. 가령 무엇을 하겠다고 말해놓고는 그냥 안 해버리는 식이다. 뭔가에 대해 모두의 조언을 구해놓고는 타인에게 '강요당하는 것'에 대한 반항으로 모든 의견을 거부해버리기도 한다. 6번에게는 이런 습성을 대면하기가 쉽지 않다. 심지어 반항적인 6번조차도 자신을 불성실하다고 경험하거나 자기 의무라고 생각하는 것을 저버리는 일은 마음 깊은 곳에서 회피한다. 이들은 사회에서는 일탈로 간주하는 활동을 하면서도 막상 자신은 자기가 동료들에게 충실한 사람이라고 생각하는 조직폭력배일 수도 있다.

6번은 자신이 권위적인 인물이라고 정한 대상에게 마음 깊은 곳에서는 항상 그리고 완전히 동의할(충성스러울) 수 없기 때문에 스스로를 일탈적이고 직무에 태만하다고 경험한다. 또 그런 이유로 자신이 부족하다고 믿는다. 이들의 헌신 뒤에는 진정한 믿음이 결여되어 있다. 20세기 중반의 기독교 신학자 라인홀드 니버Reinhold Niebuhr는 이것을 훌륭하게 표현했다. "광란적인 정통파 신앙은 절대적으로 믿음이 아니라 의심에 그 뿌리가 있다. 그것은 이중삼중으로 확실하다고 확신할 수 없을 때 일어난다."[9] 누구든 혹은 무엇이든 자신이 권위라고 여기는 것과 완전히 일직선상에 있지 않으면 깊은 수치심이 올라온다. 그래서 6

번은 이런 내적인 느낌을 마치 역병이나 되는 듯이 피한다. 6번에게는 남과 다르다는 느낌, 기준에서 벗어난 느낌, 불성실하거나 자신의 의무를 기피한다는 느낌이 견디기 힘들다. 이런 이유로 그림10 '회피의 에니어그램'에서 보듯 6번에 해당하는 단어는 '일탈·직무태만(deviance/delinquency)'이다. 이것이 6번이 가장 피하고 싶어 하는 경험이기 때문이다.

6번으로 보이는 위대한 정신적 지도자 지두 크리슈나무르티Jiddu Krishnamurti는 사람이 권위와 맺는 관계에 내적 작업의 초점을 맞추고, 정신적인 가르침의 전부를 이 주제를 중심으로 발전시켰다. 그는 모든 외부의 권위를 거부하고, 형식적인 명상을 포함해 규정된 모든 수련도 거부하라고 가르쳤다. 20세기 초의 신지론자神智論者 애니 베전트Annie Besant가 세상의 메시아가 되도록 키운 그는, 사람들이 추종할 사도의 표상이 되기를 거부하며 자신의 역할을 버렸다. 자신이 이끌게 되어 있던 교단의 해산을 발표하는 성명문에서 그는 이렇게 선언했다. "진리는 길이 없는 땅이다. 그 어떤 길, 종교, 교파를 통해서도 그곳에 접근할 수 없다. 한계가 없고 조건도 없으며 어떤 길을 통해서도 접근할 수 없는 진리는 조직화될 수 없다. 또한 사람들을 어떤 특정한 길을 따라 인도하거나 강요하는 그 어떤 조직도 만들어져서는 안 된다."[10]

## 이상화한 측면

6번이 이상화하는 '본질'의 특성이 가장 명백하게 드러나는 부분이 6번과 권위의 관계에서이다. '실재'의 성질 중에서 6번의 눈에 자기 안에 결여되어 있고 모든 문제의 해답처럼 보이는 것은 확고함, 견고함, 확실성, 단호함,

굳셈, 끈기, 결의, 결단력, 실질성, 지원의 느낌으로 묘사되는 것이다. 다이아몬드 접근에서 '화이트' 또는 '의지'라고 부르는 '본질적인 측면'이다. 이것은 수피교에서 말하는 미묘한 중심점들, 즉 '본질'의 영역으로 들어가는 문인 라타이프latif(지각 기관) 중 하나다. 라타이프에는 8번 유형에서 나올 '레드' 또는 '힘의 측면', 7번 유형에서 나올 '옐로' 또는 '기쁨의 측면', '그린' 또는 '연민의 측면', '블랙' 또는 '능력의 측면'도 포함된다.

'의지'의 체험은 '실재'의 존재를 확고하고 흔들리지 않는 내면의 지원으로 느끼는 것이다. 마치 거대하고 꿈쩍 않는 산 위에 서 있는 느낌 또는 자신이 실제로 그런 산이 된 듯한 느낌이다. 이런 체험을 하면 우리의 본질적인 바탕이 언제나 우리 안에 있으며 그 자체로 흔들리지 않음을 깨닫는다. 성격은 정신적인 구조물이므로 우리의 영혼은 그것과 동일시되면 실질적인 토대나 지반을 잃게 된다. '실재'와 다르게 성격은 끊임없이 떠받치고 강화해야 한다. 즉 자기관념을 지탱하기 위해 타인에게 감정적인 지원과 확인을 받아야 한다. 반대로 '실재'는 완전히 이완하고 뭔가 하려는 노력을 멈출 때, 모든 신념과 태도를 마음에서 놓을 때 떠오른다. '의지'가 있으면 자기 확신이 생길 뿐 아니라 자기가 시작하면 어떤 모험 가득한 계획이라도 관철할 능력이 있다는 자신감이 생긴다. 궁극적으로 자신이 심원한 진리를 발견하기 위해 끈기 있게 노력하고, 굳은 결의로 내면의 세계를 여행하면서 내가 진정으로 누구인지 직접 체험으로 깨달을 능력이 있다는 확신이다.[11]

공포순응형 6번의 경우, 외부의 권위적인 인물이 그 '의지'의 구현으로 보인다. 반면 공포대항형 6번은 자기가 그 구현이 되려고 한다. 공포순응형 6번의 헌신, 충실함, 봉헌, 믿음직함, 지조는 항상 자신의 닻,

지원, 기반으로 보이는 사람(한마디로 '의지'의 화신化身)과 관련이 있다. 공포대항형 6번이 영웅적으로 행동하며 위험을 감수하는 것은 자신이 '의지'의 발현인 것처럼 행동하려는 시도이다. 두 가지 경우 모두 성격의 틀은 참된 '의지'의 특성을 흉내 내어 만들어진다.

## 본질과 연결되기 위한 덕목

'의지'의 확신과 안정감은 6번 성격이 모방하고 구현하려는 주요 성질들이지만, 이 해결책은 정신적, 감정적, 심리적 긴장을 유지해야 한다. 영혼이 완전히 이완된 채 안정감 속에서 열리는 참된 방식으로 완전하게 이 성질들과 연결되고 또 이 성질들을 구현하려면, 6번은 자기 내면의 심원과 계속 연결되어야 한다. 그러려면 그림1에서 '덕목의 에니어그램(Enneagram of Virtues)'에서 보듯, 이 번호와 관련된 덕목인 '용기(courage)'가 필요하다. 두려움에 휩쓸리거나 자신의 경험을 의심하지 않고 내면의 현실과 대면할수록 용기도 더 발달한다. 사실 용기는 6번이 무섭고 생명을 위협하는 기억과 그런 자신의 내면과 대면하려면 필요하며, 대면하면 할수록 용기도 더 발현한다. 6번은 용감한 외적 행위와 용기를 혼동하는데, 용기의 가장 깊은 발현은 자기의 영혼 속에 깊이 박힌 자신과 타인에 대한 근본적인 관념과 대면하고 의문을 제기할 수 있는 것이다.

이카조는 용기의 덕목을 "자기 존재에 대한 개별적 책임을 인식함. 용기의 위치에 서면 몸이 자연스럽게 삶을 유지한다"고 정의한다. 자신의 외부, 즉 자기가 헌신할 수 있는 사람, 명분, 교의教義의 형태에서 안정감을 찾는 6번의 성향(공포대항형이라면 사람들이 추종하고 지지하는 대상에게 저항하거나 자기가 그 대상이 되는 데에 에너지를 쏟는 성향)과 반대로, 이들은 먼저 독립자존으로 방향을 바꿔야 한다. 내면에서 참된 변화를 겪으려면 안정감을 위해 붙잡고 있는 것을 모두 놓고, 용기 있게 있는 그대로의 자신과 대면해야 한다. 6번이 내적 작업에서 맞닥뜨리는 주요 문제들은 다음과 같다.

정신적·심리적인 영역에서 자신과 대면한다는 것은 자기가 받은 가르침을 아무 의문 없이 무턱대고 받아들이지 않고 그것을 따르려는 자신의 욕구를 인정하고 이해하려고 노력하는 것이다. 그러면 그런 습성이 확신이 아니라 의심, 즉 자신에게 성격 외에 그 이상은 없다는 자기 의심에 토대를 두고 있음을 깨닫게 될 것이다. 스승과 가르침에 대한 한없는 충성과 헌신에도 불구하고 6번은 자신의 본성이 '본질'이라는 사실을 실제로 믿지는 못한다. 이들은 자신이 '진정한 본성'에 가장 가까이 가는 방법은 그것을 구현한 듯 보이는 사람에게 접근하는 것이라고 느낀다.

'신성한 사고'와 관련해 설명한 것처럼, 이들은 '본질'의 영역에 대해서도 자신의 직접적인 체험을 바탕으로 한 진정한 믿음이 없다. 그보다 두려움 때문에 남들이 말하는 것에 대한 맹목적 믿음에 집착한다. 그러므로 용기란 무엇보다도 그런 자신의 현실과 물러서지 않고 대면하는 것이다. 그렇게 하면 자신과 타인에 대해 확신과 함께 알고 있는 것이 실제로 얼마나 적은지, 자신의 심리적 태도가 얼마나 의심과 의혹으로 기울어 있는지 곧 깨닫게 된다. 이것은 자신이 작고 약하고 무력하다는 느낌에서 비롯한 매우 편향되고 두려움에 찬 선입견이다. 자기가 얼마나 대담하고 강인한지 증명하려고 무슨 짓이든 하던 공포대항형의 사람도 만일 자신에게 진실로 솔직해진다면 자기가 저 밑에 있는 이 두려움의 층에 대항해 방어하고 있었음을 깨달을 것이다.

6번은 자기 인식에 대한 믿음의 결여, 자신에 대한 의심과 불신을 만날 것이다. 여기서 어린 시절의 어떤 사건들이 그런 신뢰 부족의 원인이 되었는지 탐구해볼 필요가 있다. 권위적인 부모상 혹은 자신감 없고 불안정한 부모상을 발견할 수도 있다. '너는 참 아는 게 없고 믿을 수가 없다'는 말을 반복적으로 들었을 수도 있다. 초기 어린 시절에 겪었던 겁나는 상황이 너무 무서워서 자신의 지각을 믿을 수 없었던 경험이 있었을 수도 있다. 또 어떤 6번은 어렸을 때 무서워도 그 사람이 필요해서 의존했던 기억이 내면에 극심한 양가감정의 병존과 의심, 실제로 현실이 어땠는지에 대한 내면의 불확실성을 만들어냈다.

이런 기억을 탐구하고 있자면 자신이 가진 두려움이 명료하게 떠오를 것이다. 6번은 이 두려움을 일으키는 자신과 타인에 대한 관념, 즉 세상은 잔인하고 악의적인 사람들로 가득하며, 생명을 위협하는 이 세상에서 자신은 약자이고 형제들 중 덩치가 가장 작으며, 제대로 준비되지 않았고 무기력하다는 관념과 접촉해야 할 것이다. 이들은 이런 사고방식이 어떻게 확립되었는지 경험하고 이해해야 하며, 왜 자신이 그토록 부족하다고 느끼는지 깨달아야 한다.

만일 공포순응형이라면 자신이 어렸을 때부터 자기 의견이 강하면 안 되고 순종적이며 유순하도록 키워졌다는 것을 발견할 것이다. 반대로 공포대항형이라면 자신이 실제로 느끼는 것보다 더 강하게 행동해야 했고 두려움을 드러내면 안 되었을 것이다. 두 경우 모두 어린 시절에 환경이 이들의 두려움을 받아주지 않았을 가능성이 크다. 진정으로 그 두려움을 변화시키려면 자신이 그것을 받아들이고 그 근원과 정말로 그렇게 두려워할 필요가 있었는지에 대해 자문해봐야 한다는 것을 깨달을 것이다.

이들은 내면의 본능적인 욕구, 충동, 분노, 힘과 대면하고 그것들이 정말로 자신과 타인이 무서워해야 할 자기 안의 일부인지 알아야 할 것이다. 그것들과 연결되면 강하고 위험 앞에서 움츠리지 않을 역량과 연결되고, 그 후에는 아첨하든 반항하든 둘 중 하나를 하거나, 권위적인 인물로 여기고 관계를 맺을 수 있는 외부의 누군가를 잃을까봐 느끼는 두려움이 곧 드러날 것이다. 즉 내면의 객체 관계가 용해되도록 내버려 두고 그런 장막 없이 자신의 영혼을 경험하기 시작하면 혼자라는 느낌과 대면하게 될 것이다. 타인을 두려워하는 마음이 6번으로 하여금 계속해서 그들과 관계를 맺게 했고, 문제투성이에 상극相剋의 관계든 아니든 상관없이 이 관계가 6번이 자신과 완전히 맞대면하지 못하도록 막아온 것이다. 이들의 초자아는 안정감을 모두 잃을 거라고 위협하면서 그 정도 차원까지 탐구하지 못하도록 막으려 할 것이다.

## 내적 작업의 결과

자신의 두려움과 접촉하고 탐구해 들어가면 그 뿌리까지 들어가는데, 자신이 빈 껍질에 불과하며 그보다 더 깊은 실체는 없다는 두려움이다. 이 것은 자신이 본질적인 바탕과 단절되어 있다는 깨달음으로 이끌고, 이 단절 때문에 영혼 안에 뻥 뚫린 구멍이나 공백처럼 느껴지는 자리 주변에 자신의 두려움이 고리를 형성하고 있음을 보게 될 것이다. 이 구멍들 속의 공허감과 대면하려면 모든 용기를 끌어 모아야 하며, 결국 가장 무서운 것은 공허감이 아니라 그 안에 무엇이 있을지 혹은 없을지에 대한 예상(두려움 그 자체)임을 깨닫게 될 것이다. 곧 영혼 속의 빈 공간으로 용기 있게 들어갈 수 있게 되고, 그러면 자신이 두려워한 대로 치명적이고 집어삼킬 듯한 심연을 만나는 게 아니라 오히려 공허감이 완전한 공간감이 된다는 사실을 알게 된다. 이것을 체험하면 실제로 자기 내면에 두려워해야 할 것(이것이 이들의 두려움의 근원이다)은 아무것도 없었다는 사실을 깨닫고 영혼이 이완되기 시작할 것이다.

내면의 세계로 반복해서 내려가면 거대한 공간감 속에서 '진정한 본성'의 여러 가지 성질이 전부 떠오른다. 내면으로 침잠해 들어갈 용기가 크면 클수록 더욱 더 자신의 기반과 연결되고, 그 결과로 내적인 안정감과 자기확신을 얻게 될 것이다. 조금씩 심원을 회복하고 그 안에서 자신의 기반을 찾게 될 것이다. 신봉자, 추종자가 되는 대신에 자신의 '본질'을 체험을 통해 직접적으로 알고, 자신과의 이 체험적 연결을 통해 자기 존재가 근본적으로 절대 흔들릴 수 없으며 파괴될 수 없음을 알게 될 것이다. 충실한 신도들 중 하나가 되는 대신에 '본질'이 자신의 힘이며, 그것은 지키거나 보호하거나 잃을까봐 두려워할 필요가 없다는 것을 이해하게 될 것이다. 그리고 마침내 이들은 진정한 믿음을 갖게 될 것이다.

# THE SPIRITUAL DIMENSION OF THE ENNEAGRAM

# 4장

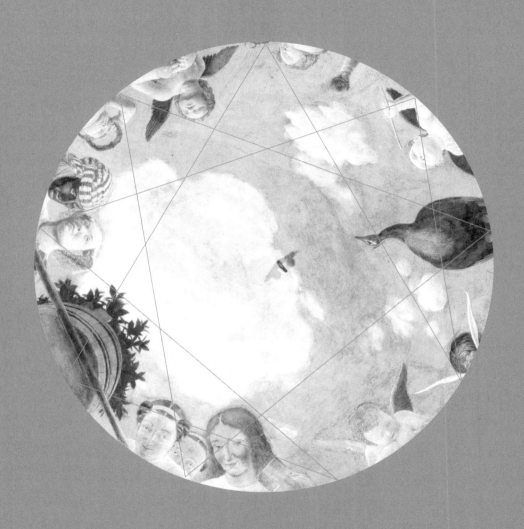

# 에니어그램 3번 유형 – 허영적인 자아
## ENNEA-TYPE THREE : EGO-VANITY

'자기실현'은 자신의 본성에 대한 깨달음일 뿐이다.

자유를 갈구하는 사람은 의심이나 오해 없이

영원한 것과 일시적인 것을 구분함으로써 자신의 본성을 깨닫는다.

그리고 결코 자신의 자연적인 상태에서 벗어나지 않는다.

— 라마나 마하리시Ramana Maharshi

## 인물상

전형적인 이미지 유형인 3번의 특징은 자신을 어떻게 보이게 할 것인가, 남의 눈에 자신이 어떻게 보이는가, 타인에 대한 자신의 감화력이 어느 정도인가가 최우선적인 관심사이다. 이들은 흔히 말하는 자수성가형으로, 스스로 자신을 창조하고 자력으로 성공하는 사람이다. 3번은 카멜레온 같아서 호감 가는 인상을 만들기 위해 필요한 색깔을 흉내 낸다. 3번이 정말 어떻게 느끼며 어떤 사람인지 판단하기 어려울 때가 많다. 이들은 자기가 원하는 결과를 얻기 위해 필요한 이미지를 보여주려고 어떤 사람이든지 된다. 자기가 처한 상황이나 같이 있는 사람에 따라 연출을 바꾸는 습성이 있기 때문에 같은 사람에게서 매우 다른 경험과 인상을 갖는 경우가 많다.

이들은 끊임없이 움직이고, 목표지향적이며, 자신을 투자하는 특정 분야에서 성공하는 것이 그 무엇보다도 중요하다. 자기가 마음먹은 일을 성취하는 것이 그 밖의 모든 문제보다 우선이다. 신체적인 부담, 사회적 신분 또는 빈부의 문제, 타인의 감정이나 심지어 자신의 감정보다도 말이다. 성과를 향해 자신을 무자비하게 몰아붙이는 일도 잦고, 남들의 눈에 냉혹하고 타산적이며 강철 같은 의지의 소유자로 보일 수 있다. 3번은 실리적이고 현실적이며, 목표를 위해서라면 교묘한 조작과 속임수까지 무슨 일이든 한다. 의식적으로 이중성을 띠는 경우도 종종 있는데, 상황에 적절하다고 생각되는 감정을 느끼고 태도를 가질 때가 많기 때문에 이들은 흔히 무엇이 진짜 자신인지 모른다. 3번은 행동하는 사람이며 이들이 특히 민감한, 현실에 대한 시각('신성한 사고')도 활동과 관련이 있다.

## 신성한 사고

6번과 마찬가지로 3번의 '신성한 사고'에도 하나 이상의 이름이 있다. 그 중 두 가지인 '신성한 법칙'과 '신성한 조화'는 현실에 대한 이해이다. 세 번째인 '신성한 희망'은 현실에 대한 이해가 통합됐을 때 영혼에 미치는 영향을 말한다. '신성한 사고'의 이 세 가지 의미는 전부 '실재'의 동적인 측면, 즉 '실재'는 정지해 있지 않고 끊임없이 펼쳐지고 전개된다는 사실과, 이 광채가 우리가 속한 우주라는 사실과 관계가 있다. '실재'의 이런 차원을 다이아몬드 접근에서는 '합리적 원리(Logos)'라고 한다. 이 개념은 현실의 작용과 관련이 있으며, 곧 설명하겠지만 다른 어떤 유형들보다 다양한 명암의 의미가 있다. 한마디로 이 개념은, 현실이 하나의 통합체로서 계속 전개되며 우리 각자의 행동, 변화, 움직임이 그 전체의 변화

142

와 뗄 수 없다고 말한다. 만약 우리가 이 끊임없는 전개에 의식적으로 참여하면, 즉 영혼을 굳게 만드는 집착이 이완되면, 우리 의식은 자연스럽게 심원, 본질적인 바탕을 향해 더 깊이 들어가고 내·외면 모두에서 더욱 조화를 경험할 것이다. 우리 본성의 궁극적인 진리에 더 가까워지려는 이 점진적인 움직임은 인간 영혼의 잠재력이다.

이 '사고'의 상세한 내용을 각각 더 자세히 살펴보자. '신성한 법칙'은 우주 그 전체가 하나이며 통합된 실체이고, 항상 변화하고 있다는 이해이다. 모든 발현이 단일체이며 우리 모두가 근본적으로 우주라는 하나의 몸을 이루는 각기 다른 세포라는 이해는, 8번과 5번의 '신성한 사고'인 '신성한 진리'와 '신성한 전지全知'가 초점을 맞춘 내용이다. 3번에서는, 이 통일체가 항상 움직이며 정지해 있지 않다는 것을 깨닫는다. 드넓은 대양의 표면이 서로 다른 파도의 움직임으로 이루어지고, 깊이는 수많은 해류로 이루어지는 것처럼, 현실의 모든 물질이 그것이 가진 모든 차원에서 영속적으로 흐르고 있다. 다양한 형태의 변화와 움직임 전부가 전체적인 전개의 일부이다.

대부분의 사람들은 이 '사고'를 이해하기 어렵다. 이것은 에니어그램 유형과 상관없이 우리가 자신에 대해 가진 근본적인 확신에 도전장을 내민다. 무엇보다 원인과 결과에 대한 우리의 개념에 이의를 제기한다. 눈을 가리던 모든 장막이 사라진 '신성한 법칙'이라는 시각에서 보면, 무엇도 또 아무도 따로 분리되어 영향을 미치거나 어떤 일을 일어나게 할 수 없기 때문이다. 일어나는 모든 일이 스스로 펄럭이는 우주라는 직물의 일부이다. 그러므로 그 직물 전체에서 떨어져 단독으로 일어나는 일은 아무것도 없으며, 아무도 저절로 행동을 시작할 수 없고, 전체의 타성(momentum)에서 분리되어 일을 일으키지 못한다. 우리가 우주의 단일성에서 분리될 수 없다고 이해하는 편이, 우리가 현실이라는 통일체의 역동성에서 떨어져 단독으로 하는 일은 아무것도 없다고 이해하는 것보다 쉽다. 이 문제는 뒤에서 더 자세히 살펴보겠다.

'실재'의 역동성, 즉 '실재'가 끊임없이 유동적인 존재라는 이해는 시간에 대한 우리의 통념과도 어긋난다. 이에 대해서는 10장에서 이 역동성의 패턴을 다루는 '신성한 계획'을 살펴볼 때 더 자세히 설명하겠다. '신성한 법칙'을 이해하면 신은 우주라는 직물 밖에 있는 존재라고 생각하는 개념에도 의문이 생긴다. 그것은 분명 불가능하기 때문이다. 뿐만 아니라 신이란 과거 어느 시점에 세상을 창조한 단독적인 존재라는 생각이 이치에 닿지 않는다는 사실도 보여준다. 우주가 끊임없이 피어오르는(arising) 하나의 통일체임을 깨달으면 창조는 시시각각 언제나 일어나고 있음을 알게 된다. 이 내용 역시 10장에서 더 자세히 설명하겠다. '신성한 법칙'을 이해하면 삶과 죽음에 대한 우리의 개념은 다음과 같은 알마스의 인용문처럼 변한다.

> 우주 전체가 끊임없이 스스로 새로워진다는 이해는 죽음에 대한 우리의 개념을 근본적으로 바꿔놓는다. 사람의 죽음이란, 단지 한 순간에는 '실재'가 어떤 특정한 사람의 모습을 하고 그림 속의 일부로 발현했다가 다음 순간에는 그 사람이 그림 속에 없는 것뿐이다. 이런 관점에서 보면 죽음에 대한 모든 문제의 성격이 바뀐다. 죽음은 전개, 즉 스스로 일어나는 변화의 계속적인 흐름 속으로 사라지는 것이다.[1]

따라서 존재하는 모든 것은 '실재'의 발현이며, 피어올랐다가 다시 절대자의 신비 속으로 가라앉는다. 무無에서 무언가가 생긴다. 이것이 '실재'의 창조성으로, 우리의 육신과 영혼을 포함한 세상의 모든 형태를 통해 자신을 표현한다. '신성한 법칙'은 '실재'가 우리 개개인과 주변의 모든 것 속에서 발현할 뿐만 아니라 스스로 자신을 드러내기도 한다고 말한다. 별, 은하계, 행성을 비롯한 자연의 모든 아름다움과 지구 위의 모든 생명체들, 즉 물리적 세계의 사랑스러운 모든 것은 '실재'가 그 웅대함과 함께 스스로 자신을 드러내는 것이다. '실재'의 내적 본성이 세상이라는 형태로 스스로 그 웅장한 화려함을 드러낸다. 그러므로 이 발현된 세상이 곧 끊임없이 스스로를 드러내는 '실재'의 창조성의 표현이다.

모든 발현의 조화로운 상호작용을 인식하면 '신성한 사고'의 두 번째 의미인 '신성한 조화'와 만난 것이다. '신성한 조화'는 우주라는 전체를 이루는 다양한 부분들 사이에서 충돌과 부조화처럼 보이는 것들이 단지 표면에서만 그렇게 보인다고 말한다. 우주의 전개는 단일체의 움직임이고 역동성이기 때문에 그 어떤 부분도 근본적으로 다른 부분과 불화할 수 없다. 모두가 조화로운 분출에서 나오는 똑같은 일부분이다.

'신성한 조화'는 인간의 영혼을 자석처럼 당기는 어떤 힘이 있어서 방해하는 장애물만 없으면 통합되어 조화로운 작용이 명명백백하게 밝혀지는 심원을 향해 우리를 끌어준다는 이해이기도 하다. 즉 영혼이 발달하고 전개되도록 지원해주면 자연스럽게 그것의 '본질', 즉 내면의 진리를 향해 끌려간다. 이런 의미에서 정신적인 성장이란 사실 아무것도 하지 않고 영혼의 흐름을 방해하는 장애물만 제거하면 되는 작업이다. 마음의 움직임과 변화를 경험하는 사람은 많지만 대부분 좁은 한계 안에 머문다. 이것은 삶에 진부함, 단조로움, 옴짝달싹못하고 꽉 붙잡혀 있는 느낌을 준다. 그렇다면 3번의 시각에서 의식의 확장이란, 우주의 더 다양한 측면을 경험할 수 있도록 영혼의 흐름 혹은 움직임을 증대시키는 것이다. 따라서 정신적 작업의 최종 목표는 특정한 상태에 이르는 것이 아니라 한 상태에서 다른 상태로 자유롭고 쉽게 움직이는 능력이다. 이것은 우리가 초점을 맞추는 '실재'의 타성과 역동성의 느낌을 반영한다.

영혼의 흐름에 마음을 열수록 자신의 의식을 더 경험하기 때문에 삶은 더 조화로워진다. 그러면 '신성한 법칙'과 '신성한 조화'가 통합되었을 때 우리에게 일어나는 영향인 '신성한 희망'을 살펴보게 된다. 심원에 더 가까워질수록 그 전개 패턴 안에서 조화롭게 작용하는 우주와 더욱 하나가 된 느낌을 갖는다. 우리 내면의 가장 깊은 진리에 근접하면 마음은 매우 기뻐진다. 가장 위대한 사랑과 연결돼라는 마음의 부름에 응답하고 있기 때문이다. 저항할 수 없는 매력을 가진 연인처럼 인간의 영혼은 가장 사랑하는 존재, 즉 '실재'를 향해 자석처럼 끌려간다. '실재'에 더 다가갈수록 세상은 아름답고 은혜롭고 조화로운 곳이 된다.

'신성한 희망'의 또 다른 의미는 '진정한 본성'과 연결되고 깨달으라는 이 내면의 끌어당김이 인간의 가장 깊은 잠재력이며 인간의 구원이라는 것이다. 심원과 연결된 만큼 자신이 더 커다란 몸의 일부로 작용하고 있다는 것을 이해하게 되고, 이것은 우리 영혼에 자신과 세상과 우주에 대한 낙관주의를 불어넣는다.


## 본질과의 단절

'신성한 사고'의 상실에 관해 설명하려면 '신성한 법칙'으로 돌아가야 한다. '신성한 법칙'의 주요 내용은, 우주 안에 어떤 일도 단독으로 발생하지 않고

한 부분의 행동은 다른 모든 부분에 영향을 미치도록 연결되어 있다는 것이다. 따라서 어떤 사람, 어떤 일도 우주라는 전체의 몸에서 따로 떨어져 독립적으로 작용할 수 없으며, 한 부분에만 적용되는 법칙은 있을 수 없다. 3번 유형은 이 '신성한 사고'에 민감하기 때문에 '실재'와 단절되면 이런 이해를 잃어버린다. 자신이 마치 다른 사람이나 다른 모든 것의 작용과 아무 관계가 없으며, 자율적으로 행동하고 일하는 독자적인 기능체이자 개별적인 존재처럼 느끼게 된다.

3번은 타인을 지배하는 윤리, 구속, 원칙의 범위를 넘어 자신에게는 자신이 법이라고 믿게 된다. 자신이 전체에서 떨어져 따로 작용할 수 있으며, 궁극적으로 서로 먼 관계라는 이런 감각이 이들의 고착되고 근원적인 현실에 대한 신념, 즉 에니어그램 3번 유형의 고착이다. 그림2의 '고착의 에니어그램'에서는 '허영(vanity)'이라는 단어로 묘사된다. 이카조가 사용한 보조 용어인 '열의(go)'는 항상 바쁘고 끊임없이 활동하는 3번의 특성을 나타낸다.

'신성한 조화'에 대한 인식을 상실하면 3번 유형은 앞서 설명한 대로 자신을 독자적으로 뛰는 선수로 경험하고, 자기 행동이 타인 혹은 세상에 미칠 결과와 영향을 염두에 두지 않을 수 있다. 개인적인 이익이 걸린 일이면 환경에 미칠 영향을 무시하고, 생태계가 오염되면 더 이상 이익을 얻거나 얻은 이익을 즐길 장소도 없다는 사실을 깨닫지 못하는 오늘날의 사고방식과 같다. 가장 가까운 동료에게 치명적인 행동을 하기 위한 의도로 '대의명분'을 지지하고, 그렇게 악랄하게 행동하면서도 동시에 고결한 기분을 느끼려는 사람의 사고방식에서 더 직접적으로 이런 경향을 볼 수 있다. 비록 3번에게만 한정된 특성은 아니지만 이런 종류의 편협한 사고는 자신이 더 커다란 전체의 일부이며, 각

부분의 행동이 전체에 영향을 끼친다는 깨달음을 상실했을 때만 나온다. 남을 밟고 올라 승자가 되면 개인에게는 승리한 것처럼 느껴지겠지만(대개 3번은 그렇다), 전체를 고려하면 성공으로 보기 어렵다. 성공에 대한 이와 같은 3번의 정의는 궁극적으로 이치에 닿지 않는다. 전체의 한 부분이 다른 부분의 손해에서 이익을 얻기 때문이다.

자신이 현실이라는 하나의 커다란 직물의 일부이며, 자신의 내적 본성이 다른 사람이나 다른 모든 것과 똑같은 존재로 이루어져 있다는 관념이 없으면, 마치 아틀라스Atlas처럼 자기만의 작은 세상을 홀로 떠받친 채 남겨진다. 3번에게는 이것이 현실이다. 이들은 혼자이며 근원적으로 누구와도, 무엇과도 연계되어 있지 않다. 사실상 아틀라스보다 더해서 자신의 우주를 떠받칠 뿐만 아니라 창조까지도 자기가 해야 할 일이다. 자신이 그 일을 일어나도록 만들지 않으면 그 어떤 활동도, 전개도, 발달도 없다. 자신이 자기와 자기의 삶을 만들어내지 않으면 자신과 세상이 산산이 무너지고 말 것이며, 이것은 아무 일도 일어나지 않는 것보다 훨씬 더 나쁘다. 그러므로 이들은 계속해서 활동하고 내·외적으로 끊임없이 바빠야 한다. 그래서 이 유형의 별명이 '열의에 넘치는 자아(Ego-Go)'이다. 자기 인생에서 일어나는 모든 일은 자신에게 달려 있다. 자기가 움직이는 만큼만 생계가 유지되며, 자기 외에 구원은 없다. 말하자면 '신성한 희망'이 없다. 이 모든 것을 하는 그 자신은 '실재'에 대한 인식과 단절되어 성격과 동일시된 영혼이다. 성격과 동일시된 3번에게 성격보다 깊은 차원이란 없으며, 성격이 자신이 발을 딛고 움직일 수 있는 유일한 토대이다.

## 이상화한 측면

지금까지 내면의 인지기능인 자기창출(self-creation)에 대한 관념과 외부 사건을 유발시키려는 3번의 습성에 대한 관념을 특별히 구별하지 않고 일률적으로 다루었다. 그런데 둘의 연계 관계에 내포된 것은 더 깊이 들여다볼 만하다. 외부의 작용을 생각하면, 만약 자신이 직접 어떤 일을 일어나게 하지 않으면 아무 일도 일어나지 않을 거라고 3번이 확신하는 것도 쉽게 이해가 간다. 사람들 대부분이 자신의 존재를 성격과 동일시한 채 어떤 일을 일어나게 만드는 사람은 자신이고, 자기의 행동이 인생에서 일어날 일을 결정하니 당연히 자기가 운명의 주인이라고 생각한다.

그러나 성격의 관점 밖으로 한 발 나가면 그렇지 않다는 것을 알 수 있다. '실재'가 우리를 통해서 행동한다. 이것이 사람들 대부분이 가장 이해하기 어려워하는 내용 중 하나이다. 앞서 사용한 은유가 이해하는 데에 도움이 될 수도 있겠다. 우리 한 사람 한 사람이 '실재'의 개별적 발현이며, 거대한 대양의 표면 위로 피어올랐다가 사라지는 서로 다른 파도들이다. 각 파도의 움직임은 스스로 발생하지도, 단독으로 결정되지도 않는다. 그것은 바다 전체의 움직임의 일부이다. 마찬가지로, 발생하는 모든 일은 현실이라는 더 커다란 직물의 움직임의 일부이다. 이런 관점에서 보면 내면 활동과 외부 활동 사이의 구별, 즉 행동이 신체로 표현되는지 아닌지를 기준으로 한 구별이 허물어진다. 이것은 신체적 행위와 똑같이 생각과 감정도 전부 이 움직임의 일부라는 뜻이며, 사람들이 흔히 오해하고 있는 카르마karma라는 개념을 반영한다.

성격과 동일시되어 있으면 내면 활동이 항상 외부 활동을 조종한다. 성격의 내면 활동은 정신적 용어로 '자아활동(ego activity)'이라고 한다. 이것은 자신이 어떠어떠한 사람이라는 동일시를 바탕으로 한 심리적 내용물이 끊임없이 생성되는 것이며, 또한 자아활동은 그 동일시를 지원한다. 즉 자아활동은 자기관념을 유지시킨다. 나는 이것을 '자기발생(self-generation)' 또는 '자기창출'이라고 부른다. 때로는 의식적이지만 대부분 무의식적으로, 우리는 과거에 의해 틀이 잡힌 자신에 대한 내면의 그림을 계속 생성한다. 앞서 말했듯이, 홀로그래피 이미지 같은 이 그림은 전반적인 정서, 감정의 감촉, 신체적 긴장 패턴, 그 밖의 다른 감각까지 갖춰 완벽한 모습을 하고 있으며, 우리가 가진 믿음을 토대로 세워진다. 우리는 스스로를, 본심을 자주 오해받는 사람이나 남들이 별로 좋아하지 않는 사람, 일을 제대로 하는 법이 없는 사람, 실천이 어려운 사람으로 경험할 수 있다. 또는 긍정적으로 남들보다 똑똑한 사람, 매우 친절한 사람, 강한 사람으로 경험할 수도 있다. 자기표상을 형성하는 자신에 대한 이런 그림은 나 이외의 타인에 대한 감각과 대조해서 생겨나며, 성격을 구성하는 나무블록들이다. 이런 객체관계를 생산하는 역학 속에 깊이 박혀 있으며 그 원인이 되는 것은, 자아활동 뒤에 있는 고통을 피하고 쾌감을 경험하려는 근원적이고 본능적인 욕구이다.

자아활동은 성격 속에서 끊임없이 일어나며, 그것이 멈춘 순간을 경험할 때까지는 얼마나 피곤하고 거추장스러운지 거의 깨닫지 못한다. 심지어 자고 있을 때도 무의식은 꿈의 형태로 바쁘게 오늘의 경험을 처리하고 내일의 경험을 예측한다. 보통 사람은 오직 깊은 수면 속에서만 이 활동이 멈춘다. 수면박탈실험에서 보듯이, 이런 휴식이 없으면 사람은 심리적으로 망가지고 만다. 대다수의 정신적 작업의 목표가 이처럼 자아활동을 중지시키는 것이다. 이 경험을 '깨달음의 체험'이라고 한다. 자아활동 없이 자신을 경험할 때만이 성격 너머의 자신을 완전하게 경험할 수 있기 때문이다. 그 순간, 과거라는 필터 없이 우리의 본성을 있는 그대로 알게 되고, '실재'로서의 자신을 체험한다.

일단 '실재'가 우리의 근원적인 본성임을 깨달으면, 다음 단계는 자아활동이 그토록 바쁘게 창출하고 떠받치던 '나'라는 관념이 우리가 기능하는 데에 필요하지 않다는 사실을 깨닫는 것이다. 자기관념이 우리가 기능하는 능력과 동시에 발달했기 때문에 사람들의 마음속에서 이 둘은 떼려야 뗄 수 없게 되었다. 정신적으로 계속 성장해 나가면 자신에 대한 내면의 그림을 만들어내지 않고도 기능할 수 있다는 사실을 결국 이해하게 된다. 예를 들어, 운전을 하고 세금을 내면서 자신이 누구인지 떠올릴 필요는 없음을 깨닫는 것이다.

과거에 근거한 자신과 객체 관계 속에서 사는 삶만 보여주는 홀로 그래피 영화를 모두 놓아버리면 현실과 직접 접촉하게 되고, 과거 대신 현재에 반응하게 된다. 선입견과 감정적인 반응이 사라지고 긍정적인 의미에서 단순하고 비어 있다고 느낀다. 그러면 자신이 '실재'의 개별적인 발현임을 의식 속에서 이해하고, '실재'와 연결되어 '실재'를 아는 채로 삶을 살 수 있다. 우리 모두가 거대한 대양을 이루는 파도이며 자신이 그 중 하나임을 경험한다. 인간의 몸을 타고난 우리의 위치와 역할이 명확해지고 삶을 조화롭게 살게 된다. 이것이 '다이아몬드 접근'에서 '펄Pearl'이라고 부르는 '본질적 측면'의 발달이다. '실재'를 아는 삶을 구현하고 살아나가는 상태로 매우 깊은 수준이다. 단순히 성격의 변화만을 뜻하지 않기 때문이다. 심리와의 동일시를 내적 작업을 통해 완전히 해결해 더 이상 의식적으로나 무의식적으로 자신의 존재와 성격을 동일시하지 않는다는 뜻이다.[2] 이것은 분명 쉬운 숙제가 아니며, 이 수준까지 발달한 사람은 매우 적다.

3번 유형은 '실재'의 이런 성질('펄')을 흉내 내고 이상화하기 때문에 이것이 3번의 '이상화한 측면'이다. 이 내용을 더 자세히 들여다보자. 앞서 살펴본 것처럼, 자아활동 그리고 자아활동이 생산하는 자신에 대한 내면의 이미지와, 자아활동에 동기를 부여받아 일어나는 외부 행위가 3번 유형의 주요 심리 활동이다. 이 활동은 '실재'의 창조적이고 역동적인 특성의 반영이자 모방이다. 그래서 잃어버린 '신성한 사고', 즉 '실재'가 발생하는 기능과 관련 있는 '신성한 법칙'과 다시 연결되려는 시도의 일환으로 3번은 자신을 사람의 모습으로 틀을 만들고 모양을 잡는다. 그러나 이 활동은 '실재'처럼 우주 전체를 발생시키지 않고 자기이미지를 바탕으로 성격을 창조한다. 3번은 자아활동이 만들어낸 자신에 대한 내면의 이미지, 그리고 '나'가 지휘하는 외부 행위와 깊이 동일화된다. 자신을 '실재'의 개별적인 발현이자 표현으로 경험하는 것이 '펄'의 체험인데, 3번은 '나'가 최고라고 느낀다. 이 '나'는 '펄'의 모방품이고, 말하자면 신의 모조된 구현이며, 바로 자아 그 자체이다.

　　3번은 마치 자신이 모든 발생의 근원, 달리 말하자면 신의 창조 측면인 듯이 행동한다. 따로 떨어진 자기만의 우주 안에서는 분명 그렇게 보이기 때문이다. 그래서 3번은 신의 자리를 차지하고 자기 내면의 지시에 따라 자신과 자신의 삶을 창조하려고 한다. 단독의 '나'가 마치 궁극점인 양 생각하는 이것이야말로 신학적인 측면에서 볼 때 더없는 허영이다. 다른 시각에서 보자면, 존재의 가장 바깥층인 성격이 중심이 되어버린 것이다. 껍데기가 남겨진 전부이고, 마치 이 껍데기가 본래의 근본인 것처럼 느껴진다. 이것이 '실재'의 자리와 기능 그리고 작용까지도 빼앗아 대신 들어앉는다.

　　정신역학적인 관점에서 보면, 3번은 '신성한 사고'의 상실로 자신이 '전체'라는 직물의 일부가 아니라 단독 배우이며, 자기가 현실과 삶을 창조해야 한다고 느끼게 되었다. 과거를 보면, 이들은 어린 시절에 충분한 보살핌을 받지 못하자 '나 혼자 힘으로 하겠다'는 태도로 반응했다. 환경이 자신의 본질적인 바탕을 알아차리고 반영해주지 않은 기억이 '신성한 사고'의 상실을 통해 여과되어, 3번은 자기가 사랑받고 살아남기 위해서는 무언가를 해야 한다, 즉 자신의 가치가 자아활동에서 비롯하며 자신의 역할과 성과에서 생긴다고 해석하고 받아들였다. 그래서 이들은 어린 시절에 자신의 생존이 자기에게 달려 있으며, 있는 그대로의 자신이 아니라 자기가 이룬 성과로 사랑받는다고 파악하게 되었다. 과거에 물질적으로 궁핍했을 수도 있다. 혹은 부모가 없거나, 있어도 아이에게 과도한 일을 시키거나, 단지 부모가 무관심해서 어린 나이에 자신뿐 아니라 다른 형제들까지 돌봐야 했을 수도 있다.

이런 어린 시절의 배경이 '신성한 법칙'의 상실을 통해 여과되어 3번의 전형典刑인 '자수성가한 사람'이 되게 했다. 이들 중에는 매우 빈곤한 가정에서 태어나 자수성가해 엄청난 부와 명예를 거머쥔 사람들도 있다. 때로는 3번이 경험한 결핍이 물리적인 면과는 전혀 상관없을 수도 있다. 부유하고 권세 있는 집안에서 태어나는 3번도 물론 많다. 이 경우는 가문의 규율과 가치를 따르느라 따뜻한 정서적 관심이 부족했을 것이고, 자기가 이룬 성과가 더 많은 관심을 받는 것처럼 보였을 것이다. 아마도 유모나 할머니가 더 중요한 일이 많은 엄마의 자리를 대신했을 것이다. 3번의 민감성을 통해 여과된 메시지는 자신이 오직 자신의 역할로만 가치를 인정받는 전시품이라는 것이었다. 어린 시절의 환경과 상관없이 3번은 자신의 생존과 가치가 성과와 업적에 달려 있다는 메시지를 받았고, 이들의 성격은 이미지와 행동에 초점을 맞추게 되었다.

153

## 주요 심리

'허영적인 자아(Ego-Vanity)'라는 이름이 보여주듯이, 3번 유형의 심리 중심은 허영이라는 문제이다. '허영'이라는 단어는 '참된 가치나 의미, 기반이 없다'[3]라는 뜻이며, 이는 '실재'에 대한 자각과 단절되어 성격이라는 껍데기가 가장 주요하다고 경험하는 영혼을 여실히 표현한다. 유일하게 인생에 참된 의미와 가치를 부여할 수 있는 그 사람의 진정한 기반이 실제로 없는 것이다. 이것이 3번의 허영 중 가장 깊은 차원이다. 허영은 '자신 혹은 자신의 외모, 재능, 성과, 재물 또는 성공에 대해 의기양양한 자부심' '칭찬이나 찬양에 대한 갈구' '실없는 자랑이나 공허한 자부심으로 여겨지는 패션, 부 또는 권력의 과시'로도 정의된다.[4] 이는 3번의 근원적인 허영이 더 표층적으로 발현한 모습이며, '실재'의 자리를 빼앗은 성격의 차원에서 나타나는 것이다. 이 문제를 좀더 자세히 살펴보자.

겉으로 보이고 드러나는 외면, 즉 표층 그 자체가 3번에게는 최고로 중요하다. 겉모습이 가장 중요한 것이다. 3번은 완벽한 이미지와 역할 수행을 높이 평가하기 때문에 그 사람의 껍데기가 어떻게 보이고 기능하는지가 매우 중요하다. 겉으로 드러나는 외양이 내용물보다 더 중요하다. 그 사람이 보여주는 이미지가 그 사람의 전부이다. 3번에게는 알맹이보다 외관이 더 문제가 된다. 3번 개인의 입장에서 해석하면, 3번에게 가장 중요한 문제는 자신이 어떻게 보이고, 무엇을 성취하며, 무엇을 가졌느냐이다. 3번 유형을 상징하는 동물인 공작새가 이런 성향의 좋은 예다. 공작새는 마치 3번처럼 상대에게 깊은 인상을 주기 위해서 자기의 아름다운 깃털을 과시하며 쫙 펴고 걷는다. 3번의 자기관념과 자존감은 자기이미지와 떼려야 뗄 수 없이 연결되어 있고, 이들은 그 이미지와 자신을 분리시켜서 보고 경험하기가 매우 어렵다. 3번에게는 자기가 보여주는 이미지가 곧 자신이다. 그러므로 3번은 주로 완벽한 이미지를 익히는 일에 몰두한다. 이렇게 영혼을 어떤 이미지에 끼워 맞추는 성향은, 그림11 '본질과 멀어지게 하는 행동의 에니어그램'에서 3번에 나오는 '자기이미지 만들기(self-imaging)'라는 말로 반영된다. 이 성향은 시각적으로도 드러난다. 3번의 얼굴은 때때로 가면처럼 보이기도 한다. 부자연스럽고, 단조로우며, 인공적인 느낌이 드는 경우도 많다.

자기이미지를 평가하기 위해서는 타인의 눈으로 자신을 바라봐야 한다. 따라서 이미지를 가장 중요시할 때는 인간관계도 연관된다. 자기가 어떻게 보이고, 무엇을 성취하며, 무엇을 가졌느냐 하는 문제가 모든 타인과 관련이 있다. 3번이 자신을 완벽하게 끼워 넣으려는 이미지는 타인이 높이 평가하고 이상화하는 모습을 바탕으로 한다. 이 이미지는 내적 가치나 이상(이것도 이미지의 일부를 이루긴 하지만)에서 비롯한 개인적인 이미지가 아니라, 자기 가문이나 문화의 가치와 이상에서 생겨난다. 3번은 최소한 겉으로라도 그 이상이 되려고 노력하고, 그 이상을 얼마나 잘 성취하는지가 성공의 정도를 결정한다고 생각한다.

3번이 취하는 가장 주요한 이미지는 환경이 변할 때마다 같이 변하며, 이들은 목적을 이루고 특정한 사람에게 받아들여지기 위해 그 이미지를 조정한다. 그런 뜻에서 이들은 주변 환경의 색깔에 자기를 맞추는 카멜레온과 같아서 3번에게서 독특하고 창조적이며 독창적인 느낌은 찾기 어렵다. 집단적 이상(collective ideals)이 인격화된 것이기 때문에 3번은 흔히 매우 카리스마적이고 감화력이 강하며 사람들의 마음을 잘 사로잡는다. 이런 3번 유형의 유명한 예가 존 F. 케네디 대통령이다.

## 방어기제

지금까지 설명한 것을 심리학 용어로 '일체화 과정(process of identification)'이라고 하며, 이것이 3번 유형의 방어기제이다. 일체화가 되면 타인의 여러 가지 사고방식, 역할, 가치가 점착력 있고 유효한 주체 속으로 통합되어 그 사람의 다른 부분들과 모순 없이 어우러져 완전하게 작용하는 한 부분이 된다.[5] 3번은 어떤 것과 자기를 동일시하면 자신이 그것이라고 여긴다.

3번은 일반적으로 신체의 아름다움, 재산, 권력을 중요하게 생각한다. 많은 사람들이 중요하게 여기기 때문이다. 미인대회, 패션쇼, 영화 촬영장, 중역 회의실, 벤처 투자 그룹, 정크 본드 트레이딩, 광고업계, 심지어 타블로이드 신문까지도 전형적인 3번의 활동 현장들이다. 연예계에도 3번이 많다. 과거의 스타들 중에서 리처드 챔벌린Richard Chamberlain, 파라 포셋Farrah Fawcett, 셰릴 래드Cheryl Ladd, 로버트 와그너Robert Wagner, 돈 존슨Don Johnson, 다이애나 로스Diana Ross, 톰 셀렉Tom Selleck 등이 3번일 가능성이 높다. 더 최근의 스타로는 신디 크로포드Cindy Crawford, 조지 클루니George Clooney, 파멜라 앤더슨Pamela Anderson, 레오나르도 디카프리오Leonardo Dicaprio, 휘트니 휴스턴Whitney Houston이 있고 홀리 헌터Holly Hunter도 아마 3번일 것이다. 올림픽 아이스 스케이트 선수인 크리스티 야마구치Kristy Yamaguchi 역시 3번으로 보인다.

3번은 학교의 치어리더이고 학급 반장이며 동창회 축제의 왕과 여왕이자 인기인이고, 슈퍼모델과 유명 영화배우, 기업의 CEO, 세련된 월스트리트 증권매매업자 그리고 3번의 성향이 가장 적나라하게 드러날 법한 분야인 광고회사의 중역이다. 이미지 의식은 자신을 포장하고 마케팅해서 제품처럼 판매하는 것이다. 싸구려 만병통치약 판매원과 중고차 딜러는 세련미가 조금 떨어지는 3번의 전형이다.

3번이 입는 이미지는 사회적 환경에 따라 매우 다양하다. 가령 종교적 우파와 관련된 일을 한다면 3번은 독실하고 열심인 사람으로 보이려 할 것이다. 정치에 몸담고 있다면 이미지 조작의 대가이며 자기 역시 3번인 보도대책 보좌관의 도움을 받아 정치적으로 가장 의당한 얼굴을 보여주려 노력할 것이다. 만약 정신적 작업과 관련된 일을 한다면 자기 교파의 정신적 이상을 완벽하게 표현하려고 노력할 것이다. 이미지 의식이 가장 문제가 되는 것이 바로 이 분야이다. 왜냐하면 '본질'과 '진정한 본성'의 체험은 3번의 겉모습이 거짓임을 적나라하게 폭로하고 부각시키기 때문이다. 3번은 한동안은 정신적으로 훌륭한 겉모습을 보여줄 수 있지만, 얼마 지나지 않아 속임수가 노출되고 진정한 변화를 요구받을 것이다. 이 경우의 예가 의식(consciousness)을 판매하는 세일즈맨이라고 불렸던 이에스티est의 창시자 워너 에어하드Werner Erhard이다. 그는 유명한 정신적인 제국을 세우고 '그것을 얻음(getting it)', 즉 깨달음을 약속하는 주말강좌로 부자가 되었다. 그는 설교에서 정직과 가족의 화해를 강조했지만 정작 자신은 아내를 학대한 사실이 밝혀지면서 몰락하기 시작했고, 조사 과정에서 수상한 재정 관계도 드러났다.

문화의 이상 속에 자신을 끼워 맞추는 일 외에도, 이미지 의식은 3번 안에서 더 미묘하게 작용한다. 이들은 자신이 남들의 머릿속에 어떤 모습으로 떠오르는지 잘 알아차린다. 그리고 자신이 원하는 인상을 주고 결과를 얻기 위해 자신의 모습을 바꿀 것이다. 3번은 올바른 이미지를 나타내기 위해서 감정, 생각, 심지어 기분까지도 상황에 적절하지 않으면 억누른다. 이런 경향 때문에 3번을 아는 사람들은 전부 다른 모습으로 이들을 경험할 것이다. 3번은 상대에게 자신을 보여줄 때 그 사람이 좋아할 모습을 보여주기 때문이다. 사적이고 친밀한 나눔을 좋아하는 사람과 있으면 감정을 잘 털어놓다가, 사무적인 태도를 중히 여기는 사람을 만나면 정확하고 빈틈없는 사람이 된다. 모두에게 전부 맞추다 보니 3번은 자신을 진정으로 아는 사람이 아무도 없다고 느낄 때가 많다.

3번은 다소 감정이 없다고 느껴질 때가 많다. 이들에게는 정서가 부족하고, 심지어 감정을 표현할 때도 그 뒤에 기계적인 면이 보인다. 3번의 정서가 깊은 내면의 원천에서 올라온 것이 아니라, 이미지가 가진 정서 즉 자신이 느껴야 한다고 생각하는 정서이기 때문이다. 3번에게는 어딘가 냉정한 면, 아름답지만 만질 수 없고 뚫고 들어갈 수 없는 모습이 있다. 만약 당신이 3번과 있다면 3번이 당신을 상대하는 게 아니라 당신이 3번에 대해 생각하는 이미지와 상대하고 있다는 느낌을 받을 것이다. 이들은 타인의 눈에 나쁘게 보이는 일을 도저히 견딜 수 없다. 부정적인 이미지를 떨쳐내기 위해서라면 이들은 극단까지 갈 것이다. 심지어 곧 살펴볼 가공적인 꾸밈과 이중성을 동원하는 일도 주저하지 않는다.

3번은 항상 청춘이고 젊어 보인다. 남자는 소년 같은 분위기가 있고, 여자에게는 귀엽고 천진난만한 분위기가 있다. 톰 크루즈Tom Cruise, 로버트 레드포드Robert Redford, 브룩 쉴즈Brook Shields, 크리스티 브링클리Christie Brinkley가 좋은 예이다. 주로 쾌활하며, 자기 모습을 확신에 차고 낙천적이며 자신 있어 보이게 만든다. 그러나 이런 긍정적인 얼굴은 삶에 대한 참된 낙관주의 또는 인간이나 현실의 선의에 대한 신뢰를 바탕으로 한 것이 아니라 개인의 성공을 위한 예상을 토대로 한다. 이들의 순진한 표정 속에 동화 같은 세상 따위는 없다. 그 뒤에는 자신과 자기 손으로 하는 노력 외에 희망이나 도움은 일체 없다는 확신이 깔려 있기 때문이다. 이들은 실용적이고 실제적이며 사무적이고, 감정적 반응이나 도덕적 양심의 가책을 개입시키지 않은 채 현실을 냉정하게 보기 때문에 삶에서 부딪치는 도전과제에 적절히 대처하고 숙달될 수 있다.

여기서 성공(3번에게 매우 중요한 단어이다)은 자신의 이미지가 얼마나 성공적인지, 얼마나 완벽하게 업무를 수행했는지, 그것으로 무엇을 얻었는지, 누구에게 감화를 주었는지로 정의된다. 상대가 정복 대상(잡아둬야 할 유명인, 부자, 권력가)이거나 성취를 향한 디딤돌이 아닌 한, 목표에 도달하는 것이 인간관계보다 훨씬 중요하다. 3번에게는 무언가를 성취하기 위해 신체적, 감정적으로 자신을 무시하면서 무리하게 노력하도록 몰아대는 강압적인 성질이 있다. 이들은 먹고 자는 일과 주어진 업무를 처리하는 중에 올라오는 모든 감정을 무시할 것이다. 3번은 활동하지 않는 것이 매우 어렵다. 자기가 세운 계획이 아닌 한 편하게 쉬는 일이 쉽지 않다. 뭔가를 성취할 때 자신이 가치와 의미가 있다는 기분이 들고, 따라서 아무것도 하지 않는 것은 가치와 의미를 잃는다는 의미이다. 뿐만 아니라 자신의 세상이 무너져 내리고 생존이 위태로워진다는 의미이기도 하다. 이것이 전형적인 일중독증후군이다. 일중독이 3번의 전형적인 모습이긴 하지만 3번에게서만 나타나는 경향은 아님을 기억하자. 또한 모든 3번이 성공하는 것도 아니고, 다만 성공을 위해 노력한다는 사실에 유념하자.

**회피**　　쫓기듯이 쉬지 않고 활동하는 상태의 뿌리는 보통 무의식 속에 묻혀 있는 이들의 핵심적인 결핍 상태, 즉

159

실패자 같은 기분을 상쇄하고 회피하려는 시도이다. 3번 유형이 자기가 실패했다고 느끼는 이유는 수없이 많다. 우선 근본적으로 이들은 자신의 가치가 오직 자기가 보여주는 이미지와 성과에서만 비롯한다고 믿는다. 이들에게 자신의 존재 자체는 보잘것없어 보인다. 영혼은 외부의 가면과 활동이 단지 껍데기에 그친다는 사실을 알고 있고, 결국 자신에게서 가치 있는 것은 아무것도 없다는 깊은 낭패감이 자리 잡는다. 이것은 자신이 하는 일 말고 자기 존재 자체만으로 어머니의 사랑을 받는 데에 실패했다는 확신으로 나타날 수도 있다. 따라서 실패는 자기가 어머니의 관심을 끌 정도의 사람이 되지 못한다는 느낌으로 다가올 수도 있다.

그러나 더 깊이 들어가면 이 낭패감에 내재된 것이 3번에게는 견디기 힘든 무력함임을 알 수 있다. 어린 시절에 주위환경 및 양육자가 자신을 보살피도록 하지 못한 기분, 자신의 본질적 본성이 반향되도록 할 수 없었던 느낌이다. 이런 무력감은 '만약 내가 그런 일에 영향을 줄 수 있었다면 어땠을까?' 하는 기분을 계속 갖고 살게 만든다. 그러나 사실 그 일을 자기 마음대로 할 수 있는 사람은 아무도 없다. 그 밑에는 더 깊은 무력감과 낭패감, 즉 어떻게든 계속해서 자신의 심원과 연결되어 있지 못했다는 느낌이 깔린다. 모든 일이 자신에게 달려 있다고 믿는 3번의 영혼에게는 이것이 근원적인 성공의 결여이다. 그리고 이들의 모든 외적 성취는, 그 뿌리를 보면 이런 근원적인 낭패감을 없애기 위한 시도이다.

무력감, 실패자인 듯한 기분, 혹은 목표를 성취하지 못한 느낌은 심지어 자신과 타인에게 거짓말을 해서라도 어떻게든 회피한다. 그림 10 '회피의 에니어그램'에서 3번에 나오는 '실패(failure)'라는 단어가 이

160

를 반영한다. 다른 한편으로는 그 어떤 성공도 참되게 혹은 충분하게 느껴지지 않는다. 왜냐하면 그 성공이 이미지를 위한 것이기 때문이다. 따라서 더 위대하고 커다란 승리를 향해 자신을 계속 몰아붙이지만, 그 어떤 승리도 3번의 영혼에 참된 충족감을 주지는 못한다.

성공을 좇을 때 3번은 냉혹하고 무자비할 수 있다. 이들은 상대방보다 목표가 훨씬 중요하기 때문에 때때로 목표를 위해 사람을 이용하거나 밟고 올라서는 일도 마다하지 않는다. 3번은 누가 가장 아름답고, 재산이 많고, 권력이 강하고, 성공했는지 예리하게 알아챈다. 그리고 상대를 제치고 최고의 자리에 오르기 위해 경쟁하는 일을 전혀 부끄러워하지 않는다. 솔직하게 야심을 드러내며, 자신의 열망을 실현하는 데에 방해가 되는 장애물은 내적인 것이든 외적인 것이든 허용하지 않는다. 좋은 경쟁이나 도전은 이들의 감각을 더욱 날카롭게 해줄 더없이 좋은 기회이다.

3번은 계산적이고 경쟁에 치열하며, 교묘하고 냉혈하이며, 원하는 것을 얻겠다는 강철 같은 의지를 보인다. '월 스트리트Wall Street'라는 영화에서 마이클 더글라스Michael Douglas가 연기한, 고든 게코Gordon Gekko라는 캐릭터와 '데블스 에드버킷The devil's Advocate'에서 알 파치노Al Pacino가 연기한, 교활한 회사 중역의 모습을 한 악마가 이런 성향을 여실히 보여준다. 이 성향 때문에 미묘하지만 확실하게 남을 헐뜯어서 교묘하게 경쟁자를 밀쳐버릴 수 있다. 3번이 잔인하거나 악의적이라는 말이 아니다. 이들은 이기는 일과 승리에 초점을 맞추고 실패를 피하려는 내면의 강압적인 요구에 억지로 떠밀려, 사람이든 물건이든 어떤 것도 자기 길을 방해하도록 용납하지 않는 것이다.

**함정**　　　　3번의 초자아는 3번에게 지금보다 더 열심히, 더 효율적이고 빠르게, 무엇보다도 꼭 야망을 이루라고 훈계한다. 실패를 위협의 도구로 삼아 만약 포기하면 틀림없이 실패자가 될 거라고 믿게 만든다. 계속 앞으로 나아가도록 밀어붙이고 몰아대는 3번의 초자아의 냉혹함과 무자비함은 정작 3번이 남에게 하는 것보다 훨씬 심하다. 육체적 혹은 감정적 피로도 3번의 초자아에게는 쉼 없는 활동을 멈출 만한 타당한 이유가 아니다. 인간에게 필요한, 아무것도 하지 않고 아무렇게나 흐트러지는 휴식시간은 더더욱 말할 것도 없다. 부모로부터 흡수한 메시지를 흉내 내는 이 내면의 비판자에게 3번의 기분이 어떤지는 아무런 상관이 없다. 오직 3번이 무엇을 성취하는지만 문제가 된다.

동시에 이들의 초자아는 3번이 거짓으로 행동하고, 알맹이가 없는 허상이며, 실체가 없고, 지루한 사람이 되는 것에 대해서도 지독하게 공격한다. 따라서 남들이 인정하고 좋아할 만한 이미지를 강박적으로 따르면서도 동시에 자신을 피상적이라고 호되게 꾸짖는다. 이 이중적인 속박에 묶인 결과로 활동에 대한 이들의 초점은 더욱 강화된다.

3번의 초자아는 쓸데없는 짓은 절대 하지 않고, 모든 것을 사업으로 여기며, 과정보다 결과물에 치중하는 성향을 만들어낸다. 질보다 양이, 결과가 그로 인해 미칠 영향보다 중요하다. 대개 3번은 자신의 개인적 가치를 얼마나 효율적이고 유능하며 생산적인지로 측정하고, 타인에 대해서도 똑같은 잣대로 판단한다. '효율성(efficiency)'은 그림9 '함정의 에니어그램'에서 보듯, 3번이 잘 빠지는 함정이다. 이들은 자주 남에게 비효율성을 투사해 자기가 그 누구보다 일을 더 잘, 빨리 할 수 있다고 생각하기 때문에 남을 믿고 일을 맡기지 못한다. 그래서 어떤 일이든 결국 모든 것을 자기 혼자 하려고 애쓰게 되는 경우가 많다. 3번은 누군가가 자신을 도울 능력 또는 마음이 있음을 잘 잊어버리고 모든 것이 자신에게 달려 있다고 믿는다. 모든 것을 빨리 하고, 최대한 많이 이루려고 노력하고, 여러 가지 일을 동시에 하는 경우가 잦다. 그래서 일을 서두르다가 완벽하게 하지 못해서 일의 질이 떨어질 때가 많다.

점점 3번의 성향이 더 짙어지고 있는 현대생활에는 효율성을 높이기 위해 만들어진 것들로 가득하다. 차 안에서 주문하고 먹을 수 있는 패스트푸드 식당이 지구촌 여기저기에 생겨나고 있다. 50년대에 유행한 가열만 하면 먹을 수 있는 냉동식품의 현대판 변형인 포장용기 식품이 많은 사람들의 주식이 되었다. 식당 체인점과 테이크아웃 식사 덕분에 삶의 속도를 늦추지 않아도 신체적 욕구를 해결할 수 있게 되었다. 어디든 들고 다닐 수 있는 핸드폰이 있어서 언제라도 다른 사람과 연락할 수 있고, 차 안에서 TV와 컴퓨터까지 사용할 수 있어서 세상이 어떻게 돌아가는지 하나도 놓치지 않을 수 있다. 끊임없이 세상과 연결시켜 주는 이런 기술의 확산은 3번의 의식 속에 빠져 있는 상호연결(interconnectedness)의 흥미로운 모사품이다.

실용적이고 기능적인 조립식 주택은 빠르게 조립되어 즉석 이웃을 만들어낸다. 쇼핑몰과 슈퍼마켓이 생겨서 여러 가지 물건을 빠르고 효율적으로 살 수 있게 되었다. 고속도로는 어디든 목적지에 빨리 도착하게 해주지만 속도를 위해서 여행의 질을 희생시킨다. 오늘날 현대생활의 신기술이 대부분 미국적이다. 미국문화는 에니어그램 1번의 도덕성과 청교도적인 엄격한 윤리 그리고 도덕에 개의치 않는 3번의 편의주의와 개인적 야심이 불안하게 혼합되어 있다. 세계 곳곳에서 미국의 이미지 포장과 판매, 성공을 향해 물불을 가리지 않는 저돌성을 모방하고, 때때로 오히려 능가하기도 한다. 눈에 잘 띄는 위치에 유명 상표를 붙인 옷과 신발은 당신이 입은 옷이 곧 당신이라는 3번의 메시지를 전한다. 포장이 내용물을, 외관이 심원을 대신한다. 실크로 만든 꽃과 잔디밭에 놓인 플라스틱 동물이 삶을 모방하고 대신한다. 가라오케가 당신이 진짜 노래를 부르는 것처럼 흉내 내게 해준다.

## 격정

3번의 느낌을 표현할 때 '피상적인, 가면, 허위'와 같은 단어가 많이 나온다. 그림2의 '격정의 에니어그램'에서도 3번 유형의 격정은 '거짓말(lying)'이라는 단어로 표현된다. 3번이 자신에게 하는 가장 깊은 거짓말은 성격이 최고라는 것이다. 그리고 이를 유지하는 과정에서 자신의 진정한 모습뿐 아니라 현실의 본성이 가지는 진정한 모습에 대해 자신과 타인 모두를 속인다. 물론 이런 차원의 기만은 성격과 동일시된 사람들, 즉 거의 대부분의 인간에게 공통적이다. 이것은 사람들이 그것을 믿고 있기 때문에 가장 위험한 형태의 기만이다.

자신에게 자기의 진정한 모습에 대해 거짓말하는 것이 가장 깊은 거짓말이긴 하지만, 그 외에도 3번 유형이 특히 잘하는 여러 종류의 거짓말이 있다. 3번이 끊임없이 하는 철저한 거짓말이 있는데, 자신의 감정, 과거, 동기, 실제로 무슨 일이 있었는지, 누가 무엇을 말했는지 등에 대해서다. 이런 거짓말은 일을 완수하고, 자신이 원하는 것을 얻으며, 남에게 좋은 인상을 주고 싶을 때, 또한 패배를 피하거나 자신이 실패자, 부주의한 사람, 비능률적인 사람 혹은 무능력한 사람으로 여겨지는 것을 회피하기 위해서이다. 일상생활의 일부가 되어버린 '악의 없는 소소한 거짓말'도 있다. 정말로 그렇지 않거나 꼭 그렇게 느끼지 않아도 "네 메시지 못 받았어." 또는 "오늘 참 멋져 보인다!"라고 말할 수 있다. 다른 인상을 주기 위해서 진실을 확대하거나 비틀거나 꾸미는 거짓말도 있다. 진실을 과장하고 부풀리고 장식한다. 특정한 인상이나 상황을 만들기 위해 사실을 꾸며내고 날조한다. 진실의 한 측면이 강조되거나 부풀려지거나 확대되어 전체적인 느낌을 왜곡시킬 수도 있다. 3번의 이런 다양한 거짓말은 전부 자신과 타인에게 특정한 이미지를 창조하고 유지하기 위한 것이다. 3번은 그렇게 해야 한다고 느끼기 때문에 대부분의 기만이 무의식적으로 이루어진다. 그 순간에는 자신이 실제로 사실을 말한다고 믿을 때도 많다. 이것 역시 3번의 내면적인 작업을 힘들게 만드는 부분 중 하나이다.

## 거짓말

흔히 이들은 어디서부터 진실이 사라지고 거짓말이 시작되는지 모른다. 가장 큰 기만은 자기 내면의 현실에 대한 자기기만이다. 그림12 '거짓말의 에니어그램'에서 3번 유형에 해당하는 단어가 '자기기만(self-deception)'이다. 3번은 자기가 느끼고 생각하고 믿어야 한다고 생각하는 것과, 실제로 자신이 느끼고 생각하고 믿는 것을 구별하기가 어려울 때가 있다. 역할이나 직분에 너무 완벽하게 동일시되어 내면에 어떤 불일치도 허용할 공간이 없을 수도 있다. 다른 두 개의 이미지 유형인 에니어그램 2번이나 4번 유형과 달리, 3번은 너무 완전하게 자기 이미지와 동일시해서 그것이 바로 자신이라고 믿는다. '티파니에서 아침을(Breakfast in Tiffany's)'이라는 영화에서 홀리 고라이틀리Holly Goligthly의 매니저가 말한 "그녀는 진짜 같은

165

가짜야"라는 표현이 3번에 해당한다. 평생토록 절대 무대를 떠나지 않는 배우처럼 3번은 자신이 연기하는 역할이 되어버리며, 그것이 연기임을 잊은 채 자기 자신이라고 믿어버린다. 자신과 이미지 그리고 자신과 역할 사이의 떼려야 뗄 수 없는 결합이 또 다른 형태의 거짓말이다. 3번은 남들이 자신을 신앙심이 아주 깊고 심오한 정신적 깨달음이 있는 사람으로 믿게 하는 데에 성공해서 주변에 헌신적인 추종자가 수없이 많고, 자신도 그렇게 믿게 되어 사회적 관습과 기준이 자신에게는 적용되지 않는다고 생각할 수도 있다. 일하는 분야가 사업이라면 이들은 매우 영향력이 있고 높은 위치에 올라서 법의 경계선을 피해가며 뒷거래를 하고 부정을 저지르면서도 자신에게는 그런 일이 문제가 되지도 않고, 될 수도 없다고 믿는다.

## 본질과 연결되기 위한 덕목

3번을 상징하는 신체 부위는 가슴샘이다. 이 기관의 의미를 이해하면 3번이 정신적으로 성장하기 위해 필요한 것이 무엇인지 파악하는 데에 도움이 될 것이다. 가슴샘은 임파 조직의 기관으로 흉골 바로 뒤에 있다. 가슴샘의 실질적인 기능에 대해서는 거의 알려지지 않았지만 이 기관은 인간의 면역체계에 매우 중요하며, 아기가 건강하려면 처음 태어날 때부터 존재해야 한다. 가슴샘은 태아기와 유년기에 가장 왕성하게 활동한다. 그리고 면역체계의 일부로 '비자기非自己'와 외부에서 들어온 이물 조직을 구분해 악성세포, 균성과 바이러스성 병균, 박테리아를 공격하게 한다.

이를 의식과 관련해 풀이해보면, 자신과 자신이 아닌 것을 구분하는 일이 3번의 발달에 결정적이라는 뜻이다. 무엇보다도 3번은 우선 내면을 향해야 한다. 자기관념이 남의 눈에 비친 자기 모습 속에 있고, 내면의 경험보다 외부의 성취를 더 중요시했던 사람에게 쉬운 일은 아니다. 이들은 내면의 진실, 즉 있는 그대로의 자신과 대면하기 시작할 만큼 충분한 시간 동안 활동을 멈춰야 한다. 그림1의 '덕목의 에니어그램'에서 보듯이, 이 시점에서 3번의 덕목인 '정직(veracity)'이 필요하다. 이 카조는 '정직'을 이렇게 정의했다. "건강한 사람은 자신의 '실재' 외에는 표현할 수가 없다. 참된 자신 외에 다른 모습은 될 수 없기 때문에 거짓말을 할 수가 없다." 정직이라는 단어에는 또 다른 몇 가지 의미도 있는데 전부 3번의 변화 및 발달과 관계된다. 이 단어는 진리에 대한 헌신, 진리를 전하거나 깨달을 힘, 진리 또는 사실을 따를 때의 정확성, 진실한 무엇을 뜻한다. 이제부터는 진리의 구현이 되기 위해 3번이 가야 하는 내적 작업에서 가장 중요한 부분을 일부 살펴보겠다.

정신적 작업의 정의定義 중 하나인 '진리에 헌신한다'는 의미로 정직해지려면 3번은 자기가 어떻게 자신에게 거짓말하고 있는지 깨달아야 한다. 이것이 정직해지는 첫걸음이다. 3번이 대면해야 하는 첫 번째 차원의 거짓말은 자기가 하는 일이 곧 자신이라는 믿음이다. 자신의 자존감이 자기가 이룬 성과에 얼마나 의지하고 있는지 깨달아야만 진정으로 무대에서 내려와 내면의 삶과 마주할 수 있다. 이는 아무것도 성취하지 않을 때 자기가 자신을 얼마나 무가치하게 여기는지 직면해야한다는 뜻이다. 그러면 곧 그런 태도의 기반, 즉 어린 시절에 자신이 한 사람의 인간으로서 고유한 가치가 전혀 없다는 믿음을 갖게 만든 형성요소(formative factors)가 드러날 것이다. 어렸을 때 자기 영혼이 얼마나 따뜻한 손길과 사랑을 받지 못했는지, 사람들의 관심이 어떻게 자신이 무엇을 느끼고 생각하느냐가 아니라 자신이 성취한 내용으로 쏠렸는지 다시 경험해야 할 것이다. 3번은 부모가 자신의 내적인 삶에 관심 또는 가치를 거의 두지 않았기 때문에 자신도 내면의 세계에 주의를 기울이지 않았다. 이것을 탐구해 들어가면 자기 영혼에게 완전히 등을 돌려야 했던 엄청난 슬픔과 고통이 올라올 것이다.

자신에게 주의를 더 기울일수록 자기가 얼마나 이미지와 동일시되어 있었는지 깨닫기 시작한다. 이들은 자기가 겉으로 내보이는 얼굴과 내면의 삶이 거의 차이가 없음을 발견할 것이다. 특히 3번에게는 이 시점이 매우 고통스럽다. 이 시기에는 자신의 피상적이고 얄팍한 느낌이 떠오르며, 이것은 3번의 초자아가 3번을 괴롭히기에 아주 좋은 조건이다.

이미 과거에 잠시 활동을 멈추고 자신을 들여다보려고 시도한 적이 있었을지도 모른다. 바로 이 시점에서 초자아는 3번에게 실체가 없으며 공허하다고 공격해 온다. 만일 그 공격을 막아내고 내면의 현실 탐구하기를 포기하지 않는다면, 3번은 자신이 얼마나 광범위하게 가문과 문화의 이상과 동일시되어 있었는지 보게 될 것이다. 그런 이상의 틀 속에 자신을 너무 깊이 끼워 맞춰 틀 바깥에는 자신이 거의 남아 있지 않음을 보게 될 것이다. 자신이 어떠해야 한다고 생각한 것 외에는 무엇을 원하고 느끼는지 모르며, 더욱 걱정스럽게도 심지어 그런 질문을 자신에게 어떻게 묻기 시작해야 하는지조차 모른다는 사실을 깨달을 것이다.

이미지와 얼마나 동일시되어 있었는지 직면함으로써 떠오를 내적 공허감은 그 정도가 깊다. 너무 많은 삶의 에너지를 이미지에 투자해왔기 때문에 3번의 영혼에는 그 밖에 눈을 돌릴 만한 부분이 거의 남아 있지 않다. 그래서 3번의 영혼이 겉모습에 쏟아 붓던 노력을 놓기 시작하면 시커먼 동굴 같은 심연과 마주하게 된다. 이런 이유로 객관적으로 볼 때 3번은 모든 에니어그램 유형 중에서 내적 작업의 길이 가장 고통스러운 유형일 것이다. 이미지가 전부 거짓이라면, 그 밖에 이들에게 남은 것이 무엇인가? 매우 힘든 내면의 직면일 수밖에 없다. 그뿐 아니라 이 내면의 영역에서 자신을 정말로 믿어도 되는지 의문스러워 한다. 왜냐하면 무엇이 진짜이고 무엇이 진실인지에 대한 이들의 감각은 너무 가변적이고 믿을 수 없기 때문이다. 참된 진실은 무엇이고 자기가 꾸며낸 조작은 무엇인지 구분하는 문제가 3번이 내적 작업을 할 때 처음부터 끝까지 따라다니는 문제이다. 그래서 자신을 너무 돌봐주지 않으니 스스로 보살펴야 한다고 확신하게 만들었던 어린 시절의 양육환경처럼, 3번은 이 시점에서도 의지할 데 없는 자신을 발견할 것이다.

　　3번의 내적 작업 내내 따라다니는 또 다른 문제는 즉시 결과를 확인하고 싶어 하는 반사적인 습성이다. 이들은 자신에 대해 발견한 내용이 유용하길 원한다. 즉 자신의 발전이 일어나 인간관계에 도움이 되길 원한다. 3번은 그것을 포장하고 판매해서 물질적으로든 정신적 차원이 높다고 찬양받는 형태로든 이익을 얻으려는 경향이 있다. 무엇보다도 3번은 아무런 보상도 없을 것 같은 내적 공허감 속의 깊은 공간과 대면하기보다는 어떤 이익을 원한다.

　　공허감은 패배라는 두려운 감정, 즉 온갖 노력을 동원해도 자신을 신神의 형태로 만들 수 없다는 느낌을 떠오르게 한다. 이는 앞에서 살펴본 대로 3번의 허영심의 핵심(자기 혼자 힘으로 '실재'의 완전함과 충만함을 얻을 수 있다는 확신)이다. 겉으로 보기에도 터무니없는 자기 기대처럼 들리지만, 3번에게는 그렇지 않다. 의식적으로든 무의식적으로든 이것이 3

169

번이 마음 깊은 곳에서 느끼는 실패감과 무력감의 원천이다. 내적 여정 중에 어느 시점에서는 자신에 대한 이 불가능한 요구가 의식 위로 떠올라 그것이 얼마나 부조리한지 깨달아야 한다. 3번은 자신의 쉼 없는 활동이 이 허영적인(자만심이 강하고 헛되다는 의미 둘 다) 시도에 뿌리를 두고 있음을 발견하게 될 것이다.

뿐만 아니라 신을 모방하려는 시도가 '실재'와 단절된 자신과 마주하지 않으려는 방어자세였음을 알게 된다. 끊임없는 활동이 실제로는 심원과의 단절로 마치 자기 영혼의 전부인 것처럼 느껴지는 거대하고 텅 빈 공간으로부터 도망치려는 노력이었다. 3번은 '본질'과 단절되고 그 자리에 남은 공허감이 곧 자신이라고 받아들였으며, 그로부터 도망치고 잃어버린 것을 모방하기 위해 할 수 있는 모든 일을 하는 것 외에는 선택의 여지가 없다고 느꼈음을 깨달을 것이다. 이것을 이해하면 자신에 대한 연민이 조금씩 떠오르고, 자신에게도 마음이라는 것이 있음을 깨닫기 시작할 것이다.

## 내적 작업의 결과

자신을 향해 마음이 열리면 공허감이 더 이상 절망적이고 두렵게 느껴지지 않는다. 그 공허감의 진상과 직면하고 완전하게 경험하도록 그 상태로 머물러 있으면 그것은 아주 깊고 고요하고 평화로운 공간감으로 변한다. 얼마의 시간이 지나면 3번의 성격이 그토록 바쁘게 흉내 내던 본질적 바탕의 눈부신 빛깔과 성질이 그 내면의 공간감에서 전부 떠올라 우주의 공작새처럼 광채와 함께 자신을 드러낸다.

내면의 현실 속으로 침잠하기를 반복하면 점차 자신이 가공의 인물이 아니라 진짜처럼 느껴질 것이다. 영혼의 표층만 의식하고 표층의 차원에서 살면서 자신에게 그 이상은 없다고 느끼던 대신에 조금씩 실체감과 진정성을 알아차리게 된다. 점차 자신에게 투사되고 남의 눈에 비친 이미지대로 살기를 멈추고, 정직함이 살아 있는 체험이 될 것이다. 가문, 사회, 문화가 심어준 이미지와 이상을 구분해 어느 지점에서 그것이 끝나고 자신이 시작되는지 조금씩 알게 될 것이다.

가짜, 가공물, 모조품 같던 내면의 느낌이 사라지고, 단순하고 자연스럽고 진실하다는 느낌이 생긴다. 3번의 영혼은 내면의 심원을 향해 더욱 더 투명해지고, 3번의 행동은 점차 객관적인 현실(자신의 본질적 바탕)을 표현하고 그것으로 채워질 것이다. 그리고 자신이 '본질'을 체험하는 것이 아니라 자신이 바로 '본질'임을 곧 깨달을 것이다. 조금씩 우주라는 직물의 한 부분으로서 그 속의 아름다운 형체인 자신을 느끼고 마침내 진리와의 조화를 느끼게 된다. 점차 '실재'가 의식 속에서 발현되고 구현되어 3번은 가짜나 가공의 인물이 아닌 참다운 사람이 되고, 마침내 자신의 생각이 현실에서 이루어져 실제로 값을 매길 수 없는 진주(Pearl Beyond Price)가 될 것이다.

# THE SPIRITUAL DIMENSION OF THE ENNEAGRAM

# 5장

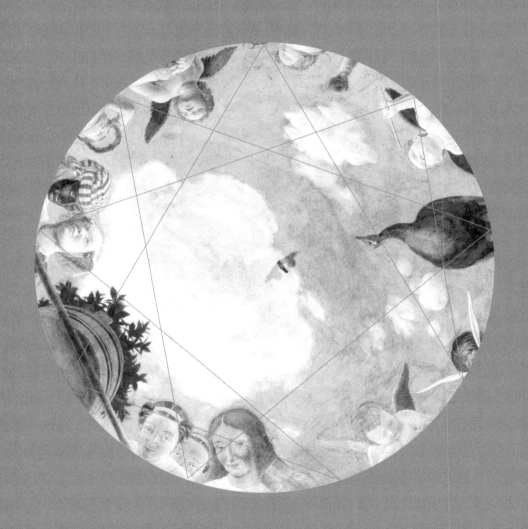

# 에니어그램 1번 유형 - 분개하는 자아
ENNEA-TYPE ONE : EGO-RESENTMENT

자기 한계를 다시 정하거나 바꾸는 것은
가장 큰 자기를 경험할 때 일어난다.
이러한 경험을 할 때는
우주를 포함하는 정체성을 갖게 된다.

— 켄 윌버Ken Wilber

**인물상**    에니어그램 1번 유형은 완벽주의자이다. 이들은 밝고 빛나 보이며 깨끗하고, 박박 문질러 닦은 듯한 특성과 함께 올바르고 경건한 인상이 있다. 1번은 자신을 올바르고 정의로우며 도덕적인 일을 하려는 좋은 사람으로 경험하는 반면, 대개 무의식 속에서는 흠이 있거나 근본적으로 올바르지 않은 사람이라고 여긴다. 도덕성이 높은 행세를 하면서 이들은 불완전하거나 잘못됐다고 여겨지는 것을 향해 안테나를 곤두세우고 있다. 그런 것을 보면 분개하고 분노하는데, 이들의 생각으로는 그래서는 안 되기 때문이다. 1번은 옳지 않아 보이는 것을 용인하기가 거의 불가능하며, 고치고 바로잡고 싶어 한다. 특히 타인의 행동이 무엇이든 바로잡으려는 1번의 타깃이 되는 경우가 많다. 이들은 자신의 초자아와 일직선상에 있으며, 자신과

175

타인 모두를 판단하고 비판하는 경향이 있다.

　1번은 자신의 비판적이고 불완전함을 용납할 수 없는 성향에 짓눌리는 느낌을 받지만, 이에 대해 뭘 어찌 해야 할지 몰라 한다. 해결책은 1번이 보기에 사람들이 바르게 행동하고 모든 일이 최상의 상태로 진행되도록 만드는 것이다. 이들은 다른 사람들이 일을 '올바로' 하게 만들려고 하면서 상당히 통제적일 수 있다. 그러나 이들이 생각하기엔 자신은 그저 바른 일을 하려는 것뿐이다. 뿐만 아니라 이들은 자기통제적이며, 자신이 비도덕적이거나 죄가 된다고 여기는 방식으로 행동하고 생각하고 느끼기를 자제한다. 이런 자기억제는 이들의 자연스러움과 활기를 제한하며, 이는 학대를 동반한 성性이나 격렬한 분노 등 다양한 형태의 행동으로 자주 나타난다.

## 신성한 사고

　1번이 단절된 '신성한 사고'는 '신성한 완전'이다. 이 시각으로 현실을 바라보면 현실 안에 본래부터 근원적인 올바름이 있음을 깨닫는다. 성격의 장막 너머로 발을 내딛는 순간, 존재하는 만물 안에 깊어지는 심원의 차원들이 내재하며, 거기에서 물질적인 부분은 가장 바깥의 껍데기이고 완전무결함(the Absolute), 즉 발현과 존재와 심지어 의식을 넘어서는 가장 근원적인 상태가 있음을 이해한다. 이는 본질적으로 만물 안에 있는 정신적인 차원의 존재를 인지하는 것이다. 달리 표현하면, 만물이 '진정한 본성'으로 만들어졌고 따라서 거기에서 분리될 수 없음을 이해하는 것이다. 이런 우주의 다차원성(multidimensionality)을 인식하고 더 나아가 '신성한 완전'의 관점에서 바라보면 우주의 완전함을 알게 된다. 만물이 근원적

176

으로 올바르며, 일어나는 모든 일이 옳고 완벽하다는 것을 알게 된다.

'신성한 완전'은 '신성한 사고'들 중에서 특히 이해하기가 어렵다. 왜냐하면 완벽이라는 단어를 사용하는 의미가 자아 현실에 따라 매우 달라지기 때문이다. 무언가가 완벽하다고 말할 때, 일반적으로 자기가 이상적이라고 생각하는 내면의 잣대와 비교해 얼마나 비슷한지 측정한다. 이것과 저것 중 어느 쪽이 우리 내면의 우수성 기준에 가장 근접한지, 따라서 더 나아 보이는지 비교하고 판단하지 않으면서 완벽이라는 의미를 생각하기는 어렵다. 그렇게 비교해서 결정한 완벽의 의미는 자신이 속한 문화, 가문의 가치관, 개인의 취향과 과거의 경험으로 빚어진 주관적인 기준을 바탕으로 하며, 성격의 영역에서 알고 있는 유일한 완벽이다.

주관적인 나(subjective self)라는 필터가 사라지면 모든 존재가 그저 본래부터 완결성, 완전함, 흠 없음의 성질을 가지고 있음을 깨닫는다. '신성한 완전'이라는 렌즈로 현실을 바라볼 때 체험하는 완벽의 의미는 아마도 동양의 전통에서 빌려온 표현인 '있음(isness)'과 '그러함(suchness)'에 가장 가까울 것이다. 선종 불교에서는 이런 방식으로 사물을 바라보는 관점을 '코노마마kono-mama' 즉 '이것의 있는 그대로(as-it-isness of this)', 혹은 '소노마마sono-mama' 즉 '그것의 있는 그대로'라고 부른다. 산스크리트어로는 '타타타tathata' 즉 '그러함'이다. 중국어로는 'chih-mo' 혹은 'shih-mo'이다.[1] 사물을 '있는 그대로' 인식하는 것은 그것의 근원적인 본성을 인식하는 것이다. 즉 사물을 있는 그대로 바라보면 그것의 바깥 형태는 물론 내면의 본성까지 본다. 그러면 행성, 나무, 사람 등 우주 안의 각 발현이 모든 형상에 공통되는 근원적인 본성의 연속이며 서로 떨어질 수 없고, 그 근원적인 본성은 올바를 수밖에 없음을 깨닫게 된다. 한 송이 꽃의 외형이 그 옆에 있는 꽃보다 아름다울 수는 있지만, 그 꽃들이 본래부터 타고난 있는 그대로의 올바름과는 아무 상관도 없다. 두 송이 모두 '실재'의 발현이기 때문이다. 이런 관점으로 보면 어떤 꽃이 다른 꽃보다 완벽하다고 말하는 것은 이치에 닿지 않는다.

지구상에 자연재해와 질병을 비롯해 인간의 약점 때문에 발생한 수많은 고통이 있는데 어떻게 현실이 완벽하다고 말할 수 있는지 이해하기 어려울 것이다. 알마스의 유추법이 현실이 완벽하다고 보는 관점을 설명하는 데에 도움이 될 것이다. 우리는 물리학을 통해 원자가 물질을 구성하는 기본 단위이며, 원자는 전자, 광자, 더 작은 쿼크와 글루온 같은 아원자(subatomic) 입자로 이루어진다는 사실을 알았다. 모든 원자는 핵폭발을 일으켜 변화를 주지 않는 한 완결하고, 완전하며, 완벽하다. 원자의 차원에서는 원자가 에메랄드를 구성하든 배설물을 구성하든 각 원자의 실체는 여전히 완벽하다.

'신성한 완전'은 우리가 자신의 경험과 삶의 표층에서 살지 않을 때만 어렴풋이 감지할 수 있다. 사람들 대부분이 표층의 수준에서 살고 있기 때문에 이것은 대단히 이해하기 어려운 '신성한 사고'일 것이다. 알마스의 설명을 빌려보자.

우리가 보통 세상을 보는 방식은 사실 있는 그대로의 세상을 보는 방식이 아니다. 왜냐하면 자기 판단과 호불호, 두려움, 그리고 세상은 어떠해야 한다는 견해의 시각으로 보기 때문이다. 따라서 대상을 있는 그대로 객관적으로 보려면 그런 것들을 모두 한쪽으로 치워야 한다. 달리 말하면, 잡고 있는 우리 마음을 놓아야 한다. 사물을 객관적으로 바라본다는 것은 우리가 보고 있는 대상이 좋든 나쁘든 상관없이 그냥 있는 그대로 본다는 뜻이다. 과학자는 실험을 하면서 "이건 마음에 들지 않으니까 무시해야지"라고 말하지 않는다. 결과가 자신의 이론을 뒷받침하지 않기 때문에 개인적으로 싫을 수는 있겠지만, 순수한 과학은 사물을 있는 그대로 바라본다는 의미이다. 마음에 들지 않는다고 실험에 주의를 기울이지 않는다면 그것은 과학이 아니다. 그러나 우리들 대부분이 내면에서도 외면에서도 이런 방식으로 현실을 대한다.[2]

원자를 개량하거나 어떤 것이든 추가하겠다는 생각은 말이 되지 않는다. 마찬가지로 현실의 근원적인 본성은 개선할 수도, 개선될 수도 없다. 현실의 모든 차원과 연결되어 있으면(사물의 근원적인 본성과 연결되어 있으면) 거기에서 스며 나오는 진실 때문에 육체적 또는 감정적 고통이 생긴다 하더라도 그 진실이 달라야 한다거나 잘못되었다고 말하기 힘들어진다.

　　내면의 심원과 연결되어 있으면 '신성한 완전'이 확실하게 보이는데, 인간의 고통 대부분이 내면의 심원과 단절된 채 삶을 경험하면서 빚어지는 결과이다. 자아의 현실 안에 완고하게 틀어박힌 사람에게 그들의 삶과 경험의 표면은 심원이 가진 근원적인 완벽함의 왜곡이다. 이 차원에서 사람들은 대개 타인을 배려할 줄 모르고 고통을 주는 방식으로 행동하지만, 그렇다고 그들의 근원적인 존재가 불완전하고 잘못됐다는 뜻은 아니다. 비록 어떤 사람의 의식이 증오와 탐욕으로 가득할지라도 그의 영혼은 심원으로 이루어졌으며, 거기에서 분리될 수 없고, 따라서 본래부터 완전하다. 심원의 차원이 의식적인 체험의 일부가 되면

179

남을 고의로 해치거나 남에게 피해를 줄 수 없다. 만약 그렇게 하면 곧바로 자신이 괴롭다. 이런 관점에서 근원적으로 나쁜 사람은 아무도 없으며, 우리가 악하다고 부르는 것은 단지 자아의 수준에서 내린 판단에 근거함을 알 수 있다.

인류가 타인에게 저지른 학대를 묵과하거나 남을 해치는 사람을 처벌하지 말자는 이야기가 아님을 이해하는 것이 중요하다. 단지 그런 행위는 우리 존재의 완전성과 단절된 채 살 때만 나올 수 있으며, 그런 행동은 우리의 근원적인 본성을 반영하지 않는다는 말이다. 또한 우리의 내·외면에서 새어나오는 해석과 판단이 우리의 주관적인 입장과 신념으로 뿌옇게 가려져 있으며, 이런 이유로 우리는 흔히 더 커다란 그림을 보지 못한다.

시야가 충분히 깊어지면 어마어마한 산불처럼 표면상으로는 비극적인 사건에서도 완벽함을 볼 수 있다. 산불은 새로운 식물이 자랄 수 있도록 땅을 청소한다. 슈퍼맨을 연기한 배우 크리스토퍼 리브 Christopher Reeve의 경우처럼 사람을 불구자로 만들어버리는 사고도 있다. 그러나 그는 이 사고를 통해 용기와 살고자 하는 의지로 수백만 명의 사람들에게 영감을 주었다. 심지어 중국 정부 아래 티베트 민족이 당하는 끔찍한 고통도 전 세계에 티베트 불교의 지혜를 전하는 데에 한몫을 했다. 무엇이 나쁘다고 단정하기보다 눈앞의 고통에 연민으로 반응하면 이는 삶을 북돋는다. 반면 잘못돼 보인다고 거부하는 반응은 아무런 도움이 되지 않는다.

자신에 대한 경험이라는 관점에서 보면 '신성한 완전'은 우리가 본래부터 무조건적으로 완전하며, 오직 있는 그대로 올바르고, 무엇을 더하고 뺄 필요도 없다는 뜻으로 해석된다. 이런 이해가 통합되면 내적 작업에 대한 접근이 완전히 뒤바뀐다. 이런 시각에서 보면 우리는 더 나아지거나 달라질 필요도 없으며, 우리에게 근본적으로 잘못된 것은 아무것도 없기 때문이다. 우리가 오직 해야 할 일은 본래의 완전함과 연결되어 깨닫는 것이다. 1번의 깨달은 시각에서 보면 그것이 자신의 내적 작업의 목적이다.

'신성한 완전'의 관점에서 본 현실에 대한 시각을 통합하고 만물의 타고난 완벽함을 의식하게 되면, 우리의 내적 경험과 나아가 우리의 삶이 그 차원의 현실과 일직선상에 놓이고 그것을 표현한다. 즉 '신성한 완전'과 연결되어 있는 만큼 우리 삶은 비범함과 숭고함의 성질을 띠고, 삶에서 일어나는 일들이 모두 정확하게 기준에 맞는다고(자신과 타인 모두에게 꼭 필요하고 적절한 일이라고) 느낀다. 이것이 참된 변화이며, 이것은 자기 개선보다 훨씬 더 완전하고 근본적이다. 어떻게 1번에게 이런 변화가 일어나는지 이 장의 끝부분에서 1번의 덕목에 대해 설명할 때 더 자세히 살펴보겠다.

## 본질과의 단절

에니어그램 1번 유형에게 자신의 본질적인 바탕과의 단절은, 마치 만물이 가진 본래의 완전함 그리고 자기 안에 내재하는 고유의 완벽함과 단절된 것 같은 느낌이다. 어린 1번의 영혼에게 '본질'은 절대적인 완전, 지복至福의 느낌, 땅 위의 천국, 영혼이 완전히 이완되고 충만하여 아무것도 할 필요 없이 심원 속으로 가라앉아 쉬고 머무를 수 있는 상태로 경험되었다. 완전의 그 깊은 느낌과 직접적인 연결이 끊어진 결과는 자신이 더이상 그 완벽함 속에 살지 않으며 그것과 연결될 수 없다는 깊은 고통이다. 1번은 자신과 현실이 근본적으로 올바르고, 완전하며, 완벽할 수밖에 없다는 감각을 잃는다. 그리고 그런 감각의 부재는 올바르지 않음, 즉 잘못됐다는 기분으로 느껴진다. 이들은 자신이 불완전하다고 느끼고 영혼의 진짜 알맹이에 근원적인 결함, 기본적인 불량 혹은 잘못이 있는 것처럼 보일 것이다. 자신과 현실이 본질적으로 불완전하고 충분히 훌륭하지 않다는 심리적인 집착 또는 내재적이고 속속들이 스며든 확신이 피어오른다. 이 집착은 그림2의 '고착의 에니어그램'에 '분개(resentment)'라는 단어로 요약되어 있다. 정말 잘못된 문제는 심원과 단절된 것인데 그것을 마치 자기는 원래부터 손상된 물건이라는 뜻으로 보거나 해석한다. '본질'을 인지하지 못한 결과로 1번이 맞닥뜨리는 내적인 경험은 뭔가 잘못되었다는 느낌이다. 자신이 더럽고 나쁘다는 내적 확신, 치명적인 결함이 있고 올바른 내용물로 이루어지지 않았다는 기분을 갖게 한다. 이것이 1번 유형의 모든 특성 밑에 깔려 있는 인식의 왜곡이다. 그림10 '회피의 에니어그램'에서는 '공정함의 결여(deficiency in rightness, 도저히 완전히 경험할 수 없을 것 같은 1번의 가장 고통스러운 핵심적 결핍감)'라는 말로 표현된다.

## 주요 심리

이렇게 근본적으로 불완전한 느낌은 어린 시절과 협조해서 일어난다. 1번은 어렸을 때 자신이 충분히 훌륭하지 않거나 올바르지 않다는 메시지를 직접적인 말로 들었을 수도 있고, 내면에서 그렇게 해석했을 수도 있다. 그런 메시지는 자신의 생물학적 욕구가 미묘하게 혹은 적나라하게 판단당하고 거부당하면서 갖게 된, 자신이 틀렸다는 느낌에서 비롯했을 수 있다. 또 어린

182

1번이 따라가기에 너무 높은 기준을 세워놓고 지나치게 비판하고 정서적으로 따뜻하게 보살피지 않은 부모 때문일 수도 있다. 부모 중 한쪽이나 양쪽 모두 엄격한 도덕적 판단 기준이나 원리원칙적인 종교적 믿음처럼 매우 1번 같은 성향을 가졌을 수도 있다. 때로 가족 중 세상을 떠난 사람의 역할을 대신해야 했거나, 어린 시절 내내 부모가 어떤 설정을 해놓고 충족시킬 수 없는 욕구를 채워달라고 1번에게 기대했을 수도 있다. 그 결과 자신이 충분히 훌륭하지 않거나 필요한 것을 갖지 못했다는 느낌을 깊이 심게 되었다.

원인이 무엇이든 1번은 자신이 부모를 비롯한 주변 환경에 필요하지 않으며 뭔가 잘못되었다는 느낌을 갖게 되었다. 이전의 지복의 상태로 되돌아가려면 완벽이란 무엇인지에 대한 개념을 추론하고, 틀을 잡고, 창조하는 것이 절대적으로 중요해졌다. 1번 아이는 엄마가 무엇을 원하는지, 무엇이 일치의 느낌을 회복시켜 다시 한 번 영혼이 이완되어 잃어버린 완벽함과 연결되게 해줄지 이해하려 애쓴다. 그래서 항상성恒常性을 회복하려는 이들의 본능적인 욕구는 착한 아이가 되어 완벽해지고 엄마를 기쁘게 해주려고 노력하는 쪽으로 향한다. 결국 1번의 욕구 에너지는 완벽해지려고 애쓰는 데에 모두 사용되고, 머지않아 이 완벽함에 대한 추구가 자기 고유의 본능적인 에너지를 거역하게 만든다.

궁극적으로 1번이 찾는 완벽함은 단절된 자신의 심원('실재'의 영역)이다. 그리고 이 영역과 연결되었던 기억은 1번이 주관적 잣대로 사용하는 뒤틀린 이상의 윤곽을 형성한다. 내·외적인 현실은 세상이 어떠해야 한다는 이 밑그림과 신념을 비교해서 판단하며 '완벽함'과의 상대적인 거리도 계산한다. 필연적으로 현실은 항상 1번의 기준에 미치지 못하고, 자신은 아무것도 특히 자기 자신을 완벽하게 만들 수 없는 것처럼 보인다. 이것이 끊임없이 자신을 판단하고 불완전하다고 힐책하는 1번의 강한 자기비판의 근원이다.

이렇게 이상에 얼마나 가까운지 평가하는 일은 분명히 중립적이지 않다. 그래서 취하는 다음 행동이 에니어그램 1번 유형을 완벽주의자로 만든다. 즉 완벽하지 않은 것은 나쁘다고 간주한다. 나쁘다고 결정한 것을 용인하는 일은 자신이 '실재'에서 멀어졌다는 사실을 용인하는 것과 같다. 이것은 영혼 깊은 곳에서는 참을 수 없는 일이기 때문에 나쁜 것은 받아들일 수 없는 것이 된다. 이렇게 1번은 '실재'의 상실을 경험하는 것에서 거리를 두고 자신을 방어한다.

무엇이 좋고 나쁜지에 대한 1번의 판단은 상대적이며 자신이 지향하는 방침(orientation)에 따라 결정된다. 그러니까 성적性的으로 자유로워지는 것을 페미니스트 1번은 좋다고 보는 반면, 독실한 기독교인 1번은 나쁘다고 볼 것이다. 보수든 진보든 1번은 자신이 고수하는 관점 안에서 정통파로 간다. 이들은 정치적으로 옳고(종교계라면 영적으로 옳고) 자기가 옳은 '노선'이라고 생각하는 것을 완강하게 고수하는 일이 중요하다.

**함정**　　좋고 나쁜 것이 결정되고 나면 무엇을 해야 하는지 분명해진다. 1번은 자신과 남을 개선시켜 마음에 들게 만들려고 애쓰기 시작한다. 이것이 내면의 태도 그리고 이들이 내·외적으로 삶과 관계를 맺는 방식이 된다. 즉 사물을 더 좋게 만들려고 애쓴다. 마음 깊이 자리 잡은 잘못됐다는 느낌에 쫓겨 1번은 끊임없이 뭔가를 바로잡으려 하고, 사물의 방식에 대해 안절부절못하고 불안해한다. 이들에게는 그것이 그렇게 되어 있으면 안 되기 때문이다. 그림9 '함정의 에니어그램'에서 보듯이 '완벽(perfection)'을 향한 추구가 이 유형의 함정이다.

완벽을 지향하는 태도는 남의 눈에 좋게 보이려는 1번의 극단적인 욕구에서 분명히 볼 수 있다. 또 자신이 흠이나 결점이라고 여기는 점을 지적당했을 때 느끼는 극단적인 어려움 속에도 있다. 피드백은 1번의 내면에서 즉시 비판으로 해석된다. 그러면 틀림없이 이들은 자신이 좋은 사람이라는 내적 평가를 회복하려고 노력하면서 방어적으로 되어 그 비판을 밀어내려 할 것이다. 심리적인 문제나 발달하지 않은 능력과 직면하면 1번은 이미 그 문제를 정복했어야 한다며 자신을 가혹하게 판단한다. 그리고 아직까지 해결하지 못한 부분이기에 앞으로도 절대 못 할 거라고 생각한다. 그러면서 자신에 대해 절망하고 뭔가 잘못된 사람이라고 생각하면서 마음 깊이 깔린 그 생각을 더욱 굳힌다. 이렇게 자신은 이미 모든 것을 깨달았어야 한다는 식으로 자신과 관계를 맺으면 분명 1번의 내면세계에는 성장의 여지와 발전에 필요한 인내력이 거의 있을 수 없다. 다른 한편으로는 타인의 비판을 자기가 무엇이 잘못되었는지 알고, 어디를 고치고 어떻게 해야 하는지 방향을 잡는 수단으로 생각할 때도 많다.

모든 것이 좋아야 한다는 이런 욕구의 또 다른 발현 형태는 부정적인 감정을 용납하지 못하는 성향이다. 1번은 자신과 타인의 불만, 슬픔, 적의를 참아내는 일이 힘들다. 이들은 모든 것을 긍정적으로 유지하려 하면서 "기운 내, 네가 감사할 일이 얼마나 많은지 생각해봐" "어떻게 불행할 수가 있어? 받은 게 너무 많잖아" " 긍정적인 면을 보려고

185

해봐" 등과 같은 충고를 하고, 심지어 상대에게 "넌 진짜 슬프거나 아픈 게 아니야!"라는 말까지도 한다. 혹은 상황을 더 좋게 하려고 "이렇게 하면 다 좋아질 거야"와 같은 충고를 할 수도 있다. 부정적인 감정을 허용하면 자신이 잘못됐다는 견딜 수 없는 기분이 느껴지려 하기 때문이다.

1번은 사물을 바로잡고 더 좋게 만들려고 열심히 노력하면서 그렇게 남들보다 더 열심히 노력한다는 점에 자부심을 갖는다. 이들은 무엇이 옳고 좋은지 판단하는 내면의 전자동 기계로 돌아가는 도덕적 우월감이 있다. 설교하고 충고하고 개혁하면서 남을 자신이 믿는 식으로 만들려고 애쓰고, 주변 세상을 억지로 쥐어짜서라도 완벽해져야 한다는 사명감을 느낀다. 19세기 말에 백인이 자신들의 눈에 야만인으로 보이는 사람들의 영혼을 기독교와 서구문명이 구할 수 있다고 믿고 소위 '덜 발달된' 인종에게 문명을 전하는 일을 '백인의 의무'라고 생각했던 것이 이런 성향의 예이다. 1번은 원칙주의자이자 도덕주의자로 무엇이 정확하고 어떻게 하는 것이 올바른지에 대한 전문가들이다. 1번을 생각하면 예의범절 교사(Miss Manners)와 마사 스튜어트Martha Stewart가 떠오른다. 마사 스튜어트는 집안 살림을 완벽하게 하는 법을 가르치면서 그녀가 발행하는 잡지 〈마사 스튜어트 리빙〉에 아예 '좋은 물건들'이라는 주제로 한 섹션을 할애한다.

1번은 자기 눈에 올바르게 보이는 것에 헌신하기 때문에 일을 할 때 한 가지 방식 외에 다른 방식도 있을 수 있다고 생각하지 못한다. 그래서 1번의 마음에는 자기 의견과 다른 의견을 받아들일 공간이 거의 없다. 타인의 경계선이나 희망에 대한 배려나 존중은 모든 것을 완벽하게 만들려는 1번에게서는 거의 찾아볼 수 없다. 이들은 올바른 것이 모든 개인적인 호불호보다 우선한다고 믿기 때문이다. 1번에게 세상을 완벽하게 만드는 일은 정당하고 고귀한 명분이며, 자신은 그것을 위해 헌신하는 투사이다. 이들은 세상을 단속하는 훌륭한 경찰이다. 자기 통제력을 자랑스러워하며 남들까지도 통제하려는 경우가 많다. 1번에게는 남이 하는 일도 곧 자신의 일이며, 그 사람이 선 밖으로 나가면 옆에서 즉시 알려준다.

이런 완벽주의자다운 특성이 남을 괴롭히고 자신도 괴로울 때가 많겠지만, 이들은 자신이 옳다고 여기는 것을 해야 한다는 의무를 느낀다. 이것은 잃어버린 완전함의 느낌에 대한 1번의 사랑과 충성심에 뿌리를 둔 의무감이다. 자신과 주변을 완벽하게 만들려는 끝없는 노력은 그 자체로 이상화된다. 또한 이것은 1번이 자신을 좋은 사람으로 만든다고 믿는 일부이다. 비록 자신을 근원적으로 나쁘다고 느끼지만, 그 사실을 알고 더 좋아지려고 노력하기 때문에 구원될 기회가 있다고 생각하는 것이다.

1번에게 개혁하려는 노력을 멈추는 일은 지금은 잃어버리고 없는 소중한 완전함의 느낌을 찾을 유일한 희망을 잃는다는 뜻이다. 그 노력을 멈추는 것은 자신이 '진정한 본성'과 멀어졌다는 사실에 굴복하는 것이고, 구원을 향한 일말의 가능성도 없어지는 것이다. 개혁의 노력이 고귀해 보이고, 그래서 이들은 선교적, 즉 '좋은 것'의 광신자가 된다. 그 과정에서 자신이 불완전하다는 내적인 느낌에서(이것은 대개 무의식 속에 묻혀버린다) 자신이 남과 세상에서 보는 모든 결점들로 초점이 옮겨간다. 현실을 자기 이상에 맞게 바꾸려는 노력은 일종의 신성한 개혁 운동이 된다. 이것은 때로 감정을 고조시키거나 화나게 하는 명분이 되어 자신이 꼭 참여해야 될 것 같은 기분이 들기도 한다. 에니어그램 1번 유형의 이름이 되는 '분개(resentment)'에 대해서는 격정을 설명할 때 자세히 살펴보겠다.

중세 시대의 성전聖戰은 어떻게 1번이 될 수 있는지 대규모 차원의 예를 보여준다. 유럽의 기독교인들은 자신들이 이교도로부터 성지聖地를 구해야 하는 도덕적 의무가 있으며, 설령 실패하더라도 그런 노력을 한 것만으로도 자신들이 고귀해지리라 믿었다. 심리학적으로 볼 때 1번은 모두 자신의 초자아와 동일화되어 내면의 이교도에 대항해 전투를 치르고 있다. 이들이 보기에 내면의 이교도는 본능적인 충동들, 즉 이드id로 들끓는 커다란 가마솥 속에 살고 있다. 자신은 어떤 사람이어야 한다는 내면의 그림은 본능적인 자아의 어둡고 금지된 충동과 뚜렷하고 고통스럽게 대비되는 위치에 놓여 있다. 1번에게 이 본능적 자아는 적敵, 즉 자신과 다른 사람들에게 잘못된 부분으로 보인다. 왜냐하면 본능적인 자기는 필연적으로 자기중심적이고 쾌락을 좇으며, 만족을 주는 대상이라는 사실 외에 타인 따위는 안중에도 없으며, 탐욕스럽고, 도덕에 개의치 않고, 야비하기 때문이다. 마치 짐승처럼 느껴지지만, 짐승은 절대로 인간의 이 부분처럼 천하고 추잡하지 않다.

이 본능적인 자아가 문제라는 신념은 어느 정도 사실이다. 1장에서 유아 시절에 겪는 침해와, 신체적 욕구가 충족되지 않는 데에 대한 반응이 영혼과 '실재'의 연결을 조금씩 끊어놓는다는 사실을 알았다. 우리는 몸 그리고 몸의 본능적인 욕구와 동일시되었고, '실재'와 일치된 낙원은 머나먼 꿈이 되었다. 1번 유형은 자신의 '좋은' 부분이라고 생각하는 점, 즉 고결하고, 이타적이고, 인정 많고, 선의적인 부분과 동일시됨으로써 이 동물적 부분에 대응한다.(우리 모두에게 이런 동물적인 부분이 있다는 것을 기억하자.) 1번은 초자아를 통해 '나쁜' 본능적인 부분을 통제하고 개선하여 좋은 부분과 동일시되려고 한다. 내면에서 훌륭한 싸움을 치르고 있다는 의로운 기분에, 내면의 원시성에 대한 거부가 그것을 변화시키는 것이 아니라 오히려 무의식 속에서 더 많은 힘을 실어주며 어떻게든 행동으로 새어나오게 만든다는 사실을 이들은 간과한다. 도덕을 설교하고 죄를 비난하던 광신자가 꼴사납고 수치스러운 성추행을 저지르다 발각되거나, 헌신적인 신도에게 엄청난 돈을 횡령한 사실이 드러나는 경우가 그렇다.

**격정**　　　또한 1번은 거부당하고 묻혀버린 본능적 자아가 부채질한 엄청난 공격성이 사물을 좋고 옳게 만들려는 자신의 지향 속으로 들어간다는 사실을 무시한다. 이 공격성은 있는 그대로는 용납될 수 없어서 봉쇄당했기 때문에 더 이상 순수한 본능적인 충동이 아니라 왜곡된 형태이다. 그 왜곡은 분노의 형태를 띠는데, '분노(anger)'는 그림2의 '격정의 에니어그램'에서 보듯이 1번 유형에 해당한다. 요약하자면, 1번은 나쁜 것에 분노하고, 이들의 분노는 그것을 바꾸려는 시도이자 그것과 거리를 두려는 시도이다.

　　나란호에 따르면, 이카조는 분노를 '현실에 반反하는 태도를 취하는 것'[3]이라고 정의했다. 현실과 불화하는 이런 느낌이 아마도 이 격정을 가장 순수하게 묘사할 것이다. 1번은 그림12 '거짓말의 에니어그램'에서 1번을 표현하는 '선입견·거짓 단언(preconceptions/false affirmation)'을 가지고 현실을 만난다. 무엇은 어떠해야 한다는 관념이 마치 나침반처럼 움직이면서, 1번은 내·외적으로 마주치는 대상마다 자신과 싸움을 붙이고 그것을 바꾸려고 애쓴다. 세상에 완벽하게 올바른 것은 없기에 이들은 절대로 만족을 얻지 못한다. 나쁘게 보이는 것은 바로잡아야 한다는 책임감 때문에 이들은 좌절하고 분개한 상태로 남는다.

현실에 대한 끊임없는 적의, 즉 분노의 격정은 그 뿌리를 들여다보면 자신에 대한 적의이다. 그림11 '본질과 멀어지게 하는 행동의 에니어그램'에서 보듯이, 1번은 '자기 자신을 향해 분개(self-resenting)'하며, 자신의 영혼에 불만스러워하고 화를 낸다.

## 회피

1번의 분노에는 여러 가지 모습이 있다. 1번의 분노는 예의바른 겉모습 뒤에 살짝 숨겨진 분개에서부터 순수한 격노의 광포한 폭발에 이르기까지 그 스펙트럼이 광범위하다. 분노는 잘못된 것이라는 생각 때문에 1번은 자신의 분노를 직접적으로 경험하는 일을 가장 회피한다. 그림10 '회피의 에니어그램'에도 '분노(anger)'가 있는 이유다.

대부분의 1번은 객관적이라고 확신해서 표출해도 된다는 기분이 들지 않는 한 자신의 분노를 억누른다. 어떤 1번은 모든 것과 모든 사람에게 항상 기분이 언짢고, 화가 나고, 짜증난 듯이 보인다. 반면 '명백한' 악, 비열함, 부당함이기 때문에 전적으로 정당하다고 느끼고 순간적으로 의분을 폭발시키는 1번도 있다. 또 어떤 1번은 압력솥처럼 분노를 꽉 누르고 있다가 한계질량에 이르면 버럭 화를 내기도 한다. 이들은 평소에 고요하고 평온해 보이지만 집에 돌아가 편안한 사람들과 있으면 장광설의 열변을 폭발시키거나, 신체적 폭력이 아니더라도 접시를 던진다든지 문을 쾅 닫으면서 폭력적인 분노를 터뜨린다.

분노는 트집 잡기, 비판하기, 사소한 일을 문제 삼기, 안달복달하기와 같은 일반적인 태도로 나타날 수 있다. 1번의 이런 태도는 지금 눈

190

앞의 상태가 완벽하지 않다는 메시지를 전달한다. 또는 도움을 준답시고 상대의 결점을 죄다 끄집어내 지적하면서 '건설적인 비판'을 할 수도 있다. 상대가 잘 되라고 하는 말이지만 상대는 급소를 찔린다. 계속 어법을 바로잡아주거나, 상대가 어떤 무언無言의 규율을 어기고 있는지 고통스러울 정도로 명료하게 지적할 수도 있다. 1번은 설교조로 말하면서 선생님이나 모범생의 역할을 하는 경향이 있다. 청하지 않은 충고를 해주면서(이들은 정말로 상대가 잘 되기를 바라는 진심이라고 느낀다) 자기는 무엇이 옳은지 아는데 상대는 틀림없이 모르고 있으며, 일을 망치고 있다는 사실을 노골적으로 전달한다. 1번은 자신이 비판하고 충고하는 행위가 적대적이고 호전적이라는 사실을 깨닫지 못하지만, 대개는 무의식적인 이들의 공격성을 여지없이 보여준다. 충고를 듣는 상대방의 마음속에 생기는 상처와 분노는 1번 안에 잠재하고 있다.

　　1번은 정당하다고 느낄 때, 즉 자신이 옳다고 느낄 때 또는 신이나 선善이 자기편에 서있다는 명분이 있을 때는 자신의 분노를 쉽게 알아차리고 협조한다. 그리고 자기 외부에 잘못이 있다고 확신할 때도 비교적 쉽게 자신의 분노를 정당화한다. 내면의 성찰이나 내적인 작업을 거의 하지 않은 1번들은 아마도 그럴 것이다. 내면에서 '나쁜' 부분들은 저만치 밀어치우고 자신은 좋은 사람이라고 생각하면서 나쁜 부분들은 모두 자기 밖에 있다고 생각한다. 그러고는 자신의 분노를 자기 바깥에 있는 나쁜 부분들과 타인에게서 보는 악惡으로 인정사정없이 화살을 돌린다. 그러나 1번이 의식화되면 될수록 자기 안에 잠재한 비판적이고 분노하는 태도 그 자체가 문제임을 깨닫게 될 것이다. 강박적인 평가, 트집 잡기, 갑작스러운 흥분 그 자체가 1번의 괴로움의 거대한 원천이 된다. 외부에서 자기 내면으로 주의를 돌리면 명백해지는 1번의 내

191

적 자기비판과 가혹한 자기비난은 곧 잔인하고 고통스럽게 느껴지고, 선善을 위한 헌신이 아닐 수도 있다고 느낄 것이다.

본능적 자아의 공격적 충동이 다양한 분노 형태로 비틀리는 것처럼 성적 충동도 뒤틀려 나타나서 1번에게 성性은 매우 갈등하는 영역이된다. 성은 고삐 풀린 본능적 에너지가 넘쳐나고 거의 통제되지 않기때문에 절대적으로 나쁘고 비도덕적이진 않더라도 부적절해 보인다. 만일 성性이 순수한 쾌락이 아니라 국가나 종교를 위한 자손 번식의 의무처럼 더 숭고한 목적을 위해서라고 정당화된다면, 그때는 지나치게 즐기지 않는 범위에서 용인될 수 있다.

대부분의 1번, 특히 구세대인 1번에게 육체적 쾌락은 그 자체로 위험하고 수상하다. 현대에 사는 1번들은 성적으로 더 자유로운 경향이 있지만, 쾌락에 완전히 빠져드는 자신을 여전히 난감해하고 죄의식도 자주 느낀다. 자유롭게 즐기는 일, 태평하게 쉬는 일, 향락주의는 1번에게 부도덕해 보이기 때문에 금지된 영역이다. 쾌락에 완전히 몰두하는 일은 죄처럼 보인다. 이런 판단 뒤에 깔린 것은 가혹하게 자신을 판단하는 초자아, 무거운 죄의식, 그리고 통제력을 잃는 데에 대한 두려움이다. 쾌락을 허용하면 판도라의 상자가 열리고 자신이 본능적 충동의 노예가 되어 영원히 난폭하게 날뛸 것 같다. 1번의 성적 억압과 자제에는 자기 부정, 자기 처벌, 또는 자기 거세와 참회의 성질이 있다. 그결과 1번의 성性은 대부분 통합되지 못한 채 정제되지 않은 날것으로 미숙하고 유치하며 상당히 다루기 힘든 상태로 남는 경우가 많다. 1번의 성性은 종종 음란하고 외설적인 행동을 하는 청소년 같은 느낌을 주는데, 익숙하진 않지만 그럼에도 끌리는 것처럼 보인다.

비난의 대상이기 때문에 억압된 본능적 충동은 앞서 언급한 통제되지 않으며 또한 통제할 수 없는 행동화의 에피소드를 통해 자주 새어 나온다. 그 극단적인 형태는 앞서 말한 격렬하고 발작적인 분노와 저명한 국회의원이 매춘부나 복장 도착자와 변태적 성행위를 했다는 스캔들 따위에서 볼 수 있다. 또는 가톨릭 사제司祭가 여신도, 특히 기혼의 여신도와 성관계를 갖거나 성가대 소년을 성추행한 사실이 밝혀질 때도 마찬가지다. 알코올중독 치료 프로그램에 가입할 것을 권하고 다니던 사람이 며칠 동안 사라져서 흥청망청 술에 취했다가 나중에 아무것도 기억하지 못하기도 한다. 반전反戰 운동가가 오랜 시간 배우자를 학대해온 사실이 드러나기도 한다. 1번의 억압된 욕구가 조금 덜 극단적으로 새어나온다면, 공공연하게 방탕함을 비난하면서 정작 자신은 유혹적인 꿈을 꾸거나, 음란하고 난잡한 파티에 대한 환상을 갖거나, 외설스러운 로맨스 소설을 읽고 성인용 비디오나 TV 프로그램을 보는 경우이다.

## 방어기제

1번은 의학적으로 말하는 '강박 성격(obsessional character)'을 가지고 있다. 이들은 질서정연하고 조직적이며, 침착하고 생산적이며 근면하다. 1번은 단정하고 깔끔하지 않고는 못 배기는 경향이 있으며, 모든 것이 깨끗하고 정확히 제자리에 있어야 한다. 이런 성향이 극단적으로 심해져 정말로 강박적인 사람이 되면 영화 '이보다 좋을 순 없다'에 나오는 멜빈 우달Melvin Udall처럼 지나치게 정리정돈에 매달리고, 인색하며, 융통성이 전혀 없다. 어떤 1번은 일을 완벽하고 철저히 하는 데에 너무 집착해서 무슨 일이든 끝내려면 무한정 시간이 걸린다. 반면 맡은 일을 잘 해낼 능력이 있는지 걱정돼서 부랴부랴 처리하는 1번도 있다. 똑같은 불안이 결정을 내려야하는 순간에도 일어날 수 있다. 이들은 잘못된 선택을 할까봐 두려워 꾸물거릴 때가 많다. 의학적 관점에서 볼 때 이런 모든 특성이 강박 성향의 변형이며, 앞서 설명했듯이 깊은 곳에서 벌어지는 초자아와 이드의 충돌이 드러나는 것이다. 이런 각도에서 보면 1번의 강박적 성향은 자신을 깨끗하고 순결하게 만들려는 시도이며, '불완전함'에 대한 내면의 깊은 죄의식을 속죄하는 것이다.

깨끗함에 열중하는 것은 내면의 불결한 느낌을 지우려는 시도이다. 정리정돈에 몰두하는 것은, 통합되지 않은 본능적 에너지 때문에 벌어진 내면의 카오스를 밀어내려는 마음을 나타내는 것과 같다. 이렇게 반대의 것을 과도하게 강조함으로써 불안을 야기하는 상태나 감정을 무의식 속에 단단히 가둬놓으려는 시도가 1번 유형의 방어기제, 즉 반동형성(reaction formation)이다. 반동형성에서는 무엇이든 우리가 느끼거나 행동화하기에 위험하다고 믿는 감정이나 행위를 의식 밖으로 밀어낸다. 그리고 그 반대의 용인할 수 있는 감정이나 행위로 대신한다. 예를 들어 증오를 느끼는 것이 금기시되면, 대신 사랑을 경험함으로써 그런 느낌이 올라올 것 같은 내면의 위협으로부터 방어한다. 반면 사랑을 느끼기가 두려울 때는 사랑 대신에 거부, 무관심, 혹은 증오로 대신한다. 반동형성은 1번의 핵심 기제 밑에도 깔려 있어서 1번은 자신의 초자아와 동일시되어 나빠 보이는 것은 밀어냄으로써 자신은 좋은 사람이고 타인은 나쁜 사람이라고 생각한다. 반동형성은 본능의 유혹을 저지하려고 그것과 자신 사이에 끊임없이 도덕성 싸움을 붙이는 1번의 습성 밑에도 깔려 있다. 찰스 브레너Charles Brenner는 반동형성에 대해 이렇게 말했다.

우리는 이 방어기제의 작용에 대해 알게 되면서, 이렇게 비현실적이거나 지나친 태도를 목격할 때마다 혹시 그 반대의 무엇에 대항해 그토록 과도하게 강조하는 것은 아닌지 의심한다. 예를 들면, 열렬한 반전주의자나 생체해부 반대주의자 안에 그 사람의 자아가 특히 위험하게 여기는 잔인함과 증오에 대한 무의식적 환상이 있을 것이라고 추측한다.[4]

청렴과 선량을 모방하고 있지만 궁극적으로 1번은 마음 깊은 곳의 뭔가 잘못됐다는 느낌에 대항해 방어하고 있는 것이다.

## 행동 및 정서 습관

금지된 충동의 접근을 막고 금기된 약점을 인식하지 않으려면 엄청난 내면의 극기와 자기통제가 필요하다. 남과 주변 환경을 통제하려는 시도는 자신에 대한 이런 내면의 점검, 억제, 제지가 반영된 것이다. 그 결과는 특유의 경직성과 부족한 자연스러움이다. 이들은 신중하고 계획적으로 자신을 제어하고 억누르기 때문에 움직임, 행동방식, 혹은 말투가 형식적으로 보일 수 있다. 이들의 사고방식도 이런 성향을 띠어서 더 창의적인 아이디어를 찾아 과감히 나서지 않고 이미 알려지고 수용된 생각을 고집하게 만든다. 1번의 사고방식은 경직되고 고정되어 혁신이나 실험의 여지가 거의 없다. 자기가 옳다고 생각하는 개념 안에 정확히 들어맞지 않으면 위협적으로 느끼며, 옳은지 그른지 명확하게 규정할 수 없는 아이디어를 맞닥뜨리면 불안해한다. 새로운 착상이나 통찰이 떠오르면 그것이 새로운 기준이 되는데, 이는 사실에서 규칙을 만들어내는 1번의 성향을 반영한다. 이들은 개별 상황의 특수성은 고려하지 않은 채 규칙과 법을 문자 그대로 완고하게 지키는 사람들이다. 1번은 미리 제정된 지침을 규칙적으로 따르는 데서 안정감을 느끼고, 반대로 근원적인 원칙에 의문을 제기하는 것에서 불안을 느낀다.

1번의 이런 자기 통제는 에너지와 감정 면에서 일종의 경직성과 위축이 일어나게 한다. 고통과 두려움 같은 부정적인 감정을 경험하지 않거나 표현하지 않는 1번들이 있으며, 혹여 그렇더라도 거기에는 편안함, 이완, 유연성, 무방비성, 부드러움이 없는 1번 특유의 특성이 있다. 이들은 자신의 욕구를 억누르고 분노의 표출을 막으려고 보통 입을 굳게 다물고 말이 없다. 이것이 충고, 설교하는 습성과 함께 이 유형을 상징하는 신체 부위가 입인 이유다. 극단으로 가면 엄격하고 금욕적이며, 딱딱하고 형식적이고 재미없으며, 단조롭고 고집 센 사람으로 보인다. 이 때문에 재임 기간 동안 손해를 봤던 지미 카터 대통령의 성격이 1번의 예이다. 힐러리 로댐 클린턴도 때로 1번으로 보인다. 경직성이 조금 덜 보이는 1번으로는 지미 스튜어트Jimmy Stewart, 캐서린 헵번Katharine Hepburn, 안소니 에드워즈Anthony Edwards, 바바라 스트라이젠드Barbara Streisand, 니콜 키드먼Nicole Kidman, 시빌 셰퍼드Cybill Shepherd가 있다. 데이나 카비Dana Carvey가 풍자하고 연기한 '교회 다니는 귀부인(Church Lady)'도 1번의 탁월한 예이다.

1번은 자신이 옳다고 믿을 때는 융통성이 없고 완고한 성향이 있다. 일단 1번이 무엇에 대해 결정하면 토의와 논쟁의 여지가 거의 없으며, 마음을 정하면 그것만 고집한다. 아마 이런 이유 때문에 자기가 물고 있는 뼈는 절대로 놓치지 않는 개가 이 유형을 상징하는 동물일 것이다. 개는 또한 1번처럼 자기가 맞다고 여기는 것에는 변함없이 충성

196

스럽다.

1번을 생각할 때면 착하고 순수하고 좋은 사람이지만 커다란 적의와 욕구 불만이 잠재된 사람이 떠오른다. 이들은 강박적으로 정직하다. 비록 진실이 다른 사람에게 상처를 줄지언정 조지 워싱턴처럼 절대로 거짓말을 못한다. 이들은 신뢰할 수 있고, 믿음직하고 근면하며, 또 그것이 당연하다. 이들은 '아메리칸 고딕American Gothic(미국 지역주의 운동의 선구자 그랜트 우드의 대표작으로, 목재 고딕풍의 농가를 배경으로 서 있는 엄숙한 표정의 두 남녀를 사실주의 기법으로 그림 ─ 편집자)'이라는 유명한 그림 속의 농부 부부처럼 지루할 정도로 진지하며 순진하다. 1번을 움직이는 것은 선한 의도(상대가 자선을 원하지 않아도)와 높은 도덕성(금욕적인 청교도 수준과 맞먹는)이다.

청교도 자체가 1번의 성향을 띠는 현상이다. 17세기 미국 청교도는 이들에게는 너무 자유로웠던 영국 국교회에서 떨어져 나와 자신들의 종교적 열정을 신세계 아메리카 대륙으로 가져왔다. 이들은 하느님이 절대적 군주이며 인간은 완전히 타락해서 구원받으려면 오로지 하느님의 영광에 의지하는 수밖에 없다고 믿었다. 자신들이 하느님에게 선택받은 선민選民들이며, 건립 초기의 국가들에서 하느님의 뜻을 집행할 임무가 있다고 믿고 18세기에 그 영향력이 쇠할 때까지 식민지 정치를 주도했다. 미국 건국의 아버지인 이 영국 청교도단들이 미국 문화 속에 남아 있는 1번 성향, 즉 엄격한 도덕의식, 선하고 옳고 정의로운 일을 하려는 관념, 세계의 도덕 집행자처럼 행동하는 습관의 근원이다. 미국 같은 도덕적 포부의 역사가 없는 유럽에서는 상상도 할 수 없으며, 대통령의 성행위를 향한 말도 안 되는 관심과 조사도 1번다운 문화적 기질을 반영한다. 미국의 이상주의와 좋은 나라가 되어야 한다는 강

197

박은 앞서 설명했듯이 미국의 또 다른 지배적인 문화 경향, 즉 이기적인 비도덕성으로 개인의 성공과 이익만을 추구하는 3번 성향과 불안하게 공존하고 있다.

1번다운 행동에는 빅토리아주의(Victorianism)도 관련이 있다. 이 명칭은 빅토리아 여왕의 이름을 따서 붙였지만, 사실 이 시대의 엄격하고 점잖은 분위기를 만든 장본인은 알버트 왕자이다. 그는 영국 왕실에 엄한 예의범절을 적용했고, 영국 사회에 교양과 점잔을 부리는 분위기를 주입했다. 영국 문화는 1번과 4번이 혼합(사회적인 예법과 예의범절에 대한 강조와 후반에 생겨난 심미적인 기호)된 것처럼 보이며, 엘리자베스 여왕과 엘리자베스 1세도 역시 1번 유형으로 보인다.

더 근래에 와서는 생명을 지켜야 한다고 주장하면서 모순되게도, 낙태수술을 시행한 의사를 죽이거나 가족계획센터를 폭발시키는 극단주의자를 제지하지 않는 생명운동이 1번 성향을 띠는 현상이다. 더 일반적인 예로는 실제로 사람에 대한 배려라고는 거의 찾아 볼 수 없는 사회개혁운동가를 들 수 있다. 자기만 옳고 하느님이 자기편에 서 계시다고 주장하는 집단이 자신들 눈에 악하고 나쁘게 보이는 집단과 싸우는 모습을 언제든 볼 수 있다. 베르톨트 브레히트Bertolt Brecht가 '우리는 친절 위에 세워진 세상을 원했으나 우리 자신은 친절할 수 없었다.'라고 썼을 때는 1번의 철학을 요약한 것일지도 모르겠다.


## 이상화한 측면

잃어버린 '신성한 사고'와 다시 연결되기 위해 그 '사고'를 구현한 듯 보이는 복제된 형태에 영혼이 자신을 맞추듯이, 각 에니어그램 유형의 성격 기질도 특정한 정신적 상태를 흉내 내며 복제하려 한다는 사실을 지금까지 살펴보았다. 1번 유형은 그 특정한 정신적 상태('이상화한 측면')를 '다이아몬드 접근법'의 용어에 따라 '광명(Brilliancy)'이라고 부른다. '광명'은 '실재'의 지성으로, 번개의 번쩍임이나 바다 위에 반짝거리는 햇빛 같은 존재다. 밝음, 환하게 비추는 특성, 광채, 명쾌함, 날카로움을 지녔다. 이것은 '실재'가 지성으로 통찰하고, 마주치는 대상을 식별하고 이해하고 종합하는 것이다. 일반적으로 지성이나 영리함을 순전히 정신적인 소질로 보지만, 여기서 우리는 참된 지성이 그 이상의 무엇임을 알 수 있다. 이것은 우리가 참으로 존재할 때, 즉 온전히 현재에 머물러 있을 때 드러나는 우리 영혼의 지성이다. 현재에 온전히 머문다는 것은 우리가 통합되어 있으며, 우리 의식과 접촉하는 대상을 향해 감정적으로 열려 있다는 뜻이다. 그리고 우리의 지성이 그 대상을 꿰뚫어볼 때 우리는 이 밝은 존재를 체험한다.

뿐만 아니라 '광명'의 상태는 순수하고 시간을 초월하며 맑은 특성이 있다. 번뜩이는 통찰력 속의 순수한 광채처럼 '광명'은 깨끗하고 맑고 명료한 깨달음으로 영혼을 밝힌다. 그 주요 특성들 중 하나는 종합 능력으로서 상황의 모든 요소가 마음속에서 하나로 통합되고, 여러 갈래의 실들이 전부 하나의 이해로 융합된다. '광명'은 인간의 통합하는 능력의 근원이며, 상황의 모든 요소가 한데 합쳐져 우리 안에서 하나의 완전체를 이루는 순간에 경험하는 것이다. 이것은 참 지혜의 근원이기도 하다. '광명'의 순수성은 1번의 마음을 연다. 1번의 마음속 갈망은 순수하고 완전하게 바라보는 것, 그리고 자신을 순수하고 완전하게 경험하는 것이다. '광명'은 1번에게 잃어버린 완전함의 느낌과 연결될 수 있다는 희망을 갖게 한다. '광명'은 잃어버린 '신성한 완전'의 구현처럼 느껴지는 '본질적 측면' 혹은 의식의 상태이다.

가짜 '광명'은 바른 답을 알아야 하고, 옳아야 하며, 전부 다 아는 체하면서 체험적인 접촉과는 단절된 방식으로 생각한다. 그런 앎은 지식적이고 생각의 차원에 그치며, 눈앞의 상황과는 거의 상관이 없다. 거짓으로 '광명'을 흉내 낼 때는 자신의 관점만 옳고, 보이는 것이 그 대상의 '본질'이라고 확신한다. 자신을 정확한 지식을 가진 '어떤 인물'과 동일시하면서 그렇게 주장하는 것이다. 이렇게 선입관에 가까운 생각을 떠받치는 근거는 다만 판단과 과거일 뿐이며, 자기라고 생각하는 이 '어떤 인물' 또한 정신적 구성체이기 때문에 직접적이지는 않다.

이렇게 볼 때 에니어그램 1번 유형은 무서우리만치 철저하게 '광명'을 흉내 낸 복제품처럼 보인다. 정답과 옳은 방식은 오직 하나뿐이며, 자신은 그것을 찾아 그렇게 살아야 한다는 믿음으로 옳고 선한 것에 가장 먼저 관심을 쏟는다. 가장 주요한 특징으로 선입관에 가까운 기준으로 삶을 보는 그들의 태도가 이를 예증한다. 1번의 이런 핵심적인 기질은 선입견 없이 맑은 마음으로 그 순간과 직접적이고 체험적으로 만났을 때 떠오르는 직접적인 앎이 왜곡된 모습이다. 정숙하고자 하는 1번의 욕구는 '광명'을 체험할 때 느껴지는 그 고유의 순수함을 흉내 낸 것이다. 자신의 가치관과 기준을 남에게 적용하려는 습성은, 경계선이 없으며 이해하고자 하는 대상은 무엇이든 꿰뚫어볼 수 있는 참된 지성의 성질을 흉내 낸 것이다. 1번이 하는 몸가짐이나 비평 속의 예리함은 '광명'의 날카로움과 정확성을 모방한 것이다. 재미있게도 힐러리 로댐 클린턴처럼 많은 1번이 자기가 구현하려는 이 본질적인 성질의 광채를 반영해, 박박 문질러 깨끗이 씻은 듯한 빛나는 외양을 하고 있다.

200

## 본질과 연결되기 위한 덕목

1번 유형이 의식을 변화시키려면 그림 1의 '덕목의 에니어그램'에서 보듯, 이 번호의 덕목인 '평온(serenity)'의 태도로 자기 외부의 삶뿐만 아니라 내면의 움직임에 접근해야 한다. 여기서 평온은 어떤 의미일까? 첫째로, 경험하는 대상을 향해 성격의 전형적인 기질대로 반응하지 않는다는 뜻이다. 성격과 동일시되면 단순히 경험을 받아들여 함께 머물지 않고 그것에 대해, 그것을 향해, 또는 그것으로 무언가를 하려고 한다. 이해가 떠오를 수 있도록 그저 경험을 있는 그대로 놔두어 직접적으로 의식과 만나도록 마음을 열지 못한다. 이것이 자신을 현실에 맞서 대항하게 하는 것이며, 앞서 설명한 대로 이카조가 내린 분노의 정의이고, 1번 유형의 격정이다. 자신의 경험에 맞서면 반응하고 있는 '나'를 강화시킬 뿐이다. 즉 자신의 성격, 그리고 성격과의 동일시를 더욱 강하게 하는 것이다.

모든 성격 유형이 공통적으로 이런 종류의 반응을 하지만 특히 1번에게서 가장 주요하게 나타난다. 이런 반응은 이들의 내적 작업에 가장 큰 장애물이다. 1번은 내적 경험이나 자신에 대해 인식한 내용을 평가하지 않은 채 즉시 받아들이기가 매우 힘들다. 과거에 뿌리박힌 판단과 평가에 따라 좋은지 나쁜지 확인해야만 받아들일 수 있다. 1번에게는 이것이 반사적인 반응이자 핵심적이고 강박적인 내면의 움직임이다. 그 밖의 다른 방식으로 자신의 경험에 반응하는 일은 상상조차 하기 힘들다. 1번은 자기가 경험하는 것이 나쁘다고 판단되면 바꿔서 좋게 만들려고 애쓴다. 자신에 대해 인식한 내용이 나쁘다고 결론 내리면 그 내용에 대해 방어적으로 변한다. 어떤 경우에도 경험을 있는 그대로 만나지 못하고, 이런 태도를 바꾸지 못한다. 경험에서 무엇이 옳지 않은 가에 주로 초점을 맞추지만, 때로 최소한 잠시라도 좋다고 결론 내리는 경험도 있다. 그러면 그 경험을 붙잡으려 애쓰고, 그렇게 움켜쥐다가 멀어진다. 경험에 대한 반응은 어떤 것이든(그것을 향해 다가가든, 물러나든, 혹은 바꾸려고 시도하든) 영혼을 위축시키고 그 경험에서 배우는 능력을 방해한다. 우리의 '광명'이 작용하지 않고, 자신을 더 깊이 이해하지 못한다. 의식이 바뀌고 성장하려면 우리의 '광명'이 작용하고 자신을 더 깊이 이해하는 일이 꼭 필요하다.

분노는 우리가 진실을 보지 못하게 만든다. 분노에 사로잡히면 반응하는 대상에 대항해 자신을 방어한다. 밀어내거나 바꾸려고 하며, 자신의 주관적인 현실 속에 꽉 붙잡혀 있다. 우리는 자기라고 생각하는 모습 즉 자신과 동일시하는 모습을 후원하며, 그 편에 서고, 그것을 지킨다. 마음의 어떤 버튼이 눌렸기에 분노가 폭발했는지 이해하려고 노력하는 대신 분노의 대상에 맞선다.

진심으로 자신의 참 모습을 발견하고 싶다면 자신의 경험에 평온한 자세로 다가갈 필요가 있다. 평온은 마음과 정신을 열어둔 채 그 순간과 접촉하며(안과 밖에서 무엇이 떠오르든 받아들이고) 그것을 피하려고 위축되지 않는 것이다. 경험을 습관적으로 판단하거나 평가하지 않고 그저 마음을 열고 눈앞의 대상에 자신이 닿도록 내버려둔다. 그러려면 대상을 꼭 알 필요는 없다는 것을 받아들일 수 있어야 한다. 이것은 곧 확실성을 요구하는 초자아에 대항해 방어한다는 뜻이다. 또한 반드시 어떻게 해야 한다거나 절대로 그러면 안 된다는 신념, 어떤 것이 좋거나 나쁘다는 신념도 놓아버려야 한다는 뜻이다. 나쁘거나 불쾌하거나 불편하다고 생각하는 것으로부터 자신을 보호하지 않는다는 것이다. 우리 의식이 경험과 완전히 만나도록 내버려둠으로써 접촉하는 대상이 무엇인지 직접적으로 알 수 있게 된다는 뜻이다. 이렇게 하면 그 순간의 진실을 향해 마음이 열리고, 의식이 그 영향을 깊이 받을 수 있다. 긍정적인 자기 관념을 유지하려고 하기보다 있는 그대로의 자신을 보게 된다. 판단이 사라지면 과거 때문에 생긴 장막에 눈이 흐려지지 않고 무엇이든 그저 있는 그대로 보인다.

따라서 1번은 자신을 향한 평온한 태도가 내적 변화의 구체적인 단계가 시작되는 계기가 된다. 이 단계는 자신과 초자아의 동일시를 인지함으로써(판단과 기준의 패턴을 뚜렷이 깨닫고 그 독단성과 그것 때문에 생기는 괴로움, 고통, 고문을 알아차림으로써) 시작한다. 1번은 자신이 왜 그토록 강하게 기준을 원하는지 이해해야 한다. 그러면 이것이 자신을 나쁘게 경험하지 않으려는 방어이며, 자신의 성격 깊은 층들로부터 방어하는 방법이고, 잃어버린 완전함의 기쁨으로 돌아가고 싶은 희망임을 깨달을 것이다. 정신역학적인 측면에서 이런 패턴이 만들어지는 데에 과거가 끼친 영향 역시 숙고해봐야 한다. 자신이 비난으로 느끼는 것과 자신의 나쁜 면이라고 여기는 것에 대해 습관적으로 취하는 방어적인 태도도 인지하고 이해해야 한다. 그러면 자신의 경험을 평가하고 그것에 반대해야 한다는 의무감에서 마침내 해방될 것이다.

## 내적 작업의 결과

좀더 마음을 열고 반응을 멈춰 평온해질수록 판단하고 방어해온 자신의 일부분이 스스로 드러나기 시작할 것이다. 부정적으로 여겼던 감정이 떠오르겠지만, 이것을 허용하고 완전히 느끼는 법을 배우면 그 감정이 곧 변할 것이다. 자신의 이런 측면을 기꺼이 받아들이고 껴안을수록 1번의 영혼은 이완되고, 자아활동은 자신이 해야 할 일도 내면에서 바로잡아야 할 일도 없음을 느끼고 정지한다.

여기서 이카조가 정의한 평온의 덕목이 도움이 될 듯싶다. "평온은 감정적인 고요함으로, 몸 자체를 편안하게 느끼며 '캐스Kath(배 중심)'의 에너지를 잘 받아들이는 신체로 표현된다. 평온은 정신적인 태도가 아니라 자신의 역량을 바탕으로 안정되고 완전히 자족한 사람의 내면의 완전성이 자연스럽게 표현되는 것이다." 따라서 이런 사람은 완벽하려고 시도한다기보다 자신의 완전함을 체험하며, 그렇기에 평온하다. 배의 중심에 접근하는 것은 본능의 층을 통합해야 가능하다. 1번이 가진 충동과 감정의 많은 부분의 원천인 이 층이 의식의 표면 위로 떠오를 것이며, 그러면 인지하고 이해함으로써 소화해야 한다. 그러면 1번이 그토록 바쁘게 방어하던 깊은 곳의 충동이 조금씩 더 정제되어 마침내 방어의 강박에서 풀려난다.

자신의 대상관계와 영혼의 동물적인 면 아래에서 1번은 자신이 나쁘고 충분히 훌륭하지 않다고 해석했던 당초의 빈 공간과 맞닥뜨린다. 이 구멍에 반응하지 않으면 않는 만큼 의식은 그것을 탐구하고 통과할 수 있다. 내면의 깊은 공간감이 떠오르며 여기서는 '좋음'과 '나쁨'이라는 꼬리표가 아무 상관이 없다. 1번의 의식을 덮어 어둡게 가렸던 구조물 너머로 '실재'의 생기와 활기의 빛이 조금씩 새어 들어오기 시작한다. 자신의 이런 측면을 통합하면 1번은 자신과 삶을 더 풍요롭고 입체적이며, 실질적이고 충만하며, 자연스럽고 예측불가능하며 경이롭게 느낀다.

이 과정은 1차원적이지도 않고 빠르지도 않다. 내면을 여행하는 1번들마다 개인적인 편차가 있겠지만 이것이 대략의 윤곽이다. 매번 중

대한 시점마다 내적 경험을 향해 수용적이고 열린 마음, 즉 평온의 자세가 필요하다. 그리고 1번의 내적 작업이 진행될수록 내면의 상태는 점점 평온해질 것이다. 'serene'의 라틴어 어원은 '깨끗하고 맑고 흐트러지지 않음'을 뜻한다. 1번이 자신의 경험에 반응하기를 조금씩 멈출 때 바로 이런 상태가 된다. 성격 너머에(과거의 자신이라는 장막에) 가려졌던 자기 모습이 더욱 더 명확해지고 현실을 점점 객관적으로, 즉 있는 그대로 보게 된다. 그러면서 1번의 의식은 잔잔해지고 쉽사리 성을 내지 않게 된다. 가슴이 열리고 마음은 이완되며 인식이 더 투명해져 참으로 빛나게 된다. 판단 대신 사랑과 기쁨으로 인식하고 그 순간에 그저 머물 수 있다. 1번은 점점 더 일관되게 마음 깊은 곳의 고요함 속에 살게 되고, 자신과 세상을 향해 평화로워진다. 그리고 마침내 자신이 본래부터 가지고 있던 불변의 완전함을 깨닫게 된다.

# THE SPIRITUAL DIMENSION OF THE ENNEAGRAM

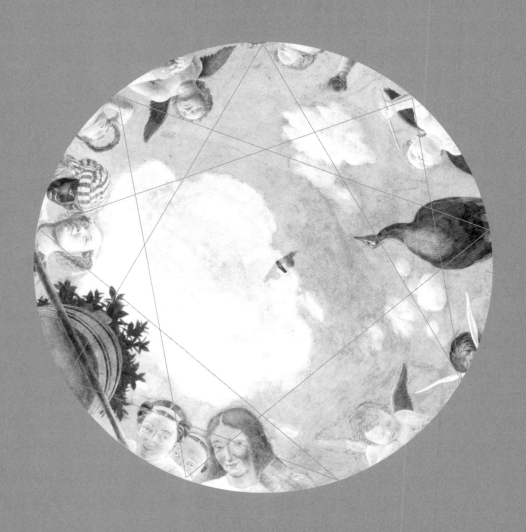

# 6장

# 에니어그램 4번 유형 – 우울한 자아
ENNEA-TYPE FOUR : EGO-MELANCHOLY

우리 안의 영성이 피어날 때 우리는 죽는다.
우리는 그 죽음에 슬퍼한다.
자기라고 생각하는 자신이 사라지기 시작할 때
그것에 슬픔을 느끼는 것이다.

— 람 다스Ram Dass

## 인물상

4번은 드라마틱하고 감정적이며 로맨틱하고 다른 유형들보다 더 고통스러워하는 것처럼 보인다. 흔히 4번에게는 진심으로 만족해본 적이 한 번도 없다는 데에 대한 내면의 절망감에서 비롯한 비극적인 기질이 있다. 마치 지금까지 살면서 한 번도 가져보지 못한 '잃어버린 연결'을 애타게 그리워하는 것 같고, 그 내면의 비탄은 위로할 길이 없으며 영원히 변하지 않을 것처럼 보인다. 어떤 4번은 이런 우울함이 금세 눈에 띄는 반면, 매우 즐겁고 열의가 넘쳐 보이는 4번도 있다. 그러나 이렇게 경쾌하고 낙천적으로 보이려는 4번의 열성은 그 얼굴 뒤에 숨은 절망을 증명한다.

4번은 독특하고 유일하며 심미적이고 창의적으로 보이길 원한다. 그리고 3번과 그 양쪽 번호인 이미지 유형들 중 하나이기 때문에 그렇

209

게 보이도록 자신을 표현하려고 한다. 자신의 세련된 취향과 감수성을 높이 평가하며, 대개 자신이 그런 면에서는 남들보다 더 깊고 심오하다고 느낀다. 흔히 거만하고 쌀쌀맞아 보이지만 속으로는 사회적으로 위태로워 하면서 사랑받지 못하고 소속되지 못할까봐 두려워한다. 4번은 자신이 혼자이고 버림받았으며, 남들과 멀리 떨어져 있고 그들과 닿을 수 없다고 느끼는 경향이 있다. 이들은 애정관계에 초점을 두며, 그 관계는 대개 문제가 많고 좌절감이 따를 때가 많다. 타인과의 연결을 열망하지만 만족스러운 관계는 항상 자신을 피해 도망치는 것처럼 보인다. 남들이 자기보다 더 충만한 삶과 애정관계를 가진 것처럼 보여서 강렬한 시기를 경험한다. 자기 모습도 남들의 모습도 언제나 뭔가 마음에 들지 않으며 상황이 달라지기를 열망한다.

## 신성한 사고

4번 유형이 잃어버린, 현실에 대한 관점 즉 '신성한 사고'는 '신성한 근원'이다. 의식의 정도에 따라 이 '신성한 사고'를 다른 방식으로 이해할 수 있다. 만일 몸이 곧 자신이라고 생각해서 물리적 현실과 가장 동일시되어 있다면, '신성한 근원'은 모든 생명이 공통의 원천에서 비롯하며 똑같은 자연법칙에 따라 움직인다고 말한다. 물리적 차원에서 공통의 원천이라 함은 우주 전체가 한 번의 거대한 폭발에서 생겨났다고 주장하는 빅뱅 이론을 말한다. 따라서 만물이 이 창조의 순간에 근원을 두고 있다고 가정한다. 모든 생명을 주관하는 보편적 원칙을 천체 물리학, 아원자 물리학, 생물학, 그리고 사회학, 인류학, 심리학 등 인간을 특별하게 연구하는 과학을 통해 인지한다. 아득히 떨어진 은하계의 천체 현상도 우리가 사는 태양계와 이 지구의 현상과 똑같은 물리 법칙을 따른다. 오늘날 사람들은 지구상의 모든 생명이 최초의 짙은 안개 덩어리 속에서 타오르던 불꽃에서 비롯했다고 알고 있다. 따라서 물리적 차원에서는 모든 자연이 집단적 원천을 가진 것으로 보인다. 모든 인간은 민족성이나 문화와 관계없이 물리적으로는 똑같은 방식으로 태어나고 발육하며, 모두 똑같은 유전적·생물학적 법칙이 적용된다. 개개인의 얼굴과 몸은 조금씩 다르고 유일무이하겠지만, 그럼에도 가장 중요한 물리적 청사진은 똑같다. 따라서 우주의 물리 현상에서부터 우리 몸에 이르기까지 모든 물질은 집단적 원칙에 따라 통합된다.

의식 수준이 달라져서 우리 존재가 물리적 형상 그 이상이며, 몸에 깃들어 생명을 불어넣는 것은 영혼이라는 사실을 인지하면, '신성한 근원'이란 모든 인간이 이런 특성을 공유한다는 뜻으로 이해된다. 우리가 물리적 차원을 뛰어넘는 존재임을 안다는 것은 영(Spirit)의 영역이 우리 존재의 일부라고 인지하는 것이다. 영혼을 우리의 본성으로 인식하면 개개의 영혼이 속한 '영'에까지 이르게 된다. '신성한 근원'을 이 수준으로까지 이해하면 우리 개개의 영혼이 생겨나는 '원천'이 '실재'임을 깨닫는다. 따라서 우리 모두가 유일무이한 영혼이지만 근원적으로 모두 '진정한 본성'의 영역에 바탕을 두고 있다. 이 수준에서는 '실재'나 '진정한 본성'이 인간 영혼의 원천일 뿐 아니라 모든 발현체의 원천임을 알아본다. 모든 것이 '실재'에서 비롯했으며, 발현이 끝나면 다시 '실재'로 돌아간다는 사실을 이해한다. 이 수준에서는 자신의 내적 본성이 만물의 공통적인 원천에서 생겨난 개별적 독립체라는 태도를 갖는다.

'신성한 근원'에 대해 이런 수준의 이해를 넘어서면, 모든 발현체가 '실재'에서 생겨날 뿐 아니라 거기에서 분리될 수 없다는 깨달음을

211

바탕으로 새로운 수준에 이른다. 이런 인식과 이해의 단계에서는 존재하는 모든 것을 '실재'의 파생으로 경험하기 때문에 형태와 '원천'을 구별할 수 없다. 달리 표현하면, 모든 발현체가 한 물질의 표면 위에 생기는 물결처럼 보이며, 자신이 그것과 분리될 수 없음을 안다. 여기서는 자신이 '실재'에 뿌리를 두며 '실재'에서 생겨났다고 경험하는 것이 아니라 오히려 '실재' 그 자체라고 경험한다. 이 수준에서는 '실재'에 연결되어 있는 것이 아니라 자신이 곧 '실재'이며, '근원'이다. 그렇다면 이 수준에서 우리는 '실재'에서 분리된 구현체나 발현체가 아니라 '실재' 자체와 동일시된다.

'신성한 근원'에 대해 더 포괄적인 수준으로 이해할수록 '실재'에 대한 이해도 점점 깊어진다. '실재'의 체험은 그것을 '본질', 즉 우리 내면의 본성으로 경험하면서 시작되고, '절대적인 무엇(Absolute)'으로 경험하면서 최고점에 이른다. 모든 것을 '절대' 수준의 '실재'로 경험할 때 머리로 풀 수 없는 커다란 역설을 경험한다. 생겨난 것을 생겨나지 않은 것과 구별할 수 없다. 이 수준에서는 발현과 비발현(nonmanifestation)이 같기 때문에 형태가 생겨나는 '근원'에 대해 말할 수 없다. 이런 깊이에서 사물을 인식하는 것은 심오한 신비와 연결되어 있다.

앞서 살펴봤듯이, '신성한 사고'는 특별한 의식 상태나 체험이 아니라 직접적인 체험에서 나온 다른 각도 혹은 차원의 이해이다. 그러나 특수한 종류의 체험이 현실에 대한 이 아홉 가지의 다른 이해를 만든다. 이 체험의 종류는 '이상화한 측면'에 대한 체험이다. 복잡하게 들리겠지만 4번과 관련시켜 이해하면 더 명확해질 것이다. 체험적으로 '신성한 근원'이 의미하는 현실 이해와의 접촉은 자기 안으로 집중할 때 일어난다. 자기에게 집중할 때 원천이라고 여겨지는 것과 연결되고 접촉했다고 느낀다. '신성한 근원'에 대해 더 깊은 수준으로 이해할수록 '나'에 대한 관념이 깊어지면서 그 원천에 대한 통찰도 바뀔 것이다.

처음에는 몸과 강력하게 연결되어 있을 때, 즉 완전히 내 몸 '안'에 있는 자신을 느낄 때(신체적 느낌에 깊이, 완전히 빠져들 때) 자신과 결합되었다고 느낄 것이다. 이런 식으로 자신과 접촉한 느낌은 몸에 기반을 둔 것이다. 격렬한 스포츠에서부터 체육관 헬스에 이르기까지 다양한 신체활동을 하도록 사람들을 자극하는 것이 바로 이것이다. 사람들 대부분은 이것이 없으면 '자기처럼 느끼지' 못한다. 엔돌핀 분비와 같은 생리학적 이유 외에도 운동은 생각에서 벗어나게 해주고 그 순간의 경험과 더 접촉하게 해 주기 때문에 자신과 더 연결된 것처럼 느낀다. 그러나 자신에 대한 이런 수준의 접근법은 시간이 한정적이고 건강에 크게 좌우된다. 질병이나 신체적 장애, 피할 수 없는 노화 등은 몸에 의존해 자신과 접촉하는 방법을 가차 없이 제한한다.

어떤 사람은 자기의 감정을 완전하게 느낄 때 자신과 접촉한 느낌을 갖는다. 감정적 카타르시스는 내면과 연결된 느낌으로 이끌 수 있는데, 특히 자신의 감정에 접근하고 표현하기를 어려워하는 사람들이 그렇다. 감정적 분출은 내면작업의 특정 단계에서 감정의 표현과 억제를 다룰 때 매우 유용하고 필요하다. 그러나 일단 자신의 느낌에 접근하고 표현하기가 쉬워지면 계속적인 카타르시스는 비생산적일 수 있다. 금방 기분이 좋아지고 자신과 연결된 느낌을 주기 때문에 많은 사람들이 감정을 터뜨리는 일에 중독된다. 감정은 성격이 느끼는 느낌이다. '실재' 안에 머물면 일반적으로 생각하는 감정적 상태를 경험하지 않는다. 따라서 감정의 표출과 발산에 의존하는 것은 머지않아 성격과의 동일시를 지원할 뿐이다. 이 수준에서는 감정이 자신과 연결되는 열쇠처럼 보이기 때문에 그것으로 모든 것이 결정된다고 생각하고 자신의 반응에 의문을 제기하지 않은 채 계속 매여 있다. 반면에 감정을 붙잡고 있지 말고 그 속으로 들어가 관통하면, 성격 너머에 있는 '실재'의 영역으로 나아갈 수 있다. 이것이 내적 작업 과정에서 감정적 접근이 부분적으로라도 필요한 이유이다. 또한 성격을 그냥 초월하지 않고 완전히 소화해서 변화시키는 고된 작업을 하려 할 때도 필요하다.

## 이상화한 측면

내적 성장이 진행되면 진정으로 자신과 접촉한다는 것은 '실재'와 연결된다는 의미이다. 내적 작업의 과정 중 이 단계에서는 고통이나 질병으로 인한 신체적 감각에 사로잡혔다고 느끼고 그것을 뛰어넘을 수 없을 때 자신과 연결되어 있다고 느끼지 못한다. 감정적인 소용돌이 한가운데에 있을 때도 자신과 연결되어 있다고 느끼지 못한다. 오직 순간에 깊이 머물면서 의식이 심원 속에 닻을 내릴 때만이 중심에 이르렀다고 느낀다. 이 단계에서는 자신이 '실재'임을 안다.

자신이 '실재'라는 이런 경험을 '다이아몬드 접근법'의 용어로 '궁극점(Point)' 혹은 '본질적 자기(Essential Self)'라고 하며, 이것이 4번의 '이상화한 측면'이다. 위에서 설명한 수준으로 자신과 접촉하는 것이며, 자신이 '실재'임을 안다. 몸의 반응이나 감정과 자신을 동일시하지 않고, '진정한 본성'이 참 자신임을 안다. 이 경험은 명상이나 정신세계를 다룬 책에서 자기실현, 깨어남, 깨달음이라고 하는데, 모두 참 자신을 알게 되는 경험을 다른 방식으로 표현한 것이다.[1] 4번 유형의 성격 양식은 '궁극점'을 모방하려는 시도로 '궁극점'의 복제품으로 보면 된다. 이 유형의 정신역학적인 면을 살펴본 뒤에 이 내용으로 다시 돌아오겠다.

## 본질과의 단절

4번 유형에게 어린 시절에 '실재'와 단절된 일은 자신이 '실재'로부터 생겨났으며 분리될 수 없다는 인식과 경험을 잃어버리는 일이다. 그 결과 내면 깊은 곳에 '신성(Divine)'과의 단절감이 자리 잡고, 이것이 4번 유형의 기초에 잠재하면서 전반적으로 배어든 믿음이자 집착이다. 그림2의 '고착의 에니어그램'에서 4번에 해당하는 '우울(melancholy)'은 바로 이것을 설명한다. 어떤 것과 단절되었다고 경험하려면 자신을 개별적인 무엇으로 보고, 그런 자신이 또 다른 개별적인 무엇과 연결이 끊어졌다고 느껴야 한다. 필연적으로 일어날 수밖에 없는 몸과의 동일시는 성격에 뿌리를 둔 인간의 가장 깊은 동일시이자 모든 에니어그램 유형에게 우리는 근원적으로 개별적이라는 확신을 갖게 한다. 다른 말로 하면, 우리 각자의 몸이 다른 모든 것과 구별되기 때문에 우리는 궁극적으로 분리된 존재라고 믿게 되었다. 이는 모든 성격 유형의 기초가 되지만, 특히 4번 유형은 '신성한 근원'에 대한 그들의 특별한 민감성 때문에 이 믿음을 토대로 하여 모든 가설과 특징이 그 위에 세워진다.

## 주요 심리

정박하던 곳에서 끈이 풀린 배처럼 4번의 내적 경험은 따로 분리된 사람처럼 '실재'에서 끊어져 나와 떠다니는 느낌이다. 타인과 단절되어 멀리 떨어져 있다고 사무치게 느끼지만, 더 중요한 것은 자기 안의 심원과도 그렇게 느낀다는 것이다. '실재'와의 이런 단절감은 4번에게 버려진 느낌, 마치 '실재'가 자신의 손이 닿을 수 없는 거리에 있는 것처럼 느껴진다. 처음에는 엄마나 가족이 자기에게서 떨어져나간 것처럼 느끼지만 그 뿌리는 '실재'

215

와의 단절이다. 남는 것은 결핍감과 상실감이며, 자신의 가장 핵심적인 알맹이를 잃어버린 듯한 느낌이다. 다시 연결되고 싶은 열망, 잃어버린 심원에 다시 닻을 내리고 정박하고 싶은 강렬한 열망이 생긴다.

무의식적이긴 하지만 이렇게 버려졌다는 느낌과 '실재'와의 연결을 회복하고 싶은 열망이 4번 심리의 중추이다. 너무 중요해서 4번의 자기관념 전체가 이 열망을 중심으로 구축된다. 심지어 갈구하는 것이 획득하는 것보다 더 중요해질 정도이며, 관계가 일관되고 안정적인 사람이나 상황을 무의식적으로 싫어하고 거부하는 일도 잦다. 무의식적으로 이들은 버림받았다는 경험을 꽉 붙들고는 이런 깊은 내적 느낌을 영속시킨다.

인간 심리의 성향 중 하나로 사람은 어린 시절의 양육자를 '실재'의 구현체로 경험하려 한다. 필연적으로 생길 수밖에 없는 양육자와의 단절을 4번은 자신의 원천, 즉 '실재'와의 단절과 같은 의미로 받아들인다. 4번의 '신성한 근원'에 대한 민감성이라는 필터를 통과하면서 아기에게는 영양과 생존의 원천인 어머니가 분리되거나 철수거나 부재중인 것처럼 경험된다. 실제로 방치되거나 홀대받고, 주변에 아무도 없거나 제대로 보살핌받지 못하고, 엄마로부터 미묘하게 혹은 공공연하게 거부당했을 수도 있다. 물론 4번만 그런 경험을 하는 것은 아니다. 그러나 4번은 '근원'으로부터 떨어져 나왔다는 데에 민감해서 그 경험에 더 초점을 맞추고, 타인은 반드시 자신을 버린다는 시각으로 보는 경향에 이른다.

4번의 주된 내면의 분위기는 마치 심원과의 단절을 끊임없이 애도하듯, 슬프고 무거운 결핍감, 표류하는 느낌, 위로받을 길 없고 충족될 수 없는 열망이다. 그래서 이카조는 이 유형에게 '우울한 자아(Ego-

Melancholy)'라는 이름을 붙였다. 이 결핍감은 부족감, 박탈감, 메마른 느낌, 내면의 빈곤하고 가난한 느낌, 지독한 내적 궁핍감으로 경험될 수 있다. 4번은 무엇이 결핍됐는지 정확하게 이름을 대진 못하지만, 틀림없이 무언가 없다는 사실만은 확신한다. 그 핵심에는 자신이 절대로 신神의 사랑과 다시 연결되거나 소속될 수 없을 거라는 깊은 절망이 있다. 이들은 언제나 바깥에 머물면서 어떻게 안으로 들어갈 수 있는지 절대로 모를 것이다. 남들은 모두 비밀을 알고 있는데 자기만 모르는 듯하다. 이런 상실에 대한 4번의 비탄은 위험하다. 절망의 나락으로 떨어지거나 평범하게 느끼게 될지도 모르기 때문이다. 뒷부분에 대해서는 나중에 다시 살펴보겠다. 이런 이유로 그림10 '회피의 에니어그램'에서 4번은 '절망감(상실감) · 단순한 슬픔〔Despair(Lost)·Simple Sadness〕'으로 표현된다.

이런 박탈감을 더욱 악화시키는 것은 어떻게 그런 생각을 갖게 됐든 의식적 또는 무의식적으로 심원과 단절된 잘못이 자신에게 있다는 가정이다. 연결에 대한 욕구와 열망 자체가 문제라고 느낄 수도 있고, 결핍감이 자신은 나쁘고 불충분하고 부적절하고 치명적인 결함이 있다는 가정으로 바뀌었을 수도 있다. 어떤 4번은 자신이 본래부터 사악하고 유해하게 타고났다고 느끼기까지 한다. 이 느낌에는 마치 다시 돌이킬 수도 없고, 이 악을 제거하기 위해 할 수 있는 어떤 말이나 행동도 없다는 듯 비극적이고 확고한 분위기가 있다.

상실감은 방향감각의 혼란, 자신이 어디에 있으며 어떻게 여기까지 왔는지 모르겠는 기분, 어떤 사람이나 대상과도 진정으로 연결되지 않은 기분, 무엇보다 자신과 단절된 기분으로 느껴질 것이다. 남과 비교할 때 자신은 삶의 언저리에서 사는 느낌이 들고, 방향감이나 위치감이 없다. 어떤 4번은 항상 정신이 딴 데 가 있는 것 같고, 살짝 멍하며 눈이 흐릿해 보이고, 현재의 순간에 완전히 있지 않은 듯 보인다. 물리적인 방향감각이 전혀 없어서 심지어 자주 가는 장소에서 길을 잃기도 한다. 어떤 4번은 공간과 그 안의 모든 사물에 대한 물리적 인식이 부족해서 물건이나 사람에 잘 부딪힌다.

4번은 내면의 결핍에 대한 해결책으로 '연결 회복'을 열망하고 끊임없이 추구한다. 이들은 마치 긍정적인 것은 전부 자기 밖에 있는 것처럼 보인다. 타인과 외부 세상이 제공하는 것에서 만족을 얻으려는 이 열망은 소극적이고 얌전하지 않다. 표현하지 않더라도 명백한 요구이다. 4번은 마치 "그걸 가져야 될 것 같은 기분이 들어. 그러니까 난 그걸 반드시 가져야 해"라고 말하는 것 같다. 이렇게 자기는 권리가 있다고 주장하는 듯한 인상이 4번 유형만은 아니지만, 특히 4번은 삶의 어느 측면엔가는 모두 가지고 있다. 마치 자신이 원하는 것을 주장하지 않으면 얻지 못한다고 믿는 것 같다. 또한 자기는 너무 많이 빼앗겼고 괴로웠으니 세상이 자신의 욕구를 만족시켜줄 책임이 있다는 느낌도 전해진다. 더 깊은 곳에서는 이것이 견디기 힘든 내면의 결핍감을 경험하지 않는 방법이다.

그러나 일단 욕구가 채워지면 추구하던 대상이 매력을 잃기 시작하고, 4번의 열망은 다른 대상으로 옮겨간다. 자기 밖에서 만족을 찾는 것 자체가 원래 제한된 만족밖에 주지 못한다. 자신의 심원과 다시 연결되는 길만이 4번의 결핍감을 해결할 수 있기 때문이다. 그 무엇도, 그 누구도 내적 결핍감을 완전히 채워줄 수 없기 때문에 4번은 영속적인 불만족 상태로 남는다. 그러나 4번은 그 잘못이 자기가 추구하는 대상에 있는 것처럼 느끼는 경우가 많다. "이 열망은 외부에서 충족될 수 없으니까 내가 만족하지 못하는 게 당연해"가 아니라 "내가 원하는 사람이나 물건에 뭔가 잘못이 있어. 아니면 그 사람이나 물건이 정말로 내가 원하던 게 아니었을 거야"라고 생각한다.

4번은 자기 욕망의 대상을 비난하면서 충족감이 생기지 않는 원인을 정당화할 결함을 찾아 그 대상을 밀어낸다. 일단 원하던 대상을 손에 넣으면 4번은 자신의 삶에서 그밖에 또 무엇이 맞지 않는지, 또 무엇을 획득해야 하는지에 초점을 맞춘다. 흡족하지 않고 불만스럽고 불쾌하고, 4번에게는 제대로 마음에 드는 것이 결코 없다. 자기가 손에 넣은 것은 항상 그 빛을 잃고, 손이 닿지 않는 곳의 무엇을 향해 열망이 옮겨간다. 그 대상이 좀만 달랐더라면, 좀더 좋았더라면, 좀더 이랬더라면 혹은 저랬더라면, 그러면 마침내 행복해질 수 있었을지도 모른다. 그러나 4번에게 행복은 찰나에 그치고, 언제나 필연적으로 무언가가 그 행복을 망친다. 그리고 획득을 향한 열망이 다시 시작된다. 자칭 행복을 열망한다면서 그 밑에는 이런 패턴이 깔려 있다. 4번이 정말로 원하는 것은 '열망하지만 얻지는 못하는 사람'으로 자신의 정체성을 유지하는 것임을 볼 수 있다.

4번의 끝없는 흠잡기 습성과 열망이 이들에게 외부만 응시하게 만들고, 그래서 내면의 결핍감으로부터 자신을 보호하게 한다. 만일 아무것도 자신을 만족시키지 못하면 만족감을 가져다줄 완벽한 대상을 계속 찾아야 하고, 그러면 외부의 대상이 자신이 원하는 만족감을 절대로 제공할 수 없다는 진실과 직면하지 않아도 된다. 이 진실을 직면하면 열망하고 간절히 원하는 내면의 자세를 포기해야 하고, 매우 고통스러운 내적 감정을 느껴야 할 것이다.

열망은 잃어버린 어린 시절의 '사랑하던 대상'(엄마라는 필터를 통해 여과된 '실재')과 연결시켜준다. 영혼의 어느 깊은 곳에서는 열망을 놓는 일이 곧 '사랑하는 대상'을 놓는다는 의미와 같다. 이것은 정말로 길을 잃고 표류하며 구원의 희망을 잃는다는 뜻일 것이다. 따라서 손이 닿지 않는 곳에 있는 대상을 원하고 동경하는 중독은 4번이 '사랑하는 대상'과 계속 연결되어 있도록 해준다. 뿐만 아니라 4번을 불치의 낭만주의자로 만들어 이상주의와 그 대상을 추구한다는 고귀함을 통해 평범한 삶보다 높여준다(최소한 4번의 생각 속에서는). 이렇게 함으로써 4번은 잃어버린 '사랑하는 대상'에게 계속 충성스럽고, 이런 복잡한 방식으로 '실재'와 연결돼 있으려고 한다.

4번이 타인에게 버림받았다고 경험하는 것처럼, 자신도 이렇게 절망스러우면서도 가차 없이 외부에서 만족감을 찾음으로써 자신을 버린다. 자신이 본래 악하며 잘 봐줘도 뭔가 결핍된 사람이라는 내면의 확신 때문에 이들은 타인과의 친밀하고 가까운 관계를 열망하지만 받아들이기가 쉽지 않다. 마음을 여는 일은 내면의 부족하고 악하다는 느낌을 드러내는 것이고, 그러면 틀림없이 버림받아서 최초의 견디기 어려운 상처가 반복될 것이라고 믿는다. 그래서 4번은 말로는 친밀감을 원한다면서도 자신과 타인 사이에 어느 정도 거리를 유지하는 경향이 있다. 멀리서 열망하면서 짝사랑의 달콤한 슬픔을 음미하는 편이 실제로 고백을 감행하는 것보다 훨씬 안전하다. 결과적으로 4번은 마음이 멍든 느낌과 사랑에 손이 닿지 않는다는 느낌의 원천인 연애가 어렵다. 그럼에도 혹은 아마도 그래서 4번의 핵심적인 초점은 애정관계에 맞춰지며, 관계가 격렬하면 할수록 더욱 끌린다. 이들은 으레 감정적으로 손에 넣을 수 없는 사람에게 끌리며, 그렇지 않으면 강렬한 만남, 급작스러운 헤어짐, 그리움, 화해의 과정을 반복하는 관계에 끌린다.

**격정**　　　　4번은 자기가 갖지 못한 것이 자기가 가진 것보다 더 좋아 보인다. 남들이 가진 것이 자기가 가진 것보다 더 좋아 보인다. 자신의 모습보다 타인의 모습이 더 좋아 보인다. 물건이든 성격이든 남들은 자기가 갖지 못한 것을 가진 것처럼 보인다. 옆집 울타리 안의 잔디밭이 더 푸르러 보이는 것이다. 그래서 4번의 격정은 그림2의 '격정의 에니어그램'에서 '시기(envy)'로 표현된다. 시기심은 단순히 남이 가진 것을 원하는 형태에서부터 욕망의 대상을 향한 악의적인 증오에 이르기까지 형태가 다양하다. 4번인 내 친구는 갈색머리를 가진 미인인데 "또 금발머리 여자가 눈에 띄면 죽여버리겠어!"라고 말하며 시기심 속에 있는 증오의 특성을 보여준 적이 있다. 가장 미묘하게는 이런 시기심이 뭔가 다른 것, 현재의 상황보다 더 좋고 멋진 상황을 경험하고 싶은 마음속의 희망으로 나타난다.

　　4번으로 보이는 심리분석학자 멜라니 클라인Melanie Klein은 정신병리학을 이해하고 치료하기 힘든 정신분석학 환자를 다룰 때 시기(envy)가 가장 중요한 요소라는 이론을 체계화했다. 흔히 4번의 작업이 그렇듯이, 그녀의 이론도 영국 심리분석학회에 분열을 일으켰고, 지금까지도 해결되지 않았다. 제이 그린버그Jay Greenberg와 스티븐 미첼Stephen Mitchell의 말을 빌려보자. "클라인이 주장한 이론을 둘러싼 논쟁과 대립의 소용돌이 한가운데에는, 그녀가 제시한 시각의 정확성과 정신분석학 역사에서 그녀의 위치에 대해 이루어진 합의가 거의 없다."[2] 유아의 파괴적이고 악의적인 내면세계에 대한 클라인의 환상 같은 묘사가 정확한지, 명백히 4번 기질을 가진 성인의 의식 위에 덧씌워진 덮개인지 구별하기는 어렵다. 발달심리학의 관점에서 클라인의 견해가 얼마나 정확한지와 상관없이, 그녀의 이해는 4번 유형의 심리에 대한

221

훌륭한 통찰을 제공한다.

　클라인의 주장에 대해 그린버그와 미첼의 말을 한 번 더 인용하자.

초기의 미발달된 시기(envy)는 특히 악의적이고 재해災害에 가까운 형태의 내적 공격성을 나타낸다고 주장한다. 아이가 가진 증오의 다른 형태는 전부 나쁜 대상을 향한다. … 반대로, 시기는 좋은 대상을 향하는 증오이다. 아이는 엄마가 제공하는 좋은 것들과 애정 어린 보살핌을 경험하지만 불충분하다고 느끼고, 그에 대한 엄마의 통제에 분개한다. 엄마의 가슴은 젖을 제한된 양만 주다가 떠나버린다. 아이의 환상 속에서는 자기 말고 다른 누군가를 위해 젖을 축적하는 것으로 느낀다고 클라인은 주장한다. … 시기의 결과로 아이는 좋은 대상을 파괴하고, 나눠주는 것을 방해하며, 뒤이어 아이를 괴롭히는 불안과 공포가 증대된다. 시기는 희망의 가능성을 파괴한다.[3]

희망과 절망이라는 주제는 4번의 심리를 이해하는 데에 특히 관련이 많으므로 나중에 다시 살펴보겠다. 유아의 시기(envy)에 대해 클라인이 잘못 이해한 부분은 미움과 악의 같은 상호관계적 요소이다. 즉 아직 엄마와 정체성이 융합되어 있는 아기가 마치 4번 유형이 엄마를 경험하듯이 반응하고 있다는 부분이다. 자주 4번의 어린 시절 경험 속에서는 엄마가 자신이 돋보이도록 놔두지 않았거나 가장 중심이 되는 중요한 자리를 차지하며 경쟁적이고 자신을 질투한다.

　시기(envy) 속에 내재된 것은 자신이 가지고 있거나 경험하고 있는 것을 밀어내고 거부하는 마음이다. 이는 4번의 초자아만이 가진 특별

222

한 성질에 그 뿌리가 있다. 4번은 이러이러해야 한다는 이상적인 모습에 자신을 끊임없이 비교하고 평가하면서 그 선에 미치지 못한다고 호되게 몰아치는 잔인한 초자아가 있다. 나란호는 4번이 이미지 유형이고, 자신의 표상에 대한 과도한 관심이 전형적인 특징인 에니어그램 영역에 속한다며 이렇게 말했다. "4번 유형은 이상적인 이미지에 끼워 맞추는 데에 실패한 부분과 동일시되며, 항상 성취하기 어려운 것을 달성하려고 애쓴다."[4] 자신은 어떠해야 한다는 내면의 그림에 맞지 않는 부분과 동일시되어 있기 때문에 이들은 내부 비판자의 가시 돋친 말과 비아냥에 계속 시달린다. 1번의 초자아와 달리, 나란호가 말한 대로 이들에게는 표상이 중요하기 때문에 여기서 논쟁점은 '윤리보다 심미적인 면'[5]이다. 4번의 초자아는 4번이 근원적으로 나쁜 사람이라는 이유보다 뭔가 잘못돼서 이상적인 이미지를 보여주지 못한다고 꾸짖는다. 신랄하게 깔보고 책망하며, 혹평하는 내부의 심판관에게는 4번이 하고 느끼는 것 전부가 충분히 훌륭하지 않거나 심지어 옳지 않아 보인다. 4번이 남에게 보이는 심술궂음과 표독스러움은 자신에게 퍼붓는 정도에 비하면 아주 극소한 편이다. 이런 패턴은 내면의 단절감에 대해 자신에게 책임을 지우고 맹렬하게 공격하는 데에 뿌리를 둔다. 그러면 초자아가 이들의 공격성을 가로채서 4번 자신을 향하게 만든다. 극단적으로 가면 자기가 인간으로서 실패했다는 확고한 믿음에서 나온, 깊고 멈추지 않는 자기혐오까지 갈 수 있다.

이 혹독한 자기부인과 자기혐오는 4번을 특징짓는 우울한 성향을 만드는 원인 중 하나이다. 4번이 우울을 경험하는 유일한 에니어그램 유형은 아니지만, 내적인 힘의 작용 때문에 그쪽으로 끌어당기는 힘을 버틸 수가 없다. 4번의 전형적인 우울의 특성은 삶이 참을 수 없고 견

223

딜 수 없어 보이고, 자신은 프로이트의 용어로 '초라하고 가진 것 없는'[6] 듯 보이는 내면의 깊은 암흑감이다. 모든 것, 특히 자신이 완전히 절망적으로 보여 분노가 마음속에 들어앉는다.

심리분석학적 이론상으로 우울에는 많은 요인이 관련되어 있다. 그리고 그 모든 요인이 4번 유형과 상관이 있다. 첫째는 자기관념이 발달하는 중이고 아직 부서지기 쉬운 때인 초기에 양육자와의 관계 맺기에 실패하거나 관계를 상실했을 때이다. 둘째는 지나치게 열심인 초자아이다. 첫째 요인으로 다시 돌아가서, 아기의 의식 속에서는 엄마와 자기가 완전히 구별되지 않기 때문에 엄마와 연결된 느낌을 잃는 것은 엄마의 상실뿐 아니라 자기의 상실로도 경험된다. 마가렛 말러Margaret Mahler는 우울의 뿌리에 작용하는 특정한 발달 단계가 생후 15개월에서 2살 사이의 친선 단계라고 주장했다. 이 시기에 아이는 자기와 자기 능력에 대해 독립된 관념을 발달시키지만, 그래도 여전히 엄마와의 융합과 접촉이 필요하다. 말러는 이 시기에 확장과 엄마로부터의 해방에 대한 욕구와, 엄마와의 접촉을 '재보급'받고 싶어 하는 욕구가 교차하는 아기를 받아들이고 이해하지 못한 엄마 쪽이 잘못이라고 결론 내렸다. 말러는 이것이 엄마를 향한 반대 감정의 병존과 공격성, 자존감의 상실, 그리고 결국 우울에 이르게 한다고 믿었다. 이는 또한 계속 타인에게 자신의 자존감을 높여줄 것을 기대하게 만든다.

거트루드 블랭크Gertrude Blanck와 루빈 블랭크Rubin Blanck는 우울에 대한 프로이트의 이론을 이렇게 설명한다. "일반적인 슬픔(비탄)과 우울증(우울)의 본질적인 차이는 앞의 경우는 대상을 사랑했는데 잃었고, 뒤의 경우는 사랑보다 공격성이 우위에 선다는 점이다."[7] 대상의 상실에 대한 비탄은 보통 자기비난과 자기 가치의 상실감을 동반하지 않는다. 그러나 우울은 다르다.

> 그런 대상의 상실은 자기이미지의 일부를 상실하는 것과 같다. 우
> 울한 사람은 잃어버린 대상을 되찾기 위한 시도로 사라진 대상과
> 자신을 동일시할 수도 있다. 그런 경우에는 감정적으로 소중한 사
> 람, 즉 잃어버린 사람 자체 또는 그 상실과 관련된 사람에게 원래
> 향해 있던 비판에서 자기비판이 파생되어 나온다. 따라서 자기비
> 판은 대상이 존재하고 있었을 때 원래 그 대상을 향한 양면적 태
> 도의 일부였던 분노가 표현된 것이다.[8]

그렇다면 우울은 본래 잃어버린 대상을 향해 느꼈던 공격성이 초자아
의 형태로 자신에게 향하게 된 것이다.

우울과 관련된 또 다른 요인은 자아의 이상에 부합하지 못한 실패
감과 구체적인 무엇 또는 삶 전반에 대한 무력감과 절망감이다. 여기서
자신이 어떠해야 한다는 내면의 불가능한 그림과 자신을 비교하는 4번
을 또 볼 수 있다. 대개 자신이 성취할 수 있어야 한다고 믿는 것을 성
취하지 못한 무능력감도 수반된다. 여기에는 시기의 태도, 즉 갖지 않
은 것을 원하고 자신의 모습이 아닌 것이 되려는 태도가 내재되어 있
다. 이런 이유로 그림12 '거짓말의 에니어그램'에서 4번은 원하는 모습
으로 일부러 꾸미고 투사하는 '흉내(simulation)'로 표현된다. 우울에 내
포된 절망감은 희망의 포기가 아니라 원하는 것을 이루고 손에 넣을 수
없다는 실패감이다. 무언가를 원하는 마음을 진심으로 놓으면 어디에
도 치우치지 않는 마음이 일어나며 평화로워진다. 찾거나 얻으려고 애
쓰던 노력을 멈추게 된다. 반면 무언가를 절망적으로 느낄 때는 자신이

원하는 것에 집요하게 매달려서 그것을 얻지 못하는 데에 좌절하는 것이다.

4번이 느끼는 절망감의 핵심은 자신이 어떠해야 한다는 내면의 이상적인 그림을 따라가지 못하는 데에 있다. 그 안에 내재된 것은 자신이 있는 그대로 괜찮지 않으며 그 이상에 맞춰야 한다는 확고한 신념이다. 그리고 내면의 이상적인 이미지에 맞추기만 하면 잃어버린 대상이 돌아오리라는 무의식적인 희망이 거기에 부채질을 한다. 이 완벽의 이미지를 포기하지 않고 꼭 붙들고 있는데, 그 결과는 거기에 이르지 못하는 절망감뿐이다. 어둡고 우울하고 괴로운 낙담의 느낌이다. 4번이 느끼는 정서 상태의 색깔은 이렇게 침울하고 지독한 절망감이다.

**방어기제**　　　　자아의 완벽한 이상에 집착하는 4번의 경향 속에 내재된 또 하나는, 나란호가 이 유형과 연관시킨 방어기제, '함입(introjection)'이다. 함입이란 사랑하는 대상의 속성, 태도, 특징의 일부를 자신의 정신 속으로 합병시키는 것이다. 4번은 자아의 이상과 그로 인한 초자아의 요구, 징벌, 부모 특히 어머니의 보상을 합병시켰다. 얼핏 보기에는 공격적이고 악의에 찬 초자아를 꽉 붙잡고 있는 4번의 심리를 방어기제라고 하기엔 억지스럽다고 생각할 수도 있다. 그러나 대상에 대한 완전한 상실감, 그 결과로 자기관념의 상실감을 회피하는 방법이라고 보면 이해하기가 쉽다. 이런 이유로 거트루드 블랭크Gertrude Blanck와 루빈 블랭크Rubin Blanck는 환자에게 내면의 공격성을 드러내게 함으로써 우울을 치료한다는 '양면兩面 레인코트법(the reversible raincoat method)'을 비판했다. 우울증에 걸린 사람이 공격성을

226

자신에게 향하도록 하는 내면의 움직임 전체가 곧 대상과의 접촉을 유지하는 방법이기 때문에, 자신의 분노와 증오를 드러낸다는 것은 이들의 정신 속에서는 사랑하는 대상을 잃어버리는 것과 똑같다. 마찬가지로, 4번은 말로는 행복을 원한다지만 사실은 고통스러워하면서 그 고통에 매달려 있다. 고통을 통해 잃어버린 대상과 연결을 유지할 수 있기 때문이다. 이 역학을 이해하고 그 밑에 깔린 대상에 대한 사랑과 접촉해야만 이 고통스러운 패턴이 사라지기 시작한다.

## 행동 및 정서 습관

어떤 4번은 더 우울해하는 반면, 비정상적으로 고양되고 흥분된 조증 상태의 광포성을 보이면서 언제나 기분이 좋은 4번도 있다. 그 밖의 사람들은 이 양 극단 사이에서 왔다 갔다 한다. 조증인 4번은 매우 바빠하면서 폭풍우 같은 애정관계나 대인관계에서의 극적인 사건, 오락, 일, 물건 획득 등의 형태로 내면의 우울을 제거하고 감정적으로 자극받을 수 있는 대상을 찾아 자신을 채우려고 한다. 이런 유형의 4번은 겉으로는 행복해 보이지만 이들의 활기는 억지스러운 인상, 마치 반드시 긍정적이고 쾌활하고 생기 있어 보여야 한다는 느낌이 있다. 기분이 들뜨거나 가라앉아 있든 이 감정의 극단 사이에서 오락가락하든, 모든 4번의 공통점은 감정의 강렬함이다. 흥분과 감정의 증폭을 좋아하며 평범하고 보통인 것은 경멸한다. 이 부분에 대해서는 다시 살펴보겠다.

지금까지 살펴본 내면의 역학으로 인해 4번의 심리에서는 수치심이 아주 두드러지게 나타난다. 수치심은 '거부당하고, 조롱당하고, 폭로당하거나 타인의 존중을 잃은 느낌에 따르는 고통스러운 감정(당혹감, 모욕감, 굴욕감, 망신)의 광범위한 스펙트럼을 일컫는다.'[9] 자신의 있는 모습을 그대로 표현하고 드러내는 것은 4번에게 수치심의 원천이다. 자기가 이상적으로 생각하는 모습에 미치지 못하기 때문이다. 이런 이유로 4번은 자신이 느끼거나 생각하거나 믿는 무언가가 스스로 이상화한 완벽의 이미지와 맞지 않을 때는 드러내놓기를 극단적으로 어려워한다. 이들은 외부 세계가 자기를 수치스럽게 만들 거라고 예상한다. 이것은 자신의 초자아 때문에 내면에서 경험하는 수치심이 투사된 것이다. 많은 4번들은 자기가 부적절하고 불충분하고 결함 있고 불완전해 보일지도 모른다는 두려움 때문에 타인과 관계를 맺을 때 끊임없는 선입견을 만든다.

4번은 자신을 드러내면 결국 망신당하고 자존심을 다칠 거라고 두려워한다. 이런 상황을 피하기 위해 주로 움츠러들다 보니 초연하고 냉담해진다. 이렇게 물러서는 행동을 대개 자기가 거리를 두려는 상대의 탓으로 돌리면서 사이가 멀어진 느낌을 유지한다. 이들은 또한 내향적이고 자신을 거의 드러내지 않으며, 초연하고 혼자 있기를 좋아하며, 부자연스럽다는 인상을 준다. 한마디로 말하면 그림11 '본질과 멀어지게 하는 행동의 에니어그램'에서 보듯, 4번은 '자기통제적(self-controlling)'이다. 이들은 무엇을 표현하고 어떻게 행동하는지에 대해 신중하다. 모든 움직임이 내면의 검열관을 통해 여과되고 억제되며, 그 결과는 흔히 형식적인 이들의 행동방식이다. 격식을 차리고 예의 바르며, 심지어 새침한 인상과 함께 짐짓 꾸미고 젠체하는 듯한 느낌을 줄 때도 많다. 이 유형을 상징하는 동물인 말처럼 4번은 통제된 우아함과 억제된 힘의 이미지를 보여준다. 분명한 것은, 4번의 행동과 더 중요하게는 이들의 내면의 삶에 자연스러움이 들어설 자리는 거의 없다.

사회적인 면에서 보면 의례의식, 행동규범, 품행의 규칙, 형식, 정확한 예법이 4번의 분야다. 직설적인 말이 아니라 외교적으로 메시지를 전달하고, 논쟁의 여지가 있거나 부적절하다고 생각되는 문제를 간접적으로 의사소통하는 일에 4번은 탁월한 자질을 보인다. 엄격한 의례의식이 인간관계의 모든 측면을 지배하는 일본문화가 4번의 특성을 잘 보여준다. 일본인에게는 자신이나 가족, 가문, 국가를 수치스럽게 하는 것이 가장 통탄스러운 죄이기 때문에 자살이 체면을 지키는 방법으로 의례화했다. 심지어 선물의 선택, 구입 장소, 포장법이 모두 상황에 따라 엄격한 의례의식에 따라 결정된다. 다른 나라와 마찬가지로 일본도 삶의 속도가 빨라지고, 개인적인 성과에 초점을 맞추고, 내용물보다 겉포장에 중점을 두면서 빠르게 3번의 성향을 띠어가지만, 이들의 기본적인 태도는 4번이다. 자연스러움과 매순간마다 신선한 초심자의 마음을 강조하는 선종불교의 정신적 가르침은 과하게 의례화·형식화된 일본문화의 해독제로 발생했는지도 모른다. 그러나 그 형식과 관습은 지금도 수세기에 걸쳐 이어진 교령을 따르고 있으며, 그 중 많은 내용이 무의미한 의식들이다.

4번의 표준양식은 아니지만, 가끔 내향적이고 엄정한 전형적인 4번의 행동양식과 매우 상반되어 보이는 사람도 있다. 이런 4번 유형은 자기억제 없이 기분대로 행동하는 것을 중요시한다. 뻔뻔하고 지나친 행동이나 예의나 관습, 남에게 미칠 결과는 개의치 않는 무례하고 경솔한 행동까지도 한다. 이런 행동양식은 수치심이 없어서라기보다 수치심에 반항하는 것으로, 수치심을 느끼는 경험에 대항해 방어하는 것이다. 자기통제적인 행동양식을 가진 4번과 마찬가지로 이런 행동양식의 4번도 반드시 자신의 경험과 더 직접적인 접촉을 하는 것은 아니다.

통제적인 행동양식이든 튀는 행동양식이든 이 4번 유형과 곧 다루게 될 2번 유형(아첨하는 자아)은 에니어그램에서 가장 '감상적인(감정적으로 가장 불안정한)' 유형들이다. 극단적인 정서가 통제를 통해 여과되면 연극적인 성향으로 발현되어 4번은 자신이 느끼는 것을 자연스럽게 표현하기보다 자신의 감정을 연극적으로 표현한다. 이들은 독특한 연극적인 분위기, 이들이 표현하는 것이 일부는 진짜이고 일부는 한 편의 공연 같은 느낌이 있다. 오스카 와일드Oscar Wilde의 희곡 분위기가 떠오르고, 스카프를 휘날리며 내리다가 자기 자동차 바퀴에 걸려서 참으로 4번답게 죽은 위대한 무용가 이사도라 던컨Isadora Duncan도 생각난다. 4번은 훌륭한 여배우들이다. 우마 서먼Uma Thurman과 기네스 펠트로Gwyneth Paltorw도 4번이다. 이런 연극적인 성향과 관련해 4번을 상징하는 신체 부위는 폐이다. 이들을 생각하면 신음하고, 탄식하고, 한숨쉬고, 졸도하고, 한탄하는 커다란 몸짓들이 떠오르는데, 전인의학全人醫學에서는 폐가 슬픔과 연관된다.

## 회피

4번이 회피하는 것은 그림10 '회피의 에니어그램'에서 보듯, '단순한 슬픔(simple sadness)'이다. 4번은 타인에게 표독스럽고 심술궂고 지독할 수 있다. 대개 예의 바르고 정중한 태도 속에 감춰진 유머, 냉담, 은밀한 공격을 통해 간접적으로 표현한다. 여기에는 보통 무의식적으로 자기가 경험하기 싫은 수치심을 남에게 짊어지우고 자기는 잘못이 없다는 느낌을 간직하고 확증하려는 의도가 숨어 있다. 4번은 자신의 문제에 대해 남을 탓하는 경향이 있고, 상대방과 충돌할 때 자신의 문제를 잘 알아차리지 못한다. 자기 내면이 퍼붓는 경멸의 맹공격을 피하려면 상대가 잘못한 것으로 봐야 하기 때문이다.

4번은 자기 내면에서 수치스러워 하는 경험을 피하기 위한 방어로 타인보다 우월한 태도를 취한다. 이들의 시각에서 남보다 더 강렬하게 느끼고 괴로워하는 것이 남보다 자기를 높여주는 특별함과 고결함을 부여하며, 남들은 자기보다 감수성과 우아함도 떨어지고 영혼의 느낌에 동조하지 못하는 것처럼 보인다. 마치 자신의 향수, 우울, 예민한 감수성에 극단적으로 투자함으로써 잃어버린 심원과 비록 연결되지는 못하더라도 일말의 접촉이라도 간직하는 것과 같다. 이런 이유로 4번은 항상 잃어버린 연결과 잃어버린 사랑에 대한 애도와 비탄에 빠진 것처럼 보이고, 고통과 감정적인 반응에 집착하는 경향이 있다. 예를 들어, 4번은 20년 전에 끝난 결혼이나 사랑 때문에 괴로워하며 그 상처를 극복하지 못할 수도 있다. 만일 튀는 행동을 하는 4번이 아니라면, 때때로 참기 힘든 것(자기 외의 인간들의 천박함과 둔감함)을 견딘다는 듯 입술을 꽉 깨물거나 큰 소리로 탄식하며 무거운 짐을 지고 가는 듯 보이기도 한다.

4번은 자신이 경험하는 감정적 깊이와 강도를 정말로 이해하는 사람이 아무도 없다고 느끼곤 한다. 그래서 타인과 단절된 고통에서 이렇게 자신이 그들보다 낫다는 느낌을 끌어낸다. 자신을 감추던 태도가 다른 사람을 아래로 내려다보며 도도하고 고상한 체하는 성향으로 바뀌게 된다. 극단적으로는 보통 사람, 혹은 특정 사람을 멸시하거나 비웃음과 조소의 대상으로 바라보는 지경까지 갈 수 있다. 어떤 4번은 자신이 주의를 기울일 가치가 없다고 느끼는 사람은 그냥 무시한다. 엘리트주의자가 되는 경향이 있으며 마치 자기가 일류 인사인 듯 행동하는데, 이것은 명백히 깊은 곳에서 그 반대로 느껴지는 감정에 대해 반동으로 형성된 것이다.

231

이런 경향은 자신이 응당 특별대우를 받고 특권을 누려야 한다고 생각하는 4번의 성향에서 기인한 것으로, 무시당하고 욕먹은 듯한 내면의 느낌에 대해 그 반동으로 형성된 권리의식의 형태일 수도 있다. 나란호의 말을 빌려보자.

> 그 사람의 내면은 자기비난과 자기혐오로 들끓고 있을지라도, 이런 경우에 외부 세계에 대한 태도는 '프리마돈나' 또는 최소한 매우 특별한 사람의 그것이다. 이렇게 자신은 특별하다는 주장이 좌절되면 '진가를 인정받지 못한 천재'라는 희생자의 역할로 악화된다. 이 과정에서 그는 재치, 흥미로운 대화술, 그 밖의 다른 것들을 발달시킨다. 그러면서 창의성이나 분석력, 감정적 깊이와 같은 자신의 자연스러운 기질은 타인의 동경을 불러일으켜야 한다는 필요와 욕구에 따라 두 번째로 밀려난다.[10]

**함정**    '신성한 근원'의 상실 속에 잠재된 내적 단절감은 연결된 느낌을 주는 것(독창적이고 심미적이고 창의적이고 직설적인 것)을 갈망하게 만든다. 이런 이유로 4번은 예술 그리고 창작자나 감상자 같은 심미적인 일에 끌린다. 고통과 예술가는 영원히 연결되어 있으며, 감정 상태에 매달리는 4번 속성의 일부는 이 연결 관계 때문이다. 앞서 설명했듯이 강렬한 감정 상태는 자신과 연결되는 어떤 특별한 느낌을 준다. 깊은 감정은 우리 영혼 안에서 '본질'과 단절된 자리에 생긴 구멍의 가장자리에까지 이르게 해준다. 여기서 깊이감과 의미를 느끼고 우리의 고통에서 많은 창조성이 발현된다. 창조의 샘을 휘젓는 데에 비극적인 로맨스만한 것도 없다. 오랜 세월 사랑받는 유명한 사랑 노래들이 그 증거이며, 모두 4번임에 틀림없는 60년대의 조니 미첼Joni Mitchell과 레오나드 코헨Leonard Cohen의 슬픈 사랑노래들도 그 예다.

진정으로 독창적이고 창의적인 물건과 인물은 4번을 그런 성향과 연결시켜주며, 그들에게 접근함으로써 거기에 더불어 참여하려고 한다. 그러나 세련되고 아름다운 대상의 가치가 더없이 고귀하다는 지경에까지 이르러 그 대상에게 과장되게 아첨할 수도 있다. 또는 여기에 딱 들어맞는 영국식 표현처럼 작고 예쁜 아주 귀한 물건(bijou)이 되어 그것을 보석처럼 대접할 수도 있다. 예를 들어, 4번은 한 점의 그림이나 한 곡의 음악을 종교에서나 느끼는 경외감으로 대할 수도 있다. 나란호의 말을 빌려보자.

> 우아함을 좋아하는 기질은 … 보잘것없는 자기이미지를 보상하려는 노력으로 이해할 수 있다(그러므로 추한 자기이미지와 우아한 자기이상은 서로 상호 지원한다고 볼 수 있다). 또한 자신의 모습과 다른 무엇이 되려는 시도도 시사한다. … 그렇게 모방을 수반하는 독창성의 결여는 곧 독창성에 대한 시기(envy)를 영속화한다. 독창적인 사람을 모방하려는 시도와 자연스러움을 흉내 내고자 하는 희망은 실패하도록 운명지어져 있기 때문이다.[11]

4번에게 독창성, 고유성, 자연스러움이 갖는 중요성은 이 장의 앞에서 설명한 4번 유형의 '이상화한 측면'을 다시 생각하게 한다. 지금까지 4번의 행동 패턴, 감정 패턴, 신념 패턴을 살펴봤으니, 왜 4번 유형이 '다이아몬드 접근법'에서 '궁극점(the Point)'이라고 부르는 '본질'적 특성의 복제품인지 이해할 수 있을 것이다. '궁극점'을 경험하는 것은 자신을 환경이나 개인적인 과거로 결정되지 않는, 자유롭고 해방된 무엇으로 경험하는 것이다. 이것은 우리의 참 정체성('신성神性'의 유일무이하고 개별적인 표현이며 거기에서 분리될 수 없다는 사실)을 인지하는 것이다. 이것은 광채 속의 빛나는 핵이 되는 경험이다. 독창적이고, 창의적이고, 고유하고, 자연스러우면서 특별한 사람처럼 보이려고('궁극점'의 속성을 구현한 이미지를 취하려고) 애쓰는 노력은 이 경험을 모방하려는 4번의 시도이다. 비록 불가능하지만 이 '고유성(authenticity)'에 대한 욕구가 그림9 '함정의 에니어그램'에서 보듯이 4번의 함정이다.

4번의 극적인 분위기는 이 자기표상 또는 복제된 자기의 느낌에 무게를 실으려는 시도이고, 동시에 '궁극점'의 경험을 모방하여 뭔가 중요하고 의미와 깊이가 있는 인기 주인공처럼 느끼려는 시도로 볼 수 있다. 4번이 실제감을 불어넣으려는 대상은 바로 이 자기이미지이다. 그렇기 때문에 자기이미지에서 나오는 감정이 4번에게는 신성하고 '진짜 같다.' 그래서 이들은 자기 반응의 정당성을 확신하고, 앞서 설명한 대로 그 반응을 방어한다. 이런 각도에서 보면 어떤 상황에 대해 4번이 내·외적으로 보여주는 특징적인 저항이 성격의 가짜 자기관념, 즉 자기표상을 지탱하려는 시도임을 이해할 수 있다. 이 패턴은 자신과 어린 시절의 어머니를 구별하기를 거부하는 데에서 비롯하며, 성인이 된 후에도 분리되었다는 느낌을 지원한다.

## 본질과 연결되기 위한 덕목

4번이 성장할 수 있는 열쇠는 이 번호와 연관된 덕목인 '균형(equanimity)'이다. 그림1의 '덕목의 에니어그램'에서 확인할 수 있다. 이카조가 내린 균형의 정의는 다음과 같다. "이것은 평정이다. 자신의 환경과 완벽한 조화를 이루고 사는 완전한 존재이다. 이런 존재의 움직임은 경제적이고 항상 주변 상황에 알맞다. 감정적으로 외부의 자극에 영향받지 않지만, 정확하게 딱 필요한 만큼 거기에 반응한다."

　　앞서 설명한 대로, 덕목이란 우리의 정신적 진화를 위해 필요한 동시에 거기에서 생기는 부산물이기도 하다. 이카조가 말하는 균형 잡힌 삶을 살려면 감정적, 정신적 침착함과 냉정함뿐 아니라 상황을 있는 그대로 받아들이는 마음과 외부의 사건에 흥분하지 않는 역량이 필요하다. 기본적으로 4번은 자신의 경험에 접근할 때 그 경험에 반응하지 않고 매달리지 않으며, 그 경험이 멋지고 극적이어야 하며 평범하면 안 된다는 욕구를 놓을 필요가 있다. 그래야만 평정을 유지하면서 삶에 반응할 수 있다.

　　이것은 내적 변화의 과정이라는 측면에서 보면 많은 것을 뜻한다. 우선 첫째로, 자신과 자신의 경험에 저항하지 않고 그 속으로 완전히 들어간다는 뜻이다. 경험 속으로 완전히 들어가지 않는 것이 4번을 자신의 표층에 머물게 만들며 더 깊은 무엇과 단절되게 만든다. 뭔가 다른 일이 일어나기를 열망하고 자신을 타인과 비교하는 자세는 앞서 살펴본 대로 이 단절을 영속시킬 뿐이다. 그렇다면 균형이란 통제되고 통제하는 4번의 행동 대신에 그 순간 일어나고 있는 일에 맞서 싸우지 말고 내·외적으로 항복하고 마음을 여는 태도로 바뀔 필요가 있다는 뜻이다. 이를 위해서는 뭔가 달라지길 원하거나 그 순간에 일어나는 일 말고 다른 일을 경험하길 원하면 안 된다. 즉 자신을 타인과 비교하지 말고 자신의 모습이 어떠해야 한다는 내면의 그림과도 비교 판단하면

235

안 된다는 뜻이다.

　이런 태도의 변화가 일어나려면 4번은 내면에 그려놓은 자신의 이상적인 모습에 근접하기 위해 어떻게 끊임없이 자신을 판단하고 검열하고 통제하는지, 더 나아가 그 기준에 미치지 못한다는 이유로 어떻게 자신을 부끄러워하는지 알아차려야 한다. 이들은 이렇게 자신을 있는 그대로 수용하지 않는 태도가 어떻게 직접적인 체험과 자신을 멀어지게 하고 단절된 느낌을 영속시키는지, 그리고 결과적으로 어떤 식으로 자신을 버리게 하는지 깨달아야 한다. 또한 어떻게 이 패턴이 자신에 대해 절망감을 느끼게 하는지 이해한 다음, 어떤 이상에 맞추려는 희망을 포기하고 자신을 있는 그대로 받아들여야 한다. 뿐만 아니라 자신에 대한 이 저항 속에 깊이 묻힌 공격성과 자기증오와 접촉하고, 자기가 이런 식으로 자신에게 고통을 주고 있다는 사실을 진심으로 느끼고 깨달아야 한다는 뜻이다.

　4번은 부정적인 정서와 상태에 대한 저항은 오직 그것을 영속시킬 뿐임을 알아차릴 필요가 있다. 우리의 감정적인 반응과 마음속의 확신을 뚫고 나가는 길은 그것을 완전히 수용하는 길뿐이라는 사실을 이해해야 한다. 그렇지 않으면 우리의 통찰이 그것을 꿰뚫을 수가 없기 때문이다. 그렇다면 진정한 역동일시(disidentification)는 우리의 경험에서 멀리 떨어지는 것이 아니라 그 안으로 완전히 뛰어들 때만 가능하다. 우리의 경험 속에 깊이 잠기면 잠길수록, 역설적으로 그것과의 동일시에서 더욱 벗어난다. 내적 작업 과정의 측면에서 보면, 4번은 자신이 경험하는 것을 극적으로 만들지 말고 수치심 때문에 그것과 거리를 두지 말아야 한다는 뜻이다. 균형을 유지하면서 내적 경험을 만난다는 것은 받아들이되 휩쓸리지 않는 것, 즉 완전히 경험한다는 의미이다.

## 내적 작업의 결과

4번이 내면의 내용물을 완전히 느끼면 느낀 만큼 이들의 의식은 그것을 꿰뚫고 들어가 그 뿌리를 밝힐 수 있고, 결과적으로 그 너머의 심원을 볼 수 있다. 이 과정은 4번이 더욱 더 자기 안에 중심을 잡고 외부로 초점을 덜 돌리게 해준다. 비범하고 흥분되고 극단적인 것을 찾던 노력이 점차 고요함과 단순함을 음미하는 것으로 대체된다. 특별해지고 싶은 욕구가 자신의 인간다움(나와 타인이 얼마나 비슷한가)에 대한 인식으로 바뀌고, 자신이 그 자체로 특별하다는 것을 깨닫는다.

4번이 초자아의 그늘에서 벗어나고 시기(envy)의 태도, 자신의 반응과 역동일시되기 시작하면, 이런 것들이 덮고 있던 상실과 결여의 결핍 상태가 표면으로 떠오르기 시작할 것이다. 이 공허함을 채우려 애쓰지 말고 다른 모든 것과 마찬가지로 완전히 경험할 필요가 있다. 마치 텅 비고 공허한 깊은 우주공간에서 길을 잃은 듯 느껴지겠지만, 그것을 향해 마음을 열면 광대하고 자유로우며 평화로운 느낌의 존재로 변하기 시작할 것이다. 그것을 더욱 수용하면 자신을 발견하고 알아차리며 태어나기 전 본래의 얼굴, 선종불교에서 말하는 공안公案을 경험한다. 모든 것이 벗겨져 나가면 연결된 느낌, 자신을 알아본 듯한 느낌이 떠오른다. 4번은 조금씩 자신을 창공의 빛나는 별, 자신이 되려고 노력했던 복제품이 아니라 진정한 별로 경험하기 시작한다. 내면의 평정과 중심을 경험하고, 더 이상 자신이 분리되었다고 느끼던 '근원'을 열망할 필요가 없다. 즉 4번 자신이 '근원'임을 마침내 알게 된다. 이 경험은 다른 느낌으로 반복해서 일어날 것이며, 얼마 지나지 않아 4번의 정체성은 거짓 성격에서 참된 자기, 즉 존재의 '궁극점'으로 옮겨가게 될 것이다.[12]

237

# THE SPIRITUAL DIMENSION OF THE ENNEAGRAM

# 7장

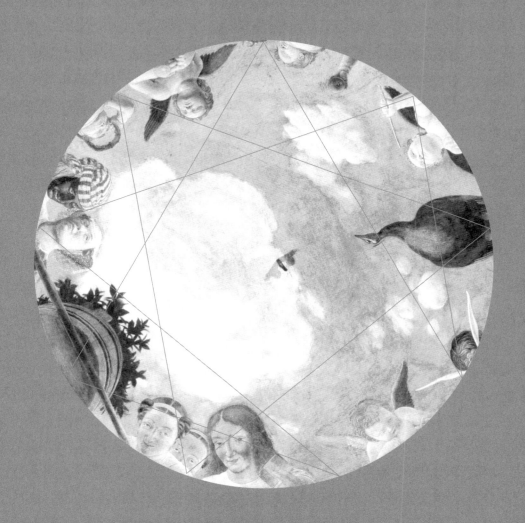

# 에니어그램 2번 유형 – 아첨하는 자아
## ENNEA-TYPE TWO : EGO-FLATTERY

모든 살아 있는 존재는 자기 자신이 되고자 한다.

올챙이는 개구리가, 애벌레는 나비가,

상처받은 인간은 온전한 인간이 되고자 하는 것이다.

이것이 바로 영성이다.

— 엘렌 바스Ellen Bass

## 인물상

2번은 이들의 자매인 4번처럼 감정적이고 극적이며 사람들과의 관계에 몰두한다. 사랑과 인정이 극단적으로 필요하며 그것에 의존한다. 사랑과 인정을 얻기 위해 애정을 가진 대상을 만족시키고 기쁘게 하려고 노력하면서 비위를 맞추고 과도하게 추켜올린다. 그래서 이 유형의 이름은 '아첨하는 자아(Ego-Flattery)'이다. 자신이 선망하며 사랑받고 싶은 사람에게 어울리지 않게 높은 가치를 두는 것이 2번이 하는 아첨의 가장 깊은 형태이다. 이미지 유형인 2번은 사랑이 많고 관대하고 친절하며, 타인의 마음을 잘 이해하고, 무엇보다 상대방을 위해 '바로 옆에 있는' 사람으로 보이고 싶어 한다. 따라서 이들의 이미지는 사랑받을 만한 사람이 되는 것이고, 남들이 그렇게 믿게 하기 위해 무슨 짓이든 할 것이다. 이런 이유로 2번은

241

남의 부탁을 거절하기가 어려우며, 다른 사람을 실망시키지 않기 위해서 자신의 감정과 신체적인 한계를 무시할 것이다. 남들에게 자기가 얼마나 멋진 사람인지 보여주기 위해 극단까지 가는 2번의 성향 밑에는 자신이 사랑받을 가치가 없다는 내면의 느낌이 깔려 있다.

이들은 비위를 맞추고 남을 잘 도와주면서 자신이 없어서는 안 될 사람이 되게 만든다. 원하는 것을 남에게 직접적으로 요구하기보다 상대방이 보답할 것으로 기대하고 자신이 원하는 것을 베풀고 신호를 보낸다. 애정문제에서는 특히 그렇다. 따라서 2번이 베푸는 모든 일에는 숨겨진 조건이 붙어 있으며, 이들은 자신의 시간, 자원, 심지어 몸에 대해서도 극단적으로 관대할 수 있다. 만약 상대가 자신이 요구한 무언無言의 거래의 목적을 만족시켜주지 않으면, 2번은 상대가 죄의식을 느끼게 만드는 데에 대가大家가 될 수 있다. 겉모습은 가장된 겸손으로 치장하고 있지만 그 밑에서 2번은 교만한 자기팽창(self-inflation)으로 고생하며, 4번처럼 자신이 특별하고 남다른 대접을 받을 자격이 있다고 느낀다. 2번의 행동에서 교만이 많이 묻어나오긴 하지만, 그것은 낮은 자존감을 보상하기 위한 것이다.

## 신성한 사고

이 유형과 관계된 '신성한 사고'는 두 개의 이름이 있는데, '신성한 의지'와 '신성한 자유'다. 4장에서 3번의 '신성한 사고'를 살펴보면서 우주가 끊임없이 움직이고 변화하고 전개되는 상태의 의식 있고 살아 움직이는 존재라는 것을 이해했다. 또한 우주의 활동이 무작위적이지 않고, 그 역동성이 유기적인 자연의 법칙과 원리를 따른다는 사실을 알았다. 일어나는 모든 일이 이 연속적인 전개의 일부이며, 이것은 마치 끝없이 넓은 한 장의 직물 위에서 변화하는 무늬와 같다. 우리들 각자가 끝을 헤아릴 수 없는 이 직물의 일부이며, 우리의 삶은 그 안에서 변화하고 있는 무늬를 형성한다. 또는 '신성한 법칙'을 설명할 때 사용한 유추법을 쓰자면, 우리들 각자는 거대한 대양 속의 물 한 방울과 같고, 우리의 움직임은 그 광대하고 끝없는 바다의 쉼 없는 파도와 분리될 수 없다. '신성한 의지'는 우주의 역동성에 대한 이 통찰에서 한 발 더 나아가 그 움직임 뒤의 힘, 즉 그 타성 속에 방향성과 지능을 갖춘 힘에 초점을 맞춘다. 즉 우주의 활동 속에는 통합된 의지가 있다.

머나먼 은하수 한구석에서 일어나는 별의 탄생에서부터 이 책의 책장을 넘기고 있는 당신의 손에 이르기까지, 발생하는 모든 일이 '신성한 의지'의 발현이다. 유신론적有神論的 관점에서 말하자면, 발생하는 모든 일이 '신의 의지'인 것이다. '신의 의지'는 수수께끼 같거나 멀리 떨어진 것이 아니라, 우주 구석구석에서 지금 일어나고 있는 일과 다음 순간 일어날 일에서 나타난다. 비록 인간의 행동이 '실재'와 동조同調하고 있지 않더라도 비이원적非二元的인 시각에서 보면 심지어 그것마저도 '신의 의지'의 일부이다. 그렇다면 발생하는 모든 일이 신이 일어나길 원해서 일어나는 것이다.

내가 하는 말에 대한 반응으로 당신 마음속에 어떤 생각이 떠오르든, 당신이 어떤 느낌을 갖든, 물 한 잔을 마시고 창밖을 내다보게 하는 충동까지도 모두 '신의 의지'가 지금 당신을 통해 발현되는 것이다. 모든 것이 '실재'의 한 부분이라면 우리 내면의 일까지 포함해 도처에서 일어나는 모든 일이 '실재'가 전개되는 일부임에 틀림없다. 따라서 그 타성(다른 말로 '신의 의지'의 발현의 일부)과 지능이 불어넣어져 있다. 대부분 자신이 분리될 수 없는 '실재'의 일부분임을 경험하지 못하기 때문에 자신의 정신과 삶에서 일어나는 모든 일이 '실재'의 의지의 일부임을 인지하지 못한다. 그렇다고 이 근원적인 진리가 바뀌지는 않는다. 이것은 우리의 인식이 성격이라는 분리주의적 렌즈를 통해 여과되며, 그래서 우리의 시야가 흐려져 현실을 명확하게 보지 못하고 있다는 뜻이다.

전쟁과 살인, 그 밖에 일어나는 모든 파괴적인 일이 '신의 의지'일 리가 없다고 말하고 싶을 것이다. 그러나 가장 근원적인 차원에서 현실을 인식하면 모든 것이 '신의 의지'일 수밖에 없다. 즉 우주 만물의 근원적인 본성이 '실재'라면, 만물이 그 '실재'로 만들어지고 거기에서 분리될 수 없다면, '실재'의 타성 속에 포함되지 않는 일이 일어나는 것은 불가능하다. 큰 홍수와 자연재해가 '신의 의지'의 일부로 보이지 않는 이유는, 우리가 그것에 대해 주관적인 입장을 취하고 부정적으로 결론 내리기 때문이다. 해악적이고 둔감하고 부정적인 인간의 행위가 우리 눈에는 나쁘게 보이겠지만 그럼에도 그 근원적인 본성은 '실재'인 영혼에서 스며 나오고 있다. 또 비록 '실재'와 동조하여 활동하고 있지 않더라도 그 사실에는 변함이 없다. 따라서 인간의 행동 역시 '신의 의지'의 일부일 수밖에 없다. 게다가 어떤 사건이 나쁘고 일어나서는 안 된다고 결정하는 것은 엄청나게 외람된 태도이다. 만일 우리가 미래를 포함한 더 큰 그림을 볼 수 있다면, 긴 안목으로 보면(우리가 죽은 한참 뒤일 수도 있다) 실은 그 사건이 이로운 작용을 한다는 사실을 알 수 있을 것이다. 그런 외람됨은 성격의 교만에서 나온다. 곧 살펴보겠지만 교만은 이 유형의 핵심적인 특징이다.

1번의 '신성한 사고'인 '신성한 완전'을 설명할 때처럼, 나의 의도가 인간에게 고통을 주고 악의적인 인간을 묵과하거나 용서하자는 뜻이 아니며, 그런 행위를 가벼이 보거나 처벌하지 말자는 뜻도 아님을 나는 분명히 하고 싶다. 성격이라는 장막이 없는 시야로 삶을 바라보면 즉 사물을 객관적으로 보면, 대부분의 인간이 내면의 심원과 떨어져 자신의 표층에서 살고 있다. 따라서 악의적인 행위가 불가피하며, 이 행위를 축소하고 통제할 필요가 있음을 깨닫는다. 그러나 그런 행위가 일어나선 안 된다는 말은 이치에 닿지 않는다. 그런 행위는 인간이 심원과 멀어짐으로써 생겨난 자연스러운 결과이다. 또한 우리가 악한 행위라고 여기는 것은 그저 사물의 진정한 모습에 대한 무지에서 비롯한 것이다. 파괴성은 우리를 '신성'에서 멀어지게 하는 것이 아니라 단지 관계가 멀어져 있다는 표현이며, 우리 안에 그 '신성'의 차원이 깔려 있다는 사실은 변함없다. 인간의 파괴성에 대한 해결책은 그것을 규제하거나 근절하는 것이 아니라 그런 행위가 아무런 의미가 없는 우리 안의 차원과 연결되는 것이다.

외부에서 일어나는 일이 일어나면 안 되는 일이라고 가정하는 것이 매우 외람되듯이, 우리가 경험하는 것을 원래 우리가 경험할 일이 아니라고 가정하는 것도 매우 외람되다. 가령 동료에게 화를 내면 안 된다거나, 가장 친한 친구에게 인정머리 없이 굴면 안 된다거나, 어떤 감정 상태나 다른 무엇에 사로잡히지 말고 좀더 의식이 열리고 통찰력이 깊어져야 한다고 생각하는 일들이 그렇다. 이렇게 자신의 경험을 평가하면 경험을 다르게 만들기 위해 자신을 조작하려 들기 시작한다. 자신에게 일어나는 일을 계속 뜯어고치는 이런 경향은 성격의 특징 중 하나이다. '신성한 의지'의 측면에서 보면 우리가 삶에서 경험하고 일어나는 모든 것이 본래 일어나기로 되어 있는 일들이다. 알마스의 말을 빌려보자.

당신은 이완되려고 노력하고, 마음을 진정시키려 노력하고, 자신에 대해 더 좋게 혹은 더 나쁘게 느끼게 만들려고 애쓴다. 당신은 언제나 개입하면서 실제로 일어나고 있는 일 말고 다른 것을 일어나게 만들려고 애쓴다. 이것은 당신이 자기만의 분리된 세상을 갖고 있고, 그 안에서는 당신이 원하는 대로 일이 일어나게 만들 수 있다고 믿기 때문에 가능하다. 그러나 실은 당신에게는 선택의 여지가 없다. 당신이 오늘 살아 있는 것은 당신이 원하기 때문이 아니라 우주가 원하기 때문이다. 만약 오늘 분노를 경험한다면 그것은 우주가 그렇게 원하기 때문이다. 만약 오늘 사랑을 경험한다면 우주가 그렇게 결정하기 때문이다.

우주의 이 '결정'은 미리 예정된 운명과는 다르다. 운명에는 앞으로 일어날 일이 미리 전부 결정된 계획이 어딘가에 있다는 뜻이 내포되어 있다. 여기서 우리가 말하는, 지능이 있으며 창의적인 우주에서는 다음 순간 일어날 일이 창세創世의 시간에 쓰인 어떤 계획이 아니라 바로 이 순간에서 나오기 때문에 미리 계획될 수가 없다. 따라서 이런 관점에서 보면 예정된 운명 같은 것도 없지만, 자유의지도 없다.[1]

이런 관점에서 현실을 인식하면 우리 자신이 우주의 '신성한 의지'에 참여한다는 사실을 안다. 우리들 각자의 삶이 '신의 의지'의 발현임을 안다. 이런 현실과 일직선상에 있으면 우리가 움직이는 것이 아니라 움직여지는 존재임을 안다. 우리 내면과 외부에서 일어나는 일의 흐름을 따르는 것이 이 '신성한 사고'의 다른 이름인 '신성한 자유'가 뜻하는 것이다. '신성한 자유'란 우리가 현재의 흐름에 저항하지 않을 때, 즉

246

'신의 의지'에 저항하지 않을 때만 자유롭다는 것이다. 여기서 우리가 자유의지라고 부르는 것은 현재의 흐름을 따를 것인지 혹은 저항할 것인지 선택하는 일이며, 현재의 흐름에 항복할 때만이 진실로 자유롭다는 것을 곧 깨닫는다.

그렇다면 '신성한 자유'는 인간의 경험 안에서 인식된 '신성한 의지'이다. '신성한 자유'는 개인의 의지와 우주의 의지를 나눌 수 없다는 사실을 깨닫는다는 뜻이다. 자기가 원하는 것을 주장하거나 현실을 자기 생각대로 되도록 조작(이것은 성격의 의지이고 에니어그램 2번 유형의 핵심적인 특성이다)하지 않고, '신성한 자유'의 렌즈를 통해 들여다보면 참된 자유란 내·외적으로 현재 일어나는 일의 흐름에 항복할 수 있는 것이다. 현실을 더 객관적으로 보면 볼수록 자신에게 개인적 의지가 있다는 개념조차도 성격의 착각임을 더 분명히 깨닫는다. 가령 우리들 각자가 우주라는 몸 안에 있는 하나의 세포이고 그 몸이 유기적으로 움직이며 변화한다면, 우리 역시 그 전개와 타성의 한 부분이어야 이치에 맞는다. 우리의 개인적인 타성과 방향, 그리고 우리가 이루고 있는 커다란 몸의 타성과 방향은 불가분일 수밖에 없으며 그 밖의 다른 길은 있을 수 없다. 자유는 세포 하나가 자기만의 일을 하고 자기가 원하는 방향으로 일을 밀고나가는 것(강조하건대 2번의 특징이다)이 아니라, 모든 세포가 자신이 '전체(Whole)'의 타성 속에 참여하고 있음을 알고 그 움직임을 따라가는 것이다.

'신성한 자유'를 완전히 이해하면 '항복하다'와 '따라가다'라는 표현조차도 틀렸다. 이 말들은 독립적인 누군가가 자신의 의지를 포기하고 우주의 흐름에 마지못해 순종하는 듯한 느낌을 주기 때문이다. 성격의 장막 속에서는 그렇게 느껴지겠지만 실제로는 그렇지 않다. 독립된

247

의지라는 개념 자체가 착각이다. 본래부터 우리들 중 누구도 '실재'의 단일성에서 독립적일 수 없다. 그렇기 때문에 '실재'가 전개되고 있는 방향에서 혼자 독립적일 수도 없다. 알마스는 '신성한 자유'에 대해 다음과 같이 말했다.

> 성격에서는 자기 마음대로 하는 일이 중요하다. 그리고 신의 의지에 항복한다고 생각하면 자신의 의지를 포기한다는 의미처럼 보일 수도 있다. 그러나 당신 자신에게 진실하고 정직하며 당신의 경험을 어떤 식으로든 바꾸려 하지 말고 그대로 머물면 자기 마음대로 한다는 것이 실은 자기 내면의 진실에 항복하는 문제임을 깨닫는다. 당신의 길은 당신 자신의 경험의 실(thread)을 따라가는 것이다. 이것은 선택하고 선택하지 않고의 문제가 아니다. 당신의 길은 당신에게 주어진 무엇이다. 당신이 걷고 있는 바로 그 길이고, 여행하며 보고 있는 바로 그 풍경이다. 당신이 횡단하고 있는 땅이 정확하게 그 모습이 아니라 다른 모습이어야 한다고 느끼지 않아도 되는 것이 커다란 안도임을 발견한다.[2]

개인의 측면에서 보면 '신성한 의지'란 방해만 없다면 우리 영혼 안에 내면의 심원과 접촉하도록 끌어당기는 타고난 힘이 있다는 사실을 가리킨다. 이는 인간의 영혼이 현실의 가장 깊은 차원과 다시 연결되고 그것을 이해하길 열망한다는 뜻이다. 알고 싶은 욕구 즉, 자연의 법칙부터 우리 몸의 기능과 가장 깊은 곳에 있는 '영(Spirit)'에 이르기까지 모든 것을 의식화하고 싶은 욕구는 우리 안에 있는 억누를 수 없는 충동이다. 애초부터 인류는 우리가 누구이며 삶이란 무엇인지 이해하려고

노력했고, 또 초월적인 존재, '신성', 우리가 신이라 부르는 존재에 대한 개념을 항상 가지고 있었다. 우리의 영혼은 존재의 가장 깊은 본성과 연결되고, 그것을 알고, 그것을 살고 싶은 욕구가 있다. 자신을 실현하며 인간의 잠재력을 완전히 발휘하고 싶은 선천적인 욕구가 있다. 이를 허용하면 그 욕구는 우리를 주관성 너머, 성격 너머, 분리된 자신 너머에 있는 더 깊은 차원의 현실로 끌고 내려간다.

## 본질과의 단절

2번 유형이 초기 어린 시절에 '실재'와 단절된다는 것은 자신이 우주 전체의 흐름의 일부라는 지각을 잃는다는 뜻이다. 여기서 현실의 전개에서 떨어져 나온 느낌, 분리될 수 없는 현실의 한 부분이 아니라는 느낌이 생겨난다. 처음에는 어머니나 가족과의 관계에서 느끼겠지만, 나중에는 세상을 향해 그렇게 느낀다. 2번은 자신이 우주라는 더 큰 몸을 이루는 하나의 세포로서 전체 기능의 본질을 이룰 만큼 중요하다고 경험하기보다 자신이 주변적이며 중요하지 않다고 느낀다. 자기만의 자리와 삶의 목적이 있다는 느낌을 잃어버리고, 내면의 타성과 방향감각을 잃는다. 자연적인 인간의 잠재력과 추진력이 우주에서 내쫓긴 느낌으로 대체되면서 개인의 성장과 전개는 방향을 잃고 침체한다. 이것이 2번의 집착, 즉 세상에 대해 고착화된 인지적 신념이다.(그림2에서 이카조는 에니어그램 2번 유형의 고착을 '아첨(flattery)'으로 표현했다. 이것은 '신의 의지'와 단절된 느낌에 대한 2번의 해결책, 즉 남에게 아양 떠는 것을 가리킨다.)

　일어나는 현상 이면의 지능과 방향성을 인식하지 못하게 되고, 그 결과 잘 되어가는 상황인지 믿을 수 없으며 자신이 생각하는 대로 되도록 만들어야 한다고 느낀다. 본인의 목적에 대한 느낌과 방향감각뿐 아니라 우주가 본래부터 자신을 지원하고 있다는 느낌도 잃어버린다. 2번은 자신이 따로 분리된 사람이며 '본질적 측면'에게 사랑받지 못하고 거부당했다는 확신을 발달시킨다. 그리고 내면에 자신이 타고난 목적에 대한 느낌과 우주의 '의지'와 연결된 느낌이 없기 때문에 2번은 모든 것을 자기가 처리하고 자기 힘으로 어떤 일이 일어나게 만들어야 한다. 달리 표현하자면, 자신이 '신의 의지'의 일부라는 인식이 없기 때문에 2번은 직접 그 기능을 맡아 제 마음대로 함으로써 그것을 흉내 낸다. 이들은 개인의 의지를 내·외적 현실에 적용하고 그것을 조작함으로써 자기 생각대로 만들려고 애쓴다. 근원적으로 2번은 자신이 본질적인 바탕과 단절되는 과정에서 상실한 방향감, 타성, 목적, 지원의 느낌을 창조하려고 애쓰는 것이다. 자신의 본질적 '의지', 즉 영혼의 타성에 대한 인식과 신뢰를 잃었기 때문에 생존하려면 현실과 자신을 스스로 조작해야 한다고 느낀다.

## 주요 심리

2번의 내적 느낌은 다양한 차원과 깊이가 없는 평면성이다. 그래서 이 유형의 별명이 '평면적인 자아(Ego-Flat)'이다. 마치 내면과 접촉할 수 있을 만한 깊이로 들어가지 못하도록 막는 유리벽이 있는 것과 같다. '실재'의 지원을 인식하지 못하고, 멀어져버린 그 영역으로 끌어당기는 고유의 힘이 자기 영혼 속에는 없다고 확신하기 때문에 구원은 타인에게서 구할 수밖에 없다. 2번은 잃어버린 지지대, 버팀목, 기둥의 느낌을 찾아 타인에게 눈을 돌린다. 마치 타인과의 친밀한 연결 속에 심원으로 들어가는 문이 있는 듯 보인다. 이 중대한 가정假定 속에서 2번의 어린 시절의 어머니와의 관계를 볼 수 있다. 이 문제는 곧 살펴보겠다. 내적 지향의 초점이 타인에 맞춰지고, 자신과의 연결이 그들에게 달려 있다고 느끼기 때문에 2번은 그들을 기쁘게 해주려고 애쓴다. 이들의 내면 상태는 타인과의 연결 정도에 따라 상승하기도, 곤두박질치기도 한다. 이런 의존성이 2번의 핵심적인 심리 태도이다.

이런 의존적인 태도는 자기 내면의 움직임과의 연결 상실, 가치 상실에 근거한다. 2번은 우주에게 거부당한 무의식의 느낌을 모방해 자신의 내면세계와 자기만의 경험을 거부한다. 자기가 경험하는 일은 본래 일어나도록 되어 있는 일이 아니며, 어떤 훌륭한 타인이 경험하는 일보다 훨씬 덜 중요하고, 덜 가치 있으며, 덜 흥미로워 보인다. 자기 안의 어떤 힘이 추진력으로 작용해 중요한 곳으로 나아간다는 느낌이 없기 때문에 2번은 타인의 타성에 덧붙어 가야 한다. 그래서 자신의 잠재력을 실현하기 위해 움직이기보다 다른 특별한 사람과 연결되는 일에 더 열심이다.

어린 시절에 엄마와의 상호작용에서 겪은 기복起伏은 2번이 가진 '신성한 의지'에 대한 민감성으로 여과되어, 자신의 참 모습이 관심받지 못했고 실질적인 욕구가 충족되지 못했다는 느낌을 남긴다. 2번의 욕구와 필요는 엄마(자기 시간표에 따라 젖을 줬다가 앗아가는 엄마)의 의지보다 아래에 있는 듯 보이고, 완벽한 조율은 불가피하게 부족하다. 이런 상황은 영혼의 전 개념적 언어를 통해 어머니가 자신을 사랑하지 않으며 자신의 존재를 거부한다는 느낌으로 해석된다. 2번은 조율에 생긴 균열에 아주 날카롭게 민감하며, 이들의 영혼에는 엄마의 욕구가 자신의 욕구보다 중요하다는 인상이 각인된다. 그러면 자신이 중심인물이 될 만큼 중요하지 않으며, 자신의 욕구는 어머니의 욕구 더 나아가 자기 삶에서 중요한 모든 사람의 욕구보다 다음이라는 느낌이 발달한다. 2번의 역할은 그들의 욕구를 충족시키는 것이 되고, 인간으로서의 전개와 성장을 위한 잠재력과는 단절된다.

실제로 2번의 엄마가 다른 유형의 엄마보다 더 자기중심적이었든 아니었든, 2번의 영혼에는 엄마가 자기 일에 몰두하느라 자신에게 온전히 마음을 주지 않았으며, 필요할 때마다 곁에 있지도 않았고, 충분히 사랑해주지도 않았다는 느낌이 각인된다. 2번은 엄마의 사랑과 관심을 얻지 못했기 때문에 자신이 본래부터 사랑스럽지 않으며, 따라서 사랑을 얻으려면 뭔가 조작해야 한다고 믿는다. 자연히 영혼은 그 방향을 추구한다. 어떤 관점에서는 그 후에 생기는 2번의 모든 성격 특성은 엄마의 관심을 붙잡으려는 노력, 자기 영혼의 상처를 달래기 위해 엄마의 사랑을 획득하려는 유혹으로 볼 수 있다. 그래서 2번의 초점은 자신을 사랑스러운 사람, 사랑받는 사람으로 만드는 일에 맞춰진다.

2번의 어린시절 속에는 자신의 의지를 강요하는 부모(2번의 관심의 초점이자 2번이 복종하고 기쁘게 해줘야 하는 사람들)의 그늘 밑에서 자랐다는 느낌이 잦다. 이는 엄마가 될 수도 있지만 아버지인 경우가 더 많다. 그리고 이 패턴은 나중에 어른이 됐을 때는 영향력 있고 중요한 사람과 연결되려는 노력으로 계속된다. 2번의 어린시절 기억 속에서 엄마에게 거부당하고 아버지의 사랑만 듬뿍 받은 기억이 있는 경우도 있지만, 대개는 자녀들 중에서 부모 양쪽의 사랑을 가장 많이 받은 아이였다는 느낌이 있다. 여기에 2번의 모순이 있다. 한쪽 혹은 양쪽 부모가 가장 사랑하는 아이였던 경우가 많은데도 2번은 거부당한 느낌을 갖는다. 이것은 아마도 2번의 영혼에게는 가족 안에서의 자기 가치가 자신의 참

252

모습보다 자기가 하는 역할, 보여주는 이미지, 이뤄낸 성과를 통해 나온 것처럼 보이기 때문일 것이다.


## 이상화한 측면

어린시절의 구체적인 내용과는 상관없이 2번은 그 어떤 것보다 사랑받기를 원한다. 다른 사람과의 합병을 통해 우주의 흐름과 다시 연결되기를 추구한다. 여기서 이 유형의 '이상화한 측면', '다이아몬드 접근법'에서 '융합하는 황금(Merging Gold)'이라고 부르는 사랑의 속성을 볼 수 있다. 이것은 우리가 사랑에 빠졌을 때 느끼는 종류의 사랑이다. 즉 사랑하는 사람과 무아지경의 결합 속으로 녹아들고 더없이 행복한 일치감 속에 감싸인 극도의 흥분감이다. 이 느낌은 낭만적인 이야기들에서 나온다. 일치의 환희, 모든 단절감이 사라진 완벽한 충만함 그리고 행복의 금빛 웅덩이 속에 녹아든 느낌이다. 자신과 연인 사이에 경계가 없어서 어디서 내가 끝나고 상대가 시작된다는 느낌도 없다. 우리는 이 황홀경의 사랑에 완전히 사로잡혀 전기가 흐르는 듯 자극받고 흥분하며, 이 깊고 친밀한 연결이 주는 고양되는 느낌의 노예가 된다. 이 '본질적 측면'은 '신성(Divine)'과 융합해 지복의 일치를 이룸으로써 분리된 자아를 놓아버리는 것이 목표인 종교적이고 정신적인 여정에서 핵심이 된다.[3]

이렇게 사랑에 빠진 상태는 마가렛 말러가 공생(symbiosis)이라고 부른 생후 약 1개월부터 6~8개월 사이, 즉 자기 관념이 엄마와 융합되었던 시기의 내적 상태를 일깨운다. 이 시기에 유아의 지배적인 경험은 엄마와 하나가 되는 것이다. 감정 상태는 상대에 홀딱 빠져 달콤하고 더없이 행복한, 딱 사랑에 빠진 그대로이다. 이 시기에 엄마는 보통 아기와 떨어질 수 없을 것처럼 느끼고, 아기에게 도취되어 있다. 엄마와 아기는 무아지경의 일치처럼 느껴지는 융합 속에서 서로 깊이 친밀감을 느낀다. 생후 그 몇 개월 동안은 '실재'와 엄마가 구별되지 않기 때문에, 2번의 영혼 속에서는 가장 초기 상대와의 이 관계가 자기 심원과의 결합과 떼려야 뗄 수 없이 연관된 것처럼 느껴진다. 이 공생관계의 각인이 2번으로 하여금 '실재'와의 결합은 타인과의 결합을 통해 일어난다는 확신을 갖게 한다.

자신 역시 2번으로 보이는 정신분석학자 카렌 호니Karen Horney는 다른 관점에서 세 가지 유형을 설득력 있게 잘 묘사했는데, 그 유형들을 타인을 향해 다가가는 유형, 맞서는 유형, 물러서는 유형으로 불렀다. 혹은 자기를 지워 없애는 유형(self-effacing type), 확장적인 유형(expansive type), 단념하는 유형(resigned type)이라고 불렀는데, 각각 에니어그램 2번, 8번, 5번 유형에 매우 근접한다. 타인을 향해 다가가는 유형인 2번에 대해 호니는 이렇게 설명했다.

이 유형에서는 이성간의 사랑이 최고의 성취라고 유혹한다. 사랑이 곧 낙원으로 가는 티켓으로 보이고, 그러면 모든 고통이 끝날 것 같다. 더 이상 외로움도, 방황하고 죄책감을 느끼며 쓸모없다는 느낌도, 자신에 대한 책임감도, 아무 준비도 못 한 듯 절망스럽게 느껴지는 가혹한 세상에서 고군분투하는 일도 끝날 것 같다. 대신 사랑이 보호, 지원, 애정, 격려, 연민, 이해를 약속하는 듯 보인다. 사랑이 자신에게 가치 있는 느낌을 줄 것이다, 사랑이 삶에 의미를 줄 것이다, 사랑이 구원과 해방이 될 것이다, 라고 생각한다. 그렇다면 때때로 이들이 사람을 가진 자와 가지지 않은 자로 구분하는 것도 당연하다. 그러나 재산과 사회적 지위가 아니라 결혼 여부 또는 그에 상응하는 진지한 연애를 하는 사람인지 아닌지가 기준이다. … 이들에게 사랑은 자신을 잃는 것, 자신을 얼마간 황홀한 느낌 속에 잠기게 하는 것, 다른 사람과 융합하는 것, 하나의 심장과 하나의 몸이 되는 것이며 이 융합에서 자기 안에서 찾을 수 없는 일치감을 찾는다. 따라서 이들의 사랑에 대한 열망은 깊고 강력한 원천, 즉 항복에 대한 열망과 일치에 대한 열망에서 나온다.[4]

그래서 자아라는 깊은 잠에서 깨어나기 위해 2번은 위대하고 낭만적인 사랑을 추구한다. 잠자는 숲 속의 미녀처럼 2번은 특별한 누군가의 사랑으로 구출될 때까지 잠시 보류된 느낌을 갖는다. 부, 권력, 성공도 좋지만 이들이 가장 원하는 것 즉 이것 없이는 완전히 살아 있다고 느낄 수 없는 것은 열정적인 사랑이다.

## 함정

2번은 자신이 사랑을 통해 충분히 지원받는다면 완전히 자기 자신이 될 수 있으리라는 동화를 꿈꾼다. 사랑이 영혼을 자유롭게 할 것이라고 여긴다. 여기서 '신성한 자유'가 성격 속에서 왜곡된 한 측면을 볼 수 있다. 2번의 의지는 자신에게 사랑의 지원, 즉 자유를 줄 수도 있고 뺏을 수도 있는 사람에게 투사된다. 진정한 자유란 온전히 자신이 되는 것이다. 즉 자신의 성격, 과거를 통해 만들어진 자기 너머에 있는 참 자기의 모습이 되는 것이다. 그러나 2번은 자신의 의지와 지원을 자기 안에서 실현시키지 않고 타인에게 투사함으로써 자유를 잃어버린다. 자기 안에 중심을 잡지 않고 타인에게 중심을 두어 의존하는데, 이것은 참된 해방과는 엄청난 차이가 있다. 타인과의 관계의 좋고 나쁨에 의존하는 자유는 순전히 조건적이기 때문에 절대로 자유가 아니다. 2번 영혼의 어느 깊은 곳에서는 이 사실을 알고 있다. 아마도 이것이 그들이 의존하는 사람들에게 자신의 자유를 제약한다고 느끼며 필연적으로 분개하는 이면일 것이다. 자기가 의존하는 사람들에게 제약받는 듯 느끼고, 자신의 의존성이 아니라 그들로부터 자유로워지려고 시도하는 것이 그림9 '함정의 에니어그램'에 나오는 이들의 함정, '자유(freedom)'이다.

2번은 아무에게나 의존하지 않는다. 호니의 설명대로 그 사람의 애정관계 상태에 따라 평가하기도 하고, 4번처럼 자기 눈에 우수하거나 열등해 보이는 사람, 상류사회 사람과 하층민, 특별한 사람과 평범한 사람으로 나누기도 한다. 이것이 그림12 '거짓말의 에니어그램'에 나오는 2번의 거짓말인 '거짓평가(false valuation)'이다. 특별한 사람이란 2번의 문화, 하위문화, 혹은 사회집단의 꼭대기에 있는 사람들이며, 이들이야말로 2번에게 중요한 사람들이다. 2번은 자기 안에 있는 계측기로 그런 사람들을 탐지해내고 불꽃을 향해 날아가는 나방처럼 끌린다. 전형적인 그루피groupie(록그룹 등을 쫓아다니는 여성 팬)와 캠프 팔로워camp follower(상인이나 위안부 등 군대를 따라다니거나 부대 근처에 사는 사람들)로, 이들은 자신이 중요하게 여기는 사람들의 비위를 맞추고 그들이 자신을 좋아하도록 유혹하려고 노력한다. 자기가 특별하다고 여기는 사람을 이상화하는 것이 2번 최고의 아첨 형태이며, 그래서 이 유형의 이름이 '아첨하는 자아'이다. 이들이 중요하게 생각하지 않는 사람들은 희생시켜도 되는 사람들이다.

어떤 2번은 의존적으로 보이지 않는다. 사실은 자신이 얼마나 타인의 애정과 의견에 개의치 않으며 자주적인지 증명하려고 제멋대로 하는 것이다. 이들은 진짜로 독립적이라기보다 의존대항적(counterdependent)이다. 중요한 사람에게 아첨하는 대신 다른 사람들이 자신의 비위를 맞추게 하려고 애쓴다. 거드름을 피우고 왕처럼 행동하는 이런 2번은 다른 사람을 부차적이고 열등하게 취급하는 경향이 있다. 이들이 의식적으로 받아들일 수 있든 없든, 의존대항적인 2번의 삶에도 자신이 의존한다고 느끼는 누군가가 있을 것이다. 드러내놓고 의존적이든 의존대항적이든 관계없이 여기서 초점의 대상은 타인이다.

그렇다면 2번이 몰두하는 핵심적인 문제(2번의 강박관념)는 낭만적인 사랑의 추구이다. 여기서 강조점이 주어지는 부분은 분명 추구라는 단어이다. 자신이 원하는 대상이 자기가 주는 사랑에 응답해주기를 바란다고 단언하지만, 실제로 2번의 삶에서 일어나는 상황은 이와 반대다. 절대로 이들이 마음속에서 그리는 대로 되지 않으며 크든 작든 항상 거부당했다고 느낀다. 불가능하진 않겠지만, 일상적인 관계 속의 누군가를 이상화하고 그의 사랑의 포로가 되기란 어렵다. 그리고 이것이 2번이 무의식적으로 항상 손이 닿지 않는 곳에 있는 사람을 찾는 이유 중 하나이다. 호니는 2번이 잘 빠지는 강박적 관계에서 원하는 대상을 묘사하고 설명하면서 '병적으로 의존적인'이라고 표현했다.

병적으로 의존적인 관계는 불행하게도 상대방을 잘못 선택하면서 시작된다. 더 정확하게 말하면 선택이라고 하면 안 된다. 자기를 지워 없애는 유형의 사람은 사실상 선택하는 것이 아니라 어떤 특정 유형의 사람을 보면 '주문이 걸린다.' 이들은 더 강하고 뛰어나 보이는 동성同性 혹은 이성異性의 사람에게 자연스럽게 끌린다. 건전한 동반자인지는 고려하지 않은 채, 초연해 보이고 부, 지위, 명성 또는 특별한 재능으로 매력이 더해진 사람이나 낙천적인 자신감이 있고 외향적인 자기도취 유형의 사람, 또는 대담하게 드러내놓고 요구하며 불손하고 공격적으로 보이는 것에 개의치 않는 거만하고 적대적인 사람과 쉽게 사랑에 빠질 수 있다. 여러 가지 이유로 이들은 이런 성격에 쉽게 매혹된다. 자신에게 없어서 쓰라리게 아쉬울 뿐만 아니라 자신을 경멸하게까지 만드는 자질을 그들은 전부 가진 것처럼 보이기 때문에 그런 사람들을 과대평가하곤 한다. 그 성질이 자주성이나 자부심일 수도 있고, 우수함에 대한 확실한 보장이나 의기양양한 오만이나 공격성 속의 대담함일 수도 있다. 2번이 보기에 강하고 우수한 이런 사람들만이 자신의 욕구를 실현시켜주고 자신을 떠맡을 수 있다.[5]

서머싯 몸Somerset Maugham의 소설 《인간의 굴레(Of Human Bondage)》와 빅토르 위고의 딸에 대한 영화 '아델 H.의 이야기(The Story of Adele H.)'에 그렇게 병적으로 의존적인 관계를 생생하게 묘사하는 대목이 나온다. 영화에서 아델 위고는 자신과 채 두 마디도 나누지 않은 남자에게 사로잡혀 그 남자 모르게 항구에서 항구로 끈질기게 따라다닌다. 정신을 잃고 홀리는 그런 관계는 절망감을 안겨줄 수밖에 없다. 겉으로 하는 말과 달리 2번이 무의식적으로 찾는 것은 만족이 아니라 절망이다. 이 역시 4번처럼 일단 대상이 손에 들어오면 그 대상의 가치가 급격히 떨어지며, 마치 '나를 사랑하는 사람이라면 사귈 가치가 없는 사람일 거야'라고 생각하는 것과 같다. 이것은 '나를 받아들이는 클럽이라면 들어

258

가고 싶지 않다'라고 생각하는 그라우초 마르크스 신드롬Groucho Marx Syndrome으로도 알려져 있다. 이 절망적인 패턴 이면의 일부 원인은 상대와 정말로 가까워지면 사랑스럽지 않은 모습이 드러나고 거부당할 위험이 뒤따르기 때문이다. 또 다른 이유는, 진심으로 사랑받고 그 사랑을 받아들이면, 2번 정체성의 기반인 잡을 수 없는 사랑에 굶주리고 끊임없이 다른 사람을 유혹하는 자기 관념을 포기해야 한다는 뜻이기 때문이다. 이 두 가지 설명 외에 무엇보다도 가장 중요한 것은 내면의 굶주림과 결핍감은 다른 사람을 통해 절대로 충족될 수 없다. 2번이 잃어버린 것은 '실재'와의 연결인데 그 필요를 애정관계를 통해 채우려는 노력은 반드시 실패하게 되어 있다.

2번은 마치 절대 결혼하지 못하거나 헌신적인 애정관계를 맺지 못하는 것처럼 들릴 수도 있겠지만 그렇지는 않다. 유명한 2번들 중 맥 라이언Meg Ryan과 앨런 알다Alan Alda는 바람직한 결혼생활을 영위하는 것처럼 보이는 반면, 셜리 맥클레인Shirley Maclaine, 멜라니 그리피스Melanie Griffith, 바바라 월터스Barbara Walters, 엘리자베스 테일러Lize Taylor는 결혼생활이 평탄치 않아 보인다. 요점은, 애정관계가 순간적으로 홀딱 빠진 상태든 장기간의 결혼생활이든 2번은 보통 어느 정도의 절망감을 안고 있다. 심지어 앞에서 호니가 '고려하지 않는다'고 했던 '건전한 동반자'와의 관계에서도 2번은 언제나 어느 정도의 거리감을 느낄 것이다. 2번 여성의 남편은 일이나 다른 여자에게 열중하느라 다소 무관심하거나 혹은 그저 단순히 이들의 욕구에 약간 둔감할 것이다. 2번에게는 애정관계가 지속되려면 어느 정도의 절망감이 필요한 것 같다.

앞서 살펴본 대로 2번 최고의 관심사는 사랑받는 것이다. 그래서 자신을 사랑스러운 사람, 사랑받을 자격이 있는 사람으로 보이게 함으로써 사랑을 얻으려고 노력한다. 이미지 유형이기 때문에 이들은 '융합하는 황금'의 속성을 흉내 내어 자신을 표현하고 행동하려 한다. 이 속성에 대해 호니는 자기도 모르는 사이에 아래와 같이 묘사했다.

> 이 (사랑에 대한) 충동을 충족시키고자 하는 욕구가 저항하기 어려울 정도로 너무 강해서 이들이 하는 모든 행동은 그것을 달성하는 쪽으로 향한다. 그 과정에서 자기 성격을 형성하는 특정한 속성과 태도를 발달시킨다. 그것들 중 일부는 사랑받게 하는 성격이라고 할 수 있다. 이들은 타인의 필요에 민감해진다. 단, 자신이 감정적으로 이해할 수 있는 한도 내에서 그렇다. 예를 들어 고립적인 사람이 혼자 떨어져 있고 싶어 하는 마음은 전혀 감지하지 못해도 상대에게 연민, 도움, 인정 등이 필요할 때는 기민하다. 이들은 자동적으로 타인의 기대, 혹은 자신이 생각하는 그들의 기대에 부합하려고 노력하며, 자신의 감정은 보지 못하는 정도까지 갈 때가 많다. 이들은 '이타적'인 사람, 자기희생적인 사람, 요구하지 않는 사람(애정에 대한 끝없는 욕구는 제외하고)이 된다. 이들은 유순하고 (자신이 가능한 범위 안에서) 과도하게 배려심이 많으며, 과하게 칭찬하고 과하게 고마워하며 아낌없이 준다. 마음 깊은 곳에서는 자기가 남들을 그렇게 좋아하지 않으며 위선적이고 이기적이라고 여기는 경향이 있다는 사실을 못 본 체한다.[6]

마지막에 인용된 문장은 대부분의 정상적 2번으로 보기엔 약간 극단적이지만 2번의 이미지가 이타적이고, 아낌없이 주고, 남을 위해 희생하

260

고, 자신은 눈에 띄지 않게 물러서고, 유순하고, 감정을 잘 이해하며, 예민하고, 다른 사람에게 필요한 것을 잘 알아차리는 사람임을 알 수 있다. 2번은 절대적으로 인정 많으며 다정하고, 배려하며 이해하고, 고통받는 사람들과 함께하며 무언가를 해줄 것을, 최소한 그렇게 보이기라도 할 것을 스스로에게 요구한다. 그리고 마치 보살처럼 자기실현보다 중생을 구원하는 일을 우선시한다. 거기에 더해 무엇보다 겸손해야 한다. 나란호는 2번의 '겉포장'을 '유혹적인 거짓 겸손'이라고 특징짓곤 했다.

2번의 초자아는 이렇게 사랑받을 만한 속성들만 허용하고 이런 성자聖子 같은 이미지를 달성해야 한다고 가차 없이 요구한다. 그러지 못했을 때의 벌은 죄책감인데, 2번은 자신과 타인 모두에게 죄책감을 느끼게 하는 전문가이다. 이 이미지에 부합하지 못한다는 죄책감이 의식적 또는 무의식적으로 2번의 정서적 분위기를 형성한다. 이런 이미지를 성취하라는 내면의 요구는 실현 불가능하다. 왜냐하면 그것은 이미지일 뿐 이들의 현실이 아니기 때문이다. 한편으로는 이런 천사 같은 이미지를 성취하지 못하는 것에 죄책감을 느끼면서, 다른 한편으로는 다른 사람이 자신의 모습을 그렇게 믿도록 만들고도 죄책감을 느낀다. 자신만은 그것이 진실이 아님을 알기 때문이다.

**방어기제**  성자가 되면 사랑받을 것이라는 요구 외에도, 2번의 초자아는 만약 애정관계에서 문제가 생기면 당연히 2번의 잘못이라고 힐책한다. 이들의 내면에서는 만일 2번이 사랑스럽고 매력적인 사람이 되기 위해 더 열심히 노력했다면 모든 일이 잘 되었을 것이라고 다그친다. 시기와 질투가 절대적으로 금지되지만 가장 나쁜 죄는 이기적으로 행동하는 것이다. 배우자나 연인, 가족, 민족 기타 등등보다 자신을 먼저 생각하는 것은 아주 중대한 죄여서, 2번의 초자아는 거의 순교 수준의 자기희생을 요구하기도 한다. 이 때문에 상당한 내적 작업을 하기 전에는 간단한 한계선을 정하거나 남의 부탁을 거절하는 일도 2번은 거의 불가능하다. 자신이 사랑받을 만하고 좋은 사람이라는 사실에 대해 은밀한 자만과 특별하다는 느낌을 품지만, 자만은 이들이 부합하고자 하는 겸손한 이미지와 맞지 않기 때문에 무의식 속 깊은 곳으로 밀려난다. 이 유형의 격정인 '자만(pride)'에 대해서는 곧 다시 살펴보겠다.

모든 사람에게 사랑을 주는 이미지에 맞추기 위해 이들은 자기 자신을 조작한다. 끊임없이 내적 경험을 만지작거리면서 자기가 이상적으로 생각하는 모습과 비교하고, 그것과 더 가까운 무엇을 경험하도록 자신을 밀어붙인다. 2번과 관계된 신체 부위는 손과 팔인데, 상황을 조작하고 배후에서 조종하며, '신성한 의지'를 흉내 내어 자신이 원하는 대로 일을 통제하려고 애쓰는 사람에게 어울린다. 내면에서는 주로 억압(repression)을 통해 이렇게 한다. 억압은 이 유형의 방어기제로 이들은 이미지에 맞지 않는 것은 무엇이든 그냥 의식 밖으로 밀어낸다. 중요한 사람에 대한 비판적인 의견과 부정적인 감정, 자기중심적인 사고와 충동뿐만 아니라 결핍감과 남몰래 하는 자신이 특별하다는 생각은 의식 밖으로 밀려난다. 2번은 이런 내용이 사라지길 원하겠지만 그렇게 되지 않는다. 이런 내용이 의식 위로 떠오르지 않으면 꿈, 정신신체성 이상(psychosomatic conditions), 불안, 불면증 등의 신경과민 증상으로 나타난다. 금지된 내용을 계속 의식 밖으로 밀어내려면 엄청난 정신적 에너지가 필요하지만, 그것 말고 가능한 대안은 더욱 나쁘다. 2번에게는 자신이 생각하는 사랑을 주는 사람, 사랑스러운 사람의 개념과 맞지 않는 사고와 감정을 자신과 타인에게 드러내는 일이 대개 격렬한 불안을 가져온다.

처음에 나란호는 2번을 전형적인 프로이트 히스테리성 환자로 봤지만, 이 심리학 용어는 이제 유행이 지났고 '연극성'이라는 표현으로 대체되었다. 프로이트가 관찰한 히스테리는, 성욕이 오이디푸스 콤플렉스 갈등 때문에 깊이 억압된 결과 정신신체성 증상과 기타 분열성 정신 상태가 나타난다. 그는 이것을 둔주상태遁走狀態(fugue states)라고 불렀다. 이후의 심리학자들은 히스테리성 인물을 "연극적 과시벽이 있고 유혹적이며, 정서가 불안정하고, 오이디푸스 환상을 행동화하려는 경향이 있다. 그런데도 막상 성욕은 두려워하며 실행을 억제하는"7 사람이라고 정의했다. 2번을 정확히 묘사한 것이다.

2번은 자신이 느끼는 것을 억압하며 충동, 특히 성적인 충동에 대해 자신을 마비시킨다. 그 결과는 일종의 심리적 압력솥이다. 이들의 감정은 극적이며, 성욕은 유혹적인 행동과 외양으로 새어나온다. 2번 여성은 옷을 도발적으로 입는 경향이 있지만 자신은 대개 의식하지 못한다. 무언의 유혹을 던지고 있으면서도 성적인 행동 그 자체는 불편해하고 두려워한다. 이들은 쉽게 울음을 터뜨리고 눈물이 많은데, 4번과 달리 혼자 있을 때보다 남들과 있을 때 더 자주 운다. 또 상황이 자신이 원하는 대로 진행되지 않으면 갑작스러운 화, 언짢음, 초조함을 드러낸다. 겉으로는 감정이 풍부한 듯 보이겠지만 2번은 그것을 완전히 경험하는 것보다 감정을 쏟아내는 것에 더 집착한다. 즉 감정적으로 잘 표현하고, 잘 드러내고, 감정이 풍부한 경향이 있지만, 그럼에도 자신이 느끼는 것과 깊이 접촉하지는 않는다.

히스테리 성향 때문에 대부분의 2번이 지적이진 않지만, 나란호의 말대로 2번 중에도 지성이 상당히 발달하고 빌헬름 라이히Wilhelm Reich의 '큰 뇌(big brain)' 히스테리에 대한 설명과 일치하는 2번도 상당히 많다. 이런 유형의 히스테리성 환자는 지성을 방어적으로 사용한다. 혹은 정신병 학자이자 라이히 치료요법 전문가인 엘스워스 베이커Elsworth Baker의 말처럼 "남성으로부터 자신을 방어하기 위해 자신의 지성을 커다란 남근처럼 사용"[8]한다. 라이히는 그런 히스테리가 여성에게만 나타난다고 생각했지만, 나는 2번 남성들 중에서도 자신의 지성으로 유혹하면서 동시에 지성을 방어수단으로 사용해 진정한 접촉은 막는 사람들을 알고 있다.

## 회피

앞서 잠시 설명한 결핍감은 2번에게 허용되지 않는 감정적 경험들 중에서 특별한 자리를 차지한다. 바쁘게 타인의 필요를 알아채고 채워주고 다니면 두 가지 목적이 충족된다. 첫째, 2번은 타인을 위한 도움과 자원으로 가득 넘치는 일종의 인간 '풍요의 뿔'이 되는 이미지를 달성한다. 그러나 더 중요한 것은 자기 내면에서 끊임없이 괴롭히는 결핍감과 무력감이 의식 안으로 들어오지 못하도록 계속 막을 수 있다. 타인에 대한 자신의 의존성은 허용하기가 힘들다. 2번은 나약하고 도움이 필요하다고 느끼는 것에 대해 자신을 호되게 꾸짖는다. 자신의 필요, 특히 사랑과 애정에 대한 필요를 경험하면, 자기 생존에 필요하다고 느껴지는 애정을 얻기 위해 자신이 의지하던 풍요로운 이미지를 날려버린다. 또한 이들에게는 견디기 힘든 기억인 어린 시절의 관심 부족을 다시 일깨운다. 이것은 2번이 가장 회피하는 경험 중 하나이며, 그림10 '회피의 에니어그램'에서 2번에 나오는 '결핍감(neediness)'은 이런 이유에서다.

2번은 박탈당한 느낌을 견디지 못한다. 이런 느낌은 내면의 결핍감에 위험하리만큼 직면하게 만들기 때문이다. 이런 탓에 일반적으로 2번은 충동을 잘 조절하지 못하고 폭식, 알코올중독, 쇼핑중독, 집착적인 애정관계 등 모든 형태의 중독 패턴을 발달시키는 경향이 있다. 성격이 '신성한 자유'를 모방해서 2번은 어떤 형태든 억제, 제한, 계획 등을 거의 견디지 못하고, 모든 실용성, 이성, 신중함은 바람에 날려버리며, 멋지고 흥분되는 삶을 추구하는 편을 훨씬 선호한다. 나란호가 지적한 것처럼 비록 신용카드 빚이 목까지 찼어도 풍족해 보이도록 가장한다. 그리고 과잉, 과다의 삶만이 유일하게 받아들일 수 있는 삶의 기준 같아 보인다. 그렇게 되면 참된 자유 대신에 방종이 2번의 삶을 지배하고, 마음속 깊은 곳에 숨은 결핍감을 덮어버린다. 이것이 2번의 함정인 자유의 또 다른 측면이다. 나란호의 말처럼 "애정이 많고 상냥한 2번은 마음대로 하지 못하게 하거나 버릇없는 아이처럼 응석을 다 받아주면서 사랑한다는 느낌을 주지 않으면 격노한다."[9]

이들은 만족감을 미루는 것을 견디기 힘들어한다. 예를 들어 예쁜 드레스나 멋진 구두를 돈이 생기는 다음 달까지 기다렸다가 사거나, 다이어트 중이니까 매일 밤 초콜릿을 먹지 못하는 일을 잘 참지 못한다. 이런 방종한 경향 때문에 2번이 자신의 몸과 맺는 관계도 영향을 받는다. 즉 2번은 체중문제에 시달리는 경우가 많다. 이들은 즐거움을 갈망하고, 음식과 사랑이 동등하다고 생각하는 경향이 있으며, 음식 섭취를 제한했을 때 느끼는 박탈감을 거의 참지 못한다. 아무튼 그런 박탈감을

265

너무 잘 느낀다. 어떤 2번은 약간 또는 아주 많이 과체중이며, 일부는 엘리자베스 테일러처럼 체중이 큰 폭으로 줄거나 늘기도 한다. 체중과 상관없이, 이들 대부분은 음식 섭취에 문제를 겪는다.

다른 사람들, 특히 이들이 이상화하고 올려다보는 이들이 자신을 어떻게 보는지가 그 무엇보다도 중요하다. 그들의 의견이 자신의 의견보다 중요하다고 말한다면 요점을 놓치는 것이다. 왜냐하면 2번의 자기관념은 남들이 생각하는 자기 모습에 지나치게 의존하기 때문에 대개 자기 의견 자체가 없다. 이들의 자존감은 취약하고, 그 특별한 사람이 자신에게 관심을 갖는지 갖지 않는지의 여부에 상당 부분 달려 있다. 호니의 말을 인용해보자.

> 세 번째 전형적인 특징은 타인에 대한 일반적인 의존성이다. 이것은 남들이 자신을 어떻게 생각하는지에 따라 자신을 평가하는 무의식적인 습성이다. 이들의 자존감은 타인의 인정이나 비난, 애정이나 무관심에 따라 오르내린다. 따라서 어떤 거부든 사실상 이들에게는 대재난이나 다름없다. 누군가가 자신의 호의에 응하지 않으면 의식에서는 이성적으로 받아들이겠지만 이들이 살고 있는 내면세계의 논리에 따라 이들의 자존감 눈금은 영으로 떨어진다. 즉 모든 비난, 거부 혹은 방치는 무서운 위험이고, 이들은 자신을 위협한 사람의 관심을 되찾기 위해 가장 비열한 노력까지도 할 것이다. 이들이 반대편 뺨을 내미는 행동은 알 수 없는 '마조히스트적' 충동 때문이 아니라 내면의 전제에 따라 논리적으로 할 수 있는 유일한 행동이다.[10]

다른 사람이 자신을 좋아하고, 원하고, 거부하지 않아야 한다는 것은 2번으로 하여금 남들이 자신에게 언짢아하거나 화난 상태를 견디지 못하게 만든다. 또 타인을 향한 자신의 부정적인 감정을 억압하게 만든다. 대립은 사랑의 상실을 뜻하며 도저히 견딜 수 없는 일이다. 그런 상실의 위험을 무릅쓰는 대신에 2번은 마음속으로는 상대방의 잘못을 지적하고 잊지 않더라도 최소한 겉으로는 이해하고 순종하며, 상대의 관점에서 바라보고 용서한다. 2번이 상대에게 반대쪽 뺨을 내줄지도 모르지만, 거기에는 결국 치러야 할 대가가 따를 것이다.

이들의 자존감은 남들이 자신을 어떻게 느끼는지에 달렸고, 핵심적인 신념이 자신은 사랑받을 가치가 없다는 것이기 때문에 자기가 정말로 사랑받고 있다는 끊임없는 확인이 필요하다. 자신이 불충분하다는 영속적인 느낌 때문에 계속해서 칭찬이 필요하다. 이 유형과 관계된 동물인 고양이처럼, 2번은 누군가 등을 긁어주고, 많이 쓰다듬어주고, 엄청난 양의 사랑을 쏟아주길 원한다. 2번은 주의를 끄는 사람으로 자신에게 관심을 끌기 위해 반짝거리는 보석을 착용하거나 소리가 나는 신발을 신고, 큰 소리로 한숨을 쉬거나 울기도 한다. 때때로 이들은 주의를 끌기 위해서라면 심지어 부정적인 관심이나 나쁜 평판을 감당하고라도 무엇이든 할 것이다. 아마도 모니카 르윈스키Monica Lewinsky가 이런 경우에 해당하는 2번일 것이다.

2번은 고양이처럼 자기가 원하는 관심을 얻기 위해 상대를 온통 괴롭히겠지만, 2번이 자신의 자기지시적인(self-referent) 행동을 알아차리게 만들려면 꽤 힘들 것이다. 이들은 관심을 보이고 쓰다듬어달라고 직접 요구하지 않고 되돌려 받기 위해 남들에게 해준다. 2번의 신조는 예수의 교훈처럼 '남이 너희에게 해주기를 바라는 대로 너희도 남에게 해주라'일 것이다. 2번은 자기가 주면 똑같이 되돌려 받으리라는 희망을 품고 자기가 사랑받기 원하는 사람에게 관심과 사랑, 추켜세움을 아낌없이 퍼붓는다. 2번이 주는 것 중에 사심이 없는 것은 없다. 이것은 무언의 거래에서 상대가 자신의 몫을 다하지 않았을 때 매우 분명해진다. 2번은 상대가 죄책감을 느끼도록 만들려 하고, 자신의 친절을 착취하고 이용했다고 비난하면서 앙심과 증오로 공격할 것이다.

유태인 어머니에 대한 유명한 이야기처럼, 2번은 당신이 배가 고프든 아니든 맛있게 치킨수프를 만들어서 먹인다. 그러나 거기에는 구속과 죄책감이라는 조건이 함께 붙어온다. 가령 "전부 너를 위해서란다. 비록 네가 전화도 안 하고 내 생각을 하지도 않지만, 나는 이렇게 친절한 마음으로 너를 위해 희생하고 있다. 내 걱정은 말아라. 나는 괜찮단다."라고 말하면서 크게 한숨을 내쉬고 이마의 땀을 닦아내는 식이다. 또 이런 농담도 있다. 전구를 갈아 끼우는 데에 유태인 할머니(2번 유형의 사람)가 몇 명이나 필요할까? 답은 "한 명도 필요 없다. 그냥 어두운 채로 앉아 있기만 하면 된다." 물론 받기 위해서 주거나 순교한 희생자처럼 느끼는 데에 꼭 유태인일 필요는 없다. 다른 민족과 종교 안에도 이와 똑같은 사람들은 얼마든지 있다.

## 본질과 멀어지게 하는 행동

2번은 자신이 원하는 것을 줌으로써 당신을 조종한다. 이들은 당신을 즐겁게 하고, 추켜세우고, 비위를 맞추고, 감언이설을 한다. 나란호가 말하곤 했듯이 맹목적으로 아첨하는 6번과 달리, 2번은 통속적이지만 적절한 표현을 사용하자면 '굽실거린다'. 그러나 이들이 하는 가장 교묘한 조종은 바로 상대방을 돕는 것이다. 2번은 당신에게 필요한 일이라면 재정적 도움, 대신 해주기, 고민 들어주기, 중매, 의논, 감언이설, 지지 기타 등등 무엇이든 도울 것이다. 이들은 자신에게 필요한 사람에게 이런 식으로 교묘하게 스며들어 없어서는 안 될 사람이 됨으로써 그 답례로 그 사람에게 자신이 필요하게 만든다.

성性은 2번이 흔히 거래를 위해 사용하는 통화通貨로, 성적인 청을 들어주고 사랑으로 교환한다. 2번은 자신이 사랑받을 만한 가치와 매력을 자신이 달성한 성적性的 정복의 횟수와 동등하다고 생각할 때가 많다. 때때로 2번 여성은 60년대 표현을 빌리자면 '인기 있는 남자들을 수집한다.' 2번에게 성은 애정의 표현을 즐기는 일이 아니라 관심이 필요한 자신의 욕구를 채우는 수단으로 사용된다. 앞서 말했듯이 2번은 흔히 매우 성적인 분위기를 발산하면서도 외양과는 반대로 성적으로 이완되고 개방적인 경우는 상당히 드물다.

받기 위해 주는 방법은 근본적으로 절망을 가져올 수밖에 없다. 왜냐하면 2번은 진정한 필요를 내면에서 알아차리지 못하기에 외부로 표현되지도 않고, 따라서 만족할 수도 없기 때문이다. 사랑과 동경을 유도하기 위해 자신의 이미지와 역할을 사용하기 때문에 2번은 자신의 있는 모습 그대로 사랑받는다는 느낌을 거의 갖지 못한다. 타인과 접촉하고 받아들여지기 위한 수단으로 성을 이용하는 방법은 필연적으로 불만을 남길 수밖에 없다. 앞서 2번이 사랑을 추구하는 데에 내재된 절망을 살펴봤다. 자신을 좌절시키고 영원히 욕구가 실현되지 못한 채로 남겨지는 것이 이들의 삶과 심리를 관통하는 질긴 실임에 분명한 것 같다. 그 뿌리는 자신에게 등을 돌리고 연결을 찾아 남에게 의존하는 데

269

에 있다. 이것이 2번이 자신을 펼쳐 나갈 때 경험하는 근원적인 좌절이다. 이런 이유로 각 유형이 자기 영혼과 맺는 관계를 설명하는 그림11 '본질과 멀어지게 하는 행동의 에니어그램'에서 2번에 해당하는 것이 '자기좌절(self-frustrating)'이다.

2번은 자신을 좌절시킬 뿐만 아니라 타인도 깊이 좌절시킬 수 있다. 자신이 얼마나 비참하고, 절망스럽고, 근심스러운지 비통하게 불평하면서(2번은 불평불만이 많다) 당신이 아무리 해결책을 제안해도 왜 당신의 제안이 효과가 없을 수밖에 없는지 으레 그 이유를 댈 것이다. 교류분석의 창시자인 에릭 번Eric Berne은 이런 종류의 상호작용을 '이러면 어때? — 좋지, 그렇지만(Why Don't You - Yes But) 게임'[11]이라고 부른다. 번은 이 게임이 반복성 사회 상호작용으로 그 결과를 예측할 수 있고, 겉으로 토의하는 내용과는 다른 동기를 성취한다고 정의한다. 여기서 목적은 그 어떤 제안도 소용없을 거라고 증명하는 것이다. 그리고 가벼운 투사적 동일화와 비슷하게 이 게임은 2번이 자기 내면에서 느끼는 것처럼 상대도 무력하고 절망적이고 좌절감을 느끼게 만든다. 더 깊은 차원에서 보면 2번은 만약 무언가에 이의를 제기하지 않으면, 즉 무언가에 반대해 자기 의지와 싸움을 붙이지 않으면 자기가 누구인지 그 감각을 잃어버릴 것이다. 따라서 어느 정도의 부정, 반대, 불만은 2번이 자기관념을 유지하는 데에 필요하다.

**격정**　　에니어그램 2번 유형의 격정은 앞서 언급했듯이 '자만(pride)'이다. 그림2의 '격정의 에니어그램'에서 확인할 수 있다. 이것은 진정한 자존감도, 자존심도 아니며 호니가 '신경증적 자만'이라고 부른 것이다. 이것은 실질적인 능력이나 성과에 바탕을 둔 것이 아니라 자신이 사랑스럽지 않으며 가치가 없다는 내면의 느낌을 보상하기 위해 부풀려진 자기관념이다. 2번은 각별하게 타고난 재능이 많으며, 유능하고, 사랑이 많고, 잘 베푸는 등등 자신이 특별하다고 믿는다. 동시에 각별하게 복잡하고 신경과민이며, 불안해하고, 잘 이용당하는 등등의 면도 있다고 생각한다. 따라서 자만한 자기팽창은 자신의 긍정적인 속성뿐 아니라 부정적인 속성에도 적용된다. 이들은 삶보다 부풀려져 있으며 보통 사람들과 다르다. 이들은 더 많이 일하고, 더 많이 성취하고, 더 깊이 느끼고, 더 잘 보살필 수 있다. 반면 다른 한쪽에서는 남들에 비해 자신이 더 각별하게 나쁘고, 더 심각한 실패자이며, 더 많이 거부당하고, 더 사랑받을 가치가 없으며, 더 가치 없는 인간이라고 믿는다. 2번은 자신이 중요한 사람이라는 생각으로 가득 차서 때때로 마치 왕족이나 된 듯이 행동하며, 사람들의 동경과 찬양을 즐긴다. 이들의 자만은 자신에 대해 부풀려진 내적 이미지(있는 그대로의 자기 자신이 되지 않는 것)에 있다.

2번은 훌륭한 사람들에게 없어서는 안 될 존재가 되었을 때 자랑스러워하며, 성적인 욕망의 대상이 되었을 때 자부심을 느낀다. 이들은 자기가 높이 평가하는 사람이 특별한 관심을 주었을 때 마음이 흡족하다. 초인적인 의지로 남에게 베풀고 성녀 테레사처럼 행동했을 때 자신이 자랑스럽다. 자기의 희생을 당연하게 받아들이거나 감사 인사를 받지 못할 때, 자신이 받을 자격이 있다고 생각하는 특별대접을 받지 못했을 때, 또는 관심의 초점이 되지 못했을 때, 2번은 깊이 상처받고 모욕감을 느낀다.

2번의 자만이 언제나 겉으로 눈에 띄지는 않는다. 2번에는 두 가지

양식이 있기 때문이다. 으스대고 과시하면서 젠체하고 자격이 있다는 식으로 자만을 더 공공연히 드러내는 2번이 있고, 태도는 더 겸손하지만 바로 그 아래에 자만을 숨기고 있는 자신을 지워 없애는 2번이 있다.

## 본질과 연결되기 위한 덕목

2번과 관련된 덕목은 그림1의 '덕목의 에니어그램'에서 보듯이 '겸손(humility)' 이다. 이카조는 겸손을 이렇게 정의했다. "몸과 그 능력의 한계를 받아들이는 것. 머리는 자신의 힘에 대해 비현실적인 믿음을 갖는다. 몸은 자기가 무엇을 할 수 있고 할 수 없는지 정확히 알고 있다. 넓은 의미에서 겸손이란 우주의 규모 안에서 인간의 위치를 정확하게 아는 것이다." 따라서 2번에게 내면작업의 열쇠는 객관적인 자기관념에 이르는 것이다.

2번에게 겸손을 키운다는 의미는 우선 무엇보다 자신 안에 침잠해야 한다는 뜻이다. 다른 사람을 기쁘게 하고, 그들에게 반응하고 응답하려 애쓰면서 밖을 지향하지 말고 주의를 자기 안으로 돌릴 필요가 있다. 2번은 타인에게 너무 요구가 많고 자기지시적이기 때문에, 이들이 정말로 해야 할 일이 자신에게 초점을 맞추고 타인에게 갈망하는 관심을 자기 스스로 주어야 한다는 말이 아이러니하게 들릴 수 있다. 그러나 이것이야말로 이들이 갈망하는 연결을 진정으로 얻을 수 있는 유일한 길이다. 자신에게 초점을 맞추면 쉬지 않고 재잘대는 히스테리적인 감정과 삶 속의 흥분되는 사건과 위기 아래로 마음속에서 진짜 무슨 일이 일어나고 있는지 만나게 된다. 2번은 광란적인 활동과 돌풍처럼 휘몰아치는 감정을 가라앉히고 안으로 깊이 느껴 들어가서 자기가 정말 경험하고 있는 것과 접촉해야 한다. 2번의 감정은 상당히 극적이지만, 앞서 말했듯이 정말로 그 감정을 깊이 느끼지는 않는다. 이들이 진정한 자기관념을 발달시키려면 그것을 완전히 느낄 필요가 있다. 같은 맥락에서, 진정한 자신이 어디서 멈추고 팽창된 자기이미지가 어디서부터 시작되는지 아는 감각을 발달시키려면, 2번은 실제로 자신의 몸을 감지하고 그 경계선이 어디인지 느껴보는 것이 극도로 중요하다.

안으로 침잠해 들어가면 모든 사람을 사랑하고 베푸는 이상적 자기이미지에 자신을 끊임없이 비교하고 있으며, 거기에 부합하지 않을 때는 자신을 거부하고 부합할 때는 자만으로 자신을 부풀린다는 사실을 보게 될 것이다. 2번은 자신의 자만과 자신이 특별하다는 기분을 알아차릴 필요가 있다. 2번에게는 이것이 쉽지 않다. 초자아가 부합하라고 요구하는 원대한 이미지를 따라가지 못하면 자기가 어떻게 내·외적으로 자신의 모습을 끊임없이 거부하는지(대개는 그 이미지를 따라가는 것이 불가능하다는 것을) 깨닫게 될 것이다.

자신의 삶 속에서 중요한 사람이 자기를 사랑하는지 혹은 거부하는지에 따라 자기평가가 얼마나 달라지며, 근본적으로 자기애와 자기수용이 거의 없음을 깨달을 필요가 있다. 2번은 타인의 거부가 자기거부를 확증하기 때문에 거기에 민감하다는 사실을 보게 될 것이며, 정신역학적으로 그런 자신과의 관계에 어린 시절 환경이 어떤 영향을 미쳤는지 이해할 필요가 있다. 2번은 이 내면의 역학 때문에 자신이 현실과 맞서 싸우게 되며, 이런 제멋대로의 성향이 자신을 변화시키거나 자유롭게 하는 것이 아니라 몹시 괴롭게 만들고 있음을 발견할 것이다. 초자아에 맞서 방어할 마음을 먹고 자신을 받아들이기 시작할 수 있는 열쇠의 일부는 이 역학이 얼마나 고통스럽고 아픈지 직접적으로 체험하는 데에 있다.

## 내적 작업의 결과

초자아의 영향에서 벗어나 내면의 현실에 마음을 열수록 자신이 인간일 뿐이며 능력과 한계가 자신의 가치나 부족함을 결정하진 않는다는 사실을 깨닫게 될 것이다. 2번은 자신이 정말 할 수 있는 일과 할 수 없는 일, 실제로 경험하는 일과 경험하고 싶은 일을 인정할 수 있게 되고, 인간 이하 같은 느낌 때문에 초인적으로 행동함으로써 그것을 보상해야 한다는 생각을 멈출 것이다. 이들은 남을 위해 무엇을 할 수 있느냐가 아니라 자신의 있는 모습 그대로 사랑스럽다는 사실을 이해해야 한다. 이것은 사람들을 돕지 않을 때 시달리는 죄책감과 의무감에서 벗어나 자신이 정말로 다른 사람을 위해서 하고 싶은 일과 하고 싶지 않은 일에 대해 솔직하게 느끼도록 해줄 것이다. 또한 신체, 기력, 정신적인 면에서 자신의 한계를 알고 받아들이게 해줄 것이며, 그것을 존중함에 따라 사람들의 부탁을 편안하게 거절하는 법도 배우게 될 것이다.

뿐만 아니라 내적인 자제력이 부족한 것도 보게 해줌으로써 자신이 자유라고 부르는 것이 단지 방종이며 사실상 자신을 구속한다는 사실도 깨닫게 된다. 2번은 자신이 얼마나 자기의 욕구, 좋아하는 것과 싫어하는 것에 좌우되는 노예로 살고 있으며, 심지어 재정적, 신체적, 감정적 위험에 빠지는 한이 있더라도 그 욕구를 거부하기를 얼마나 힘들어하는지 알아차려야 한다. 이들은 돈이 얼마나 있는지, 배가 언제쯤 부른지, 정말로 새 옷이 필요한지 현실적으로 생각하는 일이 인생을 재미없고 지루하고 낭만 없이 만드는 게 아니라, 오히려 삶에서 진실로 자유롭게 의미 있는 일을 할 수 있는 기반을 제공한다는 사실을 깨달아야 한다.

겸손이란 실용적으로 자신을 돌보고 주의를 기울인다는 뜻이다. 그 결과 2번이 두려워하는 것처럼 이기적인 사람이 되는 게 아니라, 더욱 더 자신 안에 중심이 잡힌 모습을 발견하게 될 것이다. 자기 안에 뿌리를 내릴수록 내면의 현실을 더 잘 인정하고 항복하며 흐름을 따를 수 있게 되고, 과거로부터 만들어진 자기와 타인에 대한 의존성에서 더욱 자유로워진다. 자신에게 마음을 열수록 남도 더 잘 받아들이고, 그토록 갈망했던 사랑을 진정으로 주고받을 수 있게 된다. 2번은 붙잡고 있던 자신을 놓을 수 있게 되고, 진정으로 항복함으로써 자신의 가장 깊은 본성과 하나가 된다. 2번은 자신이 '실재'와 하나이며, '신성'과의 황홀한 결합에 녹아든 달콤한 한 방울의 꿀임을 알게 될 것이다.

# THE SPIRITUAL DIMENSION OF THE ENNEAGRAM

# 8장

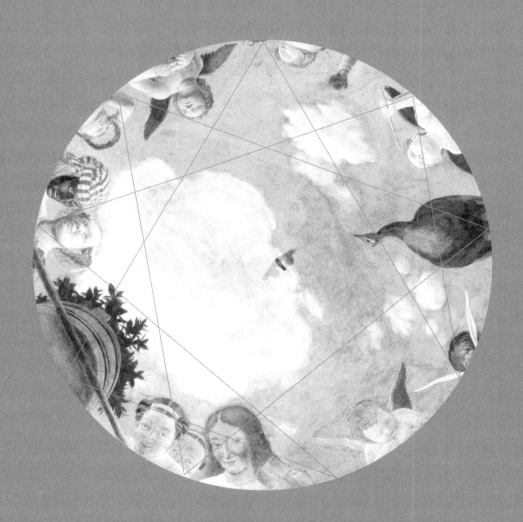

# 에니어그램 8번 유형 – 복수하는 자아
## ENNEA-TYPE EIGHT : EGO-REVENGE

내면의 자유는

노력을 통해서 얻어지는 것이 아니다.

그것은 무엇이 진실인지를

'보는 것'을 통해서 이루어진다.

— 붓다Buddha

## 인물상

8번은 자신감이 넘치고, 위세가 강하며, 지배적이고 현실적인 사람들이다. 이들은 에니어그램의 악동들로, 말썽을 일으키고 상황을 혼란시키고 싶어 한다. 8번은 자신이 지휘하고 좌지우지하길 좋아하고, 명령을 받는 쪽보다 하는 쪽을 더 좋아한다. 대개(꼭 신체적으로 그렇지 않더라도 기세 면에서) 덩치가 크고 거세며, 주변에 자신의 존재를 확실히 각인시키고 자기 뜻대로 하겠다는 단호한 의지를 전한다. 삶이 자신을 제대로 대접하지 않았다는 근원적인 태도 때문에, 8번은 정의를 부르짖고 보복을 통해 잘못을 바로잡으려 한다. 그래서 이 에니어그램 유형의 이름이 '복수하는 자아(Ego-Revenge)'이다. 이들이 이용하는 방법은 성서에 나오는 것이다. 눈에는 눈, 이에는 이, 자기가 당한 대로 상대에게 되갚아준다. 8번은 대립적이고 언제나 도전하고 싸우며 자신이 맞붙을 무언가를 열심히 찾고 있다.

내면에서는 나약함과 결핍감이 문제의 원인처럼 보인다. 그래서 이들은 이런 감정을 밀어내고 자신에게 그런 감정이 있을 수도 있다는 것을 심지어 무의식적으로도 부인할 때가 많다. 8번은 두려움, 슬픔, 특히 나약함 같은 '연약한' 감정, 또는 열등함, 우유부단함, 결핍감의 낌새가 있는 감정은 무엇이든 용납하지 못한다. 이들은 강하고 힘세며 인생이 던지는 타격을 견디고 다시 굳건히 회복될 수 있는지에 가치를 둔다. 8번은 직설적인 사람들로, 남에게 미칠 영향이나 자신에게 일어날 결과에 개의치 않으며 진심을 숨기지 않고 무뚝뚝하게 얘기한다. 흔히 노골적이고 열정적이며 때로는 거칠기까지 한 이들은 삶을 향한 욕망을 갖고 있으며, 먹을 수 있는 최대한으로 게걸스럽게 먹으려는 듯 보인다. 8번은 뻔뻔하고 타인의 감정에 둔감할 수 있지만 때때로 감성적인 면이 드러날 때도 있다. 그럴 때의 8번은 회색곰 같지 않고 오히려 순진무구한 테디베어처럼 보인다.

## 신성한 사고

이런 성격 특성은 8번과 관련된 현실을 바라보는 특유의 시각('신성한 사고')을 상실한 데서 비롯했다. 앞서 다른 '신성한 사고'를 얘기하면서 현실을 객관적으로 인식했을 때 즉 성격의 필터가 사라졌을 때의 특성과 속성을 일부 살펴보았다. 예를 들어 '신성한 완전'은 현실의 근원적 '그러함(suchness)'을 설명하며, '신성한 사랑'은 현실이 사랑으로 만들어졌으며 사랑의 발현임을 명료하게 보여준다. '신성한 근원'은 우리가 '실재'에서 생겨나고 그것으로 이루어졌다고 말하며, '신성한 믿음'은 '실재'가 우리와 모든 생명을 지원하고 유지하는 것이라고 말해준다. '신성한 법칙'과 '신성한 의지'는 '실재'의 활동의 다양한 의미를 표현한다. '신성한 진실'은 '실재'가 존재하며 그것이 모든 현실에서 다차원에 걸쳐 동시에 나타난다는 사실을 직접적으로 지적한다. 이것은 물리적 세상에서부터 가장 심오한 '절대자(Absolute)'의 차원에 이르기까지 현실을 그 안에 포함된 여러 차원과 함께 인식하는 것이다. 여기서 우리는 이 차원들이 전부 실제이며(그 차원들이 세상을 이루는 진실이다) 서로 분리될 수 없게 존재한다는 것을 볼 수 있다. 이 통찰은 현실에 대한 관념을 물질의 영역이 전부라는 가정에 의거하는 성격의 통찰과 뚜렷하게 대조된다. 현실에 더 깊은 차원이 있을 수 있다는 개념을 받아들인다 하더라도, 일단 곤경에 부딪치면 대부분의 사람들에게 물질적인 세상이 중요해진다. 우리 각자의 물질적인 육체가 다른 모든 대상과 분리되어 있기 때문에 성격의 물질주의적인 시각 속에는 우리가 본래부터 개별적인 개체라는 믿음이 내재한다.

8번의 깨달은 시야로 바라보면 물질적인 형태는 다차원의 현실에서 가장 바깥층임을 알게 된다. 이 현실은 단일체, 즉 그 안의 모든 차원들로 만들어지고 또 그 차원들이 이 단일체의 전체성과 떨어질 수 없는 분할불가능한 통일체이다. 이것은 현실을 하나의 무엇으로 경험하는 비이원적非二元的 관점이다. 이런 단일성에 대한 관념은 대개 이해하기 어렵다. 왜냐하면 우리는 일반적으로 하나를 둘과 대비해 생각하기 때문이다. 여기서 단일성은 모든 것, 또는 조금 달리 표현하면 모든 차원에서 존재하는 모든 것이 하나의 현실을 이룬다는 뜻이다. '물질'과 '정신'은 하나이다. 물질적인 세계와 신의 세계는 같은 것이다. 따라서 이 비이원적, 혹은 '실재'가 다차원에 걸쳐 동시에 나타난다는 시각에서 보았을 때, 만일 유추법을 사용해 대양에 비유한다면 이런 뜻이다. 즉 우리의 초점이 대양 또는 파도 어느 한쪽에만 맞춰질 수 있으나, 그럼에도 그 둘은 서로 구별될 수 없다는 뜻이다. 마치 파도를 봄으로써 대양을 경험할 수 있듯이 물질은 '정신'을 경험하는 한 가지 방법이다. 그렇다면 물질은 파도처럼 대양, 즉 모든 것의 표면을 구성하고 있다.

따라서 물리적인 차원에서부터 본질적 차원을 거치고 '무한의 차원들'을 거쳐 '절대자'에 이르기까지 점점 깊어지는 여러 차원은 전부 동시에 존재하며 서로 떨어질 수 없다. 그것은 같은 사물의 서로 다른 깊이이며, 그 각각이 '절대자'에 근접해가는 무엇이다. 이것을 현실을 수직으로 바라보는 시각이라고 불러도 되겠지만, 실제로는 그런 공간적인 용어가 정확하지는 않다. 수평으로 놓고 가장 표층의 차원을 봤을 때, 물질세계의 형태 중 그 어떤 것도 그들이 속한 단일체에서 구별되거나 분리되지 않는다.

8번의 시각에서 깨달음이란 이원성, 즉 이것과 저것, 나와 타인, 물질과 '정신', 자아와 '본질'을 구별하는 관념을 넘어 사물을 바라보는 것이며, 만물이 단일하다는 현실에 눈을 뜨는 것이다. 이것은 티벳불교의 수행법 족첸Dzogchen에서 그들의 용어로 우리의 '최초의 의식이 가진 비이원적인 상태' 속에 살도록 연마하는 것처럼, '실재'가 다차원에 걸쳐 동시에 드러난다고 가르치는 모든 교의들이 바탕으로 하는 근거이다.[1] 또한 힌두교의 분파인 아드바이타 베단타Advaita Vedanta 철학에도 내재되어 있다. 여기서는 현실이 '하나이자 전부(a-dvitiya)라고 정의되며' 인간의 처지는 아래와 같다.

생명의 모나드(life-monad)는 자신의 참된 성질에 대해 잘못된 생

각을 갖고 있다. 이들은 자신이 묶여 있다고 여긴다. 그러나 이 그
릇된 생각은 깨달음이 떠오르면 사라진다. 그러면 생명의 모나드
(jiva)는 자기 자체가 진아眞我(atman)임을 발견한다. 따라서 속박
은 존재하지 않는다. 실제로는 항상 자유롭다는 사실을 생각하면
속박과 해방 같은 표현을 쓰는 것도 적절하지 않다. 그런 표현은
정신적 도제 과정(apprenticeship)의 예비단계에서만, 즉 학생이 아
직 결정적인 발견을 하지 못했을 때만 의미를 갖는 것 같다. 구루
Guru는 '해방'이라는 표현을 예비단계에서만 사용하며 자신의 상
상 속에서만 존재하는 속박 상태에 살고 있는 사람을 가리킬 때
사용한다.[2]

개인의 차원에서 보면 '신성한 진실'이란 우리의 근원적인 본성이 '실
재'이며, 그것은 우리 몸과 영혼에서 분리될 수 없다는 인지이다. 즉 우
리의 몸과 궁극적 본성은 하나이며 여러 부분으로 쪼개질 수 없다. 자
신의 몸을 고체 덩어리로 인식하는 것이나, 아원자 차원으로 확대했을
때 대부분 빈 공간으로 이루어졌다고 인식하는 것이나, 두 가지 현실
모두 공존하며 같은 현상에 대한 서로 다른 인식이다. 어느 한쪽이 더
진짜이거나 정확하다고 말하는 것은 이치에 닿지 않는다. 마찬가지로,
어떤 시각에서 보면 우리는 상당히 발달한 뇌를 가진 동물에 지나지 않
지만, 또 다른 시각에서 보면 우리는 우주의 창문이다. 둘 다 진실이다.

　심지어 성격이 본질적인 바탕과 별개라는 생각조차도 '신성한 진
실'의 렌즈를 통해 현실을 바라보면 말이 되지 않는다. 성격은 단지 우
리의 영혼이 취하고 있는 얼마간 고착화된 틀이며, 개인의 과거가 누적
된 결과이다. 성격은 우리가 자신이라고 정의하는 신념, 감정, 행동의

패턴이다. 우리의 의식이 얼마나 굳어 있던 상관없이 우리 영혼은 '실재'와 분리될 수 없다. 이것은 마치 파도가 자신이 한 자리에 고정되어 있고 나머지 대양과 분리되어 있다고 생각하는 것과 같다. 그러나 이것은 분명 사실이 아니다. '실재'와 만나는 절정의 체험과 순간은 우리의 참된 모습을 단지 흘끗 본 것에 불과하다.

## 본질과의 단절

따라서 좀더 우주적인 관점에서 인식하든 우리 개인의 차원에서 인식하든, '신성한 진실'은 우리가 속한 현실이 분할할 수 없는 다차원의 단일체라는 체험적 이해이다. 이 이해를 잃어버리면 어떤 것이 다른 것과 근본적으로 분리될 수 있다는 이원적 감각이 생겨난다. 결국 이것이 여러 가지 이원적인 개념을 낳는다. 예를 들면 우리가 근본적으로 별개이고 본성이 서로 다른 '정신'과 물질로 이루어져 있다는 생각, 우주가 선과 악이라는 반대되는 두 가지의 힘을 담고 있다는 생각, 발현된 것과 발현되지 않은 것이 서로 다르다는 생각 등이다.

이런 이원적인 관념은 모든 성격 유형에 내재되어 있고 자아 현실의 초석들 중 하나이긴 하지만, 에니어그램 8번 유형에게는 지배적이며 이 유형의 모든 심리적 특성의 토대를 형성한다. 어린시절 '실재'와 단절됨으로써 8번에게 생긴 근본적 이원성은, 자신이 '실재'에서 떨어져 나와 분리된 사람이라고 믿고 또 그렇게 느끼는 것이다. 즉, '실재'와의 단절이 자신은 '실재'가 없으며 어느 모로 보아도 '실재'가 자신을 위해서는 존재하지 않는다는 감각을 만들어낸다. 앞서 살펴봤듯이 우리는 '실재'로 만들어지고 그것과 분리될 수 없기 때문에 이것은 사실이 아니다. 그러나 8번 성격의 삶에 대한 태도는 이런 환상을 바탕으로 세워진다.

일반적인 경우는 아니지만, 정신적인 믿음을 지닌 8번들은 한번도 '실재'와 단절됐다고 느끼지 않는다. 이들에게는 타인과 세상이 '실재'가 없는 것처럼 보인다. 이들의 성격 역시 현실에 대한 이런 견해를 중심으로 결정화(crystallize)한다. 자기 심원과의 연결은 지속되겠지만 대신 이들은 자기가 동일시하는 성격을 발달시키고, 그것은 내면의 심원을 보호하기 위해 그들의 영혼을 단단히 감싸는 갑옷이 된다. 8번이 성격 구조를 발달시킬수록 이들의 자기관념과 타인에 대한 관념도 '정신'이나 '신'이 있는 쪽과 없는 쪽으로 나뉘어 구체화되었다.

그러나 대개 8번은 어린 나이에 '실재'를 완전히 박탈당했다는 느낌을 얼마간 갖는다. 비록 이 언어 이전, 개념 이전의 단계에서는 자신의 심원과 단절된다는 개념조차 없지만, 8번의 가장 깊은 곳에는 뭔가 끔찍한 일이 일어났다는 기분이 있다. 뭔가 잘못됐고, 자신이 나쁜 일을 당했으며, 자기 영혼이 어떤 식으로든 더럽혀지고 오염됐다는 느낌이 든다. 최초의 자연적인 상태를 잃었다는 희미한 느낌, 타락했다는 어렴풋한 느낌이 있다. 자신에게 가장 진정한 무엇, 가장 심오한 최고의 진실이 의식에서 지워졌다. 8번의 영혼은 자기라는 존재에게 가장 귀중한 일치의 느낌이 사라진 것을 감지하고, 이들의 자아는 그 느낌을 중심으로 결정화한다.

| | |
|---|---|
| **주요 심리** | '실재'와의 내적 일치감을 박탈당하고, 그 결과로 나와 남을 가르는 이원성의 관념이 생기면서 |

에니어그램 8번 유형 — 복수하는 자아

틀림없이 이 끔찍한 상태를 초래한 누군가가 있다는 확신이 피어오른다. 책망은 8번의 심리에서 크게 부각되는 단어이다. 누구의 잘못인지 조사하고 그에게 앙갚음하는 것이 이들에겐 무엇보다 중요한 일이다. 이것이 8번 유형을 '복수하는 자아'라고 부르는 이유이자, 이카조가 8번의 집착을 그림2의 '고착의 에니어그램'에서 보듯이 '복수(vengeance)'라고 명명한 이유이다. 이것을 의식화하려면 상당한 내적 작업이 필요하겠지만, 이들은 가장 깊은 곳에서는 바로 자신에게 과실이 있다고 생각한다. 아주 어린 아기였을지라도 자신이 환경의 힘을 버텨내어 '실재'와 단절되지 않을 정도로 충분히 강해야 했다고 믿는다. 또는 단절되는 경험을 하지 않은 8번이라면, 어린시절 주변 사람들에게 자신과 그들 안에 있는 '실재'를 의식하도록 만들 수 있어야 했다고 믿는다. 아기에게는 정말로 무리한 요구다. 그러나 8번에게는 그럴 듯해 보이고, 심지어 논리에 맞는 것처럼 들린다.

어느 쪽 8번이든 그런 일이 일어나게 내버려뒀으니 자신이 나쁜 사람이라고 믿는다. 자신이 궁극적으로 분리된 개체이며 '실재'와 단절된 책임이 자신에게 있다는 이런 느낌은 아마도 기독교 교리에서 말하는 원죄의 근원일 것이다. 아담과 이브처럼 8번은 자신의 악함 때문에 에덴동산에서 쫓겨났다. 8번은 자신을 책망하지만 이것은 매우 견디기 힘들다. 그래서 중대한 심리학적 조처를 하는데, 그 책망을 외부에 투사하는 것이다. 즉 다른 사람의 잘못이라고 생각한다. 자기 마음속에 있는 이 깊은 상실감은 부모 또는 어린시절에 자기를 돌보던 사람의 잘못이며, 그 책임을 물어야 한다. 8번은 자신의 혐의를 풀고 손해배상을 받아내야 한다. 어린시절의 환경을 책망하고 그 시절에 대한 분노 속에 계속 머물면, 자신을 증오하지 않게 해줄 뿐만 아니라 한때 경험한 그 귀

286

중한 것에 대한 기억을 보호해준다. 이들은 이런 식으로 자신의 '진정한 본성'의 선함을 보호한다. 이것은 8번 개인이 벌이는 성전聖戰(jihad)[3]으로 이들에게 자신은 선하다는 느낌을 회복시켜준다.

8번이 지나치게 자신에게 모질게 굴고(만일 이들의 자기비난이 의식적이라면) 어린시절의 양육자에게 앙심을 품는 것 같겠지만, 이런 태도는 이들에게 훨씬 더 나쁜 것, 즉 자신의 무력함을 경험하는 일에서 보호해준다. 그것은 8번에게는 곧 항복, 자아의 현실의 힘에 내·외적으로 함락당한다는 뜻이다. 계속 다른 사람에게 책임이 있다고 생각하고 잘못을 바로잡으려고 애쓰면, 현실에 대항하는 내면의 싸움은 계속 진행되고 그러면 현실을 받아들이지 않아도 된다. 8번에게는 이것이 초기 어린시절에 꼭 필요한 심리적 생존 전략이었다. 자신의 무력함과 무방비 상태를 완전히 경험하는 것은 물리적으로 포기한다는 의미였을 테고, 그러면 정말로 살아남지 못했을 수도 있다. 어렸을 때 심각한 정신적 외상이나 학대를 경험했다면 특히 그렇다.

## 회피

환경의 힘에 대한 내적 무력감, 무능력함, 취약함이 이들이 자기 나약함의 핵심이라고 여기는 것들이며 가장 회피하는 경험이다. 그림10 '회피의 에니어그램'에서 8번에 해당하는 것은 '나약함(weakness)'이다.

이미 살펴본 대로 8번은 자아의 현실 속으로 떨어진 것에 대해 근본적으로 자신을 비난한다. 어떻게 보면 그 후 이들의 삶은 자신이 나쁘다는 이 기본적인 느낌과 그 결과로 생긴 죄책감을 극복하려는 시도이다. 8번의 모든 자기징벌과 자기혹평(다른 사람에게 가하는 정도보다 훨씬 가혹하다)은 '실재'와의 단절을 영혼이 그런 식으로 해석한 내용에 뿌리를 두고 있다. 각 유형이 자기 영혼과 맺는 관계를 묘사한 그림11 '본질과 멀어지게 하는 행동의 에니어그램'에서 8번에 해당하는 것은 '자기 처벌(self-punishing)'이다.

**이상화한 측면**　　　　만약 자기가 더 강하고 힘이 있었다면 그런 일이 일어나지 않았을 거라고 8번은 자신에게 말한다. 자기가 더 힘차게 밀어붙이고 고집을 피웠더라면 엄마가 자신의 심원을 알아차리게 만들고 '실재'와 단절되지 않았을지도 모른다. 더 튼튼하기만 했다면 자아 현실의 힘에 저항할 수 있었을 것이다. 자신이 더 세기만 했다면 자신이 당한 모든 크고 작은 학대들(많은 8번이 신체적 또는 성적으로 학대당하거나 그렇게 느껴지는 어린시절을 갖고 있다)을 멈출 수 있었을 것이다. 8번은 어린시절에 자기나 자신의 행동과 상관없는 이유로 모욕당하고, 이용당하고, 처벌받았다고 생각한다. 많은 8번이 엄마가 사랑해주지 않았으며 지배적이고 난폭한 아버지로부터 보호해주지 않았다고 기억한다. 이들의 영혼 깊이 부당하다는 느낌이 남고, 세상은 자신에게 악의를 가진 듯 보인다.

8번의 마음속에서 자신에게 잘못된 부분은 나약함과 취약함, 열린 마음과 감수성이다. 아기였을 때 자신의 민감한 영혼이 내면의 진실과 단절된 원인이 그런 속성들이기 때문이다. 그래서 강함이 자신에게 필요한 소질로 보여 그 어떤 특성보다 강함을 모방하는 성격 양식을 발달시킨다. 8번은 본질적 강함(strength, '다이아몬드 접근법'의 용어로 '레드 Red')을 흉내 내는데 이것은 이 유형의 '이상화한 측면'이다. 자기가 무

288

슨 일을 겪었는지 설명할 때 8번이 곧잘 사용하는 표현을 빌리자면, 이들은 다시는 '남의 손에 놀아나지' 않도록 강하고 세고 힘으로 밀어붙이며, 완고하고 냉혹해진다. 자신을 요새화해 어떤 것으로도 뚫을 수 없는 철벽으로 만든다. 자기 영혼의 민감성을 보존하고 보호하기 위해 질긴 보호층과 단단한 껍질을 발달시킨다.

'본질'의 진정한 강함과 달리, 8번의 성격 유형을 특징짓는 가장된 힘은 고정적이고 딱딱하며 굽혀지지 않는다. 이들은 언제나 강하고 억세며, 하는 일마다 전부 똑같은 양의 힘을 사용한다. 마치 빵 한 조각을 굽기 위해 커다란 화염기를 사용하고 몸을 조금 덥히려고 큰 모닥불을 피우는 것과 같다. 이들은 끊임없이 자신을 단단하게 만드는데 그 강직성이 강함과 똑같다고 생각한다. 철저히 물질적인 시각에서 보면, 사실 강한 근육이란 부드럽고 이완되고 탄력이 있으며 필요할 때 힘을 써서 반응할 수 있는 근육이다. 진정한 강함이란 그런 것이다. 탄력적이며 눈앞에 닥친 상황에 빠르게 반응한다. 8번과 관련된 동물인 곰에서 이런 모습을 볼 수 있다. 곰은 먹이를 찾거나 새끼를 보호할 때는 엄청난 힘으로 움직인다. 그러나 그런 강함이 필요 없을 때는 완전히 긴장을 풀고 무방비 상태로 새끼들을 핥아준다. 인간의 진정한 견고함은 얼마나 무거운 물건을 들 수 있는지, 사람들에게 얼마나 기세등등하게 소리 지를 수 있는지로 평가되지 않는다. 주변의 반응에 상관없이 진실을 말하거나 마음을 완전히 열고 누군가에게 사랑을 고백하기 위해, 또는 방어막을 내리고 실수했다고 혹은 상대에게 상처를 줬다고 인정하기 위해서는 훨씬 더 참된, 영혼의 강한 힘이 필요하다.

진정한 강함과 연결되지 못한 보상으로 8번이 발달시킨 강인함은 자신의 영혼을 감싸는 단단한 갑옷과 같다. 8번은 두려움, 슬픔, 수치

289

심, 후회, 결핍감, 무력함, 취약함, 그리움 등 약하다고 여기는 감정들을 전부 거부함으로써 자기 마음을 보호하려고 한다. 이들은 순수한 기쁨, 사랑의 감미로움, 감사, 연민을 경험하는 능력을 차단하고 그 외의 여러 감정도 봉쇄한다. 불행하게도 어떤 감정에는 마음을 열고 다른 감정에는 마음을 닫는 일이 불가능하기 때문이다. 마음을 너무 단단하게 만들어서 심지어 사랑에 빠지는 더 없이 행복한 상태를 경험할 수 없을지도 모르지만, 이렇게 보호하는 것이 그만한 대가를 치를 가치가 있다고 무의식에서 결정한 것이다. 호니는 에니어그램 8번 유형에 해당하는 신경증을 타인에게 맞서는 유형으로 분류하고 공격적, 보복적, 팽창적 유형 등 여러 가지로 부르며 이렇게 설명했다.

> 부드러운 감정을 목 졸라 침묵시키는 행위는 어린시절부터 시작되며 경화 과정(hardening process)이라고 표현한다. 다른 사람들의 행동과 태도에 의해 불가피하게 일어나고 사람들로부터 자신을 보호하기 위한 것이다. 자신을 고통에 둔감하게 만들려는 욕구는 상처받기 쉬운 자존심 때문에 상당히 강화되고, 상처받지 않는다는 자존심으로 절정에 이른다. 인간의 따뜻함과 애정(주고받는 일 모두)에 대한 이들의 소망은 처음에는 환경에 좌절되고, 나중에는 승리를 위해 희생된다. 결국에는 자신은 사랑받을 가치가 없다고 낙인찍은 자기혐오의 판결에 의해 동결凍結되어버린다. 그래서 이들에게는 다른 사람을 거역한다고 해서 잃어버릴 소중한 무엇이 없다. … "그 사람들이 나를 사랑하는 일은 전혀 불가능해. 어차피 나를 싫어하니까 하다못해 나를 무서워라도 해야 해." 게다가 보복하고픈 충동을 견제해줄 건강한 자기관심마저도 자신의 개인적인

행복은 철저하게 무시하는 태도 때문에 거의 기능을 못한다. 심지어 타인에 대한 두려움조차도, 어느 정도 활동하긴 하지만, 자신은 상처받지 않고 면역이 강하다는 자존심에 의해 억제된다.[4]

그저 자신을 보호하려던 이런 행동이 결국은 자신과 단절되게 만들고, 여기에 8번의 방어의 아이러니가 있다. 자신을 단단하게 만들고 '연약한' 감정을 거부한 것이 영혼 안의 본성, 즉 '본질'에 접근하고 들여다볼 수 있게 해주는 바로 그 민감성을 잃게 만든다. 영혼을 보호하려고 시작한 행동이 결국 영혼 안의 진실로 들어가지 못하게 한다. 8번은 자기 영혼에 생기와 활기를 주는 것과 단절되고, 내면의 메마른 느낌과 함께 남겨지고 만다. 이들은 자기 마음을 마비시켰기 때문에 타인에 대한 공감, 감수성, 연민이 거의 없으며 그것은 자신에게도 마찬가지이다. 극단적으로 되면 다른 사람의 기분이 어떤지, 다른 사람이 자신을 어떻게 느끼는지 거의 신경 쓰지 않는다. 왜냐하면 앞서 말했듯이, 자신은 어쨌든 사랑받을 가치가 없다고 결론 내렸기 때문이다. 공감이 부족하기에 이들은 대개 타인의 고통과 상처를 알아차리지 못하고, 타인에게 무관심해서 퉁명스럽고 무뚝뚝하고 냉담한 자신의 태도가 상대에게 어떤 영향을 주는지 눈치 채지 못한다. 혹시 눈치 채더라도 후회하기보다 자기가 그것을 눈치 채게 만든 상대의 취약함을 경멸한다.

이와 밀접한 관계가 있는 성향이 미묘함에 대한 이들의 전형적인 인내력 부족이다. 8번은 에둘러 말하거나 슬며시 찔러보지 않고 직선적인 것을 좋아한다. 사물의 겉모습 뒤에 있는 이면을 보고 싶어 하지 않는다. 마찬가지로 자기 영혼을 단단하게 만들다가 비롯한 생기 결여와 공허감을 에워싼 죄책감을 경험할까봐 두려워 자기 표층의 이면도

291

보고 싶어 하지 않는다. 8번에게는 육체적 감각으로 접촉할 수 있는 것만이 진짜이고, 그 나머지는 모두 공상이고 헛소리(8번이 중요하게 생각하고 자주 사용하는 단어)이다. 분명 여기에는 감정의 영역과 정신적 영역도 포함된다. 이들은 종교적, 정신적 체험에 대해 매우 회의적이고, 종교 조직은 잘 속는 사람들을 착취하는 교묘한 수단이라고 믿는다.

8번은 열린 마음보다 고착화되고 폐쇄된 마음으로 현실에 접근한다. 강함을 모방해 형성된 성격은 이들의 마음을 수용력 없으며 완고하고, 굽히지 않으며 아집에 차게 만든다. 8번은 눈앞에 어떤 상황이 펼쳐지면 거기에 뭔가 있을 거라는 부정적인 선입견을 갖고 바라보며, 이들에게는 그것만이 진짜 같다. 8번은 마치 사기당하고 이용당하고 모욕당한 사람, 혹은 위협당하는 사람의 시각으로 현실을 바라본다. 따라서 어떤 대상을 만났을 때 잠재적으로 해를 입힐 만하고 위압적이며 어둡고 동물적인 측면을 먼저 찾는다. 타인은 8번의 내면세계에서 그렇지 않다고 증명될 때까지 나쁜 사람이고 건달이다. 8번 유형과 연관된 신체 부위인 이들의 눈은 사물을 있는 그대로 보지 않고 선입관의 장막을 통해 삶을 바라본다. 70년대 TV드라마 '올 인 더 패밀리All in the Family'에 나오는 캐릭터 아치 벙커Archie Bunker가 8번의 이런 고집불통 성향을 잘 보여주는 예이다. 아치의 '현실주의'뿐만 아니라 편견에 가득한 눈으로 바라보면서도 자기가 보는 세상이 틀림없이 정확하다는 그의 확고한 믿음에서 '신성한 진실'의 왜곡된 모습을 볼 수 있다.

## 방어기제

1번은 모든 것에 긍정적인 견해를 보태려는 경향이 있다면, 8번은 모든 것에 악한 면을 보태는 경향이 있다. 각 유형이 현실을 바라볼 때 통과시키는 막을 묘사한 그림12 '거짓말의 에니어그램'에서 8번에 해당하는 것은 '선입관·거짓, 부정(prejudice/false, denial)'이다. 이들의 가장 커다란 부정은 사물의 낙관적이고 행복하고 희망적인 면을 부인하는 것이며, 이것이 8번의 방어기제이다. 8번은 타인과 삶에 대한 깊은 의심에 쫓기며, 세상에서 무엇이든 좋은 것을 얻으려면 싸워서 억지로 비틀어 짜내야 한다고 확신한다. 마치 무엇이든 긍정적인 면이 있다고 믿으면 얼간이처럼 속을까봐 두려워서, 현실에 또 실망하고 낙심하는 위험을 감수하느니 차라리 모든 것의 어두운 면을 보기로 한 것이다. 6번처럼 이들도 가장 강한 자만이 살아남는 동물적 다윈주의 세계 속에 산다. 단, 6번과 반대로 자신을 강한 자와 동일시한다.

많은 8번들의 가장 깊은 부정은 모든 선善의 원천인 '실재'의 영역을 부인하는 것이다. '신성'과 단절됐다는 견딜 수 없이 고통스러운 기분을 느끼기 싫어서 '실재'가 존재한다는 사실 자체를 부정한다. 이들에게 신은 죽었다. 한때는 신이 존재했는데 이제는 더 이상 없다는 것이 아니라 신이라는 개념 전부가 애초부터 헛소리이다. 8번은 현실주의자가 되어 '실재'를 배제하고 남는 세상의 껍데기에 뛰어들어 싸워나간다.

만물의 다차원성을 부인하는 것이 이들의 가장 깊은 부정이겠지만, 부정의 방어기제는 성격 속에서도 크고 작은 방식으로 끊임없이 작용한다. 고통을 줄 수 있는 것, 즉 자신은 강하고 힘이 세다는 내면의 표상을 손상시킬 수 있는 것은 무엇이든 의식에 들어오지 못하게 막는다. 따라서 자신을 잘못됐거나 약하거나 무능하거나 뭔가 필요한 사람으로 보이게 하는 것은 전부 부정한다. 이것은 실제 일어난 사건을 부정하는

293

행동에서부터 내면의 생각과 감정을 부인하는 것에 이르기까지 온갖 모습으로 발현된다.

또한 부정은 문제가 항상 자신 밖에 있는 것처럼 보이게 만든다. 상대가 바로 적이며 자신을 뒤쫓는 것 같고, 모욕을 주려는 것 같고, 자신을 부당하게 대우하고 등등이다. 자신은 항상 무고한 희생자이고 이해할 수 없는 이유로 괴롭힘당하고 있다. 자기가 받는 대우가 맘에 들지 않거나 사람들과 관계가 좋지 않을 때 이들은 자기 책임은 생각하지 않고 상대를 비난한다. 자기의 어려움을 남 탓으로 돌리고 모든 것이 자기에게 부당하도록 미리 준비되어 있다고 믿는 태도가 자신이 현실을 왜곡하는 것이며 이것이 삶에도 영향을 미친다는 사실을 보지 못한다. 늘 그렇진 않더라도 이들이 자주 경험하는 분노와 원한은 현실을 이런 식으로 생각하기 때문에 나타나는 당연한 감정적 반응이다.

## 행동 및 정서 습관

따라서 8번은 자신이 현실적이고 실질적이고 감상과 이상주의의 눈가리개 없이 삶을 똑바로 마주보고 있다고 자부하겠지만, 이들의 현실주의가 모든 선善을 무시하고 오직 물질적 세상만을 근본적인 현실로 보게 만든다. 8번의 행동양식은 과장된 솔직함과 노골적인 태도로 '신성한 진실'을 모방하겠지만, 이들이 연출한 진실은 편파적이고 선입견에 차 있다. 아래에 인용한 호니의 설명을 보면 잃어버린 '신성한 진실'을 복제하려는 8번의 시도를 똑똑히 볼 수 있다.

이들이 느끼는 자신은 강하고 솔직하고 현실주의적이며, 이들의 눈을 통해 보면 그것이 전부 사실이다. 이들의 전제에 따르면 자신에 대한 이런 평가가 단연코 논리적이다. 왜냐하면 이들에게는 냉혹함이 강함이며, 타인을 고려하지 않음, 솔직함, 자신의 목표를 향한 무감각한 추구가 현실주의이다. 자기가 솔직하다는 생각은 부분적으로 오늘날의 위선의 정체를 자신이 날카롭게 폭로하는 데에서 온다. 대의명분을 위한 열의, 박애주의적 감정 등 그와 유사한 것을 이들은 철저한 가식으로 보며, 시민의식이나 기독교적인 미덕의 제스처가 정말로 원하는 바가 무엇인지 쉽게 폭로한다. 이들의 가치는 정글의 법칙을 중심으로 확립된다. 힘이 정의이다. 인도주의와 자비 따위는 필요 없다. Homo homini lups(인간은 인간에게 늑대이어라).[5]

호니가 사용한 라틴 문구는 영화 '늑대(wolf)'에서 8번 배우 잭 니콜슨 Jack Nicholson이 연기한 인상적인 역할을 떠오르게 한다. 영화에서 그는 비굴하고 어줍은 사람에서 공격적인 늑대(은유적 의미가 아니라 진짜 늑대)로 변신한다. 영화에 나오는 것처럼 8번은 상대의 처분대로 되기 싫어하며, 남을 지배하고 통제하고 제압하려고 애쓴다. '공격이 가장 좋은 수비이다'라는 말처럼, 이들은 착취당하거나 복종을 강요당하지 않으려고 가장 강하고 위세를 떨치는 정상의 자리에 오르기 위해 공격적으로 싸운다. 통제당할까봐 두려워 이들은 모든 일에서 통제권을 쥐고 있어야 한다. 8번은 대장이 되고 싶어 한다. 사람들을 지휘하려 하고, 명령받기보다 상대의 뜻대로 끌려가지 않으려고 사람들을 난폭하게 다룬다. 명령받는 입장을 거의 견디지 못하며 자기 목적에 필요할 때까지만 참는다. 8번은 자기가 상대보다 약하거나 상대의 통제 아래에 있다고 느껴지는 위치에는 절대로 있고 싶어 하지 않는다. 그 때문에 사람들에게 호통치고 겁을 줌으로써 자기에게 복종하고 자신의 권위를 존중하도록 만들려고 할 것이다.

8번은 다른 사람들을 가차 없이 대하고 마음대로 휘두르며 더 많은 것을 요구한다. 그러나 이들은 남들을 압박하는 이상으로 자신을 밀어붙인다. 8번의 징벌적인 초자아는 이들을 몰아세우고 혹평하며, 더 강하고 세져야 한다고 선동한다. 이들이 부합하려고 노력하는 자아 이상은 굴복하지 않고 강하고 힘이 센 사람이다. 여기에 따라가지 못했을 때는 초자아가 냉혹한 공격으로 이들을 벌한다. 초자아는 무리한 요구를 하고 무자비하며, 상처받거나 피곤하다고 느낄 때면 나약한 겁쟁이라고 낙인찍는다. 이들은 신체적, 감정적 혹은 다른 면에서 자신에게 한계를 허용하지 않는다. 남들을 노골적으로 깎아내리고 대의명분을 무효화하는 빈정거림을 통해 집단의 구성원들을 한꺼번에 처단하듯이, 8번의 초자아는 그보다 잔인하게 8번을 혹평하고 난타한다. 8번이 사람들에게 으름장을 놓아 복종시키듯이, 8번의 초자아도 이들로 하여금 강함을 향한 자아 이상을 따르도록 버릇을 단단히 잡는다.

8번은 이 유형과 연관된 동물인 곰처럼 기세등등하고 공격적이며, 위협적이고 떠들썩하며 난폭하다. 앞서 언급했듯이 어떤 8번은 테디베어 같은 기질이 있어서 우락부락한 모습에서 새어나오는 천진난만한 귀여움이 있다. 거기에서 아주 어렸을 때 캡슐에 싸여버린, 나머지 성격과 분리되어 밀봉된 8번 영혼의 일부를 엿볼 수 있다. 이런 면모는 TV시리즈 'NYPD Blue'에서 데니스 프란츠Dennis Franz가 연기한 앤디 시포위츠Andy Sipowitz라는 인물을 통해 훌륭하게 그려진다. 또한 여배우 로잔느 아놀드Roseanne Arnold에게서도 볼 수 있다. 8번은 공간을 많이 차지하고, 사람들의 주의를 요구하며, 어디에서나 상황을 지배한다. 이들은 대개 몸집이 크고 다부져 보이며 살이 찐 경우도 많다. 가슴이 두툼한 경향이 있는데, 마음을 방어하는 이들의 습성과 마음을 부드럽게 하거나 자기감정에 마음을 내어주지 못하는 이들의 어려움을 반영한다. 이들에게 부드러움은 나약함이며, 감정에 마음을 내어주는 것은 항복이다.

8번은 자신이 우월하다고 생각하고 또 그렇게 주장하기 위해 노골적으로 거만하게 굴고 남을 경멸하며 깔본다. 이들은 자신의 감정, 타인의 감정, 겸손, 예의바름, 공손, 그 밖에 다른 우아함을 추구하는 사회적 관습 때문에 주저하지 않는다. 8번은 다른 유형들처럼 죄책감이나 양심에 속박되는 것처럼 보이지 않으며, 보통 사람들은 상상만 하는 일을 행동으로 옮긴다. 이런 이유로 내성적인 유형들은 때때로 8번을 동경해 자기도 8번 같았으면 하고 바란다. 그러나 이들은 겉으로 보이는 것처럼 자유롭지 않다. 호니의 말을 빌려보자.

> 공격적인 유형은 전혀 속박받지 않는 사람처럼 보인다. 이들은 자신의 욕구를 주장할 수 있고, 명령하고 분노를 표현하고 자신을 방어할 수 있다. 그러나 사실은 유순한 유형보다 결코 속박을 덜 받지 않는다. 이들의 속박은 감정의 영역에 있으며, 우정, 사랑, 애정, 공감과 이해, 사심 없는 기쁨을 즐기는 능력과 관계가 있다. 마지막에 나오는 사심 없는 기쁨을 이들은 시간낭비로 치부할 것이다.[6]

8번은 폭발적인 분노와 폭력적인 행동에 지배받으며, 다른 유형들이 이것을 강박적으로 억압하듯이 이들은 강박적으로 표출한다. 이들은 분노를 다른 감정들보다 쉽게 느낀다. 격렬하게 덤벼들어 맞서 싸우지 않고는 못 배기며, 엄청난 내적 작업을 거치지 않으면 이런 식으로 반응하지 않을 자유가 거의 없다. 분노는 뭔가 강요하고 억압한다고 느낄 때 나오는 반응이다. 분노가 우리를 관통해 지나가도록 하면 더 강하고 힘차고 살아 있는 느낌을 받는다. 8번은 바로 이런 속성을 느끼고 싶어 하기 때문에, 이들이 선택한 감정이 분노이다. 8번은 상처받았다고 느끼면 화를 낸다. 두려우면 화를 내고, 뭔가 필요하다고 느껴지면 화를 낸다. 이들은 이런 '부드러운' 감정을 느끼도록 억지로 '강요당하는' 것에 대해 보통 남의 탓으로 돌리고, 여기에 분노의 폭발이 동반된다.

8번은 현실적이고 무뚝뚝하다. 뭐든 자기 뜻대로 하며 의지가 강하다. 이들은 무자비하고 독재적인 CEO이고, 광포한 마피아 두목이며, F. 리 베일리F. Lee Bailey처럼 극심한 분노에 불타는 피고측 변호사이다. 이디 아민Idi Amin, 사담 후세인Sadam Hussein, 듀발리에Duvalier, 아우구스토 피노쳇Augusto Pinochet 같은 부패한 폭군이다. 이들은 허튼소리는 절대 통하지 않는 정치적 동물로, UN에서 신발을 벗어 책상을 쾅쾅 내리친 니키타 크루시체프Nikita Khrushchev나 베트남에 폭탄을 떨어뜨린 린든 존슨Lyndon Johnson이 그런 사람이다. 아들을 얻기 위해 현 부인과 이혼하고 재혼하려고 가톨릭교회와 의절하고 자기 종교를 세운 후, 결별을 확실히 하기 위해 대수도원을 해체시키고 그들의 막대한 재산을 거둬간 헨리 8세가 바로 이들이다.

**함정**  위의 예시를 생각하면 그렇게 보이지 않겠지만, 8번에게는 '정의'가 중요한 단어이다. 1번이 불완전을 감지하려고 안테나를 세우듯이, 8번은 불공정을 잡아내려고 안테나를 세운다. '정의(justice)' 추구는 그림9 '함정의 에니어그램'에서 보듯이 8번의 함정이다. 이들에게 세상은 불공정해(특히 자신의 처지를 고려했을 때) 보이며, 격차를 없애 평등하게 만들고 싶어 한다. 8번은 사회부정의 희생자를 위한 투사이며, 자기보다 약하고 힘없는 사람을 위해 획일적인 힘에 맞서 싸우는 대변인이 될 때가 많다. 이들은 기존의 권위에 저항하는 반항자이며 그것에 공공연하게 대항한다. 또한 8번은 정치 활동가이고 피델 카스트로Fidel Castro, 레흐 왈레사Lech Walesa와 같은 혁명론자이다.

8번의 정의는 절대적으로 성경에 나오는 그대로다. 눈에는 눈, 이에는 이. 이들은 보복을 원하며, 자신이 당한 대로 되돌려주고 싶어 한다. 이들은 어떻게 원수를 갚을지 계획하고 상상하기를 즐긴다. 8번의 정의는 개인적인 피의 복수로 자신이 당한 고통을 상대도 똑같이 당해야 한다. 이들은 숀 펜Sean Penn이다. '뉴스위크Newsweek'에서는 숀 펜이 파파라치에게 주먹질한 사건과 그로 인해 폭행 구타 판결을 받은 것에 대해 이렇게 인용했다. '현장 목격자들에 따르면 자제력이 부족해 보였다.', '숀 펜은 전적으로 정당한 행위였다고 말했다.'[7]

분명 이들이 생각하는 정의라는 개념에 공정함은 없다. 세상이 불공평하고 편향되고 당파적이라고 보지만, 세상을 더 좋고 덜 부패한 곳으로 바꾸는 데에는 관심이 없다. 단지 자기편이 이기길 원할 뿐이며, 일단 이기면 패배자들에게 굴욕감을 느끼게 할 것이다.

마피아는 8번의 이런 성향을 단적으로 보여준다. 마피아는 본래 중세시대 시실리에서 여러 침략자에 대항하려고 사적인 군대로 형성되었다. 그랬다가 18~19세기에 자신들을 고용한 지주를 상대로 반란을 일으키고 그 땅에서 사실상의 통치자가 되었다. 미국의 마피아는 업주

에니어그램 8번 유형 — 복수하는 자아

와 집주인에게 착취당하던 이주민 이탈리아인을 보호하면서 시작됐다가 악명 높은 범죄 조직으로 발전했다. 복수와 보복, 충성에 대한 엄격한 규범, 합법적인 정부 당국과는 일체의 협력 거부 등이 이들만의 특징적인 운영방식이 되었다. 말론 브란도Marlon Brando가 연기한 마피아의 대부 역할은 8번 문화의 8번 인물을 8번 배우가 연기한 훌륭한 예다.

8번의 정의 추구 혹은 복수 추구가 갖는 또 다른 측면은 자신에게 그럴 자격이 있다는 특유의 감각이다. 호니의 설명을 인용해보자.

> 다른 사람을 향한 복수심에서 드러나는 가장 중요한 사실은 그것이 자신의 권리를 주장하고 자신을 주장하는 일종의 표현이란 점이다. 노골적으로 지나친 요구를 하지 않을 수도 있고, 자신이 요구하고 권리를 주장한다는 사실조차 알아차리지 못할 수도 있다. 하지만 사실 이들은 암암리에 자신의 신경증적 요구(neurotic needs)를 존중받아야 하고, 또 자기에겐 타인의 요구나 희망을 철저히 무시하는 것이 허용된다는 권리 의식이 있다. 자신의 비판적 견해와 비난을 무삭제로 표현할 권리가 있다고 느끼면서, 동시에 자신은 절대로 비난받지 않을 권리가 있다고 느낀다. 자신에게는 친구를 만날지 말지, 또는 함께 보내는 시간에 무엇을 할지 결정할 권리가 있다. 거꾸로, 다른 사람은 이에 대해 어떤 기대나 견해도 내색하면 안 된다.[8]

**격정**    지금까지 보다시피 8번은 주로 자기 외부를 향하고 있다. 이런 이유로 정신적 작업에서는 다른 유형에 비해 8번의 수가 적다. 그러나 각별한 자취를 남긴 8번 유형의 정신적 지도자도 몇몇 있다. 그 중 하나가 19세기의 심령술 종파인 신지학회神智學會의 공동 창시자 헬레나 블라바트스키Helena Blavatsky이다. 그녀는 두 번 결혼해 한 명의 자녀를 두고도 자신이 여전히 동정녀라고 주장하고, 수많은 언어로 신을 부정했다. 그녀를 진정한 스승으로 받아들이는 사람이 있는가 하면 사기꾼으로 보는 사람도 있었다. 또 한 사람은 서론에서 언급한 G. I. 구르지예프다. 그는 제자들을 스스로 생각하는 자기 한계 이상으로 밀어붙이는 방식으로 지도했으며, 다량의 아르마냑 포도주와 함께 엄청나게 많이 먹기로 유명했다. 더 최근으로는 힌두교의 한 형태인 싯다 요가의 작고한 지도자, 스와미 묵타난다Swami Muktananda가 있다. 그 자신은 용서와 다른 쪽 뺨을 내어주는 정신과 상당히 멀었지만, 사람들에게서 폭력을 몰아낼 수 있다고 믿었다. 또한 금욕을 강조했지만 이따금 성추문이 제기되곤 했다.

정신적 모범이 된 사람들도 부정할 수 없는 욕망을 가진 것을 보았으니, 이제 그림2의 '격정의 에니어그램'에 나오는 이 유형의 격정인 '욕망(lust)'을 살펴볼 차례이다. 8번의 격정인 욕망은 틀림없이 성性의 영역을 포함하지만 거기에만 국한되진 않는다. 욕망은 마음가짐, 즉 삶 전반을 향한 감정적 태도이다. 강렬하고 게걸스러운 식욕, 이성을 망각한 탐욕의 수준까지 확대된 욕구이다. 이것은 동물적이고, 가공되지 않은 날것이며, 거칠다. 그리고 겉치레 없이 직설적이다. 메이 웨스트Mae West, 샤론 스톤Sharon Stone, 베트 미들러Bette Midler 등 영화 속에 나오는 고혹적인 요부들이 스크린을 통해 이 노골적이고 욕망을 숨기지 않는 성적인 8번의 악녀 기질을 잘 보여준다.

욕망은 8번의 분위기 전체를 물들인다. 욕망은 이들의 마음껏 즐기는 태도, 원기왕성함, 넘치는 자신감, 정열적으로 삶에 뛰어드는 자세, 가장 확실하게는 쾌락을 주는 모든 것을 향한 욕구로 반영된다. 이것은 감각적이고 관능적인 만족과 육체적 쾌락을 향한 열정적 충동이며, 물론 여기에는 격렬함이 따라야 한다. 제니스 조플린Janis Joplin의 마음과 영혼을 다하는 노래와 삶과 사랑에 대한 열정 그리고 동시에 자신의 결핍감을 감추기 위해 강인한 척하던 허식이 떠오른다. 전채와 전희 따위는 필요 없다. 이들은 곧바로 스테이크가 나오고 배가 터지도록 포식하길 원한다. 아무리 충분한 양도 8번에게는 절대로 충분하지 않다. 이들은 단지 욕구의 충족이 아니라 과잉을 원한다. 욕망의 대상 속에 완전히 숨이 막힐 정도로 뒤덮이고, 게걸스레 취하고, 파묻히고, 휩싸이며 그 위에서 뒹구는 것이 8번이 원하는 것이다. 본 스트로하임Von Stroheim의 위대한 무성영화 '탐욕(Greed)'에서 자수 피츠ZaSu Pitts가 연기한 인물이 한 다발의 금화를 침대 위에 쏟아놓고 그 위에 누워 말 그대로 몸부림치는 장면이 좋은 예다.

게슈탈트 요법의 창시자이자 절대적으로 8번인 프리츠 펄스Fritz Perls는 자신의 책《게슈탈트 요법의 기록(Gestalt Therapy Verbatim)》을 다음과 같은 말로 시작한다. '프로이트가 지껄인 헛소리의 정체를 폭로하는 데에 오랜 시간이 걸렸다.'[9] 펄스는 내가 자신의 유형을 설명하면서 프로이트의 개념을 사용하는 것을 싫어하겠지만, 8번의 욕망은 프로이트의 정의처럼 순수하고 가공되지 않은 생물학적 충동 에너지의 표출이다. 프로이트의 트립Trieb(충동)이라는 개념은 인간이 선천적으로 생물학적이고 본능적인 기반에 바탕을 둔 두 가지 충동 혹은 욕구를 부여받는다는 것이다. 그의 충동 이론은 몇 년에 걸쳐 발전·수정되었지만 그 핵심은, 인간은 자신이 사랑하고 원하는 대상을 획득하고 그와 결합하고 싶도록 자극하는 리비도의 충동과 남을 정복하고 이기고 싶도록 몰아대는 공격적 충동을 가졌다는 것이다. 공격적 충동이 가진 파괴심리뿐 아니라 위의 두 가지 충동간의 정확한 상호관계는 심리분석학자들 사이에 오랜 논쟁거리였다. 아무튼 8번의 욕망 속에서 공격성과 결합된 리비도를 볼 수 있으며, 독단, 지배, 파괴와 같은 공격적 충동과 관련된 성향도 함께 본다. 욕망이 주는 즐거움의 일부는 타인 또는 삶과 싸워서 그것을 얻어내는 데에 있다. 나란호의 말을 인용해보자. '우리는 욕망이 쾌락주의와 다르다는 사실을 눈여겨봐야 한다. 욕망 속에는 쾌락만이 아니라 나의 충동을 충족시키겠다고 주장하는 쾌감, 금지된 것을 하는 쾌감 그리고 특히, 쾌락을 얻기 위해 싸우는 쾌감도 들어 있다.'[10]

8번의 욕망에는 자기 내면에 없는 기쁨, 충만감, 살아 있는 느낌, 활기를 전부 삶에서 쥐어 짜내겠다는 듯한 탐욕스러움과 억지스러움이 있다. 바닥이 보이지 않을 만큼 끝없이 깊은 내면의 틈새를 메우는 일처럼 이들의 욕구는 만족할 줄을 모른다. 마치 그렇게 하지 않으면 빼앗긴다는 듯 대상을 꽉 붙잡고 있다. 이것은 현실에 대한 이들의 인식이 전반적으로 왜곡된 것과 일치한다. 마치 지금도 엄마가 주지 않는 젖을 잡아채서 우유를 짜내려는 것 같다.

나란호는 자기 열정을 순수하게 인식하고 표현하는 것에 대해 방어적인 다른 유형들과 반대로, 8번은 자신의 욕망에 대해 매우 솔직하다고 지적한다. 또한 이렇게도 말한다. "비록 욕망 유형이 자신의 욕망과 삶의 방식으로써의 욕망을 열렬히 받아들이긴 하나, 그런 삶의 태도를 옹호하는 바로 그 열정이 이들의 방어심리(모두가 그런 삶의 태도를 나쁘다고 말하지만 사실은 그렇지 않다고 자신과 세상에게 증명해야 한다는 심리)를 무심코 드러낸다."[11] 내가 생각하기에 이들은 자기가 욕망의 대상으로 삼

에니어그램 8번 유형 — 복수하는 자아

303

는 것들이 나쁘다는 인식을 방어한다기보다, 자신이 나쁘고 삶의 정신과 선善이 결여되어 욕망을 즐길 자격이 없다는 자신의 근원적 믿음을 방어하고 있는 것 같다.

8번의 격정인 욕망을 다른 시각에서 관찰하면, 욕망이 8번 영혼 안에서 하는 작용이 무엇인지 더 잘 이해할 수 있다. 앞서 살펴본 대로, 8번은 내적 심원과 단절되는 순간 물질과 '정신'이 똑같다는 지각을 잃어버리고, '정신'의 세계를 부정함으로써 주의를 자기 내면의 현실에서 밖으로 돌린다. 그 결과, 내면의 메마른 공허감이 이들의 전형적인 결핍 상태가 된다. 이런 시각에서 보면 이들의 욕망이라는 격정은 물질세상에서 최대한 많이 흡수하고 게걸스레 섭취함으로써 내면의 메마름을 완화하려는 시도임을 알 수 있다. 영혼을 단단하게 만들려는 8번의 노력은 내면을 활기 없고 마비된 상태로 만들고, 그래서 이들은 자기 마음을 꿰뚫고 들어와 감동을 줄 무언가를 찾아 더 많은 경험과 흥분이 필요해진다. 현실의 정신적 차원을 부정함으로써 이들은 무의미한 세상으로 자신을 채우려고 애쓰는 무의미한 영혼이 되어버린다. 물질을 절대적인 무엇이라고 생각하는 한 이렇게 될 수밖에 없다. 우리는 텅 빈 껍데기가 되고, 세상도 우리에게 텅 빈 껍데기가 된다.


## 이상화한 측면

지금까지 8번 성격구조의 주요 특성을 살펴봤으니 이제 이들의 성격 양식이 '레드'라는 본질적 성향을 어떤 방식으로 모방하는지 더 잘 이해할 수 있을 것이다. '레드'의 상태는 앞서 언급했듯이 영혼에 강하다는 느낌을 불어넣기도 하지만 그 외에도 많은 특성이 있다. 이것은 살아 있다는 느낌, 활기, 생동감, 열정적으로 삶에 참여하는 느낌 그리고 내·외적으로 도전에 맞설 능력이 있다는 느낌을 준다. '나는 할 수 있다'는 기분을 갖게 해준다. 활활 타는 불꽃 같고, 흥분되고 활동적이며 정력적으로 느껴진다. 자기 의견도 주장하고 내·외적으로 새로운 영역으로 뛰어들어 모험할 수 있는 용기를 가슴 속에 불어넣는다. 아마도 가장 깊은 차원에서 보면, 우리 영혼에게 과거에 의해 정의된 익숙한 자기관념을 뛰어넘으라고 자극하는 본능적인 욕구이며, 성격의 관성을 극복하고 현실의 모든 차원을 직접적으로 체험해 우리 안에 있는 우주의 끝없이 광대한 땅을 탐험하도록 부채질하는 충동일 것이다.

8번이 삶을 대하는 열정, 추진력, 마음껏 즐기는 자세는 분명 '레드'의 특징인 활기와 생동감을 어느 정도 모방하고 구현한다. 자기 것과 남의 것 사이의 경계선을 존중하지 않는 것은 자기개념 같은 성격의 한계를 뛰어넘어 영혼이 확장되는 일과 관계가 있는 '레드'의 속성을 반영한다. 8번의 뻔뻔함과 무모함은 영혼으로 하여금 삶에 직접적으로 참여하게 하는 '레드'의 속성을 반영한다. 이들의 반항성과 남의 손아귀에 쥐이는 상황을 참지 못하는 성질은 심리 안에서 부모상으로부터 완전히 자율적이도록 도와주고, 대상관계와 그 외의 과거에서 파생된 구성체로부터 자기관념을 분리시켜주는 '레드'의 기능을 반영한다.

## 본질과 연결되기 위한 덕목

8번이 자기 성격 양식이 흉내 내는 '레드'의 진정한 특성과 연결되려면 8번과 관련된 덕목인 '순수함(innocent)'을 지니고 자기 내면의 움직임에 접근할 필요가 있다. 이는 그림1의 '덕목의 에니어그램'에서 볼 수 있다. 다음은 이카조가 내린 순수함에 대한 정의이다. "순수한 사람은 기억, 판단, 또는 기대 없이 매 순간에 새롭게 반응한다. 순수한 사람은 현실과 그 흐름에 연결된 자신을 경험한다." 가장 깊은 차원에서 순수함이 의미하는 바는 과거라는 가리개 없이 매 순간에 접근한다는 것이다. 매 순간을 우리 인식에 선입관을 갖게 만드는 기억들 없이 경험한다는 뜻이다. 인식에 영향을 끼치는 과거가 없으면 영혼은 정말로 새롭고 순수하다. 우리의 연상이나 선입견에서 자유로워져 그 순간의 경험이 우리 영혼과 직접 접촉하고 영향을 미친다.

물론 여기에는 우리가 경험하는 내용에 대한 완전한 개방이 필요하다. 우리가 상상하는 어떤 위협으로부터 자신을 보호하거나 방어하지 않는다는 뜻이다. 8번에게 이것은 자신의 근본적인 대상관계, 즉 자신은 공격당하거나 침범당할 사람이고 상대(타인과 이 세상)는 자신을 잡으러 뒤쫓고 있다는 신념과 느낌을 포기해야 한다는 뜻이다. 이 정신적 구성체가 녹아 없어지면 그 밑에는 모든 것이 이미 자신에게 부당하도록 준비되어 있으며, 생존하려면 세상과 싸우고 자기가 당한 앙갚음을 해야 한다는 태도가 깔려 있다. 자신이 물질적 현실을 기반으로 하며, 몸과 영혼이 분리되지 않도록 쉬지 않고 발버둥쳐야 하는 개별적인 개체라는 느낌이 멈춘다. 그러면 내면의 죄책감 앞에서 자신은 순수하다고 항의하는 대신에 처음 그대로처럼 깨끗한 자신의 영혼을 경험할 것이다.

어떻게 하면 8번이 이런 상태에 이를 수 있을까? 우선 무엇보다도 손에 든 검을 아주 잠깐이라도 내려놓고 자기 내면세계에 주의를 기울일 필요가 있다. 자기가 가는 길 위에 던져진 것 같은 모든 불공정과 장애물이 아니라 자기 내면의 느낌에 새로이 초점을 맞추는 것이다. 그러기 위해서는 개인의 내적 작업 측면에서 보면 자신의 몸과 연결되고 그것을 직접 경험해야 한다. 활동적이고 신체 지향적인 유형에게는 쓸데없는 말처럼 들릴 것이다. 물론 8번은 자신의 몸과 연결되어 있지만, 실제로는 대부분 그렇지 않다. 8번도 장臟에서 느껴지는 경험과 직접 접촉하기를 다른 유형들만큼이나 어려워한다. 8번은 몸을 사용(자주 남용)하지만 자신의 의식 속에 완전히 머무는 경우는 거의 없다. 이들의 선입관적 태도는 몸의 직접적인 경험을 회피하고 대신 그것에 대한 판단에 의지하는 경향에서 분명하게 나타난다. 자기가 생각하는 내용이 아무리 정당하거나 보편적으로 보여도, 그것을 따라가지 않고 자기 경험과 직접 접촉하는 것이 8번의 순수함이 발달하는 첫걸음이다.

경험의 내용을 살펴보자면, 8번은 타인과 삶이 자신을 얼마나 위협하는지에 대해 터뜨리는 격심한 불평과 분노가 모두 감정적인 반응, 즉 자신의 성격에서 오는 것이며, 따라서 객관적인 사실이 아닐 수도 있다는 것을 알아차려야 한다. 과거에 학대까지는 아니더라도 힘든 시간을 보냈을 수도 있고, 현재의 삶에서 어려움을 겪을 수도 있다. 그렇더라도 자기 내면의 태도를 탐구하기 시작해야 한다. 8번은 자신에 대한 타인의 태도가 아니라 삶에서 일어나는 일에 대한 자기 반응이 진정한 문제임을 깨달아야 한다. 즉 외부 상황을 해결한다거나 당한 대로 앙갚음하는 태도는 자신을 근본적으로 변화시켜주지 않을 것이다. 반면 자기 어려움의 진짜 원인(자신의 세계관과 그로 인해 형성된 내면의 태도)으로 관심의 초점을 옮기면 근본적으로 변화할 것이다.

자기 경험에 머무는 일이 대개 8번에게는 항복까지는 아니더라도 무언의 허용처럼 보인다. 이들에게는 쉬운 일이 아니다. 방어 태세를 포기하고 자신의 영혼에 직접 닿도록 기꺼이 내버려두겠다는 마음이 필요하다. 애초에 잠재적으로 해를 줄 수 있는 무엇이 들어오지 못하게 막는 것이 방어의 목적이었지만, 긍정적인 부분을 받아들이는 것 역시 쉽지 않다는 사실을 알게 될 것이다. 8번은 좋다고 경험하는 무언가가 자신과 접촉하도록 허용하면 거기에 속을 것이다. 즉 자신에게도 자비심과 사랑이 있다고 믿었다가는 어린시절처럼 그것을 빼앗기고, 그것을 원했다는 이유로 처벌받을 거라는 커다란 두려움이 있다. 그 상태에 계속 머물면 자신이 정말로 두려워하는 것은 먼 과거에 생긴 내면의 고통의 저수지를 경험하는 일이며, 이 때문에 자신이 영혼을 마비시키는 질긴 견고함을 만들어냈음을 깨달을 것이다.

이 고통을 경험한다는 것은 동시에 자신이 어렸을 때에 아무것도 할 수 없이 무기력했다는 사실을 경험하는 것이다. 8번에게는 이것이야말로 진짜 숙제이다. 8번은 부모에게 화를 내고 비난하면서 그들이 그래선 안 되었으며 자신을 다르게 대우해야 했고, 얼마나 무지하고 정신 나간 사람들이었는지 항의할 것이다. 그러나 그 밑에서는 오히려 반대로, 철저한 조율 부족과 심지어 학대에 가까운 대우에 상처받지 않을 만큼 강하지 못한 자신을 책망하고 호되게 야단친다. 부모가 깨달음이 없는 사람이 할 수 있는 한계 내에서 최선을 다했으며 자신이 양육환경에 의존하고 영향받을 수밖에 없는 조그만 아기였다는 사실을 받아들이는 일은, 그렇게 환경에 좌우되는 영혼이 된 것이 자기 잘못이라고 믿는 것보다 사실 더 어렵다. 왜냐하면 이미 벌어진 사실에 항복한다는 것은 어린시절의 무력함, 무능함, 의존성, 결핍감, 취약성(자신에게서 잘못된 부분이라고 믿는 바로 그 느낌들)을 직면해야 한다는 뜻이기 때문이다.

## 내적 작업의 결과

자신의 방어태세와 그 원인을 체험적으로 이해하고 소화시킨 뒤에 현재 순간의 경험이 들어오도록 마음을 열면, 자기 방어태세가 감싸고 있던 메마른 공허감과 접촉하게 된다. 8번은 이 고통스러운 상태가 영혼의 감수성을 보호하려다가 생긴 결과이며, 어려서는 그것만이 실행할 수 있는 생존전략이었지만 이제는 오히려 자신의 고통을 영속시키고 있음을 깨달을 것이다. 자기를 보호하겠다는 생각이 자신은 외부의 무엇으로부터 보호받아야 하는 개별적으로 분리된 사람이라는 개념(몸과 동일시하면서 생긴 믿음)에 근거한다는 것을 경험할 것이다. 이것들을 보게 되면 어떤 식으로 자신은 분리됐다는 확신을 존속시켜서 자신을 '실재'의 단일성과 차단시켰는지 경험할 것이다.

자신의 경험과 직접 접촉하고 내면의 움직임이 스스로 전개되도록 허락하면 '실재'의 흐름과 연결되면서 자기가 분리되어 있다는 확신이 사라진다. 내면의 움직임의 역학에 맞서 싸우지 말고 마음을 열어두면, 근원적인 자기개념이 조금씩 해체되어 자기 존재에 대한 참된 진실(자기가 '실재'라는 단일체와 분리할 수 없으며 그것의 개체적인 발현이라는 진실)과 접촉하게 해준다. 꽉 붙잡고 있던 방어태세와 복수심을 놓으면 자신의 가장 깊은 두려움을 확인하게 되는 것이 아니라 오히려 자기 영혼의 알맹이 자체가 생명력이고 개성적인 역학임을 알게 될 것이다. 자신의 개방성과 무방비 상태가 가장 위대한 강함이며, 최고의 방어와 궁극의 복수는 분리주의적인 자기관념의 해체라는 사실을 깨닫게 될 것이다. 즉 우리가 열려 있고 투명하면, 비록 몸은 상처 입더라도 영혼은 그 무엇에도 훼손될 수 없는 티 없는 '신성(Divine)'의 창문이 된다.

# THE SPIRITUAL DIMENSION OF THE ENNEAGRAM

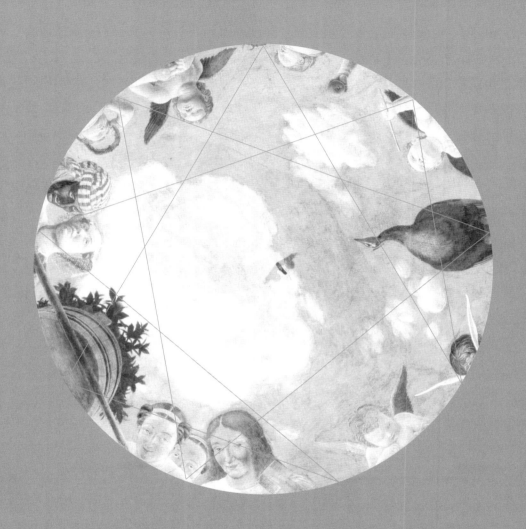

# 에니어그램 5번 유형 – 인색한 자아
## ENNEA-TYPE FIVE : EGO-STINGINESS

깨어 있는 삶이 주는 궁극적인 선물은

삶을 둘러싼 신비를 느끼는 것이다.

— 루이스 멈포드Lewis Mumford

## 인물상

이 유형의 사람들은 매우 개인적인 경향이 있으며, 혼자 있는 시간을 소중히 하면서 누가 침해하면 화를 잘 낸다. 5번은 자신이 남의 눈에 보이지 않고 고립되어 있으며 철저히 혼자이고 동떨어져 있다고 느낄 때가 많고, 또 그것에 크게 신경 쓰지 않는 듯 보인다. 삼켜질까봐 두려워 삶으로부터 숨고 자신을 밀폐한 채 자기만의 사적인 내면세계를 유지하는 경우가 많다. 대부분의 시간을 주변에서 일어나는 일에 적극적으로 참여하기보다 관찰한다. 이따금 말을 많이 할 수는 있지만, 그럼에도 자기만의 작은 세상 속에 살고 있다는 인상을 풍긴다.

자급자족과 자치성을 중요하게 생각하기 때문에 타인의 기대와 요구를 충족시켜야 한다는 의무감을 느끼기 싫어하며, 그러느니 차라

313

리 자기 안에 틀어박힐 것이다. 이렇게 이들이 자신과 자기의 자원을 보유하려는 인색한 경향이 있기 때문에 이 유형의 이름이 '인색한 자아(Ego-Stinginess)'이다. 내면의 결핍감과 텅 빈 느낌에 쫓겨 5번은 자신이 가진 아주 적은 자원도 뺏길까봐 두려워하고 보호해야 되는 것처럼 행동한다. 이들은 외부에서 아무런 도움도 받지 못하리라는 두려움 때문에 마치 아무것도 원하지 않으며 더 나아가 상관없다는 식으로 행동하고, 자신에게도 정말로 그렇게 느낀다고 확신시킨다. 그래서 5번은 자신이 바라는 것과 욕구를 표현하기를 제한한다.

많은 5번이 감정이 없고, 메마르고, 활력이 부족해 보인다. 강렬한 감정을 경험할 수도 있고 매우 활동적이고 날카로운 사고를 가졌을 수도 있지만, 이런 내면세계를 남들에게 거의 보여주지 않는다. 에너지 측면에서 볼 때 이들은 마치 자기 몸에 완전히 거하지 않은 것처럼 가냘프고, 때로는 심지어 부서질 듯이 보일 수도 있다. 마치 약간 거리를 두고 완전히 가담하기를 자제하는 것처럼 보인다. 5번은 매우 예민하며 때로는 모든 신경이 곤두선 듯 보이고, 마음이 쉽게 동요하며 깜짝 잘 놀라고, 얇고 연약한 피부를 가졌다. 이들은 정찰精察을 위해 사고思考를 이용하며, 눈앞에 펼쳐진 땅으로 들어가는 일이 안전하도록 자기 지식에 의지한다. 그러나 많은 5번이 오로지 자신의 사고 안에 살며, 머릿속에서 조직화한 공식으로 실제의 경험을 대신한다.

**신성한 사고**　　　　이런 성격 기질 뒤에는 5번과 연관된 '신성한 사고'의 상실이 존재한다. 이것을 이해하려면 8번의 '신성한 사고'에 대한 이해를 다시 되짚어봐야 한다. 앞서

314

우리는 8번의 '신성한 사고'인 '신성한 진실'이 우주 전체가 나뉠 수 없는 하나이고 그것의 모든 측면이 동시적으로 드러나며 서로 떨어질 수 없다는 통찰임을 살펴봤다. 이것은 전 우주가 물질적인 발현에서부터 '절대자'에 이르기까지 단일하며, 따라서 물질과 '정신'은 서로의 중요한 부분이라는 뜻이다. 이런 각도에서 모든 이원성, 즉 '신성'과 세속, 선과 악, 자아와 '본질', 우리 자신과 신이 허상임을 알았다. 전부 현실이라는 단일한 직물의 서로 다른 부분일 뿐이다. 두 개의 이름이 있는 5번의 '신성한 사고', 즉 '신성한 전지全知'와 '신성한 투명성'은 이 우주라는 통합체를 전체의 측면이 아니라 그 안의 다양한 발현의 측면으로 초점을 옮겨서 바라본다. 바꿔 말하면 이 시각에서는 현실을 하나의 사물로 보기보다 우주를 이루는 모든 부분의 상호연결성과 이 상호침투성이 내포하는 의미에 중점을 둔다. 또 어떻게 보면 '신성한 진실'은 현실 전체에 초점을 맞추고, '신성한 전지'와 '신성한 투명성'은 그것을 구성하는 부분에 초점을 맞춘다고 할 수 있다.

알마스는 그 두 가지 이해를 구별하기 위해 통일성(unity)과 일체성(oneness)이라는 단어를 사용했다. 통일성은 현실의 전체성을 인식하는 것을 말하며, '신성한 진실'에서 보는 관점이다. 일체성은 현실에서 분리되어 있는 모든 발현체가 하나의 무엇을 구성한다는 뜻이고, '신성한 전지'와 '신성한 투명성'이 바라보는 시각이다. 알마스는 이것을 명확히 설명하기 위해 몸에 비유했다. 몸을 밖에서 바라보고 하나의 물체로 이해하는 것은 '신성한 진실'과 유사한 반면, 몸을 안에서 바라보고 그것을 구성하는 개별적인 세포, 기관, 조직들을 살펴보는 것은 '신성한 전지'와 '신성한 투명성'과 비슷하다. 또는 우리가 사용해온 유추법을 써보면, '신성한 진실'은 대양을 물로 만들어진 하나의 전체적인 물체로 인식하는 것에 상응하고, 반면 '신성한 전지'는 모여서 대양을 이루는 수많은 파도와 해류를 인식하는 것에 상응한다.

5번의 '신성한 사고'를 더 자세히 살펴보기 전에 '신성한 투명성'에 먼저 초점을 맞출 것이다. 이것이 '신성한 전지'보다 좀더 이해하기 쉽기 때문이다. '신성한 투명성'은 자신이 현실이라는 전체에서 일부분을 차지하는 개체라는 인간의 경험이다. 에니어그램 유형과 관계없이 성격의 핵심적인 믿음 중 하나는 우리 개개인이 궁극적으로 서로 별개라는 것이다. '신성한 투명성'의 각도에서 현실을 객관적으로 바라보면 그것이 허상이고 최종적인 진실이 아님을 깨닫는다. 비록 우리 몸은 물질적으로 분리되어 있지만 이 분리성은 우리 본성의 기초가 아니다. 우리 개개인이 고유한 외양, 기질, 과거를 가졌고 누구와도 다른 특성을 지니고 있지만, 우리 모두 여전히 더 커다란 인류, 곧 우주라는 몸의 일부이다. 우리는 몸 안의 수많은 세포와 같다. 각자 독특한 구조와 기능이 있지만, 동시에 논란의 여지없이 서로 연결되어 있으며 같은 유기체의 일부분이다.

인류의 일원이라는 상호연결성을 넘어서 개개의 영혼으로서 우리는 '실재'의 표현이자 발현이며, 바로 우리의 본성에 의해 나머지 우주 전체와 연결되어 있다. 다시 한 번 말하지만 우리 몸을 구성하는 개개의 세포들처럼 우리들 사이를 갈라놓은 벽은 미세한 구멍이 많고, 반대편이 비쳐 보이며, 본래부터 경계를 한정짓거나 제한하지 않는다. '신성한 투명성'을 깨달은 시각에서 바라보면 자신이 현실의 일체성의 개별적인 발현 또는 분화이며 그것을 구성하고 그것과 분리될 수 없는 존재임을 깨닫는다. 그러면 우리 자신을 더 위대한 '전체(Whole)'의 일부분으로 인식하고, 동시에 나머지 인류와 또 나머지 우주와도 분리할 수

316

없다는 사실도 알아차린다.

　'신성한 전지'로 넘어가서 이 '신성한 사고'의 의미를 이해하려면, 왜 전지全知(omniscience)라는 단어가 이 일체성의 인식과 연관되어 사용되었을지 자신에게 질문함으로써 시작해야 할 것이다. 왜냐하면 전지란 모든 것을 아는 상태, 또는 완전한 이해를 얻은 상태를 뜻하기 때문이다. 이 단어를 어떻게 사용하는지 이해할 수 있는 방법이 여러 가지가 있다. 아마도 가장 간단하게는 정신적 성장이 결국 무엇을 위한 것인가와 관련이 있을 것이다. 정신적 성장은 인간이 자신의 내적 본성을 점진적으로 더 의식하고 접촉하는 과정이다. 문자 그대로 자신이 누구이며 무엇인지 점점 더 알게 되고, 이 앎이 완전해지면 자신이 '실재'의 개별적인 표현이라는 깨달음이 생긴다. 이것이 여러 가지 전통적 가르침에서 완전한 깨달음(자신과 자신의 본성에 대한 완전한 이해)이라고 부르는 것이다. 우리 개개인이 '전체'에서 분리될 수 없는 발현체이기 때문에 모든 영혼과 우주 전체와 본성을 같이하는 개별적인 영혼이 자신을 완전히 안다는 것은 '전체'를 완전히 아는 것과 같다. 따라서 '신성한 전지'는 깨달음을 얻은 인간 영혼의 시각이다. 이런 사람은 자신을 완전히 알고, 이 앎을 통해 자신이 일부를 이루고 있는 '전체'를 완전히 안다.

　'신성한 전지'에서 가장 심오하고 이해하기 어려운 부분은 아마도 우리 개개인이 우주정신에서 분화했다는 내용일 것이다. 앞 장에서 어떻게 해서 우주가 살아 있는 지능인지 살펴보았다. 현실을 이런 방식으로 바라보면 우리는 모두 그 지능에 의해 표현된 생각이다. 또는 약간 달리 표현하자면, 우주 안의 각 존재는 신의 정신 안에 있는 개별적인 생각과 같다. 우리 한 사람 한 사람이 모두 신 또는 '절대자'의 표현이고, 따라서 우주의 내적 본성이 그 바깥 표면으로 발현한 것이다.

그렇다면 '절대자'가 왜 이 각각의 '생각들', 즉 우리를 표현하는지 의문이 떠오를 것이다. 이는 왜 애초에 발현이 생겨났으며 인간 생명의 목적이 무엇인지를 묻는 질문과 같다. 많은 정신적 가르침들이 우리 존재의 목적은 '절대자'가 자신을 알기 위해서라고 하는데, 아마 이것이 가장 타당한 답일 것이다. 각각의 영혼, 즉 '절대자'의 각각의 표현이 자신의 '진정한 본성'을 의식하고 알아차리면 '절대자'는 자신을 안다. 따라서 우리 개개인은 '절대자'의 분화일 뿐만 아니라, 동시에 '절대자'가 자신을 아는 방법이다.

그러므로 '신성한 전지'는 인간 존재의 목적이 신이 자신을 알기 위함이며, 우주 안에서 인간의 위치는 '절대자'의 투명한 창문이고, 내적 작업의 본질은 자신의 본성을 점진적으로 이해하는 과정임을 알려준다. '신성한 투명성'은 우리가 자신을 '실재'의 투명한 창문으로 경험하면 자신이 나머지 창조물과 분리될 수 없음을 알게 된다고 말한다.

## 본질과의 단절

심원과 단절되면서 5번은 현실에 대한 그런 시각들도 같이 잃어버린다. 따라서 '실재'뿐만 아니라 자기 외의 현실과도 연결감을 잃는다. 유아기에 필연적으로 자신의 몸과 동일시되면서, 몸의 경계선이 이들에게는 최종적인 선이 되고 주변에 경계를 짓고 단절시킨다. 5번은 자신이 다른 모든 사람들과 모든 것에서 분리되어 있다는 신념을 발달시킨다. 어려서는 이런 신념이 어렴풋한 느낌에 불과했겠지만 나중에는 개념적으로 변한다. 분리성이 상호연결성을 대신해 기초를 이루고, 그 결과 인간 사회와 더 나아가 우주 안에 자신이 머물 참된 자리나 목적이 있다는 느낌을 갖지 못한 채 성장한다.

근본적으로 분리되어 있다는 이 느낌은 유형과 상관없이 모든 자아 구조에 공통적으로 존재한다. 이것은 성격이 가진 가장 뿌리 깊은 믿음 중 하나이기 때문에 대다수의 사람들이 가진 뿌리 깊은 믿음 중 하나다. 우리 대부분이 이것을 논란의 여지없는 명백한 사실로 느낀다. 우리 자아의식의 경계선을 넘어서는 경험을 할 때만 자신이 모든 만물과 하나이며 그 일부라고 경험한다.

## 주요 심리

자기 안에 틀어박혀 몸의 경계 안에서 벗어나지 않는 5번은 깊은 고립감을 경험한다. 사람들과 멀리 떨어져 있다고 느끼고, 자기만의 작은 거품 방울 안에 살면서 온전하게 가족이나 공동체에 속한 느낌을 거의 갖지 못한 채 자라난다. '신성한 전지'와 '신성한 투명성'이 상징하는 연결감이 사라진 필터를 통해 여과되어, 제일 처음 맺는 타인과의 관계(어머니와의 관계)가 5번에게는 서로 온전하게 이어지지 않았다고 느껴진다. 5번이 가진 어린 시절의 기억은 대개 어머니와 충분히 시간을 보내지 못했거나, 깊이 사랑받지 못했거나, 자신을 원한다는 느낌을 받지 못했거나, 풍족하게 영양분을 섭취하지 못했거나, 메마른 젖꼭지를 헛되이 빨았던 느낌으로 물들어 있다. 박탈감, 손길이나 영양분을 받지 못한 느낌이 이들의 영혼에 지울 수 없이 각인된다. 역설적으로 엄마가 자신을 침해하고 방해하며, 조종하려 들고 압도하고 집어삼키려 들며, 자신의 경계선이나 공간을 존중하지 않는다는 기분을 느낀 경우도 많다. 필요한 것을 주지 않은 엄마와 정반대로 들리겠지만, 여기서 공통의 요소는 자기 현실에 적절히 반응해주지 않고, 단절되어 있으며, 공감해주지 않은 엄마에 대한 경험이다. 엄마는 도리어 자기 일에 몰두하느라 5번을 제대로 이해하거나 요구를 충족시켜주지 않은 듯 보인다.

결국 5번은 자신이 남들 눈에 보이지 않고, 가치를 인정받지 못하며, 이해받지 못한다고 느끼게 되고, 이것이 이들의 지속적인 자기관념의 일부가 된다. 따라서 '신성한 투명성'이 의미하듯 자기의 욕구와 내면의 움직임을 남들이 뚜렷하게 볼 수 있다고 경험하지 않고, 자신이 누구의 눈에도 뜨이지 않는다고 느낀다. 자신의 필요와 욕구를 남들이 보지 못할 뿐만 아니라 내면세계도 그들에게 이해받지 못한다고 느낀다. 5번에게는 자기 내면의 움직임이 남들이 이해하고 관심을 갖고 공감할 무엇으로 보이지 않는다. 이들은 자신이 남들과 같지 않으며, 모든 인간이 공유하는 공통성이 결여됐다고 느낀다. 자신과 타인 사이의 깊은 틈은 건널 수 없을 것처럼 보이고, 자기 주변에 놓인 경계선은 뚫고 나갈 수 없을 것처럼 느껴진다.

**방어기제**     이런 비가시감과 고립감은 5번의 괴로움이자 동시에 그것으로부터 방어하려는 시도이다. 엄마가 자신과 둔 거리와 자신을 파악하고 공감하지 못하고 저지른 침해에 대한 반응으로, 이들은 무시당한다는 느낌의 지독한 고통을 경험하지 않기 위해 엄마에게서 한 발짝 뒤로 움츠린다. 이것은 또한 자신이 타인들 눈에는 보이지 않는다는 경험 앞에서 자신을 보호하고 봉인해 자기관념을 꽉 붙잡고 있기 위한 시도이다. 이런 자기 상실에 대한 두려움은 완전히 분화되지 않은 의식이 엄마와 자기를 명확하게 구별하지 못하기 때문이다. 따라서 엄마가 자신을 보지 않으면 자신이 실재한다는 감각을 잃어버리기 시작한다. 그래서 이들의 영혼이 생존을 위해 생각해낸 해결책은 자신을 따로 분리시키고 고립시키는 것이다.

욕구가 충족되지 못하면 눈물과 분노를 넘어 영혼이 유아 상태로 동결되어버리고, 조용한 단념과 무감정이 자리를 잡는다. 이렇게 뒤로 물러섬으로써 이들은 엄마가 자신에게 두었던 거리감의 경험, 확대해석하면 '실재'와의 거리감의 경험을 흉내 내고, 이런 물러나는 태도가 삶에서 주요한 전략이 된다. 엄마에게 받은 인상이 곧 다른 모든 사람들과 삶 자체가 되고, 5번은 자신의 심리 안에서 엄마를 닮은 모든 형태로부터 신체적으로, 감정적으로 후퇴한다.

요약하자면 5번은 삶으로부터 숨으며, 그래서 그림11 '본질과 멀어지게 하는 행동의 에니어그램'에서 5번에 해당하는 것은 '자기 숨기기(self-hiding)'이다. 이는 타인에게서 자신을 감추고 궁극적으로 자기 자신으로부터도 숨는 것을 가리킨다. 5번은 자기 안에 틀어박히고 사회 모임, 친근한 관계, 타인과 맺는 모든 종류의 관계에서 변두리에 머무르길 좋아한다. 단순하게는 자기 거처를 잘 말하지 않는 것에서부터 마음속으로 무슨 생각을 하는지 파악하기 어려운 것에 이르기까지, 이들은 자기 안으로 움츠러들고 접근하기 어려운 경향이 있다. 5번은 자신의 인간관계의 양과 질을 통제하길 원하며, 주의 깊게 사생활을 보호한다. 밥 딜런Bob Dylan과 조지아 오키프Georgia O'Keeffe(자연을 확대한 작품을 주로 그린, 20세기 미국 미술계의 독보적인 여류화가 — 편집자) 같은 유명한 5번들의 경우를 보면 그들의 사생활이 얼마나 알려진 바가 없는지 알 수 있다. 밥 딜런의 자기 안에 틀어박히는 성향은 콘서트장에서 청중과 눈 맞추기를 꺼리는 태도에서 뚜렷하게 나타난다. 오키프 역시 뉴멕시

코의 사막에서 고립된 삶을 살았다.

## 거짓말

5번의 숨기기 습성의 한 부분은 주로 내면의 생각, 감정, 원하는 바를 무관심의 가면 아래에 감추는 시치미 떼는 성향이다. 그림12 '거짓말의 에니어그램'에서 5번에 해당하는 것은 자신을 그대로 보여주려 하지 않는 '위장(dissimulation)'이다. 가령 5번이 어떤 질문에 대한 자기의 반응이 갈등을 일으킬 위험이 있다고 느낀다면 솔직한 대답을 끌어내기 어려울 것이다. 자신을 표현함으로써 준비하지 못한 도전을 받거나 남을 화나게 하는 위험을 무릅쓰느니 이들은 자기 속마음을 숨긴다. 논쟁 중이라면 5번은 선뜻 상대에게 동의한다고 말하겠지만, 여전히 다른 의견을 고수하고 있다는 사실이 나중에 틀림없이 드러난다. 순응적이고 상대가 원하는 대로 따라가는 듯 보이지만 5번은 애초에 자신이 내밀하게 하고 싶었던 일에 조용하고도 정확하게 착수한다. 어떤 때에는 자기 방향을 잊을 정도로 순응하는 경우도 있다. 마음속으로는 사람들이 바라봐주고, 가치를 알아주고, 관심을 가져주고, 사랑해주길 열망하지만, 먼저 주도적으로 시작하기가 두려워 무관심한 척 가장하고 누군가 알아차려 주기를 소극적으로 기다린다.

5번의 시치미 떼는 성향은 괜한 풍파를 일으키지 않고 갈등을 피하도록 도와주지만, 동시에 사람들과의 단절을 강화한다. 사람들과 연결감을 잃는 것처럼 삶과의 연결감 역시 내·외적으로 잃어버린다. 5번은 자신이 다른 현실과 분리되었으며 그 역동성의 일부가 아니라고 느낀다. 자신의 생동감과 활기는 금세 사그라지고 빈약한 듯 보이며, 기력, 끈기, 활력은 한계가 있는 것처럼 느껴지고, 심지어 자신이 뭔가 비현실적이고 유령 같다고 경험할 수도 있다. 5번은 허약하고 가냘프고 튼튼하지 못한 외모와 함께 자신이 작고 오그라들고 수축되어 있다고 느끼며, 열의와 활기가 나타나더라도 순간적이고 금방 사라지는 것 같다.

프로이트의 말을 빌리자면, 5번은 욕구 에너지(drive energy)가 떨어진다. 사람 혹은 어떤 물건을 향한 사랑과 가치의 투입이 차단되고 자제되며, 이들의 리비도, 즉 그들을 향한 욕구도 마찬가지다. 자신이 원하는 것을 좇기보다 자신을 설득해 원하는 바를 단념시키고 마음속에서 물러나고 움츠러든다. 엄마가 진정으로 자신을 파악하고 공감해 욕구를 충족시켜주지 못한 기억이 영혼에 각인되어 이들은 처음부터 단념한다. 자기가 원하는 것을 얻을 수 없으며, 주어지지도 않을 것이고, 혹시 주어지더라도 어차피 자신이 원하던 것이 아닐 거라 확신한다. 그래서 자신이 원하는 것을 얻지 못함으로써 어린시절의 상처를 재발시키는 고통을 피하기 위해 이들은 내면에서 깊은 열망을 경험하더라도 표현하기를 차단한다. 이것이 남들 눈에는 감정이 없는 것처럼 보인다. 또는 극단적으로 원하는 것 자체를 아예 멈추기도 한다. 자신의 희망과 욕구를 억제하면서 속마음은 그렇지 않더라도 겉으로는 무엇에든 관심 갖기를 그친다. 호니는 신경증 환자에 대해 자세히 설명할 때, 이것을 '얽매이지 않는 유형(detached type)'이라고 불렀다.

단념하는 사람(resigned person)은 무의식적으로 또는 의식적으로 아무것도 바라거나 기대하지 않는 편이 더 낫다고 믿는다. 이는 때때로 삶에 대한 비관적 견해, 어차피 다 쓸데없다는 느낌과 노력을 쏟을 정도로 갖고 싶은 것도 없다는 느낌을 동반할 수 있다. 많은 것들이 막연하게 갖고 싶다는 생각은 들지만 구체적이고 생생한 소망으로 떠오르지는 못한다. 만일 그 소망이나 흥미가 '관심 없다'는 식의 태도를 뚫을 정도로 충분한 열정이 있다 해도, 얼마 안 가 곧 희미해지고 '아무것도 상관없다' 또는 '상관있는 것이 있어선 안 된다'는 잔잔한 표면으로 다시 돌아간다. 그런 '바라는 것이 없음'은 직업상의 삶과 사적인 삶에서 모두 영향을 끼칠 것이다. 다른 직업이나 승진에 대한 희망뿐만 아니라 결혼, 집, 차, 또는 다른 재산에 대한 소망도 없을 수 있다. 이런 소망의 성취가 주로 무거운 짐으로 다가올 것이며, 사실상 이들이 가진 유일한 소망을 방해할 것이다. 그것은 귀찮게 방해받고 싶지 않다는 소망이다.[1]

## 함정

어떤 5번은 깊은 열망과 관심을 경험하지만 자기가 원하는 것이 주어지지 않을 거라 확신하고 신경 쓰지 않는다는 듯 가장한다. 적극적으로 뛰어들어봤자 소용없다고 더 철저하게 확신하는 다른 5번들은 무엇에 관해서든 관심 자체를 잃어버린다. 두 경우 모두 사물을 향한 내면의 욕구가 거의 없으므로 5번은 행동을 시작하기가 힘들고 대신에 방관자로 머물면서 자신에게 주의가 향하길, 자신의 욕구가 충족되길, 남들과 접촉하길 소극적으로 기다린다. 이들은 좌절이나 상실이 두려워서 무엇을 향해서든 다가가길 주저하기 때문에 뒤로 물러서고 억제한다. 그래서 행동이 형식적이고 어색하며 자의식으로 차 있다. 5번은 마치 마비된 듯 어느 방향으로도 움직일 수 없다고 느낄 때가 많은데, 이런 현상이 발생한다면 두려워하고 있기 때문이다. 같은 맥락에서 이들은 자신의 욕구를 전달하기 어려워하며, 극단으로 가면 긴장증이 오고 말을 할 수 없게 된다.

5번은 삶에 뛰어들어 그 안에서 부딪치는 도전과 맞붙어 싸우기보다 거기서 후퇴한다. 호니의 설명처럼, 이런 사람은 내면에서도 뒤로 물러서서 관찰한다.

내면의 전쟁터에서 자신을 멀리 떨어뜨려놓는 신경증 환자의 직접적인 표식은 자신과 삶에 대해 관찰자로 머무는 태도이다. 이런 태도가 내적 긴장을 완화시킬 수 있는 일반적인 조치들 중 하나라고 이미 설명했다. 얽매이지 않는 것이 이들의 보편적이고 지배적인 태도이기 때문에 이런 사람들은 타인에 대해서도 관찰자의 입장을 취한다. 마치 오케스트라 앞의 청중이나 무대 위의 연극을 보는 관중처럼 살며, 그 공연에도 대부분 그렇게 흥미를 갖지 않는다. 이들이 반드시 훌륭한 관찰자는 아니더라도 매우 기민할 수 있다. 심지어 심리상담을 할 때 보면 첫 번째 상담에서도 적절한 질문으로 도움만 받으면 다수의 솔직한 관찰을 바탕으로 자신에 대한 그림을 전개시킬 수 있다. 그러나 자신이 가진 그 모든 지식이 아무것도 바꾸지 못했다는 말을 자주 덧붙일 것이다. 바꾸지 못하는 것은 당연하다. 이들이 발견한 어떤 내용도 직접 경험한 것이 아니기 때문이다. 자신에게 관찰자로 머문다는 것은 결국 여기에서 그친다. 즉 적극적으로 삶에 참여하지 않으며, 무의식적으로 그렇게 하길 거부한다.[2]

그렇게 해서 5번은 삶에 대해 적극적인 참여자가 아니라 '관찰자(observer)'가 되며, 그림9 '함정의 에니어그램'에서 보듯이 이것이 이들의 함정이다. 이들은 너무 많이 관련되고 깊이 개입될까봐 두려워 참여하기를 거부한다. 지금까지 살펴본 대로 5번의 내면 역학의 많은 부분이 두려움을 기반으로 한다. 에니어그램 5번은 두려움 유형으로, 존재에 대한 두려움 그 자체에 주요 초점이 맞춰진 6번의 양쪽에 있는 두 개의 번호 중 하나이다. 6번과 마찬가지로 생존을 위한 투쟁처럼 느껴지는 이 세상에서 강자와 동일시하기보다 약자들 중 하나로 자신을 경험하며, 그래서 언제나 두렵다. 대개 외배엽형의 체형으로 마르고 뻣뻣하며, 많은 5번이 남들과 비교해서 자신이 허약하며 몸싸움을 붙으면 틀림없이 질 거라고 느낀다. 전부는 아니지만 많은 5번이 해변에서 만난 힘센 불량배가 발로 얼굴에 모래를 뿌려도 당하고만 있는 남자처럼, 자신이 시원찮고 얼간이 같다고 경험한다. 많은 5번이 신체적으로 자신을 방어할 수 없다고 느끼고, 이것이 자기 의견을 주장하지 못하는 두려움의 기반을 이룬다. 신체적으로 튼튼하고 강하게 느끼는 5번도 있지만, 이들 역시 정신적 또는 감정적인 면에서 취약하고 자신을 방어하지 못한다.

보다시피 삶으로부터 움츠러듦으로써 내면의 공간과 영혼의 본래 모습을 보존하려는 5번의 시도는 얄궂게도 자신으로부터 자신을 고립시키기도 한다. 이들은 직접적인 경험으로부터 물러나기 때문에 몸의 감각과 감정의 생생함을 경험하기보다 외부의 사건을 대할 때와 마찬가지로 그것과 거리를 두고 관찰한다. 결과적으로 이들은 정신이 딴 데 있거나 멍하고 폐쇄적이며, 주로 자기 생각과 환상 속에서 산다.

에니어그램 5번 유형과 연관된 신체 부위는 다리이다. 다리는 우리를 어떤 대상에게 가까이 또는 멀리 이동시켜주는데, 5번에게는 달아나서 숨는 능력이 자신의 안전에 결정적으로 필요한 것처럼 느껴진다. 호니의 설명처럼, 5번의 거리두기가 얼마나 두려움에 기반하고 있으며 생존을 위한 노력인지 쉽게 파악할 수 있다.

> 얽매이지 않는 사람은 거리를 유지할 수 있는 한 비교적 안전하다고 느낀다. 어떤 이유로든 그 마법의 원이 관통당하면 이들의 안전은 위협당한다. 이것을 고찰하면 얽매이지 않는 사람이 타인과의 감정적 거리를 더 이상 보호할 수 없을 때 왜 공황상태에 빠지는지 잘 이해할 수 있다. 그리고 이들이 그렇게 심한 공황상태에 빠지는 원인 중에는 이들이 삶에 대처하는 기술이 없다는 사실도 추가해야 한다. 이들은 단지 초연함을 유지하고 삶을 회피하는 것밖에 할 수 없다. 여기서도 얽매이지 않는 기질의 부정적인 특성이 그 밖의 신경증 경향과는 다른 특별한 색깔을 부여한다. 더 구체적으로 말하면, 얽매이지 않는 사람은 어려운 상황에 부딪치면 화를 가라앉히지도 못하고 맞서 싸우지도 못한다. 순순히 협조하지도 못하고 명령을 내리지도 못하며, 사랑하지도 못하고 무자비하지도 못하다. 이들은 위험에 대처할 방법이 딱 하나뿐인 동물처럼 무방비 상태다. 그 방법이란 달아나서 숨는 것이다.[3]

5번이 내면에서 거리두기를 하는 기본적인 방법 중 하나는 격리라는 방어기제를 통해서이다. 격리란 자신의 기억과 생각으로부터 감정적인 느낌을 분리시킨다는 뜻이다. 그렇게 함으로써 이들은 고통스럽고 심지어 심각한 정신적 외상도 실제로 그것을 그대로 경험하지 않으면서 기억할 수 있다. 또한 현재의 상황도 아무런 감정을 연결시키지 않은 채 생각할 수 있다. 따라서 가령 크게 다툰 친구나 애인을 생각할 때도 그 사람에 대해 아무런 감정도 느끼지 않을 수 있다. 5번은 자신이 그 사람을 신경 쓰지 않으며 처음부터 그런 적이 없다고 결론내릴 것이다. 이런 식으로 현재의 힘든 상황에 대한 감정적 동요로부터 자신을 보호한다. 또는 자신이 겪은 어린시절의 심각한 정신적 외상에 감정을 거의 결부시키지 않은 채 마치 목격한 장면을 전하듯이 자기 시각에서 본 것을 객관성을 잃지 않고 말할 수도 있다.

격리를 통한 방어의 또 다른 형태는 자기 안에 틀어박히는 5번의 기질과 더 밀접한 관계가 있다. 관련 있는 생각들을 마치 아무런 인과관계가 없는 것처럼 서로 분리(구획화)하는 것이다. 위의 예를 다시 들어보자. 5번은 친구나 애인이 뭔가 자신의 감정에 상처 주는 말을 했다는 생각과, 자신이 그 사람에게 정말로 마음을 쓰긴 했는지 확실치 않다는 또 다른 생각을, 그 사이에 연결관계나 인과관계를 경험하지 않은 채 갖고 있을 수 있다. 따라서 이들의 생각과 감정은 각각 캡슐에 싸이고 폐쇄되어 서로 아무런 관계를 갖지 않게 되고, 이런 방식을 통해 타인과 세상을 향한 이들의 외부 관계로 구축된 내면의 소우주가 형성된다.

5번은 불안한 마음으로 주의 깊게 관찰하는 것을 통해 자신과 다른 사람들 사이의 연결감을 유지한다. 자기 내면의 세계인 땅굴을 보호하는 여우처럼 이들은 밖을 내다보면서 위험한 냄새가 나는지 바람에 코를 킁킁거리고 멀리 떨어져서 관찰한다. 이들의 에너지는 대부분 눈에 집중되어 있다. 주변에 무슨 일이 일어나는지 파악해 자신을 보호하기 위한 노력으로 빈틈없이 지켜보고 있기 때문에, 5번의 눈은 환하게 불타는 석탄 같을 때가 많다. 자신의 안과 밖 모두에서 무슨 일이 일어나는지 명확한 개념적 그림을 펼치는 것이 이들 관심의 초점이다. 5번은 무슨 일이 일어나는지 아는 것과 지식 그 자체가 안전으로 가는 열쇠일 뿐 아니라 사람들의 인정을 가져다줄 열쇠로 보인다. 이들은 경험적이고 구체화된 이해 대신에 개념적인 지식과 정보를 습득한다. 여기서 5번의 성격이 잃어버린 '신성한 전지全知'를 흉내 내고 있다(모든 것을 알려고 시도한다)는 사실을 알 수 있으며, 지금부터 살펴볼 5번의 '이상화한 측면'도 엿볼 수 있다.

## 이상화한 측면

5번이 자신에게 결여되어 있으며 더 필요하다고 느끼는 것은 지식과 이해이다. 이것은 논리에 딱 맞아떨어진다. 만일 당신도 삶에 대해 관찰자의 입장을 취한다면 무슨 일이 일어나고 있는지 아는 것이 생존 전략의 핵심이 될 것이다. 5번에게 지식은 안전이다. 따라서 이들은 더 안정감을 느끼기 위해 자신이 어떤 상황과 마주치게 되고 그 뒤에 무슨 일이 일어날지 그리고 자신이 어떻게 해야 될지 미리 알고 싶어 한다. 이들의 어린 시절은 주변에서 무슨 일이 일어나고 있는지 모르겠다는 기분, 삶의 회로에 끼지 못한 채 남겨진 기분을 느낀 경우가 많다. 그래서 자신이 보는 것에서 의미를 찾아보려고 애쓴다. 5번은 주변을 염탐하면서 무슨 일이 일어나고 있는지 이해하려고 노력한다.

5번 영혼의 깊은 곳에서는 지식이 생존을 위한 열쇠이고 동시에 잃어버린 '실재'의 영역과 다시 연결시켜줄 수 있는 무엇이라고 느낀다. 이들은 자신이 엄마가 원하는 것을 알았더라면 엄마가 자기를 보아주고 엄마와 깊이 연결될 수 있었을 거라고 믿는다. 영혼의 어딘가에서 5번은 이렇게 지식이 부족해서 단절되었다고 결론 내린다. 유아기에 엄마와 '실재'는 동의어이기 때문에 이들은 만일 자신이 충분히 알았더라면 '실재'와 단절되지 않았을 것이며 그 지식이 다시 연결할 수 있는 열쇠라고 믿는다. 5번은 직접적인 지식과 관련된 '실재'의 특성을 이상화하는데, 다이아몬드 접근법에서는 이런 특성을 '다이아몬드 의식' 또는 '다이아몬드 안내'라고 부른다. 알마스의 말을 들어보자.

> '본질'의 이 측면은 참된 통찰력, 직관, 지식과 이해의 원천이다. 이것은 동시적인 분석과 종합 능력을 통해 활동한다. … '실재'의 다른 측면과 달리, 이것은 기억에서 가져온 지식을 이용하고, 그것을 그 순간 즉석의 지식과 종합하는 능력이 있다. 따라서 사고와 '실재'를 모두 이용한다. … '다이아몬드 의식'은 '실재'의 차원에 있으며 이해 능력의 원형原型이다. 일반적인 이해 능력은 이 능력의 그림자에 불과하다. 어떤 사람이 무엇을 이해할 때 비범하거나 번뜩이는 분석력과 종합력을 보여준다면, 그것은 보통 '다이아몬드 의식'이 어느 정도 실현되었음을 암시한다. 인류 중에 위대하고 독창적인 종합력을 가진 자들, 가령 붓다나 프로이트 같은 사람들에게서 이 능력을 볼 수 있다.[4]

알마스처럼 붓다와 프로이트도 5번이었을 가능성이 매우 크다. 세 사람은 그 때까지의 개념적인 공식을 버리고 자신의 직접적인 체험과 관찰을 바탕으로 한 학문을 발달시켰으며, '이상화한 측면'을 구체적으로 표현했다. 붓다는 '전지전능한 자'로 알려져 있으며, 여기서 '신성한 사고'와 '이상화한 측면'의 상호 침투성을 볼 수 있다. 이 '측면'은 융Jung의 심리학에서는 '늙은 현자(Wise Old Man)'의 원형原型, 유대교에서는 '신의 사자(Messenger of God)', 이슬람교에서는 '계시의 천사(the Angel of Revelation)'인 천사 가브리엘로 상징되는 것 같다.

이런 모범들과 반대로 대부분의 5번은 육체와 분리된 메마른 정신적 지식을 통해 '다이아몬드 안내'를 모방한다. 5번이 자신을 완전히 경험하지 않는 한 이런 모방밖에 할 수가 없다. 이렇게 머리만 쓰는 대응에 대해 나란호는 다음과 같이 말했다.

> 주로 지적 작용을 통해서만 대응하는 사람은 마치 책을 읽는 것으로 직접 삶을 사는 것을 대신하듯이 대리 만족을 구할 것이다. 그러나 집중적인 사고 행위의 유일한 형태에 책 같은 상징으로 삶을 대리만족하는 것만 있지는 않다. 또 다른 측면은 삶에 대비한 준비이다. 이들은 지나치게 준비에 골몰하느라 절대로 충분히 준비됐다고 느끼는 법이 없다. (억압된) 행동에 대한 준비로 애써 이해를 키워가는 과정에서 특히 추상적 활동이 두드러지게 나타난다. 5번 유형의 사람은 분류하고 조직화하는 활동을 좋아하고, 정리하는 과정에 강한 흥미를 가지며, 추상성 속에 살면서 동시에 구체성을 피하는 경향이 있다. 이것은 이 유형의 숨는 성향과 연결되어 있다. 즉 이들은 자기 이해의 결과만 세상에 내놓고, 그 원재료는 내놓지 않는다.[5]

**회피**　　5번의 내면세계는 텅 비어 있고 삶의 생명력이 결여된 듯이 느껴진다. 이것이 5번 성격의 중심에 있는 이들 특유의 결핍 상태, 이들만이 느끼는 지옥이다. 이 경험을 피하기 위해서라면 무엇이든 할 것이다. 거기에는 바싹 마르고 황량하며, 고갈되고 불모지 같고 공허한 느낌이 자리 잡고 있으며, 이들의 영혼을 박탈감과 내적 빈곤감으로 채운다. 내면에 오아시스도 보이지 않는 광대한 사막이라도 있는 것처럼 메마르고 건조하고 무기력하다. 더 물기가 많은(더 감정적인) 유형과 반대로 5번은 슬픔의 눈물에 빠져 죽을 위험은 없지만, 생기를 주는 것이 아무것도 없어서 증발할 위험이 있다. 이들은 남들과 세상으로부터 고립되고 분리되어 철저히 혼자이고, 아무도 자기에게 닿을 수 없다고 느끼면서 내면의 결핍감에 대해 깊이 수치스러워 한다. 그리고 자신의 의식이나 다른 사람에게 그 사실이 탄로 나면 심하게 모욕감을 느낀다. 왜냐하면 자신이 그것에 대해 어찌해야 할지 알고 있어야 한다고 믿기 때문이다. 이것이 그림10 '회피의 에니어그램'에서 5번에 해당하는 '공허함(emptiness)'이다.

앞서 삶에서 멀리 물러나고 움츠리는 5번의 성향이 이들의 방어 수단이자 동시에 고통이라고 언급했다. 그리고 이들이 자신을 보호하기 위해 그것을 어떻게 방어적으로 이용하는지 살펴보았다. 자기 안에 틀어박히는 5번의 기질 역시 이런 고독한 내면의 풍경을 만들어내고 바싹 마른 결핍감을 영속시키면서 이들의 고통의 토대와 주축을 형성한다. 이것은 궁극적으로 자신이 남들과 분리되어 있다는 근본적 망상(집착), 즉 '신성한 사고'를 상실하면서 현실에 대해 갖게 된 인지의 오류에서 비롯한 당연한 귀결이다. 만일 당신도 자신과 나머지 모든 것 사이에 인위적인 경계선을 만든다면, 당신의 영혼은 캡슐에 담겨 삶의 원천('실재')으로부터 봉인되며, 그 결과 내면의 공허감이 반드시 뒤따라온다. 이카조는 이것을 그림2의 '고착의 에니어그램'에 나오는 '인색(stinginess)'이라고 불렀다. 그 이유는 아마도 아래와 같을 것이다.

마음속 깊은 곳의 이 메마른 공허함 때문에 5번은 자기 내면 어디에도 수원지水源池가 없으며, 따라서 자신이 가진 얼마 안 되는 것들을 꽉 붙잡고 있어야 한다고 느낀다. 이들은 자신의 에너지, 감정, 관심, 의사소통을 아끼다 못해 인색할 정도이기 때문에 유형의 이름이 '인색한 자아'이다. 5번은 적절하다고 생각될 때 아주 조금씩 자신을 내어주며, 그 나머지도 뺏길까봐 끊임없이 두려워하며 산다. 이렇게 자신이 가진 아주 적은 것들을 잃을까봐 떠는 두려움이 5번 내면의 공포와 불안의 뿌리이며, 이들이 잘 베풀지 않고 마음이 좁은 이유이다. 의식적으로 주지 않는다기보다는 원하는 것을 억제하는 자신의 마음을 투사해 남들도 자기처럼 아무것도 원하지 않을 거라고 생각한다.

5번은 타인뿐 아니라 자신에게도 잘 주지 않아서 대개 물질적인 소유물을 많이 갖고 있지 않다. 애착의 대상을 거의 소유하지 않으며, 잃어버리거나 도둑맞아도 아쉬워할 것이 거의 없다. 이들에게 필요한 것은, 심지어 신체적으로 필요한 것도 아주 적으며, 자신에게 제한된 양의 음식과 물을 조금씩 분배하고 배가 부른 상태보다 빈 상태를 선호한다. 내가 아는 어떤 5번은 생태계보전운동에서 빌려온 표현을 사용해 자신의 이런 성벽을 '땅 위에서 가볍게 사는 것'이라고 한다. 5번은 누구에게든 의존하기보다 자신이 직접 물자를 공급하고 이용하길 좋아한다. 이런 점에 대해 호니는 이렇게 썼다.

> 이들은 그것이 무엇이든 정말로 필요할 정도로 애착을 갖게 되는 것을 특히 불안해한다. 그것 없이는 살 수 없을 만큼 자신에게 중요한 것이 있어서는 안 된다. 특정한 여자나 장소, 음료수를 좋아하는 것은 괜찮지만 그것에 의존하게 되면 안 된다. 어떤 장소, 사람, 집단이 잃으면 고통스러울 정도로 자신에게 커다란 의미를 갖는다는 사실을 알아차리는 순간, 이들은 자신의 감정을 거둬들이

는 경향이 있다. 누구든 자신에게 그 사람이 필요하다는 느낌을 받거나 자신과의 관계를 당연하게 받아들이면 안 된다. 두 가지 태도 중 어느 한쪽이라도 나타난다고 의심되면 이들은 한 발짝 물러서는 경향이 있다.[6]

## 격정

모든 5번이 자신에게 물질적으로 인색하지는 않지만 대다수의 5번이 그렇다. 자신에게 아무것도 주지 않으면 무엇에든 애착을 갖게 되어 그것을 잃을까 두려워하지 않아도 되기 때문이다. 많은 5번이 간소하고, 타인에게 인색하며, 자신이 준 것과 빚진 것을 꼭 기억한다. 대개 5번은 선물을 넘치게 가득 안겨주는 일은 거의 있을 수 없다. 왜냐하면 이들에게 그런 행동은 어리석고 낭비이며 두말 할 필요 없이 경솔한 짓으로 보이기 때문이다.

이렇게 축적하고 내놓지 않는 성향이 그림2의 '격정의 에니어그램'에 나오는 이 유형의 격정인 '탐욕(avarice)'에 이르게 한다. 탐욕은 욕심이 많음, 즉 획득하고자 하는 강렬한 욕구를 의미한다. 그래서 5번의 본능적인 충동은 내면의 결핍된 듯한 공허감에 따라 수집하고 축적하고 자원을 아끼는 것이다. 이것이 소비하려는 욕구라기보다 가지려는 욕구임을 이해하는 것이 중요하다. 나란호의 말을 인용해보자. "이것은 두려워서 붙잡는 것이며, 그것을 놓으면 대재앙에 가까운 고갈로 끝날 것이라는 환상을 내포한다. 축적하려는 충동 뒤에는 말하자면 피폐한 가난이 바로 코앞까지 임박했다는 경험이 있다."[7] 이것은 항문 보유적(anal retentive) 자세로, 영혼은 대상이 빠져나가도록 내버려두기보다 그것을 꽉 붙든다.[8] 이때 내면에서 작용하는 논리는 만일 자신이 다람쥐처럼 충분히 저장해 놓으면 더 이상 공허하게 느끼지 않을 거라는 것이다. 그러나 '실재'와의 단절에서 비롯한 우리 영혼의 구멍을 채우려는 어떤 시도에도 불구하고, 아무리 저장물의 양이 많아도 내면의 부족한 느낌은 결코 제거할 수 없다.

다람쥐는 에니어그램 5번 유형과 연관된 동물 중 하나이다. 또 하나는 몽구스이다. 이 작은 동물은 민첩함과 스피드에 의지해 먹이를 좇아 돌진한다.

어떤 5번은 물질적으로 탐욕스럽고 구두쇠 같으며 돈을 거의 쓰지 않고 저축으로 모아서 주식 운용이나 은퇴 자금으로 부으려고 한다. 그렇게 해서 내면의 안정감을 어느 정도라도 얻으려고 노력하는 것이다. 모든 5번이 이런 식으로 자신의 탐욕을 표현하지는 않는다. 그러나 물질적으로 탐욕스럽든 아니든 대다수의 5번이 지식에 대해서는 탐욕스럽다. 지식이 자신을 구할 것이며, 또 앞서 살펴봤듯이 삶에 적극적으로 뛰어드는 대신 그 대용품으로 이용할 수 있으리라고 믿는다. 5번에게 탐욕은 사실 자신이 무엇을 가졌다는 생각에 대한 애착이다. 궁극적으로 이들이 정말로 축적하는 것은 어떤 소유물이 아니라 지식, 즉 자신이 가진 것을 아는 것이다.

빼앗기지 않을까 싶어 무엇이든 소유하기를 두려워하는 사람들에게는 탐욕이 더 강하게 나타난다. 자신이 가진 아주 적은 양의 에너지와 정서를 보호하면서 꽉 쥐고 놓지 않는다. 나란호의 말을 인용해보자. "애정과 사람들을 지나치게 단념하기 때문에, 그 보상으로 자신을 꽉 붙잡는 경향이 있다. 소유물을 움켜쥐려는 형태로 나타날 수도 있고 그렇지 않을 수도 있지만, 일반적으로는 자기 내면의 삶, 그리고 노력과 자원의 절약에 집착하는 습성이 포함된다."[9]

특징적으로 5번은 상대에게 집어삼켜질까봐 무서워하고 타인이 자신에게 갖는 요구와 기대를 두려워하기 때문에 인간관계에서 자기 마음을 다 주지 않는다. 많은 5번들이 상대에게 집어삼켜져서 자기에 대한 감각을 잃는 위험과, 자신이 줄 수 없거나 주기 싫은 것을 요구받는 위험을 무릅쓰느니 홀로 있는 편을 선호하는 것 같다. 이들은 자신이 가졌다고 느끼는 아주 적은 것들을 움켜쥐고 싶어 한다. 이런 이유로 많은 5번들이 친밀한 관계 맺기를 어려워한다. 손쉽게 하는 5번도 있긴 하나 상대가 자신에게 충분한 자유와 자치성을 주는 사람인 경우가 많다. 후자의 경우에는 자신에게 물질적으로 또 감정적으로 거의 요구하지 않는 사람을 동반자로 선택한다. 그런 경우 장을 보고 쓰레기를 내놓는 등 일상의 자질구레한 일을 처리해줄 사람이 생기는 것이라면 상대에 의해 압도되는 위험을 무릅쓸 가치가 있다.

내적 작업을 처음 시작할 때는 당연히 5번의 탐욕이 무의식 속에 묻혀 있다. 앞서 본 대로 에니어그램 유형들 대부분의 격정이 그러하다. 자신의 탐욕, 소유욕, 경계선을 긋는 거리두기를 의식적으로 느끼는 일은 이들의 초자아, 즉 내부의 비판자 앞에 정면으로 뛰어드는 것이나 마찬가지다. 자신의 탐욕을 느끼면 자기 내면의 메마르고 건조한 공허함을 느끼게 될 것이며, 이들의 초자아는 그런 일이 일어나지 못하게 하려고 애쓴다. 초자아는 조롱하고 경멸하며, 오만하며 잘난 체하고, 이들 내면의 빈곤감, 감정의 결여, 삶에 대한 두려움을 호되게 야단친다. 5번은 1번 유형처럼 자기 초자아와 동일시되기보다 초자아의 처분에 달려 있으며, 초자아의 공격은 내면에 열등한 느낌을 만들어내고 이를 악화시킨다.

초자아의 요구뿐 아니라 모든 외부의 요구에 대한 이들의 반응은

336

대개 그저 돌덩이처럼 버티는 것이다. 때때로 이들에게는 응하지 않는 것 자체가 심지어 더 중요하고, 그렇게 함으로써 자기를 위한 일인 줄 알면서도 그 일을 하느니 독립의 감각을 지킨다. 나란호는 사실 5번이 요구를 감지하면 그것이 내면의 요구든 외부의 요구든 전복시키고 싶어 한다고 말한다. 아마도 그 말이 맞을 것이다. 5번은 무엇이든 자신에게 기대하거나 강요한다고 감지하면 말없이 저항하기 시작하는 경향이 있다. 단순히 선물을 기대하고 있다는 이유만으로 선물 주기를 거부하거나, 남편이 원한다는 이유만으로 설거지를 하지 않거나, 세금 납부를 미루다가 납부 연장 기한이 다 됐을 때에야 세금을 내는 식이다. 이들은 자신에게 기대하는 일을 기꺼이 할 의향이 있다고 말하겠지만, 웬일인지 그 일은 마무리되는 법이 없다.

이렇게 5번의 적의는 소극적 공격 행위를 통해 간접적으로 표현된다. 유순하고 고분고분한 자기표상처럼 이들은 단지 상대를 달래기 위해 그 일을 하겠다고 동의하고 약속하지만 실제로 끝까지 완수할 마음은 전혀 없다. 5번은 꾸물거리고, 미루고, 잊어버리고, 그 일을 왜 나중에 해야 하는지 온갖 핑계를 대는 경향이 있다. 이들은 자신이 이렇게 모호한 방식으로 표현하는 적의를 거의 눈치 채지 못한다. 그런 행위에 상대가 실망하거나 화를 내면, 자신은 직접적으로 표현하지 않고 심지어 의식조차 못 하는 분노를 상대가 그토록 쉽게 느끼는 사실에 대개 깜짝 놀란다. 5번은 직접적으로 싫다고 말하지 못한다. 자신에게 그 뒤에서 받쳐줄 내면의 힘이 있다고 느끼지 못하기 때문이다. 속이 텅 빈 나뭇가지처럼 이들은 자신이 뚝 꺾일까봐 두렵다. 그래서 이들은 반대할 때 자신의 분노를 그냥 조용히 행동화하고 누구와든 충돌하는 모험은 하지 않는다. 거의 자기 의견을 주장하지 않고 상대의 뜻대로 따라가는 것처럼 보이지만, 앞서 살펴봤듯이 뒤에서는 조용히 자기 갈 길을 가버린다.

5번의 적의는 삶에서 한 발짝 뒤로 물러서는 성향을 통해서도 표현된다. 그것은 아주 커다란 소리로 외치는 "싫어!"이자 무언의 거부이다. 이들의 초연함은 흔히 오만, 잘난 체, 경멸을 지니며 누가 뭐라 해도 휘말리고 싶지 않다고 주장한다. 세상이 그토록 불완전한데 왜 참여하고 싶겠는가? 사람들은 그렇게 짐승 같은데 왜 그들과 어울리고 싶겠는가? 격렬한 감정은 마음을 산란하게만 하는데, 표현은 둘째 치고 뭘 하겠다고 감정을 느껴 자신을 훼손하고 싶겠는가?

이들이 자신의 탐욕을 직접적으로 경험하기 그토록 어려운 또 다른 이유는 그것이 깊은 애착의 표현이기 때문이다. 탐욕은 획득하고 부여잡고 축적하고 자신이 가진 것에 대해 극도의 관심을 표현하고 싶은 욕구이다. 이것은 5번이 겉으로는 얽매이지 않은 척 하려는 시도에 완전히 역행한다. 이들은 자신의 독립성, 자치성, 얽매이지 않음을 이상화한다. 왜냐하면 다른 사람과 다른 대상에 관심을 갖는다는 것은 그것을 잃었을 때 상실감과 무서운 공허감을 느끼게 된다는 뜻이기 때문이다. 앞서 설명했듯이, 5번은 어떤 것에도 너무 애착을 갖고 싶어 하지 않는다. 이것이 외부의 무엇을 향해 조금이라도 욕구가 생기면 꺾어버리는 이유이다. 따라서 이들의 리비도 에너지도 모두 증발하고 내면의 건조함을 강화시킨다. 5번은 자신의 활기, 욕구, 감정과 단절된다. 그리고 냉정하고 얽매이지 않으며, 쌀쌀맞고 무관심하며, 무감각하고 무정한 사람이 된다. 남들은 욕망의 노예처럼 보이고, 5번은 그들에게 공감이나 연민도 거의 없다. 자신은 똑같은 함정에 빠지지 않았다는 큰 안도감만 있을 뿐이다. 5번은 무엇에도 사로잡히거나 압박당하거나 속박당하고 싶어 하지 않으며, 따라서 빠져나올 수 없는 어떤 것에도 붙잡히거나 전념하고 싶어 하지 않는다. 가끔 자신이 로봇 같고 비인간적으로 느껴지겠지만, 애착을 갖지 않음으로써 자신이 얻은 안전을 생각하면 그것은 약소한 대가처럼 보인다.

5번의 얽매이지 않음은, 자신은 그렇게 믿고 싶겠지만, 절대로 자유가 아니다. 그것은 강박이다. 즉 뒤로 물러서는 반응을 하지 않을 선택의 여지가 거의 없다. 그리고 이것은 휘말려 들어가는 것에 대한 두려움에 기반을 둔다. 무서운 대상으로부터 뒤로 물러서는 것은 절대 자유가 아니다. 반대로 자신이 두려워하는 것과의 관계를 계속 끈끈하게 유지시키는 반응이다.

## 본질과 연결되기 위한 덕목

비록 이카조는 5번의 덕목을 표현하기 위해 '얽매이지 않음(detachment)'이라는 단어를 사용했지만, 그가 표현하려는 뜻을 가장 적절하게 전달해주는 단어는 아마도 '애착을 갖지 않음(nonattachment)'일 것이다. 이 덕목에 대해 이카조는 이렇게 말했다. "이것은 신체의 요구에 대한 명확한 이해이다. 얽매이지 않는 사람은 정확하게 자신이 필요한 만큼 흡수하고 다른 것은 전부 놓는다. 얽매이지 않음은 삶의 에너지가 쉽게 몸을 관통해 흐를 수 있도록 해주는 자세이다." 이카조는 얽매이지 않음을 몸으로 설명했지만 더 뜻 깊게 영혼이라는 단어로 대체할 수 있다. 그렇다면 이것은 '본질'의 충만감이 스며들도록 해주는 투과성에 대한 지각을 암시한다. '본질'의 충만감은 5번의 영혼을 채우고 '진정한 본성'과 다시 연결시켜줄 것이다. 이것을 인지하면 더 이상 탐욕이 필요 없다. 왜냐하면 자신이 '전체'에서 떼어낼 수 없는 일부분이며, '전체'의 풍요로움과 윤택함을 함께한다는 사실을 알기 때문이다.

각 유형의 덕목은 자신에 대한 내적 작업의 과정 중에 발달하는 성향이자 동시에 내면의 땅을 가로지르는 데에 필요한 성향이다. 5번의 여정은 애착을 갖지 않는 내적 태도가 필요한 동시에 그런 태도를 발달시킨다. 이는 대상이 무엇이든 꽉 붙잡으려는 욕구를 포기한다는 뜻이다. 5번에게는 무엇보다도 자신에게 거리두기를 포기한다는 뜻이다. 기꺼이 자신과 체험적인 방식으로 접촉하고, 생각이 직접적 경험을 따라가되 절대로 앞서가도록 해서는 안 된다. 이렇게 하려면 자신의 직접적인 신체적 · 감정적 경험과 실제로 접촉하기 전에 미리 알려는 집착과 대면할 필요가 있다. 앞서 살펴봤듯이, 5번은 실제로 그 땅을 가로질러 건너가기보다 먼저 그 지역을 정찰해서 어떻게 건너갈지 생각하려고 한다. 5번의 내면세계라는 측면에서 해석하면, 자신이 경험하는 내용과 그 후 어떻게 될지를 실제로 경험하기 전에 먼저 머리로 파악하려 한다는 뜻이다.

삶에서 완전히 구현되고 드러나는 내면의 변화는 생각만으로는 달성할 수 없다. 인간 영혼에 관한 수많은 의식 상태에 대해 아무리 많은 정보를 가진다 해도 그것을 직접 경험하고 통합하는 것을 대신할 수 없다. 또한 5번의 의식이나 심지어 의식 일반, 자기 자아구조의 본질, 또는 '실재'의 모든 차원에 대한 아무리 정확한 지식도 결코 자기 영혼으로 직접 부딪치는 것을 대신할 수 없다. 인지적인 정보는 그 땅을 명확하게 설명하는 데에는 매우 유용하고 도움이 되겠지만 그것만으로는 내면의 변화를 일으키지 못할 것이다. 우리 영혼은 직접 닿아야만 각인이 남기 때문이다. 초기 어린시절에 우리의 영혼을 성격의 구조물로 만든 사건들처럼, 우리 영혼이 '실재'를 알려면 '실재'와 직접 닿아야 한다.

자기 안으로 침잠하고 자기의식의 내용물과 체험적으로 접촉하기 시작하면 대부분의 사람들처럼 5번도 제일 먼저 초자아와 마주칠 것이다. 그러면 우선 자신을 향해 겁쟁이이고 속이 텅 비었으며 삶에서 무능하다고 꾸짖는 내면의 공격에 대항해 방어해야 할 것이다. 앞서 설명했듯이, 5번의 초자아는 5번이 내면의 공허함을 경험하지 않도록 보호하고 그것에 대해 아주 힘들어하도록 만들려고 함으로써 그것을 직접적으로 체험해 완전히 소화하고 지나가지 못하도록 방해한다. 만일 5번이 심리학적 또는 정신적 작업을 한 적이 있거나 현재 하고 있다면, 초자아는 분명 그 체계 안에서 사용한 모형에 맞춰 이들을 비교할 것이다. 그러므로 그 방법론에서 배운 인지적 틀을 놓는 과정을 거쳐야만 자신을 있는 그대로 경험할 수 있을 것이다.

많은 5번이 명상의 여정, 특히 사람이나 세상과의 접촉을 최소한으로 유지하는 명상의 여정에 마음이 끌린다. 이렇게 바깥세상과 접촉을 끊으면 외부 자극을 차단해 자신과 깊은 내적 대면을 할 수 있겠지만, 그런 수행법은 '얽매이지 않음'을 가장하며 오용될 우려가 있다. 5번은 자기 내면의 내용물이 초자아가 생각하는, 정신적으로 경험해야 하는 내용과 일치하지 않으면 내적 작업을 통해 해결하지 않고 저만치 밀어놓을 수 있다. 힘들고 귀찮은 직접적 경험에서 주의를 딴 데로 돌림으로써 그것을 진정으로 관통해서 지나가지 않고 초월하고 얽매이지 않는 것에 매우 능숙해질 수 있다. 이들은 최소한의 입력과 참여라는 조건에서는 상당히 고요한 상태를 유지할 수 있다. 그러나 자기 상태를 뒷받침하기 위해 이렇게 외부 조건에 의존하는 것은 진정으로 얽매이지 않은 상태가 아니며, 정신적 작업에서 이들에게 막다른 길이 될 수 있다.

자기 내면의 움직임을 미리 알고 싶은 욕구와 그것에서 멀리 떨어지려는 경향을 놓으려면, 5번은 이 욕구를 조종하는 두려움, 즉 자신을 있는 그대로 경험하는 것에 대한 두려움과 직면해야 한다. 자신이 정말로 무서워하는 것이 근본적인 결핍감, 즉 자기 성격의 핵심에 있는 메마른 공허함을 경험하는 것임을 깨닫게 될 것이다. 5번은 그것을 느끼면 자기를 꿀꺽 삼키고 아무것도 남지 않을 것이라고 두려워한다. 이것이 궁극적으로 세상이 자신을 덮칠 것 같다는 이들 두려움의 근원이다. 이들은 이 내적 빈곤감을 위장하고 그저 드러내지 않음으로써 남들과 자신에게 감출 수 있다고 믿었지만, 조만간 그것을 직접 대면해야 할 것이다.

## 내적 작업의 결과

이 바싹 마른 공허함으로부터 물러서고 싶은 마음을 조금씩 더 포기할수록 얽매이지 않는 태도가 영혼 안의 이 커다란 구멍을 통과하게 도와줄 것이다. 그 구멍을 직접적으로 경험할 수 있게 될수록 그것에 더 매이지 않게 될 것이다. 이것이 모순되게 들리겠지만, 우리는 경험하기 두려워하는 것을 꼭 붙잡고 놓지 않는다. 우리는 의식 속의 내용물을 거부함으로써 거기에 매여 있는 상태를 영속시키는데, 그렇게 함으로써 비록 부정적으로라도 그것과 관계를 계속 유지할 수 있기 때문이다. 우리의 이해와 인식은 영혼 안의 그런 구멍을 꿰뚫을 수 없기 때문에 구멍은 우리 의식 속에서 캡슐에 담기고 소화되지 못한 채로 남는다.

5번이 공허함을 받아들이고 완전히 경험할 수 있게 될수록 자신이 잃는 것은 오직 자신의 두려움과 자신과의 거리뿐임을 깨달을 것이다. 이렇게 내적 대면을 하면 조금씩 자신과 더 연결된 느낌을 갖게 될 것이며, 더 강하고 살아 있다고 느낄 것이다. 쥐고 있는 것을 놓으면 놓을수록 더 많이 갖게 됨을 알게 될 것이다. 왜냐하면 자신이 놓는 것은 전부 정신적 구성체이고 자기와 타인에 대한 내적 이미지이기 때문이다. 메마른 내면의 사막은 점차 광대하고 충만해져서 '실재'의 영역에 있는 내면의 보물들이 모두 드러날 것이다.

5번의 내적 변화의 여정 중에는 물론 더 많은 일들이 있을 것이다. 즉 소화하고 용해시켜야 할 내면의 다른 내용물도 많을 것이며, 이들의 영혼은 '본질'의 다양한 '측면'과 접촉하면서 그 '측면'과 관련된 문제를 뚫고 지나가야 할 것이다.(핵심은 뭔가 결핍된 듯한 공허함을 경험하고 통과하는 일이다.) 영혼이 근본적으로 동일시하는 대상이 성격에서 '실재'로 옮겨갈 때까지 아마도 그 공허함에 접근하고 통과하는 일을 몇 번이고 반복해야 할 것이다. 핵심적인 사항이 모두 그렇듯이 공허함도 결국 조금씩 조금씩 더 투명해질 것이다.(마치 진짜 같고 마지막 한계라는 느낌이 점차 사라질 것이다.)

내적 여정을 계속 견디면 5번의 삶도 곧 변할 것이다. 멀찌감치 떨어져서 개념과 추상적 생각 속에서 사는 삶이 아니라, 조금씩이지만 더욱 더 현실과 직접 닿고 연결될 것이다. 그리고 '진정한 본성'의 영역에 대해 그저 조각 정보만 모으는 데에 그치지 않고 그것을 직접 체험할 것이며, 이들의 영혼은 투과성을 띠고 활짝 열릴 것이다. 5번의 지식을 향한 추구는 점차 구체적이고 통합된 직접적 이해로 대체될 것이며, 이들이 어렴풋이 감지하던 영혼의 갈등은 마침내 해소될 것이다.

# THE SPIRITUAL DIMENSION OF THE ENNEAGRAM

# 10장

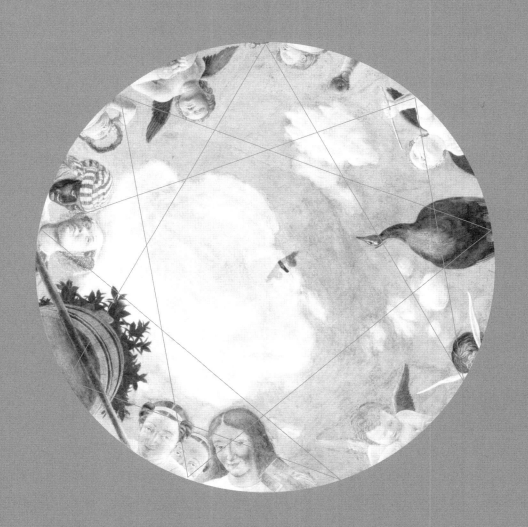

# 에니어그램 7번 유형 – 계획하는 자아
ENNEA-TYPE SEVEN : EGO-PLANNING

나는 뱀이 허물을 벗어던지듯
나 자신을 벗어던졌다.
그리고 나자 내가 신이라는 사실이 보였다.

— 아부 야지드 알-비스타미Abu Yazid Al-Bistami

## 인물상

7번은 경쾌하고 활기차고 낙천적이며, 호기심이 많아 모든 것에 흥미를 보이며, 마음이 젊고 미래지향적이며 항상 한 발 앞서 나가 있는 듯 보인다. 겉으로는 다른 유형들보다 근심걱정 없고 긍정적으로 보이는데, 7번은 바로 이 특성을 자신의 가장 큰 방어수단으로 사용한다. 이들은 새로운 아이디어, 경험, 오락거리, 그 외 다른 취미를 통한 자극이 필요하며 자꾸 되풀이되는 일에는 금방 지루해하고 불만을 갖는다. 사물이 자연스럽게 전개된다는 신뢰가 내면에 없기 때문에 자신이 직접 그 사물의 작용을 파악하고 나아갈 방향을 구상해야 한다고 믿으며, 그 계획대로 상황을 만들려고 노력한다. 이렇게 지도를 만들고 계획을 세우는 속성이 이 유형에게는 너무나 핵심적이기 때문에 7번은 '계획하는 자아(Ego-Planning)'라고 불린다. 이

347

들은 큰 그림을 파악할 수 있는 능력을 중요하게 생각하고, 일단 큰 그림에 대한 감을 잡으면 세부사항에 대해서는 거의 신경 쓰지 않는다. 7번은 정보를 종합해서 이것과 저것이 어떤 관계인지, 또 모든 것이 어떻게 서로 조화되는지 파악하길 좋아한다. 사물이 어떻게 작동하는지 도식을 만들어내는 일에 끌리며, 지도 위의 표식에 마음을 너무 빼앗기는 바람에 실제의 땅은 잊어버린다. 일단 상황이 어디로 가는지 파악하면 거기에 도착하기 위해 해야 하는 실질적인 작업에 대해서는 인내심이 거의 없다. 그 결과 7번은 아마추어에 그치는 경향이 있으며, 상황이 힘들어지거나 끈기가 필요해지면 그냥 놔두고 떠나버린다. 또한 이들은 결승점을 상상할 수 있고 현실에 대한 자기 마음속의 그림과 진짜 현실을 혼동하기 때문에 그 결승점에 벌써 도달하지 못한 것에 대해 자신을 호되게 꾸짖는다.

무엇보다 7번은 모든 것이 좋고 괜찮다고 느끼려고 애를 쓰는데, 이것이 이들을 자신의 경험 속에 완전히 착륙하기 어렵게 만드는 이유 중 하나이다. 영원한 이상주의자인 7번은 긍정적인 측면에 초점을 맞추고 저 앞의 모퉁이만 돌면 좋은 일이 기다린다고 확신한다. 이들은 대개 관대하고 개방적이며, 남들에게도 그렇게 하라고 상당히 완고하게 요구할 수도 있다.

## 신성한 사고

이런 성격 기질은 7번이 현실에 대한 이들 특유의 시각, 즉 '신성한 사고'를 잃어버린 데에서 비롯한다. 7번과 연관된 깨달음을 얻은 시각에는 세 가지 이름이 있다. '신성한 작업', '신성한 계획', 그리고 '신성한 지혜'이다. 2번과 3번의 '신성한 사고'인 '신성한 의지'와 '신성한 법칙'처럼, 여기에서도 초점은 '실재'의 역동적인 측면(모든 발현의 근원인 '실재'의 차원)에 있다. '신성한 법칙'은 끊임없이 전개한다는 사실, 즉 우주는 하나의 완전한 유기체로서 움직이고 변화하며 우리 개개인의 개별적 변화는 그 연속적인 진전의 일부라는 현실에 집중한다. '신성한 의지'는 우주의 역동성 뒤에 있는 힘과 방향성에 중심을 둔다. 7번의 '신성한 사고'에서 가장 중요한 초점은 이 역동성의 본성, 그것과 연관해 시간이란 무엇인지, 그리고 이 '실재'의 움직임의 특성과 조화되는 방식으로 삶을 살고 개인의 성장을 추구하려면 어떻게 해야 하는지에 있다. 알마스에 따르면 '신성한 지혜'는 자아가 사라진 삶에서 나오는 지혜이며 '신성한 작업'과 '신성한 계획'이 가리키는 현실의 이해를 직접적으로 경험할 때만 발달할 수 있다.

　'신성한 작업'은 미묘한 정신적 차원에서부터 물질적 세계에 이르기까지 모든 발현이 '실재'의 작품이며, 따라서 신의 '신성한 작업'이라는 이해이다. 이를 인간중심적이고 이원적인 시각에서 조금 벗어난 방식으로 표현하면, 이것은 모든 창조물이 쏟아져 나오는 '실재'('실재'의 발현이자 구현)라는 이해이다. 8번의 '신성한 사고'인 '신성한 진리'를 살펴볼 때, 그 '사고'를 통해 깨달은 시각은 모든 현실이 순수한 '실재'이며 그 핵심적인 특성은 현존(presence)이라는 이해임을 알았다. 이 현존의 실질성과 현실성은 현재에 완전히 머물 때, 지금 이 순간에 우리 의식 속에 완전히 살고 우리 자신을 경험할 때만 인식할 수 있다. 우리 의식에 과거나 미래의 생각으로 장막이 처지거나 정신적 구성체라는 장막을 통해 자신과 우리 주변의 세상을 경험하면 우리의 현존을 경험할 수 없다. 이런 구성체로부터 자유로워져야 영혼은 우리의 '진정한 본성'인 현존과 닿고 영향을 받으며, 현존의 특성 중 하나가 현재성(nowness)임을 깨닫는다. '실재'의 참다운 요지는 바로 즉시성(immediacy)이다. 그 순간에 완전히 머물면 이 현존이 정적이지 않고 변화하며 이런 움직임이 시간이라는 개념을 떠오르게 한다는 것도 알게 된다. 시간은 우리가 변화를 측정하는 방법이고 현재의 순간에 완전히 머물다가 조금 이동할 때에만 뜻이 통하는 개념이다. 완전히 지금 여기에 머물면 시간은 멈춘 듯 보인다. 시간에서 벗어나는 느낌을 갖는다. 영원한 지금 속에서 자신을 경험하고 그 안에서 변화와 움직임이 일어난다. 우리 대부분이 절정의 경험 중에 이를 느꼈다. 가령 다른 사람과의 친밀한 접촉을 통해서나 차 사고나 화재 같은 신체적 위기를 통해서, 또는 깊은 정신적 체험의 순간을 통해서 느껴봤을 것이다. 우리에게 익숙한 시간 개념은 정지하고, 마치 시간이라는 개념이 없는 세상에 사는 것처럼 느껴진다.

그러므로 '실재'는 바로 지금 속에서 전개되며, 이것이 우리 우주의 전개이다. 모든 변화는 현재 안에서 일어나며, 이 변화는 형태가 끊임없이 생겨나지만 그럼에도 근원적으로 변함없이 '실재'로 남아 있는 것이다. 알마스의 말을 옮겨보자. "전 우주는 분수와 같아서 항상 전개되고 있고 항상 다른 형태를 쏟아내고 있지만, 언제나 여전히 물의 상태, 즉 '실재' 또는 현존으로 남아 있다."[1] 여기서 한 발 더 나아가면 현존의 흐름인 이 우주가 끊임없이 계속해서 생겨나는 것, 즉 지속적인 창조 행위라는 것이다. 그렇다면 우주의 창조는 먼 과거 어느 순간에 일어난 것이 아니다. 왜냐하면 이런 차원에서는 시간이 의미가 없기 때문이다. 창조는 끊임없는 것이다. 즉 우주는 지금의 즉시성 안에서 끊임없이 창조되고 있다. 바로 이전 순간에 존재했던 것은 더 이상 존재하

350

지 않는다. 세계는 끝없이 새롭게 생겨나고 있다. "어떤 순간에 분수대에서 쏟아져 나온 물은 그 다음 순간에 그 분수대에서 쏟아져 나온 물과 같은 물이 아니다."[2] 이것은 매우 심오한 통찰로 얼핏 봐서는 말이 되지 않을 수 있지만, 7번 개인의 전개 중에 어느 시점이 되면 관련이 있을 수 있기 때문에 언급하는 것이다.

움직임과 변화는 이 영원한 지금, 즉 현존의 무한함 속에서 일어나며 이것이 '실재'의 전개이다. 이런 '실재'의 흐름 속에서 사는 것은 '진짜 시간' 속에 사는 것이며, 이는 우리를 '신성한 작업'에 대한 이해에서 가장 첫 번째 의미로 이끌어준다. 그것은 진정한 작업이란 우리의 '진정한 본성'이 '실재'임을 알아차리기 위한 노력이란 것이다. 이것은 인간이 몸담을 수 있는 가장 거룩한 작업이다. 구르지예프가 정신적 성장을 '궁극의 작업(the Work)'이라고 부른 것은 아마 이런 이유일 것이다. 참된 변화를 위한 이 작업은 우리가 진짜 시간 속에 살 때, 다른 말로 하면 우리가 현재에 머물면서 지금 이 순간에 완전히 존재할 때만 일어난다. 구르지예프의 저서들 중에는 《'나는 지금…'인 순간에만 삶은 진짜다(Life Is Real Only Then, When 'I Am')》라는 책이 있으며, 알마스의 말처럼 사람의 진짜 나이는 얼마나 진짜 시간을 보냈는지로 측정된다. 왜냐하면 이것이 그 사람의 영혼의 성숙도를 나타내기 때문이다.

'신성한 계획'은 현실의 전개가 임의적이거나 무질서하지 않고, 대신 일종의 포괄적인 청사진을 따른다는 이해이다. 우주는 본래의 지능을 가지고 있으며, 따라서 우주의 움직임은 그것을 반영한다. 자연 법칙과 질서가 작용하고 있고, 발생하고 존재하는 모든 것이 이 지능이 활동한 결과이다. 여기서 계획이라는 단어는 무슨 계획을 세우거나 미리 결정하거나 미리 어림한다는 뜻이 아니라 사물이 어떻게 전개되는지에 대한 의미 있는 밑그림과 패턴이 있다는 뜻으로 사용된다. 예를 들어, 우리 DNA 속에는 유전 정보나 설계도가 담겨 있어서 인간의 정자와 난자가 만나면 나무나 거미가 아니라 인간 아기로 발달하는 배아가 된다. 마찬가지로 우리의 성장에는 본래 타고난 순서나 설계도가 있기 때문에 인간의 신체적, 개념적, 심리적 발달 단계의 줄거리가 나올 수 있다. 뿐만 아니라 정신적 성장에 대한 보편적 지도를 만들고 어떤 종류의 수행이 어떤 결과를 가져오는지 예측할 수도 있다. 가령 신체의 한 지점이나 호흡에 마음을 모으고 명상하면 우리 의식에 집중력이 더 발달할 것이다. 계속해서 느끼면서 몸속으로 깊이 들어가면 더 구체화되고 현존하는 느낌이 들 것이다.

만약 남들에게 해를 주고 심술궂게 행동하면 상대가 싫어하고 피하려 하는 것을 보고 이 자연의 질서를 알아차릴 수 있다. 또는 마음을 상대에게 열면 의식 속에서 사랑과 연민이 느껴지고 그 사람과의 관계가 조화롭게 느껴질 때 알아차린다. 이런 일들과 모든 현실이 전개되는 방식이 분명 우연은 아니다. 단순히 일직선적이지 않은 논리와 지능을 따르며 그것을 드러낸다.

우리 영혼과 그 밖의 현실이 작용하는 방식은 그 안에서 활동하는 이 지능의 본성 때문에 결코 완벽하게 계획을 짜거나 예측할 수 없다. 우주의 지능은 살아 있으며, 변화하는 주변 환경에 반응한다. 마치 우주 안에 있는 또 하나의 소우주처럼 모든 생물이 처음 생길 때부터 이 생명의 살아 있는 지능을 공유한다. 예를 들어 생물의 종種들은 반드시 일직선적인 방식으로 적응하지는 않는다. 그들의 적응은 일종의 유기적인 논리가 있으며 그 기능은 종의 생존을 돕는 것이다. 세상의 많은 수수께끼가 과학으로는 결코 완전히 이해될 수 없을 것 같다. 물질의 물

352

리적 현상을 더 깊이 이해하면 할수록 명백한 역설이 나타난다. 빛이 파장이자 동시에 입자라는 사실만 해도 그렇다. 혹은 인간 행위의 차원에서 보자면, 치명적인 질병이나 죽음 같은 일이 일어났을 때 처음에는 나쁘게 여기지만 몇 년이 흐른 후에 확인하면, 겉으로는 부정적으로 보이는 그 일이 일어나지 않았다면 절대로 불가능했을 긍정적인 결과가 나오기도 한다. 모든 현실이 그것으로부터 생기며 머리로는 결코 완전히 이해할 수 없기 때문에 수수께끼라는 별명을 가진 '절대자'와 마찬가지로, 아마도 사물의 작용도 언제나 정확한 공식에서 벗어날 것이다.

지금까지 우주 안에서 사건이 일어나는 방식에는 자연의 질서가 있으며, 이 질서는 명확하게 이해할 수도, 예측할 수도, 도표를 만들 수도 없다는 것을 살펴봤다. 또한 '실재'는 현존이기 때문에 모든 변화가 현재 순간들의 연속으로 일어나는 '실재'의 전개이며, 세상과 자신이 매 순간마다 끊임없이 생겨나는 창조의 일부라는 사실도 알았다. 이 인식은 우리를 '신성한 지혜'와 지혜롭게 산다는 것의 의미에 대한 의문으로 끌고 간다.

우리가 삶을 어떻게 생각하고 방향을 잡느냐는 측면에서 '신성한 작업'과 '신성한 계획'의 이해 속에는 많은 함축적 의미가 담겨 있다. 첫 번째는 '실재'의 핵심적인 특성이 현존이며 그 특성과 조화를 이룰 때(즉 현재에 머물 때)만이 '실재'를 경험할 수 있다는 이해에서 나온다. 따라서 우리의 본질적 바탕, 우리 안의 심원과 접촉하려면 삶의 매 순간에 완전히 머물러야만 한다. 두 번째는 우리가 '실재' 안에서 보내는 시간(진짜 시간)의 양이 우리 영혼의 성숙도에 기여한다는 것이다. '실재'는 끊임없이 생겨나는 것이기 때문에 우리가 계속 성숙하려면 이전의 모든 지식과 심지어 과거의 가장 중요한 경험에 대한 기억까지도 전부 뒤에 남겨놓고 가야만 한다. 영혼은 유기적인 전개를 따르기 때문에 우리는 발달을 계획할 수도 없고, 어디로 가는지 예측할 수도 없다. 영혼의 전개는 마치 계속해서 자신을 드러내려고 준비하고 있는 신비를 맞이하듯이 그것이 하는 대로 내버려둬야 한다. 만일 '실재'의 다양한 차원과 상태에 대한 정보에 따라 지도를 만들고 도표를 짜서 그것을 통과할 방법을 생각해내려고 한다면, 영혼의 전개는 방해받을 것이다. 어디를 향해 가고 있는지, 그 곳에 도착하는 데에 얼마나 걸릴지 안다고 믿는다면 참된 전개는 일어날 수 없다. 우리가 마음속에서 생각하는 성장의 청사진대로 따라가도록 만들려고 한다면, 그 과정은 생동감과 즉시성을 잃으며 영혼의 지능이 우리를 심원까지 이끌고 가지 못한다. 개별 영혼의 '신성한 계획'은 오직 자기 스스로 나타나고 자기 스스로 실현될 뿐이며, 계속해서 현재에 머물고 그것이 보여주는 새로운 사실에 마음을 열어 둠으로써 그렇게 된다. 이것이 '신성한 지혜'의 몇 가지 의미이다.

## 본질과의 단절

어린시절의 양육 환경이 들쭉날쭉해서 에니어그램 7번 유형이 본질적인 바탕과 단절되면 이 '신성한 사고'를 통해 현실을 인식할 가능성도 잃어버린다. 7번이 어른이 되면서 분명해지지만, 이들이 연결을 잃어버린 것은 '실재'의 현존성과 '실재'가 전개되는 자연의 법칙에 대한 신뢰이다. '실재'와의 접촉이 결여된 7번의 영혼 안에는 방향을 상실한 듯한 느낌이 깊이 남겨진다. 이를 알마스는 이렇게 묘사한다.

자아가 방향감각을 상실한 상태가 되는 것은 어린시절 적절한 양육을 받지 못해 '실재'의 연속성이 방해받았기 때문이다. 아기였을 때 우리는 그저 그 순간에 머물고 우리의 '실재'성은 전개된다. 양육 환경이 부재하거나 부적절하면 그 사람은 받침대를 상실했다고 느낀다. 그러면 '실재'는 계속되지만 '실재'의 전개로부터 단절되고 차단된다. 어렸을 때 '실재'의 연속성이 중단되고 그 상실을 이런 '신성한 사고'에 대한 민감성을 통해 경험하면, 그것은 마치 길을 잃은 듯한 느낌으로 경험된다. 여기에서 양육의 손길이 상실되는 것은 '신성한 작업'(현실이 우리의 현존과 성장을 지원하는 방식으로 전개되고 있다는 사실)에 대한 인식을 상실하는 것과 같다.[3]

## 주요 심리

7번은 우주가 전개되는 거대한 패턴 속에서 자신의 자리를 잃어버렸다고 느낀다. 또한 어른이 될수록 자기 영혼이 자연스럽게 전개되는 능력에 대해 더욱 신뢰를 잃는다. 이 맹점 때문에 7번은 자신이 자연스럽게 성장하고 잠재력을 실현하도록 현실이 돕지 않는 것처럼 보인다. 이들의 해결책은 자기 손으로 직접 일을 처리하고, 사물이 어떻게 작용하는지(설계도가 무엇인지) 파악하려고 애쓰면서 자신의 과정을 거기에 맞추려고 노력하는 것이다. 그렇다면 미래를 위해 지도를 만들고 계획을 세우려는 습성은 이들의 성격이 '신성한 계획'을 모방한 것이 되고, 현재에 완전히 참여하는 대신으로 쓰는 대체품이 된다. 이런 이유로 이카조는 이 유형을 '계획하는 자아'라고 이름 붙였다. 이런 태도가 7번의 집착, 즉 자신과 삶을 바라보는 고착화된 인지적 시각을 형성한다. 그림2의 '고착의 에니어그램'에서 확인할 수 있다.

　이런 미래지향적인 태도와 계획을 세우는 성향이 드러나기 시작하는 때는 물론 초기 어린시절이 훨씬 지난 후부터다. 이에 대해서는 뒤에 설명하기로 하고, 우선 초기 어린시절에 초점을 맞춰보자. 7번의 어린시절의 경험은 이들의 '신성한 사고'에 대한 민감성을 통해 여과되어 잃어버린 낙원에 대한 경험이 된다. 실제로 생후 몇 개월 동안 엄마와 행복을 전혀 못 느껴봤을 수도 있고, 욕구를 충족시켜주고 자신을 든든하게 받쳐주는 접촉을 느끼던 시기가 있었는데 이런 저런 이유로 중단되었을 수도 있다. 최초에 친밀한 시기가 있었다면 엄마가 직장으로 돌아가거나 질병, 다른 형제자매의 출생, 갑자기 기운 집안형편 같은 환경으로 단절되었을 것이다. 만일 그런 시기가 없었다면 7번의 영혼이 무의식 속에서 그것이 어땠을지, 따라서 무엇을 잃어버렸는지 직감했을 것이다. 두 경우 모두 7번의 영혼에 각인된 것은 젖이 나오는 엄마의 가슴(실제의 가슴이든 은유적으로든)을 잃어버린 기억이며, 따라서 영양, 사랑, 온기, 안전의 원천을 잃어버린 것이다. 이것은 마치 삶 자체의 정수를 잃어버린 것과 같다.


**회피**　　이렇게 삶의 원천이 바싹 마르고 자기 안에서 사라지는 감각이 견딜 수 없는 내면의 쓸쓸한 불모지를 만들어낸다. 5번처럼 이 핵심적인 결핍 상태는 메마르고 바싹 타버리고 텅 비어 삶이 결여된 내면의 불모지처럼 느껴진다. 공허함, 황량함, 생명력 없음은 어렸을 때 엄마의 상실 그리고 엄마를 통해 '실재'를 상실한 기억을 상기시키기 때문에 신체적, 감정적, 정신적 어떤 형태로든 7번이 회피하는 첫 번째 대상이 된다. 이들의 성격 전체가 이 메마른 고통을 회피하는 방향에 맞춰 조정된다. 그림10 '회피의 에니어그램'에서 7번에 해당하는 것은 '고통(pain)'이지만, 실은 이 핵심적인 황량감 그리고 삶의 생동감과 단절된 느낌이 7번의 가장 깊은 고통을 이루며, 이들의 성격은 그것을 경험하지 않는 방향으로 나아간다.

이 내면의 사막을 피하기 위해 이들은 어딘가에 오아시스가 있다고 상상하고, 마음속에 실제처럼 그리며, 거기에는 온기와 정서적인 성싱함이 있다고 상상하면서 그 오아시스를 향해 가는 진로를 구상한다. 이런 시각에서 보면 이들이 가장 몰두하는 지도 만들기와 계획 세우기는 비록 무의식적이기는 하나 '실재', 즉 진정한 만족의 근원과 다시 연결되려는 시도로 볼 수 있다. 그렇다면 이들의 지향점은 주로 자신의 상상 속에 존재하는 미래, 자신의 모든 소망이 이뤄진 유토피아이다. 현재와 마주하고 현재 속에 머무는 대신 무엇이 가능할지 상상하고 머릿속에 그린다. 따라서 7번의 거짓말은 이들이 현실과의 직면을 피하는 방법인 '거짓 상상(false imagination)'이며, 그림12 '거짓말의 에니어그램'에서 이를 확인할 수 있다. 현실은 결코 이들의 계획이나 상상대로 되지 않기 때문에 이들은 언제나 실망한다.

메마르고 박탈당한 핵심적 고통을 피하기 위한 노력으로 7번은 전부 다 좋고 괜찮다고 생각하려고 한다. 모든 것에 긍정적인 시각을 부여함으로써 사물의 밝은 면만 바라보고 어두운 면은 보지 않으려고 한다. 이들의 내면은 단호하고 고집스럽게 사물을 낙천적으로 바라보는 데에 초점을 맞춘다. 왜냐하면 사물을 온전히 그대로 바라보면 자신이 회피하는 쓸쓸함 그리고 삶의 흐름에서 끊겨 나와 복구될 수 없을 것 같은 느낌이 떠오르려 하기 때문이다. 어떤 경우에는 긍정적인 측면에 초점을 맞추는 이런 경향이 어린시절의 기억을 통해 강화되었다. 그 기억이란, 자신이 행복하고 긍정적일 때에는 부모(또는 그에 해당하는 역할을 한 사람)가 자신을 좋아해주고, 고통이나 두려움을 보여주면 부모가 거기에 공감하지 못한 채 야단치고 심지어 버렸던 것을 말한다.

7번의 자기표상에서는 이런 태도가 강박적인 웃음으로 나타나며, 웃음이 고통이나 적의를 감추는 데 이용될 때도 많다. 7번은 유쾌하고 명랑하며 즐겁고, 자신만만하고 근심걱정 없으며, 기대로 가득 차 있다. 이들은 흔히 둥글고 건강해 보이는 얼굴과 밝게 빛나는 눈, 경쾌한 걸음걸이를 갖고 있다. 7번은 기운차고 열정적이며, 미래에 마음을 빼앗겨 미래 속에서 살기를 열망한다.

**함정**　　　삶을 완전히 긍정적인 시각에서 바라보는 것은 7번에게 자신을 지탱하고 결여된 내면의 안정감을 얻으려는 시도이다. 이런 이상주의에서 우리는 7번이 자신의 두려움에 대응하는 전략을 볼 수 있다. 비록 언뜻 보기엔 자기 확신이 있고 걱정이 없는 것처럼 보이지만, 에니어그램 5번 유형과 6번 유형처럼 7번도 두려움 유형이다. 그렇게 쾌활한 기질이 방어적이고 강박적인 필요임을 알아차리기 시작할 때에야 비로소 7번의 쾌활함이 자신의 두려움을 감추는 방법이라는 것이 명확해진다. 다른 두려움 유형과 마찬가지로, 7번에게도 세상은 무섭고 위협적인 곳이며 우주에게 사랑받고 지원받는다는 느낌을 갖지 못한다. 혹독하고 고통스러운 삶의 현실을 회피하는 수단으로 산타클로스와 행복한 동화를 믿어야 하는 아이처럼, 이들은 자기 두려움의 원천을 재구성하고 그 영향력을 빼앗기 위한 시도로 긍정적인 측면에 매달린다. 그림9 '함정의 에니어그램'에서 7번의 함정이 '이상주의(idealism)'인 이유가 바로 이것이다.

모든 것에 긍정적인 시각을 부여하려면 분명 엄청난 합리화와 정당화가 필요하다. 7번은 모든 것이 좋게 보이도록 설명하는 데에 뛰어난 대가이다. 뭐든지 좋지 않게 경험하는 것은 묻어둔 내면의 고통을 떠오르게 하기 때문에 이들에게 위험하다. 그래서 뭐든 고통스럽거나 무서울 것 같은 대상은 합리적으로 해석해버린다. 그러므로 7번의 사고는 이들의 방어수단이 된다. 7번은 자신의 상처받은 마음으로부터 자기를 멀리 떼어놓고 주로 머릿속에서 생각하는 세상과 그에 대해 그려놓은 그림들 속에서 머문다. 완전히 자신의 몸 안에 닻을 내리고 긍정적인 감정뿐 아니라 모든 범위의 감정을 전부 느끼는 것은 무서운 일이기 때문에 7번은 정신적 구성체에 불과한, 행복하고 흥미진진하고 미래가 밝은 내면의 세계를 창조하고 그 안에서 산다. 내면에 있는 이 환상의 세계를 지탱하기 위해 현실의 일부를 조금씩 추상화하고 그 나머지는 버린다. 7번은 자기 영혼 안에 완전히 머물지 않고 사고를 통해서 관계를 맺기 때문에 그것은 실질적이지 않고 추상적이며 상징적으로 된다. 이것이 그림11 '본질과 멀어지게 하는 행동의 에니어그램'에서 7번에 해당하는 것이 '자기상징화(self-symbolizing)'인 이유다.

7번에게는 공허함, 고통, 두려움과 마찬가지로 분노와 공격성도 느끼거나 표현하면 안 된다. 그런 부정적인 감정은 긍정적인 감정을 압도하려고 위협한다. 즉 만일 7번이 분노를 느끼면 사랑과 연결의 느낌이 사라질 것이고 남들과도 멀어질 것이다. 이것은 곧 이들이 과거에 엄마에게 느꼈고 지금은 '실재'로부터 느끼는 거리감을 의식 속으로 끌어들이려고 위협한다. 그러므로 그것은 무섭고 피해야 할 무엇이다. 부정적인 감정이 가져올 잠재적인 위험을 분쇄하기 위해서 이들은 자신에게 해명하고 설득해서 빠져나간다. 부정적인 것에 긍정적인 시각이 부여된다. 마찬가지로 7번은 상대의 공격성을 분쇄하기 위해 자신의 마법을 이용하면서 그 사람이 자신에 대해 좋게 느끼도록 감언이설로 꾀고 현혹한다. 이들은 남이 절망과 우울, 비탄, 슬픔의 감정을 경험하는 일도 견디기 힘들다. 여기에도 7번은 긍정적인 시각을 부여해야 하고 상대에게 먹구름 뒤에도 빛이 비춘다고 확신시키려고 설득하기 시작한다. 이들은 인간관계도 가볍고 즐겁게 유지하려 하며 진지한 관계를 회피하는 경향이 있다.

이들의 부정적인 감정이 사라진다는 것이 아니다. 이들은 끊임없이 그것으로부터 자신의 주의를 딴 데로 돌려야 한다. 7번의 분노는 초자아로 흘러 보내져서 마치 1번처럼 올바르고 착해야 하며, 남들에게 충고와 도움을 베풀고, 건설적 비판을 제공하며, 그것이 모두 자신과 상대를 위해서라고 생각하게 된다. 7번의 공격성은 이런 식으로 이들의 생각 속에서 긍정적인 무엇이 된다. 왜냐하면 그것을 초자아 쪽으로 돌리면 자신이 잘하고 있고 따라서 괜찮다는 기분을 보호하기 때문이다.

7번의 핵심적인 내면 역학들 중 하나는 초자아가 이들 자아의 개인적 이상이 무엇이건 간에 그것을 따르고 이미 구현했어야 한다고 요구하는 것이다. 이들의 자아 이상은 이들의 가장 유력한 내면의 지도가 지향하는 목적지와 일치할 것이다. 예를 들어, 그 지도는 특별한 사상의 학파에 의거하여 건강한 심리로 가는 여정을 도표화했을 수도 있고, 특정 의식 상태에 이르는 것이 목표인 특정한 정신적 여정을 구상한 것일 수도 있다. 7번의 자아 이상은 자신이 일하는 특정한 분야에서의 성공일 수도 있고, 동경하는 특정한 라이프스타일일 수도 있다. 7번이 결승점을 상상할 수 있으면, 초자아는 이들이 이미 거기에 도달했어야 한다고 요구하고 아직도 달성하지 못했다고 호되게 야단친다.

그 결과 좌절감과 목표를 향해 일하는 의미가 없다는 느낌에 이르게 되고, 그래서 쾌락을 추구하는 것으로 도망친다. 영원한 청춘처럼 시간과 노력이 드는 과정에 끈기가 거의 없고, 어제 이미 거기에 도착했기를 원하며, 장기간의 헌신과 삶에서 만나는 재미없는 일을 힘들어한다. 7번은 융이 이런 태도를 불렀던 이름처럼 영원한 소년(peur aeternus)으로서, 내일은 무슨 일이 있을까 즐거운 꿈속에 살면서 어른이 되기를 거부한다. 이런 경향 뒤에는 실망, 특히 자신에게 실망하는 것에 대한 두려움이 있다.

## 방어기제

계속 기분 좋은 상태를 유지하고 자신의 두려움에 맞서 방어하기 위해 7번이 쓰는 방어기제는 여러 가지가 있다. 처음에 나란호는 7번의 방어기제로 승화(sublimation)만 언급했지만, 최근의 저서에서는 합리화(rationalization)와 이상화(idealization)도 포함했다. 그는 지성화(intellectualization)를 포함시키지 않았지만, 나에게는 이 방어기제가 다른 것들보다 훨씬 기본적인 것으로 보인다. 다음의 지성화에 대한 정의를 보면 왜 7번 유형과 그렇게 관련이 있는지 알 수 있다.

지성화란 심리적으로 본능적 충동을 지성적 행위와 묶는 것, 특히 불안에 대해 통제력을 발휘하고 긴장을 완화시키기 위해 그렇게 한다. 이 기제는 일반적으로 사춘기에 나타나며, 구체적인 몸의 감각이나 갈등을 일으키는 생각이나 느낌을 회피하는 경향이 있는 철학적, 종교적 주제에 관한 추상적인 토론과 고찰이 그 좋은 예이다.[4]

앞서 언급한 합리화는 '개인이 어떤 행동이나 태도를 정당화하기 위해 의식적으로는 객관적으로 '논리적'인 설명을 쓰지만, 무의식적으로는 받아들이기 어려운 다른 동기를 감추는 과정'이라고 정의된다.[5]

승화는 본능적 욕구 에너지가 사회적으로 허용될 만한 형태로 돌려지고 변경되는 기제이다. 예를 들면 가공되지 않은 날것의 성욕이 예술적인 표현으로 변형되거나, 공격성이 날카로운 기지가 넘치는 응답으로 변형된다. 나란호의 말처럼 승화는 7번이 '자신의 곤궁감과 본능성은 보지 못하게 되는 반면, 이타적이고 아량 넓은 동기들만 자각한 채로 남는' 과정이다.[6] 더 나아가 그는 승화가 7번의 환상과 계획 세우기로 기우는 성향 역시 설명하며, 그 이유는 이 변형 과정에서 이들이 진짜 충동적인 목적을 잃어버리기 때문이라고 했다.

이상화는 분명 7번이 흔히 사용하는 수법 중 하나이다. 그러나 나란호가 제시하는 것처럼 여기에 자신이나 남을 과장되게 평가하는 자아도취의 기능은 그렇게 많지 않다. 내가 생각하기에 자아도취는 이 에니어그램 유형에서 특별히 핵심적인 내용은 아니며, 따라서 의학적으로 사용되는 엄밀한 의미에서의 이상화 역시 마찬가지다. 모든 에니어그램 유형이 자아도취적인 경향을 가질 수 있다. 아무리 자아가 건강하더라도 어떤 유형이든 정신분열 증세나 경계선 병리(신경증과 정신병의 경계 상태)의 기미를 가질 수 있기 때문이다. 정신분열증 경향을 가진 사람은 소심하고 내성적이며, 거리를 두기 위해 그은 경계선 뒤에 숨어서 가까운 접촉으로부터 자신을 고립시키는 경향이 있다. 경계선 병리 경향이 있는 사람은 자신이 누구인지 모르겠고 다른 누군가가 필요하다고 느끼며, 타인과 나 사이에 경계선을 설정하는 데 어려움을 느끼고, 압력을 받으면 무너져버리기 쉽다. 전자는 5번처럼 들리고 후자는 9번처럼 들리지만, 어떤 에니어그램 유형이라도 이런 구조적 태도를 가질 수 있다. 7번이 보여주는 이상화는 더 포괄적으로 나타나는데, 사물을 긍정적인 시각으로 보고 세상과 삶 일반에 대해 이상적이고 낙관적으로 보려는 경향이다.

자신의 지성을 주요 방어수단으로 이용하려는 7번의 성향과 상응하여, 이들은 감정이나 직접적인 체험이 아니라 주로 머릿속에서 산다. 7번의 머리는 멈추지 않고 활동하며, 붓다가 말한 바닥에서 붕 떠 있는 '원숭이 마음'(계속해서 활동하고 이 나무에서 저 나무로 오락가락하는 마음)의 예증例證이다. 예상한 대로 원숭이는 7번과 관련된 동물이다.

이들에게는 지적 행위가 거의 신체적인 활동을 대신하며, 계속해서 아이디어와 계획을 만들어내고 있다. 이 아이디어와 계획은 그 어떤 구체적인 발현보다 훨씬 앞서나간다. 7번이 실제로 무언가 달성해나가는 중에도 이들의 머릿속에서는 그 외에 수많은 계획과 기타 가능한 대안이 지나가고 있다. 현실이 두려워서 이들은 자신의 지적인 세계를 훨씬 안전하다고 여긴다. 어떤 일이 잘 풀리지 않으면 언제나 다른 임시계획이 있고, 훌륭한 결과가 나오지 않을 위험을 감수하기보다 그냥 그것에 대해 생각하고 얘기만 하는 편이 낫다.

## 행동 및 정서 습관

왜 7번의 지도 만들기와 계획 세우기가 자신을 포함한 이 우주가 자연스럽게 전개된다는 감각을 상실('신성한 작업'에 대한 인식의 상실)한 것에서 비롯한 결과인지를 살펴봤다. 또 이 상실로 뭘 해야 할지 모르겠는 방향감각의 혼란이 생겨나고 그 반응으로 자신이 직접 자신의 삶과 전개를 계획하고 방향 지을 수 있고 그래야 한다고 믿게 되었음을 살펴봤다. 사람들 대부분이 이것을 당연하게 생각한다. 삶의 방향을 자신이 결정하려고 시도하지 않고 자신을 '신성한 작업'의 자연스러운 전개에 맞추려고 생각하는 것만으로도 커다란 도약이다. 따라서 대개는 7번이 보이는 태도의 오류를 이해하기 어려울 것이다. 개인의 전개라는 측면에서 특징적으로 7번이 어떻게 움직이는지 살펴보면 그 오류가 더 명확해질 것이다.

7번은 우선 자신이 작업하고 있는 심리적·정신적 모델의 대강의 줄거리를 이해하려 애쓰고, 그 모델에 따라 자신이 어디로 향하고 있는지 감을 잡는다. 그 다음에는 자신이 어떤 문제를 해결해야 하고, 어떤 의식 상태가 언제 어떤 순서로 떠올라야 하는지 파악한 다음, 이것을 자기 의식 속에 실현시키려 한다. 그런 '전개'는 정신적 구성체에서 일어나는 것이고 영혼이 전개되는 방식과 조화가 안 되어 있기 때문에, 각 영혼의 독특하고 고유한 내적 패턴을 따라야 하는 진정한 변화가 일어나는 것은 분명 불가능하다. 이 패턴은 예상할 수도 없고, 그것은 어떻게해야 하고 변화는 언제 일어나야 한다고 생각하는 대로 따르도록 강요할 수도 없다. 참된 변화는 성격의 법칙이 아니라 '실재'의 법칙에 맞춰야 가능하다.

7번에게는 생각 속의 세상이 너무나 진짜 같아서 그 안에서 전쟁이 이기기도 하고 지기도 한다. 이들은 이론화하고 일반화하기를 매우 좋아하고, 단어, 상징, 유추에 매혹되며, 사물을 완전히 경험하기보다 그것에 대해 이야기한다. 7번은 지도와 진짜 땅을 혼동하는 경우가 많으며, 지도의 기호가 그것이 상징하는 실물을 대신할 때가 많다. 예를 들어 에니어그램을 공부할 때, 7번은 이론과 그 안에서 가능한 상호연결에 너무 푹 빠져서 각 유형의 실제로 살아 있는 경험을 잊어버릴 수 있다. 또는 남들이 하는 내적 작업을 비평하면서 의식 상태와 정신적 성장에 대한 자기 생각 속의 지도와 비교하는 이론적 논평자가 될 수도 있다. 그러는 중에 사물이 실제로는 체험적으로 어떻게 전개되는지 망각하며, 그러면서 동시에 자신의 공격성과 적의를 표출할 배출구를 찾아낸다.

7번의 배출구는 말하는 것 그 자체가 활동이 되는 지적 토론의 영역, 예를 들면 성경 단어와 구절에서 가능한 여러 가지 의미와 해석 같은 영역이다. 이들에게는 말이 행위처럼 진짜이고, 따라서 자주 말이 행위를 대신한다. 이런 점에서 7번은 흔히 수다쟁이, 말뿐인 사람, 허풍쟁이, 또는 과시만 하고 행동은 없는 사람으로 묘사된다.

1번을 틀린 문법을 찾아내는 문법학자에 비유한다면, 7번은 영원한 학생으로서 언제나 정보의 조각을 모으길 좋아한다. 이들은 개념을 서로 끼워 맞춰 보고, 정보를 종합하고, 사물의 체계화된 총괄적 도식을 생성해내는 일을 매우 좋아한다. 이런 점에서 조셉 캠벨Joseph Campbell의 작업도 머릿속에 떠오르고, 위대한 심리학자로서 원형原形의 세계와 그것을 표현하는 상징을 중심으로 연구한 칼 융Carl Jung의 작업도 떠오른다.

7번에게는 현실을 자신이 원하는 줄거리대로 꾸며내는 기술이 있기 때문에 이들은 훌륭한 이야기꾼이고 함께 있으면 상당히 즐겁고 재미있는 경우가 많다. 7번은 말하기를 매우 좋아하고 자신에게 관심이 집중되는 것도 즐거서, 모인 사람들의 에너지에 도움을 받아 자기 이야기에 생동감을 불어넣는다. 코미디언 로빈 윌리엄스Robin Williams가 이렇게 거의 무엇에 대해서든 떠들 수 있고, 한없이 재미있고 신나는 무엇으로 바꿀 수 있는 능력을 보여주는 훌륭한 예이다. 한편 7번은 사기꾼도 될 수 있다. 당신에게 극히 평범하고 흔한 무엇을 행복으로 가는 티켓으로 믿도록 매혹시키고 움직일 수 있다. 이런 이유와 여기에 덧붙여 거의 아는 바가 없는 대상에 대해서도 즉시 전문가처럼 말하는 이들의 성향 때문에 이카조는 처음에 이 유형을 '허풍선이 자아(Ego-Charlatan)'라고 이름 붙였다.

7번은 워크숍에 딱 한 번 참석하고는 그 주제에 대해 전 과정을 가르치거나, 한 조각의 정보를 완전한 한 편의 강연으로 확장시키는 경향이 있다. 어떤 7번은 앞서 언급한 것처럼 아마추어로서, 많은 주제에 대해 조금씩 알고 있으며 어떤 대상에도 완전히 숙달할 정도로 길게 매달려 있는 경우가 거의 없다. 이런 유형의 7번은 그 일이 재미있는 시점이 지나고 어떤 분야든 숙달을 위해 필요한 지루한 작업에 착수할 시점에 이르면 따분해하고 흥미를 잃는다. 이들이 대개 대상의 표면에만 그치는 또 다른 이유가 있다. 더 깊이 들어가면 개인적인 한계와 어려움이 떠오르려 하고, 그러면 이것이 자신은 괜찮다는 느낌을 위협하기 때문이다. 또 어떤 7번은 악기를 완전히 익히거나 수석 프로그래머가 되는 등 한 가지 일에 몰두하면서도 그 외에 수많은 취미를 갖고 있다. 이들은 한 가지에 속박되고 그것으로 한정되길 싫어한다. 사물이 전개되는 방식에 대한 신뢰가 없기 때문에 무엇인가 잘못되어 자신이 곤경에 빠질 수도 있다고 생각하기 때문이다.

366

정신적 작업을 할 때 이렇게 표층에서 피상적으로 미끄러져 다니고 상황이 힘들어지면 머릿속에서 대안을 생각하는 이 성향이 특히 문제가 된다. 많은 7번이 자신의 고통과 결핍감이 떠오르기 시작하면 바로 그만둔다. 그 시점에서 이들은 깨달음으로 향하는 가장 최근의 가장 빠른 여정으로 바꾸려 하며, 변화보다 초월을 강조하고, 적은 작업으로 빠른 성과를 약속하는 여정(스승이 직접 전달하는 깨달음을 받는 방법, 확인된 진리를 암송하는 방법, 깨달음을 약속하는 주말 강좌 등)에 특히 끌린다.

7번은 지식과 정보의 원천이 되는 것을 무척 좋아하는데, 여기서 성격의 '신성한 지혜'의 모방을 볼 수 있다. 많은 7번이 지적 우월감을 느끼고 자신이 얼마나 아는지 과시하는 데에서 기쁨을 얻는다. 따라서 영원한 학생임과 동시에, 사람을 교육하고 가르치면서 자신의 풍부한 정보를 과시하는 일도 좋아한다. 이 점에서 이들은 관대하고 넓은 아량으로 조언하고 지지하는 부모 같아질 수 있으나, 따뜻하고 사랑 많은 자비로운 이들의 겉모습 밑에는 관심받고 싶은 마음 그리고 감정적 메마름과 거리감이 깔려 있다.

참고로 말하면 호기심 강한 7번에 감정적 메마름과 냉정함, 비판성, 검약을 혼합하고 거기에 자유방임, 관용, 견고한 이기주의, 서로 상관하지 않고 자유롭게 살자는 태도가 더해진 예가 네덜란드 문화이다. 네덜란드의 수도 암스테르담은 느긋한 분위기와 합법적인 마약과 매춘으로 쾌락주의자와 도피주의자에게 동경의 땅이 되었다. 그러나 사실 그 쾌락의 시행을 엄격한 기준으로 다스리고 있다.

7번은 영향력을 휘두르길 좋아하고 자신의 시각을 받아들이도록 상당히 설득을 잘한다. 어쨌든 이들은 삶이란 정말로 그렇게 무섭지 않고, 자신도 정말로 괴로운 것이 아니라고 자신을 설득했으니 말이다. 만일 남들에게도 영향을 미쳐 자신이 아는 것과 전문지식을 납득시킬 수 있다면, 그것은 다 좋고 괜찮다고 여기려는 이들의 노력을 도와주고 이들의 두려움을 미리 예방해준다. 이들의 능수능란한 설득력은 교묘하게 조종적이고 자기에게 이롭게 만들려는 측면이 강하다. 나란호의 글을 인용해보자.

> 허풍쟁이는 사람들에게 자신이 파는 물건의 유용함을 믿게 할 수 있는 사람이다. 그러나 설명이라는 단순한 지적 행위를 넘어서 7번 유형의 자아도취적 악습이 될 수 있는 설득은 자신의 지혜, 우월성, 고결함, 의도의 선의 등에 대한 믿음에 근거한다. 7번 유형에서 설득자이고 싶고 지식의 원천이 되고 싶어 하는 특성은 이따금 전문적 능력을 가진 조언자가 되는 형태로 표현된다. 허풍쟁이는 조언을 통해 사람들에게 영향을 미치고 싶어 한다. 허풍 속에서 자아도취적 만족과 자신이 도움이 된다는 과시뿐만 아니라 말을 통해 사람을 조종하는 일에 재미를 느끼는 것도 볼 수 있다. 즉 사람들에게 '마법을 걸어' 설득자의 계획을 수행하게끔 만든다.[7]

그러나 다른 한편으로는 아무리 사람들에게 자신이 아는 것과 전문지식을 믿도록 만드는 설득력이 뛰어나도 그것이 구체화된 지식이 아니라 사고에 근거하기 때문에 이들은 결코 완전히 안정감을 느끼지 못한다. 당연히 '신성한 지혜'를 흉내 내려는 7번의 시도는 효과가 없다. 따라서 대부분 마음 깊은 곳에서는 자신감 결여와 가면이 벗겨져 사기꾼인 것이 드러나면 어쩌나 하는 두려운 마음이 늘 7번을 따라다닌다.

마찬가지로 자신과 타인, 삶 전반에 대한 낙천주의와 이상화 밑에는 저 멀리 지평선 위로 떠올라 다가오고 있는 듯 보이는 재난이나 파괴에 대한 커다란 두려움이 깔려 있다. 많은 7번이 큰 재앙을 예상한다. 자신이 먼저 손써야 하는 어떤 파멸(가령 '밀레니엄 버그' 같은 것)이 임박했다고 믿으며, 이들의 과잉활동 사고는 그것을 거대한 세계적 대참사로 부풀려 추정한다. 이런 경향은 7번으로 하여금 삶을 두려워하고, 그래서 미래의 언젠가 현실화될 자기 내면의 이상화된 세계 안에서 살게 만든다. 내면의 고통스럽고 무서운 것에 대한 두려움이 외부 세계로 투사되어, 그 결과 자기 내면의 유토피아를 유지하려는 이들의 해결책을 지원한다. 이들에게 가장 고통스럽고 무서운 것은 자기가 삶의 흐름으로부터 회복될 수 없이 단절되었다는, 거의 무의식적인 확신(고착화된 마음의 신념)이며, 이들의 심리 깊은 곳에서는 재난이 바로 코앞까지 닥쳐온 것처럼 보인다.

## 격정

7번의 내면세계는 주로 사고를 바탕으로 하기 때문에 그 안에는 생명력이 거의 없다. 7번의 활력은 계속해서 연료를 공급해줘야 하기 때문에 이들은 끊임없이 새로운 아이디어, 새로운 감각의 기분, 새로운 맛으로 자신을 자극한다. 이것이 그림2의 '격정의 에니어그램'에서 이 유형의 격정에 '대식(gluttony)'이 해당하는 이유다. 대식에는 입과 탐욕이 관련된다. 일반적으로 대식은 음식에 지나치게 탐닉한다는 뜻으로 사용되지만, 7번의 경우는 탐닉이 먹는 것에만 제한되지 않는다. 이들의 게걸스러운 먹성은 아이디어, 이야기, 책, 마약, 음식, 음료수 외에도 자신을 자극하는 것이라면 무엇이든 해당된다. 이것은 사람들의 주목을 받기도 하는데, 어떤 이에게는 그것이 특별한 자극제가 되기 때문이다. 만일 7번이 정신적 작업을 한다면 강렬한 체험과 황홀한 상태에 대한 대식, '진정한 본성'을 더 많이 맛보고 싶고 그것의 또 다른 맛을 보고 싶은 대식으로 나타날 수 있다.

한 가지 대상, 특히 평범하고 얻기 쉬운 대상 하나를 잔뜩 배불리 포식하고 싶어 하는 것이 아니다. 7번이 원하는 것은 온갖 다른 것들, 평범하지 않고 색다르고 별나고 특이하고 더 좋은 것을 맛보고 싶어 한다. 마치 배스킨라빈스에 들어가서 온갖 종류의 아이스크림을 모두 맛보고 싶어 하는 것과 같다. 이들은 흥분, 색다른 무엇의 새로움을 원한다. 이들의 과잉활동적인 '원숭이 마음'처럼, 7번은 새롭고 색다른 것을 추구하는 흥분으로 장전하고, 자신의 이상적이고 과도하게 낙천적인 꿈과 계획에서 동력을 공급받아, 높은 기대를 가지고 삶 속으로 급하게 돌진한다. 7번은 '흥분으로 긴장한'(삶, 더 정확히 삶에 대해 그들이 가진 생각에서 오는 흥분과 아드레날린으로 가득 찬) 경우가 많으며, 이에 걸맞게 아드레날 분비선이 7번과 관련된 신체부위이다. 이들은 미래, 즉 훨씬 더 재미있는 것들을 약속하는 듯 보이는 미래를 향해 발사되는 로켓이다.

대식은 사실 소비에 대한 집착이다. 이것은 무엇이든 완전히 소화시키기보다 계속해서 무엇을 집어넣고 씹고 맛보고 싶은 욕구이다. 자극들 사이의 공백은 7번에게 불안을 가져오며, 이 불안은 내면의 굶주림이 의식 위로 떠오르려고 위협하는 신호이다. 굶주림 뒤에는 고통과 내면의 메마른 황량함에 대한 공포, 즉 성격의 가장 기저에 깔린 공허한 결핍감이 있다. 그래서 이들은 멋진 경험, 기분을 들뜨게 하고 현실을 잊게 해주는 행복한 경험을 갈망한다. 7번의 대식의 뿌리에는 내면의 잃어버린 낙원(엄마와의 연결, 그리고 어머니라는 인격화를 넘어 '실재' 그 자체와의 연결)을 회복하려는 무의식적인 시도가 있다.

370

## 이상화한 측면

7번의 '이상화한 측면'이 이렇게 잃어버린 유아기의 행복을 추구하는 데에서 가장 뚜렷하게 발현하는 것을 볼 수 있다. 이들이 흉내 내려고 하는 의식 상태는 다이아몬드 접근법의 용어로 말하자면 '옐로' 또는 '본질'의 '기쁨 측면'의 상태이다. '옐로'는 사랑하는 것과 접촉할 때 떠오르는 영혼의 기쁜 상태를 말한다. 이것은 부글부글 끓는 거품 같은 격정이나 아주 고요하고 깊은 환희로 발현될 수 있다. '옐로'의 가르침은 우리가 정말로 원하는 것, 우리를 진정으로 행복하게 만들어줄 것이 무엇인지 발견하라는 것이다. 마음의 소리에 귀를 기울여 무엇이 우리에게 기쁨을 가져다주는지 탐구할수록, 우리가 진정한 자신이 되고 우리의 진실과 직면할수록 심원에 한 발 더 가까워지면서 더 많은 기쁨이 떠오른다는 사실을 깨달을 것이다.

그뿐 아니라 우주 안의 모든 형태에서 일어나는 '실재'의 전개('신성한 작업')를 인식할 때도 기쁨이 떠오른다는 사실을 알게 된다. '옐로'에 대한 이해는 우리가 타인과 자신이 하는 일을 사랑하며, 그 이유는 그들이 우리 마음속의 가장 깊은 사랑, 즉 '진정한 본성'의 발현이고 그것을 우리에게 상기시켜주기 때문이라는 것을 알려준다. 기쁨은 '실재'를 축하하는 것이고, '실재'의 전개에 참여함을 축하하는 것이다. 기쁨은 마음이 열려 있고, 자연스럽고, 두려움의 쇠사슬에 매여 있지 않을 때 더 많이 올라온다. 자극을 추구하고 무슨 일이든 붙잡고 있어야 하는 7번의 행동은 사실 우리 마음이 '가장 사랑하는 대상', 즉 '진정한 본성'과 결합할 때만 찾아오는 행복을 얻으려고 애쓰는 시도이다.

대부분의 정신적 가르침에서 욕망이 모든 고통의 근원이라고 말한다. '옐로'는 그 이해를 더 정제시켜, 만일 우리가 대상을 향한 사랑 때문에 그것을 원한다면 마음 깊이 기쁨을 느끼고 사실상 그 대상을 갖고자 하는 집착을 모두 놓는다고 말한다. 그렇다면 욕구는 그것을 완전히 느끼고 수용한다면 이타적인 사랑으로 변한다. 상대를 깊이 사랑해 자기중심적인 마음은 모두 없어지고 상대가 잘되기만을 바랄 때 이것을 경험한다. 만약 욕구가 결핍감과 자신의 공허함을 채우려는 마음에서 나왔다면, 절망밖에 느끼지 못한다. 따라서 고통이 욕구의 근원이 되면 그 결과는 더 큰 고통뿐이라는 것이 더 정확할 것이다.

7번의 성격 양식은 '옐로'의 복제품이다. 이것을 7번의 자유와 즉흥적인 것에 대한 강조, 즐거워야 하고 고통을 피해야 한다는 강박적 필요, 그리고 무엇보다도 '가장 사랑하는 대상'과 결합하고자 하는 정신적 열망의 복사물인 이들의 대식 성향에서 뚜렷이 볼 수 있다. 7번의 조병躁病 같은 쾌활함은 진정한 기쁨, 즉 '옐로'의 충만감과 연결되려는 영혼의 시도이다.

욕망이 가장 원초적이고 '상스러운' 대상으로 향하는 8번과 달리, 7번은 기분전환, 도피, 즐거운 시간, 그리고 현실과 두려움과 고통과 결핍감의 회피를 원한다. 그러므로 8번처럼 파고들기보다 7번은 붕 뜬 기분이 되고 싶어 한다. 그 원인이 마약이든, 술이든, 혹은 그저 아드레날린이든 붕 뜬 기분의 문제는 금방 다시 내려와야 한다는 것이다. 이것은 7번에게는 행복한 일이 아니다. 그 딜레마는 람 다스Ram Dass가 쓴 독창적인 저서《지금 여기에 머물라(Be Here Now)》에서 훌륭하고 명료하게 표현되어 있다. 이 구절에서 그는 LSD 환각상태에서 가졌던 모든 통찰력이 자신이 보통의 의식 상태로 돌아오는 것을 막지 못한 실망을 묘사한다.

몇 년에 걸쳐서 우리는 한 번의 체험이 영원한 깨달음의 상태를 유지시켜줄 수 없다는 사실을 이해했다. 그렇게 간단하지 않으리라는 것을 안 것이다. … 5년 동안 나는 '땅으로 다시 내려앉는' 문제를 해결하려 했다. … 그리고 6년째 되던 해에, 아무리 나의 실험적 계획이 정교하더라도, 아무리 내가 높이 올라가도, 결국에는 다시 내려온다는 사실을 깨달았다. … 그것은 지독하게 좌절스러운 경험이었다. 마치 천국에 들어가서 모든 진리를 보고 완전히 새로운 의식 상태를 느꼈는데 다시 쫓겨나는 기분과 같다. 그런 경험을 200번, 300번 하고 나니 이상한 우울감이 퍼지기 시작했다. 내가 무엇을 알아도 그것으로 충분치 않다는 차분한 우울감이었다.[8]

람 다스의 딜레마는 7번 현상의 모든 표식을 지니는 60~70년대 초반의 히피운동을 상징적으로 보여준다. 많은 베이비붐 세대가 환각제의 화학적 도움으로 성격을 우회해 지나감으로써 자신의 심원에 눈떴다. 그들이 본 것은 많은 정신적 학파들이 수천 년 동안 가르쳐온 내용, 즉 우리의 근원적인 본성은 사랑이고 우리가 단일체의 일부라는 것이었다. 문제는 히피들이 약에 취했을 때 접촉한 진리가 다시 일상으로 내려왔을 때 통합되지가 않았다. 병사들에게 꽃을 건네고 음식, 집, 몸을 공유하는 것으로는 충분치 않았다. 성격의 방어막들을 정신적 작업을 통해 뚫고 지나가지 않고 건너뛰었기 때문에, 그 필연적인 결과로 소화되지 못한 성격의 어두운 측면들(탐욕, 이기심, 물질주의 등)이 무의식적으로 떠올랐다.

비틀스는 '당신에게 필요한 것은 오직 사랑(all you need is love)'이고 '평화에게도 기회를(give peace a chance)' 주어야 하며 '당신이 받는 사랑도 주는 사랑과 똑같다(the love you take is equal to the love you make)'고 노래했다. 역시 7번으로 보이는 존 레논John Lennon이 이 그룹의 리더였으며, 이들은 그 세대의 시각을 완벽하게 표현했다. 평화와 사랑은 히피운동의 표어가 되었지만 이 원칙을 따르지 않는 행동들은 표어와 달리 전부 거부되었다. 개인의 자유와 모든 문화적 규범과 제약에 맞선 저항에 중점을 두었으나 오직 평화, 사랑, 관용을 향한 압력 때문에 성적으로 또는 다른 측면에서 한계를 설정할 여지가 없었고, 선善과 히피주의가 지배하는 일종의 전제정치가 되어버렸다.

깨달음을 얻은 방식처럼 살려고 노력하는 것이 한 사람의 영혼이 실제로 변하는 것을 대신할 순 없었다. 기분 좋은 상태를 유지하기 위해 더 많은, 더 강한 환각제가 필요했고, 헤로인 중독이 만연했으며, 그 세대를 대표하는 목소리였던 그 시대의 가장 재능 있는 음악가들이 마약과용으로 요절했다. 많은 베이비붐 세대가 홀치기염색 옷과 구슬목걸이에서 은퇴하고, 신발과 브래지어를 착용하고, 히피주의 가치를 버렸지만, 일부는 계속해서 진지하게 정신적 작업을 수행해 마약이 문을 열어주었던 자기 안의 심원을 명확하게 깨달았다.

## 본질과 연결되기 위한 덕목

'걱정은 그만두고 기쁘게 살라'는 말은 쉽지만 진짜로 그렇게 살기는 어렵다. 결국 그 시대의 교훈은 '신성한 지혜'는 위조할 수 없다는 사실일 것이다. 7번이 '실재'와 조화된 삶을 살려면 길고 힘든 여정이 필요하며, 그 여정에서 자신의 대식에 휘둘리지 않고 대신에 절제(sobriety)라는 덕목에 인도되어야 한다. 이를 그림1의

'덕목의 에니어그램'에서 볼 수 있다. 이카조는 절제를 이렇게 말한다. "절제는 몸에 균형감을 준다. 절제 상태에 있다는 것은 그 순간에 견고하게 발을 딛고 있고, 필요한 양 그 이상도 이하도 취하지 않으며, 에너지를 정확하게 필요한 만큼만 소모한다는 뜻이다."

절제라는 단어에는 수많은 의미가 있다. 첫째로 흥분하지 않았다는 뜻이다. 또한 중용, 온건, 자제, 진지함, 안정됨, 사고와 판단의 견고함을 뜻한다. 이것은 서두르지 않고 침착하며, 조급하고 초조하게 굴지 않으며, 공상에 빠지지 않고 현실을 직시하며, 과시하지 않는다는 의미이다. 덕목을 각 유형이 정신적 성장의 과정에서 발달시키는 태도이자 동시에 내면의 과정이 전개되기 위해 배양할 필요가 있는 태도라고 한다면, 7번이 자기 내면의 움직임에 절제의 태도로 접근해야 한다는 것은 어떤 뜻일까?

우선 이카조의 해설처럼, 절제를 위해서는 현재에 완전히 머물 필요가 있다. 7번에게 그 순간에 머문다는 것은 모든 에니어그램 유형과 마찬가지로 자신의 몸 안에 완전히 머문다는 뜻이다. 7번이 그렇게 되려면 현실과 대면하고 자신의 사고지향적 태도뿐 아니라 미래지향적 태도를 정신적 작업으로 통과해 지나가야 한다. 그러므로 자신이 얼마나 생각 속에서만 살고 있으며, 사물에 대한 지도를 만들고 그 지도에서 목적지로 보이는 곳에 이르는 길을 구상하는 데에 얼마나 정신적 활동을 쏟아 붓고 있는지 깨닫고 대면할 필요가 있다. 자신이 기호와 그 실물을 혼동할 뿐 아니라 진짜 현실과 현실에 대한 개념도 혼동하고 있음을 알아차려야 하며, 자기 내면의 땅에 대한 지식을 갖추는 데에 그치지 않고 실제로 체험적으로 가로질러가야 한다는 것을 이해해야 한다. 이것을 이해하려면 자기가 획득한 모든 정보가 자신과 의식 일반에 대한 아주 면밀한 지도밖에 준 것이 없으며, 참된 변화는 일으키지 못했음을 깨달을 필요가 있다. 대부분의 7번은 수많은 찰나적인 깨달음의 가능성을 소모한 뒤에야 맑은 정신으로 돌아와, 다수의 황홀한 경험이 자신에게 영속적인 영향을 주지 못했다는 사실을 직면한 뒤에야 이것을 깨달을 것이다.

지나친 단순화의 위험이 있지만, 7번이 진지하게 정신적 변화의 작업을 시작하면 반드시 이 순서는 아니더라도 아래와 같은 내면의 땅을 가로질러가야 할 것이다. 미래지향적, 목표지향적 사고방식을 놓는다고 생각하면 현재 자기 안에서 무슨 일이 일어나고 있는지 직접적으로 경험해야 한다는 두려움이 떠오를 것이다. 7번은 공허함과 황량함에 대한 두려움과 대면해야 하고, 기꺼이 자신의 있는 그대로의 진실을 보고 경험하겠다고 마음먹어야 한다. 그러려면 '작업'이란 멋진 체험을 하는 것이 아니라 자신에 대한 진실을 보는 문제임을 이해할 필요가 있다. 수피 우화 중에 원숭이가 병 속에 손을 넣어 맛있는 체리를 쥐었는데 체리를 놓지 않고서는 병에서 손을 뺄 수 없었다는 이야기가 있다.(사실상 원숭이는 이런 식으로 함정에 빠진다.) 마찬가지로 7번도 자기 밖에 있는 맛있는 무엇에 대한 애착을 놓지 않고서는 자유로울 수 없다. 그렇다면 7번은 흥분과 지루함, 자극과 단조로움, 부정과 긍정을 똑같이 맞이해야 한다는 개념적 이해를 해야 한다.

자신의 내면에서 전부 다 좋고 괜찮아야 한다는 이상적 그림에 맞지 않는 것을 경험하려면 7번은 논리적이고 이성적이면서 동시에 심하게 비판적이고 모욕을 주는 자신의 초자아와 대면해야 할 것이다. 그리고 진리에 대한 관심이 자신에 대해 긍정적인 경험만 하고 싶은 욕구보다 강해야 한다. 자신은 항상 즐거워야 한다는 믿음을 갖게 만든 어린

시절의 많은 기억과 화해해야 할 것이며, 고통과 두려움을 보여주거나 표현하면 버려지고 사랑받지 못하리라는 두려움의 뿌리도 봐야 할 것이다. 현실을 기반으로 한 절제의 태도로 이 과정에 접근하면, 먼 과거에는 그랬을지 모르지만 지금은 그럴 필요가 없음을 보여줄 것이다. 진짜 문제는, 자신이 긍정적으로 느끼지 않을 때 이제 다른 누구보다도 바로 자기 스스로 자신을 버리고 거부한다는 것이다.

## 내적 작업의 결과

7번은 고통스럽거나 무서운 내면의 내용물은 무엇이든 회피하는 자신의 태도가 자유방임, 즉 자신이 표현하려고 애쓰는 개방적인 태도가 결코 아님을 깨달을 것이다. 긍정성으로 기운 이들의 단호한 편향 자체가 병 안에 손이 잡혀버린 원숭이의 구속과 같다. 그 외에는 아무것도 경험할 자유가 없기 때문이다. 얼마 지나지 않아 7번은 이런 태도가 실제로 만날 수 있는 내면의 고통이나 두려움보다 훨씬 큰 고통을 만들어내고 있음을 알게 될 것이다. 그렇다면 절제의 자세로 내면의 현실과 대면한다는 것은 그 내용물을 확대하거나 과장하지 않고 긍정과 부정 모두를 완전히 경험한다는 뜻이다.

이는 또한 자신에게 인내심을 가지며, 자신이 마음속에 그리는 목적지에 이미 가 있어야 한다고 기대하지 않는다는 뜻이다. 7번의 초자아가 결승점을 상상할 수 있다면 이미 거기에 도달해 있어야 한다고 어떻게 요구하는지 살펴봤다. 7번은 이런 종류의 자기공격에 맞서 방어해야만 실은 내적 여정의 특성 그 자체가 목적지라는 사실을 깨달을 여지가 생긴다. 즉 매순간마다 자신과 내면의 내용물과 관계를 맺는 그것이 바로 변화의 전부이다. 자신의 모든 경험에 마음을 더 열수록, 밀거나 서두르거나 한정짓거나 예상하지 않고 제 뜻대로 전개될 수 있도록 자신에게 시간과 공간을 더 줄수록 진정한 만족을 더 많이 경험하는 것을 발견할 것이다. 7번은 참된 행복과 기쁨은 편향 없이 자신의 진실을 경험할 때 떠오른다는 사실을 깨달을 것이다.

자신과의 체험적인 접촉이 깊어질수록 7번은 내적 변화 과정과 그 전개가 어떠해야 하는지에 대해 자신이 생각한 모델과 그림을 기꺼이 포기해야 할 것이다. 이는 자신의 생각으로 방향을 안내하지 않아도 영혼이 자연스럽게 전개될 수 있는 고유한 능력이 있다는 신뢰가 없음을 드러나게 할 것이다. 자신이 '신성한 계획'의 바깥에 있다는 확신이 드러날 것이고, 내면의 쓸쓸한 느낌과 스스로 발생하는 추진력이 없다는 느낌이 노출될 것이다. 아마도 이것이 이들의 가장 깊은 고통이고, 가장 경험하기 무서워하는 대상일 것이다.

'실재'와 단절된 느낌, 따라서 '실재'의 역동성 및 영속적인 전개와 단절된 느낌은 7번에게 공허함과 자연스러운 내적 움직임을 잃은 기분을 남겼으며, 의식 속의 이 커다란 구멍을 조금씩 느껴가야 할 것이다. '실재'와의 연결이 사라지고 남은 이 구멍을 더 탐구하고 통과할수록, 7번 안에서 '실재'가 스스로 자신을 드러내면서 '실재'의 놀라운 빛깔과 맛을 직접 경험하게 될 것이다. '실재'의 이런 속성을 자신에 대한 관념과 통합하면, 자기 영혼이 갈망하던 오아시스가 처음부터 자신 안에 있었다는 사실을 발견할 것이다. 7번은 자신이 찾던 기쁨이 사실은 진실이 영혼 안에서 스스로 드러나면서 뿜어내는 빛임을 곧 깨달을 것이다.

# 11장

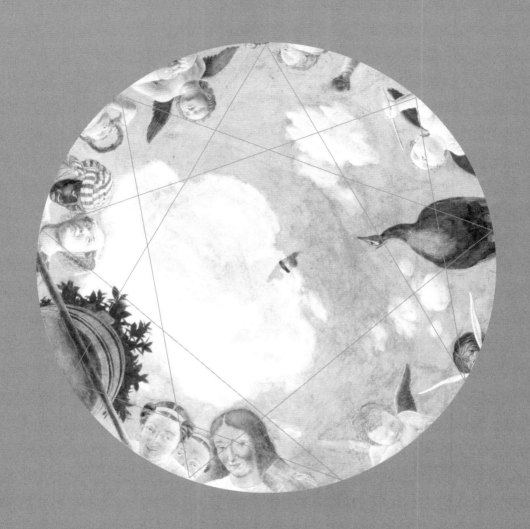

# 내부 흐름과 내면의 아이 '소울차일드'
## THE INNER FLOW AND THE CHILD WITHIN

우리가 진리 안으로 더 많이 들어갈수록

그것의 더 깊은 의미를 발견하게 될 것이다.

— 반케이Bankei

## 내부 흐름

앞서 에니어그램 유형을 소개한 순서는 에니어그램의 내부 흐름을 따른 것으로, 그림5에서 화살표가 가리키는 방향대로 따라가며 소개했다. 어떤 번호 다음에 오는 번호, 즉 화살표가 가리키는 번호는 본래 번호가 더욱 정교해진 것, 결과물, 본래 번호에 대한 반작용이다. 내부 흐름은 아마도 영혼의 논리라고 묘사하는 것이 가장 정확할 무엇을 따라가는데, 이 순서대로 유형 설명을 읽다보면 다양한 자아 유형의 진화 속에서 이 논리 관계를 더욱 명확하게 볼 것이다. 이제부터 9번이 '본질'과 단절되면 어떤 모습으로 전개되는지를 시작으로, 내부 흐름을 따라 유형들이 전개되는 모습을 간단히 설명하겠다. 심원과 멀어짐으로써 망가져버린 영혼의 상태를 해결하기 위해 왜 우리는 특정 번호를 취하는지, 그리고 왜 각 번호

의 수수께끼 같은 문제점이 앞 번호가 취한 해결책의 자연스러운 결과
물인지도 이해하게 될 것이다. 각 에니어그램 유형이 취하는 해결책은
근본적으로 불충분하다. 성격 차원에서 접근하는 것으로는 영혼이 망
가진 상태를 해결할 수 없기 때문에 해결책을 찾으려는 노력이 성격의
에니어그램을 따라 돌면서 계속되고 악순환이 반복된다.

**그림5**
내부 흐름

앞서 내부 삼각형을 설명하면서, 9번으로 상징되는 '본질'과의 단절이
어떻게 6번의 존재에 대한 두려움으로 이어지는지 살펴보았다. '실재'

라는 내면의 근거가 없기 때문에 영혼은 불안하고 두려움에 떨게 되며, 결국은 생존을 위해 그리고 제대로 자기 역할을 해내기 위해 (3번으로 상징되는) 가짜 성격을 만들어내기에 이른다. 동물적 본능과 충동으로 우리는 6번처럼 살 때 세상에서 생존할 수 있다고 파악한다. 그 다음에 3번으로 이동하면 자력으로 성공해야 한다는 강박에 시달리면서 자신과 인생에 대한 관념을 세우고 사실상 반인반신半人半神의 역할을 하려 한다. 이런 껍데기와 자신을 동일시하고 바깥의 표면적인 모습으로 살수록 자기가 하는 일이나 성취한 업적과 자신을 동일시하게 되고, 결과적으로 심원을 더욱 더 망각하고 내부 흐름을 따라 다시 9번으로 되돌아가게 된다. 그렇게 되면 편안함만 찾고 자꾸 주의를 딴 데로 돌리려 하며, 기계적이고 몽유병 환자 같은 상태로 엉뚱하고 별로 상관없는 일에 몰두하게 된다.

이렇게 내부 삼각형 위에서 한 번호에서 다른 번호로 이동함에 따라 성격 구조 내에 나무 블록 혹은 층이 하나씩 하나씩 쌓이면서 영혼이 전개되어 나간다. 앞서 설명한 대로 삼각형 위의 에니어그램 주변에 있는 다른 에니어그램 유형은 이 원형原形적인 순환과정에서 발생한 더 정교해진 모습 혹은 변이된 모습으로 볼 수 있다. 우선 1번에서 시작해보자.(원 위의 어떤 번호에서 출발해도 된다.) 불완전하고 훼손되었으며 결함이 있는 듯한 느낌에 반응해 자연스럽게 1번에서 4번의 완전한 원천을 바라는 갈망으로 움직인다. 다른 각도에서 보자면, 자신과 타인을 완벽하게 만들려는 1번의 시도(애초에 영혼이 가진 본연의 완전함을 잊어버린 것이 잘못이기 때문에 이 시도는 실패할 수밖에 없다)는 4번이 시달리는 헛된 열망이라는 비극적 상태로 이어진다. 또 다른 각도에서 보자면, 1번이 느끼는 내면의 죄책감이 '본질'로부터 버려지고 내쫓긴 듯한 기분의 4번으로 이끌고 간다.

4번에서 내면의 원천과 연결되는 데에 실패하면 자연스레 영혼은 연결된 느낌을 찾아 밖으로 주의를 돌리고 타인을 바라보게 되는데, 이는 2번으로 상징된다. 자신의 심원과 멀어진 상태를 해결할 수 없다고 판단될 때 타인의 사랑에 의지해 충만감을 느끼고자 하는 생각은 당연한 해결책처럼 보인다. 2번에서는 자기가 되고 싶은 이상형인 누군가에게 애착을 가지고 붙어 있으면 모든 게 다 해결될 것처럼 보이고, 로맨틱한 사랑은 만족을 약속하는 듯이 보인다. 그러나 2번이 되어 타인에게 맞추며 살고 그들을 기쁘게 하는 데에 자신을 바치다 보면, 영혼은 수치심에 시달리게 되며 어차피 인간관계에서 얻은 성취감은 내면의 공허함을 충족시키지 못한다.

그 결과 내부 흐름을 따라 다음 단계인 8번으로 이동해 2번에서 참았던 모든 굴욕감을 만회하려 지배와 복수를 선택하게 된다. 자신이 당한 것에 대한 보복 그리고 약함보다 강함에 초점이 맞춰진다. 타인의 뜻에 무조건 따르고 무력한 2번으로 사는 것보다 지배하고 명령하는 쪽이 더 해답에 가까워 보인다. 아무리 좋은 사람이란 소리를 들어도 희생만 하자니 지치고, 또 결국에는 아무것도 해결 못 하는 사랑에도 질리게 된 것이다. 자신이 원하는 것을 얻기 위해 타인을 조종하고 반응이 올 때까지 기다리며 주변에서 서성이는 대신, 어차피 제대로 하지도 못하는 그들만 바라보기를 멈추고 관계도 모두 끊은 후 통제하고 지배하면서 원하는 바를 쟁취하기로 한 것이다.

이 해결책도 갈망하던 충만감을 가져다주지 못하면 영혼은 이제 5번의 움츠림으로 이동한다. 결국 내 구슬알들을 챙겨 집으로 돌아가는 것이 가장 강하게 응징할 방법인 것처럼 느껴지고, 구슬들도 새

삼 아주 귀중해 보인다. 그래서 구슬들을 모든 침범과 요구로부터 멀리 떨어진 안전한 곳에 축적하는 쪽으로 초점이 옮겨간다. 삶에 열정적으로 개입해봤자 공허함만 남으니 안전한 거리에서 관찰하는 쪽이 최선의 해결책이라고 5번은 생각한다. 지식을 쌓으면 충만해질 거라 믿지만, 결과적으로 비현실적 관념과 계획으로 도망치는 7번이 된다. 자극을 주는 정신적 활동을 추구하는 편이 5번의 무기력한 공허감보다 나아 보인다. 7번이 되어서 성취에 도달할 수 있는 항로를 짜고 계획하는 것이 5번에서 고립된 채 있는 것보다 더 가망 있어 보인다.

7번의 궁리하고 계획을 짜는 성향이 '일이 이렇게 될 것이다' 그리고 더 나아가 '이렇게 되어야만 한다'는 생각으로 끌고 가고, 결국 내부 흐름을 따라 1번으로 되돌아오게 된다. 7번의 긍정성에 대한 집착은 1번의 투쟁적으로 사회 개선을 꾀하는 경향으로 변하고, 정의에 대한 신경질적인 신념에 사로잡힌다. 7번은 자기가 세운 이상화된 계획을 따르지 않는 사람을 비판하며 1번으로 흘러간다.

## 뿌리번호와 소울차일드

내부 흐름에서 각 유형의 앞에 있는 번호(내부 흐름 화살표를 거꾸로 타고 올라가 나오는 번호)를 '뿌리번호(heart point)'라고 부른다. 정신 역학적으로 영혼의 더 깊은 기저층을 형성한다는 의미에서 다음에 오는 에니어그램 유형의 뿌리(heart)이기 때문이다. 영혼 안에서 자기 뿌리번호에 대해 일어난 반응이자 반작용이 곧 성격, 즉 각 유형이라고 볼 수 있다. 이 개념은 곧 더 자세히 설명하겠다.

자기 번호 다음에 오는 번호를 어떤 에니어그램 작가들은 '스트레스번호(stress point)'라고 부른다. 즉 스트레스를 받는 상황이 되면 이 번호로 이동해 그 번호의 사고방식, 감정적 기질, 행동 양식을 취한다는 설명이다. 본래 나란호의 가르침에는 이런 개념이 없었고, 내 경험으로 볼 때도 완전히 맞다고 보기 어렵다. 화살표를 따라 다음 번호로 이동하는 것은 더 편하고 쉬운 성격을 따라가기 때문이라고 보는 편이 더 정확할 것이다. 이는 더 방어적인 태도로 굳어지는 것이기 때문에 우리의 심원에서 더욱 더 멀어지게 만든다. 자아는 더욱 강화되어 우리 영혼이 그 어떤 심오한 진실을 속삭여도 들으려 하지 않게 된다. 따라서 스트레스번호로 이동하면 자신의 상태에 의문을 갖기보다 오히려 더 굳히는 격이다.

스트레스 상황을 만나면 더 방어적으로 되는 경우가 많긴 하지만 항상 그런 것은 아니다. 극도로 힘든 상황이 오히려 방어벽을 허물어뜨리고 진정한 자신과 더 가까워지게 만들기도 한다. 많은 사람들에게 사랑하는 이의 죽음이나 사고, 중병 등이 사실상 인생의 전환점이 되어 심원의 무엇에 더욱 마음을 열고 내면의 진실에 가까워지는 계기가 된다. 활짝 열린 솔직한 마음이 되기 때문이다. 내가 직접 체험하고 다른 사람을 관찰한 바로는 긴장과 스트레스 상황을 만나면 다음 번호로 흘러가버릴 수도 있지만 반대로 뿌리번호로 돌아갈 수도 있으며 그 확률은 비슷하다. 내면의 탐구에서 변수는 스트레스 자체 혹은 스트레스 정도가 아니라 얼마나 마음이 방어적이냐 혹은 열려 있느냐에 있는 것 같다. 이런 이유로 뿌리번호와 '방어적번호(defensive point)'라는 이름이 더 정확하다.

먼저 뿌리번호를 살펴보자. 뿌리번호란 무슨 뜻이며, 에니어그램 유형 아래에 깔린 층을 형성한다는 것은 어떤 뜻일까? 다이아몬드 접근에서 알마스의 설명에 따르면, 뿌리번호의 특성은 그가 '소울차일드soul child'라고 이름붙인, 우리 영혼에서 가장 문제가 되는 구조와 관련이 있다. 소울차일드는 우리가 아주 어렸을 때 성장이 멈춰 다른 부분과 함께 성숙하지 못한 의식의 일부로, 자기 안의 어린 아이 같은 부분으로 경험된다. 단순히 어린시절의 모습이 아니다. 아이였을 때 사랑도, 인정도, 격려도 받지 못했던 우리의 일부다. 자기 소울차일드의 기질(자기 뿌리번호의 성향과 같다)이 어떤 이유에서인가 어린시절에 용인되지 않았기 때문에 우리는 그 측면을 억누르는 법을 터득했다. 이 봉인된 부분을 둘러싸고 여기에 대한 반작용으로 성격이 발달했다. 소울차일드의 기질이 용인되지 않았기 때문에 에니어그램의 내부 흐름을 따라가서 다음에 나오는 번호를 자신의 에니어그램 유형으로 발달시킨 것이다. 이 부분은 부모와 세상에 받아들여지고 칭찬받은 반면, 소울차일드는 뒤에 남겨져 점점 무의식 속에 숨겨졌다.

우리의 어른 부분은 뭘 해야 하는지 아는데도 마음과 다르게 꾸물거리거나 완전히 망각해버리는 자신을 발견할 때, 소울차일드의 존재를 알아차릴 수 있다. 살을 빼고 운동도 해야 하는데 반대로 초콜릿을 먹거나 낮잠을 자고 있는 자신을 발견할 때 알아차릴 수 있다. 세금을 내야 하는데 자기 뜻과 달리 웬일인지 최대한 마지막 날까지 미루고 또 미룰 때 알아차린다. 즉 어떤 일을 해야 한다고 객관적으로 인식한 것과 자기 행동이 일치하지 않을 때, 그래서 분열되고 나 자신과 불화하는 느낌이 들 때, 우리는 소울차일드의 존재를 알아차린다. 소울차일드를 무시하고 원하는 일을 하지만, 자기 에너지의 대부분이 어른 부분의 목표를 방해하는 소울차일드를 극복하는 데 소모된다는 사실을 깨닫는다.

모든 아이가 그렇듯 소울차일드도 즐거움만 좇고, 아이 수준에서 재미있고 마음이 끌리는 일만 하려 들기 때문에, 어려운 문제를 풀거나 능력을 시험하는 업무를 맡거나 하기 싫은 말도 하면서 친구와 화해하는 등 어른으로서의 즐거움은 재미없어 보인다. 그래서 우리 내면에서 짜증을 내거나 꿈쩍도 않음으로써, 결국 어른 부분은 해야 되는 일을 처리하다가 화를 터뜨리거나 어찌할 바를 모르고 당황한다.

소울차일드는 성격 구조 내에서 기저에 깔린 층이기 때문에 더 자신의 참모습처럼 느껴진다. 우리는 그 위에 발달한 층들보다 소울차일드 층과 더 깊이 자신을 동일시한다. 어떤 업무를 달성했거나 재능과 능력을 인정받았는데도 자부심이 생기지도 않고 기쁜 마음도 들지 않을 때가 종종 있다. 마치 그 일을 성취한 사람이 내가 아닌 듯이 말이다. 우리가 더 깊이 자신과 동일시하는 소울차일드가 거기에 관련되지 않았기 때문이다. 따라서 소울차일드 이후에 습득한 기술은 의식 밖에 봉인되어 자기에게 속한 것이 아닌 듯 느껴지며, 거기에서는 만족감과 성취감을 거의 얻지 못한다.

소울차일드는 여전히 '본질'과의 연결을 유지하고 있기 때문에 우리 성격의 나머지 부분보다 훨씬 힘차고 생기 넘친다. 이 내면의 아이는 원시적이고 동물적인 성향과 초기의 자아 구조 그리고 '실재'가 갖는 순수한 성질의 혼합이다. 소울차일드는 영혼 안에 형성된 어떤 구조로 그 안의 중심핵이 '본질'이고 그 위에 더 성숙한 성격 구조가 층층이 쌓인 것이라고 생각하면 가장 정확할 것이다. 따라서 자각과 함께 자신의 소울차일드를 꿰뚫어 보면 아이 때 가졌던 모든 본질적인 특성, 즉 기쁨, 생기, 호기심, 강인함, 당시 느꼈던 삶에 대한 애정을 필연적으로 모두 만나게 된다. 그 중에서 가장 강하게 떠오르는 '실재'의 특성(뿌리 번호가 '이상화한 측면')이 한 가지 있을 것이며, 우리는 짧은 시간에 이 성향으로 곧 돌아갈 것이다.

　　자신의 소울차일드를 만나면 처음에는 자기의 뿌리번호 에니어그램 유형이 가지는 가장 유치하고 부정적인 성향과 맞닥뜨린다. 만약 소울차일드가 우리가 의식하는 삶 속의 한 부분으로 통합되어 있지 않으면 무언가 빠진 기분이 든다. 그리고 소울차일드야말로 우리가 진정한 자신이라고 느끼는 부분이기 때문에, 이것과 단절되면 어른으로서 의무를 모두 수행하면서도 거기에 마음이 담겨 있지 않다고 느낀다. 마음 속에 불만이 쌓이고 소울차일드가 방해물, 장벽처럼 느껴진다. 삶이 재미없고 지루하며 기계적이고, 진정한 기쁨과 열정을 잃는다. 내적 작업에 자기 소울차일드를 자각하고 통합하는 과정이 없다면, 그 역시도 활기 없고 성취감을 주지 못한다. 그러면 소울차일드는 좀더 성장하고자 하는 우리의 노력으로부터 점점 달아나 결국 내적 성장에 가장 큰 방해물이 된다. 내가 아는 한 소울차일드에 대해 언급하는 정신적인 가르침은 없다. 그러나 이 구조를 의식에 통합시키지 않고서는 진정한 변화를 기대할 수 없다. 소울차일드를 자각하고 숙고하는 과정이 없으면, 우리는 이 내면의 아이와 동일시된 채로 남겨져 절대로 완전히 성숙할 수 없다.

　　그러나 어른이 된 부분은 자신의 소울차일드를 체험하는 일이 위험하고 위협적이라고 느낄 수 있다. 소울차일드를 자각하면 그 아이가 두려워하는 현실까지도 갑자기 사실이 되는 줄로 믿는 경우가 많다. 마치 소울차일드를 옷장 안에 가둬놓고 의식에서 끊어버리면 그 현실이 우리 삶에 주는 영향도 막을 수 있다고 믿는 것과 같다. 사실 그 반대이다. 소울차일드를 인식하지 못할수록 삶은 소울차일드의 뜻대로 흘러가고, 우리의 행동과 동기까지 조종해 삶을 어렵게 만든다. 저 멀리 밀어놓거나 치우는 대신 소울차일드도 보통의 아이처럼 똑같이 안아주고 받아주고 관심을 기울이고 사랑으로 인도해줘야 마음을 열고 발달할 수 있다. 소울차일드는 어린시절에 받지 못한 따뜻한 보살핌이 필요하다. 이제는 그렇게 해줄 수 있는 사람이 자신밖에 없다. 그리고 이것이 곧 우리의 영혼을 변화시키는 방법이다. 소울차일드를 구체화해서 생각하거나 응석을 받아주라는 말이 아니다. 존재를 인정하고 어른의 의식 속으로 통합시키라는 뜻이다. 소울차일드는 실제로 자라지는 않는다. 대신 존재를 무시하지 않고 받아들이고 인정하면 이 내면의 구조물이 점점 옅어지고 의식 속으로 확산되어 그 핵심에 있던 본질적인 특성과 만날 수 있다. 영혼 안의 다른 구조물처럼 소울차일드도 결국은 정신적 구성체로, 문제는 구조의 변화가 아니라 투과성과 다공성을 높여 그것이 가리고 있던 현실을 더 온전하게 만나는 것이다.

소울차일드는 자신의 에니어그램 유형의 뿌리번호의 특성과 성향을 그대로 가지며, 그 뿌리번호의 '이상화한 측면'이 소울차일드의 핵이다. 즉 각 유형의 뿌리번호가 '이상화한 측면'의 성질이 바로 우리가 어렸을 때 갖고 있었으나 인정과 지원을 받지 못한 성향이다. 이런 성향이 받아들여지고 칭찬받지 못했기 때문에 이를 억압하고 이에 대치되는 에니어그램 유형을 발달시켰다. 뿌리번호가 '이상화한 측면'의 성향이 우리의 핵심에 더 가까운데도, 우리는 자신의 에니어그램 유형을 발달시키면서 무의식적으로 자신의 유형이 '이상화한 측면'의 성향을 발달시킨다. 그렇게 되면 자신의 유형이 뿌리번호를 억압하는 작용을 한다. 뿌리번호의 특성이야말로 우리가 의식 위로 끌어올려야 하는 중요한 성향이다. 그 특성이 우리를 더 깊은 진실로 인도하기 때문이다. 한편으로 이는 우리 영혼에서 가장 부족한 성향이기도 하다. 따라서 각

장에서 소개한 9가지 유형의 작업 방법에 소울차일드와 뿌리번호에 대한 내적 작업도 포함되어야 한다. 이제부터는 각 유형의 소울차일드와 뿌리번호의 '이상화한 측면'을 정거장(의식이 계속해서 접촉할 수 있는 상태)으로 확립하는 과정, 그리고 그것이 어떻게 영혼을 변화시키는지 간단히 설명하겠다.

소울차일드를 제일 처음 만날 때는 일반적으로 자기 뿌리번호의 부정적인 특성부터 체험하며, 가장 유치하고 과장된 형태의 열정을 경험하게 된다. 소울차일드는 우리 무의식의 어둠 속에 숨겨져 있었기 때문에 오랫동안 갇힌 생물체가 그렇듯이 약간 비꼬여 있다. 소울차일드의 이런 부정성을 대면하기가 두려워 심원으로 더욱 침잠하기를 회피하는 경우가 많다. 우리는 소울차일드의 부정성을 더 적나라한 자기 내면의 실제 모습이라고 경험하며, 또한 그것이 절대 변하지 않는 자신의 최종 상태라고 느낀다. 그 부정성은 변하지 않으며 변화시킬 수도 없을 것이라는 느낌 때문에 우리는 이 부분에 대해 마음의 문을 걸어 잠갔다. 그 결과, 정말로 변하지 않게 되었고, 그래서 우리는 부정성이 절대 변하지 않을 거라고 판단한다. 그러나 이 부분이 의식 아래에 더 환하게 드러날수록 비꼬였던 성향이 풀어지고 부정성은 변화한다. 다시 한번 말하지만, 소울차일드의 바깥 부분에서 가장 어둡고 골치 아픈 성향을 만나겠지만, 그래도 계속 자각하면서 더 깊이 들어가면 소울차일드의 더 본질적인 성향이 드러난다. 그리고 그 중심에 이르면 자기 유형의 뿌리번호와 연관된 본질적 상태를 체험할 수 있다.

이제부터는 앞서 유형을 소개한 순서와 반대로 화살표를 거꾸로 따라가며 각 유형의 뿌리번호를 설명하겠다. 앞에서처럼 내부 삼각형에 속하는 에니어그램 유형부터 시작하겠다.

391

## 9번 유형의 소울차일드

에니어그램 9번 유형의 뿌리번호는 3번이다. 따라서 9번의 소울차일드는 다른 사람에게 인정받기 위해 거짓말하고 기만하는 성향으로 처음 모습을 드러낸다. 9번의 소울차일드는 엄마 말을 안 듣고 몰래 과자를 먹거나 학교를 빠지려고 꾀병을 부려놓고는 과자를 안 먹었다고, 정말로 배가 아프다고 주장한다. 이런 거짓말의 열정을 넘어서 모든 9번 안에는 눈에 띄고 싶고, 돋보이고 싶고, 관심을 한 몸에 받고 싶은 어린 아이가 있다. 자기가 한 일을 칭찬받고 싶은 마음에 과시하는 경향도 있다. 자기 생각과 의견은 모두 포기하는 9번의 경향 밑에는 성공을 향한 욕구와 심지어 냉혹함까지도 깔려 있다. 그러나 이는 대체로 의식 저 밖으로 밀려나 꼭꼭 숨겨져 있다. 9번은 적극적으로 나서고 강하게 자기 의견을 주장하기를 두려워할 때가 많은데, 이것이 바로 소울차일드의 그림자가 의식에 드리워진 것이다. 9번의 굼뜬 몸놀림 뒤에는 역으로 활동에 집중하는 심리가 깔려 있으며, 만약 활동을 시작하면 거기에 휘둘리고 멈출 수 없을 거라는 두려움이 있다.

9번은 이 내면의 구조물과 그 성향에 자신이 접촉하도록 내버려 두면 점점 완전한 사람이 되어가는 자신을 경험할 것이다. 그리고 과시하던 경향이 자신의 개성을 솔직하게 인식하는 태도로 바뀔 것이다. 어린시절에 자기 권리를 가진 인간이 되도록 도와주는 지원이 없었기 때문에 9번은 주변에 받아들여지기 위해서 환경에 순응하고 자기가 없는 상태가 되었다. 자신도 하나의 인간으로서 귀중하고 사랑스러운 존재임을 인식하면 9번은 자신이 '실재'의 인격적인 구현이고, '가치를 매길 수 없는 진주(Pearl Beyond Price)'이며, 환경의 제약으로부터 독립적인 찬란하게 빛나는 존재임을 깨닫게 될 것이다. 그리고 자신을 어떤 틀로 정의하던 자아이미지나 정신적 구성물로부터 점점 자유로워지고, 잠들어 있던 상태에서 해방되어 세상과 접촉하고 소통할 수 있을 것이다.

## 3번 유형의 소울차일드

에니어그램 3번 유형의 뿌리번호는 6번이다. 따라서 효율적이고 잘 조직된 3번의 겉모습 뒤에는 두려워하는 아이가 숨어 있다. 겁 많고 소심하고 의심 많고 불안에 떠는 이 소울차일드는 세상이 냉담하고 적대와 악의로 가득하다고 느낀다. 다른 사람이 위협적으로 보이고, 상태가 더 심해지면 망상증으로 발전해 자신을 해치러 쫓아온다고 느끼기도 한다. 그리고 3번은 아무리 많은 업적을 성취하고 외부적으로 성공하더라도 의식의 저변에서는 생존하려고 고군분투하는 나약한 사람이라고 느낀다. 사실 성취를 향한 3번의 모든 노력은 두려움이 가득한 소울차일드에 대한 반작용이라고 볼 수 있다. 이것이 아무리 성공해도 부족한 3번의 상태를 설명해준다. 자신의 소울차일드를 잘 생각해보고 통합시키지 않는 한 내면의 두려움과 불안은 그 아무리 높은 지위와 권력으로도 해결되지 않는다. 소울차일드의 시각에서 보면 3번의 이미지는 겁에 질린 미성숙한 자신의 일부를 위장하기 위한 시도이다.

3번의 소울차일드는 딛고 서 있는 땅이 흔들리고 자기를 지탱하지 못할 것 같다고 느낀다. 이 내면의 아이를 끌어안는 것이 3번이 성장할 수 있는 길이다. 자기 안의 두려움을 조금씩 인정하고 그것이 얼마나 나를 휘두르고 있는지 알아차리면 불안에 시달리던 내면의 아이는 따뜻한 보살핌을 느끼고 안정감을 찾게 될 것이다. 받아들이고 인정하면 이 아이의 두려움은 곧 내적 자신감, 확신, 평안으로 변하고, 3번은 어렸을 때 자신의 이런 성향이 환경 속에서 인정과 지원을 받지 못했음을 기억할 것이다. 가정환경이 이런 성향을 받아주지 않아서 결국 본질적 의지가 구현된 본래 자신의 모습이 서서히 손상됐을지도 모른다. 혹은 뭐든지 손쉽게 해내는 모습이 부모나 형제의 시기와 미움을 불러와 자신감을 훼손시켰을 수도 있다. 정신역학과 상관없이 3번이 자기 소울차일드를 의식 속으로 통합하면 내면의 기반이 더 안전하고 단단하게 느껴질 것이다. '본질'이 자신의 진정한 기반임을 깨달으면 3번의 영혼은 '실재'의 지원 속에서 이완될 것이다. 소울차일드의 불안에 자극받아 끊임없이 쫓기던 상태가 참된 의지의 내적 고요와 평안으로 곧 바뀔 것이다.

### 6번 유형의 소울차일드

모든 6번 안에는 게으른 9번 꼬마가 있다. 이 아이는 이불을 뒤집어쓴 채 잠만 자려 하고, 밖으로 나가 세상과 대면하기 싫어하며, 편하고 즐거운 일만을 원한다. 이 때문에 6번은 긴장을 풀면 활동이 둔해지고 다시는 움직이거나 분발할 수 없을 거라고 두려워할 때가 많다. 그리고 삶의 의무를 소홀히 할 거라고 걱정한다. 6번의 의식 밖에 숨겨진 재미나는 일과 오락거리 말고는 아무것도 하기 싫어하는 이 아이 때문이다. 사실은 이 내면의 나태함이 6번이 느끼는 두려움의 뿌리이다. 6번은 다른 무엇보다 자신 안의 이런 나태한 성향을 가장 두려워하고 있을 것이다. 만약 거짓 의지로 자신을 밀어붙이지 않으면 모든 것을 잃고 게으름의 늪에 빠질 거라고 걱정한다. 그리고 힘써 노력하기를 멈추면 아무 일도 되지 않고 삶이 망가질 거라고 염려한다.

6번이 용기를 내어 힘들게 애쓰기를 멈추고 그냥 자신을 내버려 두면 처음에는 정지된 느낌이나 의욕 상실을 경험할 것이다. 그러나 곧 굼뜨고 게으르던 소울차일드는 '본질'의 풍성한 사랑, 자신이 신의 품에 안겨 있다는 자각, 자신이 사랑으로 창조되었으며 완전한 존재임을 아는 '본질'로 돌아갈 것이다. 우주의 따스함과 자비로움('빛 속의 삶'의 차원)에 대한 깨달음이 자신의 일부가 되어 영혼을 괴롭히던 두려움이 점점 가라앉고, '실재'와의 굳건한 연결을 차츰 완전히 이해할 것이다. 결국 자신의 본성도 다른 모든 존재와 같으며, 자신과 타인에 대해 가졌던 관념이 모두 착각임을 깨닫고 타인을 두려워하던 마음이 사라질 것이다. '실재'가 곧 내면의 기반이며 자신의 모든 외적 형태에서도 연속된다는 사실을 깨달으면, 그제야말로 6번은 진정으로 의지할 수 있는 반석을 찾은 것이다.

## 1번 유형의 소울차일드

도덕적이고 정의로우며 정직한 태도를 가진 1번의 내면에 있는 아이는 착한 사람이 되거나 올바른 일을 하는 데 아무 관심이 없다. 이 아이는 놀기 좋아하고 재미를 좇으며, 삶이 주는 멋진 경험을 모두 해보고 싶어 하는 7번 꼬마이다. 1번의 소울차일드는 초콜릿을 종류별로 다 먹어보고 다른 아이들의 과자까지 한입씩 맛보고 싶어 한다. 이 아이는 작은 폭식가로 재미있고 흥미진진한 일은 죄다 하고 싶어 하고, 지루해지면 언제든지 다른 일로 넘어갈 수 있도록 한꺼번에 세 가지 일을 펼쳐놓으려 한다. 폭식이 쾌락주의 수준까지 이를 수도 있는데, 이는 억압되어 있던 '옐로' 즉 기쁨이라는 본질적 특성이 쾌락에 탐닉하는 왜곡된 모습으로 나타난 것이다. 뉴스에서 흔히 접하는, 도덕적 다수파(Moral Majority, 미국의 보수적인 그리스도교 정치 단체)의 대변인이나 기독교 선교사가 돈을 빼돌리다가 걸렸다는 소식이나 성 스캔들은 이 육욕적이고 쾌락을 좇는 소울차일드의 기질이 새어나온 것이다.

1번이 판단하고 자기비판하는 습성을 극복하고 쾌락을 추구하는 자신의 어린 부분을 인정하면 왜곡되었던 형태가 점점 변할 것이다. 또한 다른 사람의 죄와 불완전을 향해 퍼붓던 비난 밑에는 자신의 소울차일드로부터 자신을 방어하려는 의도가 숨어 있음을 깨달을 것이다. 1번이 그토록 올바름에 집착하는 이유는 어린시절에 재미있게 놀고 싶은 욕구가 용납되지 않는 느낌을 받았기 때문이다. 즐긴다는 것이 금기의 대상 같았고, 삶이란 힘들고 무거운 짐을 짊어져야 하는 것만 같았다. 1번은 소울차일드의 욕구를 더 깊이 꿰뚫어 볼수록 삶 속의 사랑과 환희를 만날 수 있다. '본질'의 창조와 작품과 발현 속의 기쁨이 가슴을 가득 채우게 될 것이고, 만나는 대상마다 무엇이 잘못되었나에 맞춰져 있던 초점이 모든 것이 얼마나 경이로운가로 옮겨갈 것이다.

## 7번 유형의 소울차일드

활달하고 낙천적으로 보이는 7번의 외양 뒤에는 심한 구두쇠에다가 억눌리고 움츠러든 소울차일드가 있다. 바로 5번 꼬마이다. 이 아이는 자기가 가진 것을 꼭 쥔 채 절대로 놓지 않으며, 사탕과 장난감을 다른 아이가 가져가버릴 수 없도록 한 곳에 축적해 놓는다. 상실의 두려움과 내적 결핍감에 쫓기는 5번 아이는 내면이 공허하다고 느끼고 생명 유지에 필요한 양식이나 수단이 더 이상 생기지 않을 거라고 두려워한다. 겉으로 나타나는 7번의 사교성, 낙천주의, 삶에 대한 호기심과 반대로 이 내면의 아이는 삶을 피하고 멀리 거리를 두려 한다. 또한 지식에 지나치게 의지하며 똑똑한 체하는 책벌레일 수도 있다. 어렸을 때 7번의 은둔적이고 고립적이며 고독한 성향이 받아들여지지 않고, 외향적이고 경쾌한 사람이 돼야 한다는 말을 주변에서 들었을 수도 있다. 또는 고유의 직관적 이해 대신에 지적인 기능이 장려되고 발달되어 머리밖에 쓸 줄 모르는 어린 지식인이 되면서 다른 아이와 어울리지 못하는 기분이 들었을 수도 있다. 7번의 쾌활함은 이들의 내적 결핍감과 자신이 가족이나 어떤 집단에 소속되고 적응하지 못한다는 느낌을 숨기고 방어하기 위한 수단이 되었다.

명랑하고 낙천적이고 뭔가에 열광적으로 매달려야 한다는 욕구에 시달리는 한, 7번은 자기 속의 두려움 많고 외롭고 움츠러든 어린아이를 알아차리기가 매우 어렵다. 가장 힘든 것은 자신의 소울차일드를 몰아대는 결핍감(바싹 마른 내면의 공허감과 고갈감)과 접촉하는 일이다. 왜냐하면 처음에는 그것과 접촉하면 생존이 위협당할 거라는 느낌이 들기 때문이다. 자기 안의 이 부분을 판단하지 않고 거부하지 않을수록 탐욕적이고 고립적인 성향이 변할 것이다. 특히 자기를 괴롭히던 근원적으로 분리된 듯한 느낌, 다른 존재로부터 혼자 뚝 떨어진 느낌을 의심하기 시작한다. 괴팍하고 박력 없고 책만 파던 성향이 '다이아몬드 의식'의 참되고 구체화된 지식으로 변모할 것이다. 자신이 근원적으로 '실재'나 타인과 분리되어 있다는 느낌이 허상임을 깨닫기 시작하면, 마음속의 메마른 사막에 온갖 '본질'의 꽃이 만개하면서 영혼은 진정으로 그리고 직접적으로 알게 될 것이다. 7번은 자신이 전체에 포함된 한 부분이며 분리될 수 없음을 체험적으로 이해하고, 괜찮은 척이 아니라 정말로 괜찮은 상태가 될 것이다.

## 5번 유형의 소울차일드

고립되고 움츠러든 내성적인 5번 안에는 8번 성향을 가진 소울차일드가 산다. 당하면 보복해야 속이 시원하고, 엄청나게 큰 아이스크림 통을 자기 앞에 놓고 게걸스럽게 먹는 아이이다. 이 소울차일드는 땅에 뒹굴면서 더러워지고, 다른 아이와 끝까지 싸우는 것을 즐기며, 탐욕스럽게 인생에 뛰어든다. 5번이 자기 차 안에서 혼자 다른 운전사에게 욕지거리를 하거나, TV로 축구경기를 보면서 심판에게 고함을 지르거나, 저녁 뉴스를 들으며 정치가는 전부 사기꾼이라며 비난할 때 이 소울차일드를 볼 수 있다. 5번의 소울차일드는 꼬마 싸움대장이자 고집쟁이로 자기만 옳다고 믿고 다른 가능성은 모두 거부한다. 나약함에 빠지기를 거부하며 회피하고, 자신의 강함이 의심받으면 분노로 반응한다. 이 아이는 응징하려 하고 복수심이 강해서 자기에게 잘못한 사람한테는 앙갚음하려 한다.

5번은 자기 소울차일드의 이런 성향을 인정하고 받아들이기 어려울 수 있다. 열정적이고 용감하게 삶에 뛰어들려는 기세가 매우 위협적으로 보이기 때문이다. 전심전력을 다해 열정적으로 삶에 뛰어들려는 5번의 태도가 무슨 이유 때문인지 어린시절에 격려받지 못했다. '레드'라는 '본질적 측면'이 구현된 활기와 생동감, 강함과 용기가 꺾였다. 소울차일드가 처음에 응징하려 하고 보복적인 성향의 모습을 나타내는 것은 5번의 영혼을 억눌렀던 이런 억압에 대한 반응일 수 있다. 자기 안의 '레드'를 환경에서 받아주지 않았기 때문에 이에 대한 반작용으로 5번은 움츠러들고 내면의 생명력에서 스스로 떨어져 나왔다. 욕심 많고 활동적인 소울차일드가 표면으로 떠오르도록 허용하면, 5번은 점점 내면의 활기와 다시 연결되고 삶을 있는 그대로 느낄 수 있을 것이다. 소울차일드와 통합될수록 가슴과 장도 쓰게 되기 때문에 5번의 지식은 더욱 구체화되고 전체를 파악할 수 있게 된다. 그리고 미지의 대상과

398

도 대면할 수 있는 용기와 연결되면 삶에 완전히 그리고 전심을 다해 뛰어들기 때문에 5번의 인생은 훨씬 흥미진진하고 모험적으로 변할 것이다.

## 8번 유형의 소울차일드

8번은 강하고 현실적이며, 자신과 타인의 담력을 시험해보고 삶을 지배하고 통제하며 적을 정복하는 데서 기쁨을 느낀다. 그러나 그 안에는 관심에 목마르고 남에게 의존하며 외로움도 잘 타는 2번 같은 소울차일드가 있으며, 사랑으로 안아줄 손길을 애타게 기다리고 있다. 8번의 소울차일드는 다른 사람에게 안겨 떨어지지 않으려 하면서 상당히 끈질기게 떼를 쓸 수도 있다. 강한 척하는 8번의 외양 밑에는 타인에 대한 의존, 거절에 대한 두려움, 불안, 깊은 슬픔과 외로움 등 자기가 나약하다고 여기는 모든 감정을 가진 소울차일드가 있다. 8번은 어렸을 때 타인과 접촉하고 사랑을 나누려는 자신의 성향을 환경에서 원하지 않는다고 느꼈다. 그리하여 의지하고 싶은 사람에게 오히려 "꺼져!"라고 외치면서 자기는 아무도 또 아무것도 필요하지 않음을 증명하기 위해 뛰쳐나가는 식으로 반응했다. 자신의 솔직함과 감수성을 감추는 과정에서 가장 상처받기 쉽고 연약한 취약점도 냉담한 겉모습 뒤에 숨겨버렸다.

거만에 가려져 있던 자신의 방어심리와 거부에 대한 두려움, 사랑에 대한 욕구를 인정하면 8번은 온 세상이 무너지는 듯 느껴질 것이다. 영혼 안의 이 '약한' 부분을 경험하지 않으려고 온 힘을 다해 노력했고, 이 부분이 떠오르도록 내버려두면 생존할 수 없을 것 같았다. 사랑받고자 하는 욕구와 고통에 자신이 연결되도록 내버려두면 8번의 마음은 다시 열리고 영혼도 투명해질 수 있다. 다시 한 번 마음의 감동을 느낄 수 있으며, 두껍고 방어적인 갑옷을 하나씩 벗어버리고 현실과 접촉할수록 점점 삶과 연결되는 자신을 느낄 수 있을 것이다. 필요한 것을 얻기 위해 삶과 씨름하는 대신, 영혼이 편안해지고 온유해지고 본질적인 바탕과 함께 녹아들어 꿀같이 달콤한 과일즙이 자신의 영혼을 황금빛으로 가득 채우는 모습을 발견할 것이다. 현실과 싸우는 대신, 현실과 일체가 될 것이다. 조금씩 자신의 '실재'에 몸을 더 내맡길수록 8번은 그토록 두려워했던 항복 대신에 사랑을 바탕으로 한 결합과 충만감을 만날 수 있을 것이다.

## 2번 유형의 소울차일드

애정 많고 베풀기를 좋아하며 남을 잘 돕는 2번의 겉모습 뒤에는 경쟁심과 질투심이 강하고 심술궂은 4번 같은 소울차일드가 있다. 2번은 다정하고 친절하며 희생정신이 강하고 겸손한 사람처럼 보이려 하지만, 이것은 모두 내면에 있는 소울차일드의 어두운 성향에 대한 반작용으로 볼 수 있다. 이 아이는 속으로는 선생님이나 엄마의 관심을 뺏어간 다른 꼬마에게 "너 미워!"라고 소리 지르고 머리카락을 잡아채면서 그 애가 얼마나 못되고 멍청한지 말해주고 싶어 한다. 누가 과자를 얼마나 가져가는지 예민하게 알아차리며 제일 크고 좋은 걸로 갖고 싶어 하고, 만약 원하는 걸 얻지 못하면 심술과 악의로 반응한다. 이 아이는 시기심이 가득하고, 다른 애들은 내게 없는 것을 가지고 있으며 더 착하고 귀엽고 사랑스럽다고 생각한다. 또한 심술궂고 험담 잘하며 앙심을 강하게 품고 화도 잘 낼 수 있다.

2번은 자기 소울차일드의 부정성과 좀스러움을 알아차리고 인정하기가 처음에는 어려울 수 있다. 친절과 선함이라는 자신의 가면을 위협하고, 무엇보다도 자신을 제일 우선순위에 놓게 만들기 때문이다. 사실 이것이야말로 2번의 성장에 필요한 것이다. 자신을 중심에 놓을 줄 알아야 한다. 2번이 자신의 소울차일드를 거부하고 판단하고 멀리 밀어내는 대신에 마음을 열면, 의식 속에서 자신을 제일 먼저 생각하게 될 것이다. 이기적으로 행동하면 부모에게 사랑받을 수 없다고 터득해온 2번에게는 이것이 매우 금기시된다. 자신의 욕구에 귀 기울이고 그것을 채우며, 자신의 감정대로 반응하고 뜻대로 행동하는 등 자신에게 더 관심을 쏟으면 실제로 자기중심적으로 될 것이다. 그러나 이것은 2번이 두려워하는 것처럼 부정적이지 않다. 타인의 사랑을 잃고 이기적인 사람으로 만드는 것이 아니라 '실재'와 연결되는 출입구이다. 타인보다 자신에게 더 관심을 가질수록, 즉 내면의 '신성'의 광채와 더 연결될수록 자신이 '궁극점(the Point)'임을 깨달을 것이다. 타인을 자기 존재의 중심점으로 놓고 그 주변을 맴도는 대신, 2번은 '실재'와 일치한 자신, 자신의 우주 안에서 별처럼 빛나는 자신을 발견하게 될 것이다.

## 4번 유형의 소울차일드

극적이고 격렬하며 감정적인 4번의 외양 뒤에는 남에게 명령 잘하고 강압적인 1번의 소울차일드가 있다. 이 아이는 다른 아이들이 올바르게 행동하는지에 모든 관심이 집중되어 있어서 누가 선을 밟지는 않았는지, 옷은 깨끗한지, 예의 바르게 구는지 지켜본다. 이 소울차일드는 공상적인 사회 개혁가로 꼼꼼하고 엄격하며, 규칙을 지키지 않는 사람을 비난한다. 공명정대함과 올바름에 깐깐하게 집착하며 다른 아이가 올바르게 행동하지 않으면 크게 화를 낸다. 그 아이야말로 해결해야 할

401

골칫거리라고 생각하는데, 여기서 자기 문제를 남 탓으로 돌리거나 자기의 '불완전함'을 지적받았을 때 방어하는 4번의 성향을 볼 수 있다.

4번은 독선적이고 분개하는 이 어린 소울차일드를 인정하기가 어렵다. 자신의 가장 큰 흠처럼 느껴져서 심하게 자기를 공격하거나 혐오할 수 있다. 그러나 자신을 향해 분노를 터뜨리는 대신에 이 소울차일드를 의식 속으로 끌어들이면, 자신을 괴롭히던 내면의 고통이 많은 부분 해결된다. 소울차일드를 더 깊이 파악할수록 자신을 방어하는 태도와 올바름에 대한 집착을 인식할 수 있고, 그렇게 함으로써 4번의 영혼은 점점 그 지배에서 벗어날 수 있다. 남을 통제하고 자기가 원하는 대로 행동하게 만들려는 자신의 욕구를 이해하면 모든 존재가 있는 그대로 완벽하다는 사실, 무엇보다도 자신이 완벽하다는 사실을 알게 될 것이다.

소울차일드와 조금씩 통합될수록 자기 영혼의 맑음과 광채와 타고난 광휘가 어린시절에 어떻게 인정받지 못하고 반영되지 못했는지 이해하게 될 것이다. 4번이 자신이 가장 많이 구현한 '광명'이라는 '측면'과 단절되면 자신이 손상된 존재라는 느낌에 시달린다. 그리고 이에 대한 반작용으로 사람들과 멀어지고, 자신이 버려진 존재라는 느낌과 외부와의 연결을 향한 갈망을 토대로 성격 유형을 발달시킨다. 소울차일드를 더 많이 통합시킬수록 세상을 개혁하려는 이 아이의 성향은 찬란하게 빛나는 내면의 완전함, 완벽함, 고귀함에 대한 지각으로 변모할 것이다. 시기와 질투에 시달리는 삶, 혹은 멀찌감치 떨어져 접촉을 갈망하며 한탄하는 삶 대신에 4번은 그토록 찾아 헤매던 완전함이 바로 자기 안에 있으며 자신 역시 빛나는 존재임을 발견할 것이다.

여기서 소개한 짤막한 설명들은 내면의 탐구와 자기 영혼에 대한 이해를 돕기 위한 조언이다. 중요한 것은 뿌리 번호의 성향이 보통 우리가 가장 회피하고 비난하는 성향이라는 점이다. 그렇기 때문에 소울차일드는 우리가 보고 싶지 않고 인정하기 싫은 우리 자신의 일부일 것이다. 그래서 이 장의 내용이 앞의 자기 유형에 대한 설명보다 받아들이기 힘들었을 것이다. 내 경험으로 볼 때, 자신의 소울차일드를 진정으로 자각하고 받아들이려면 몇 년간 열심히 내적 작업을 해야 한다. 소울차일드와 통합되기까지는 더 오랜 시간이 걸린다. 가장 큰 방해물은 이 부분에 대한 자신의 판단과 자기비판이다. 또한 이 내면의 탐구에는 초자아를 개입시키지 않는 것도 필요하다. 이 내적 작업은 개인적으로 힘든 대면일 수 있지만 한없이 큰 보상이 뒤따르며, 진정한 어른으로 성장하려면 꼭 거쳐야 한다.

# THE SPIRITUAL DIMENSION OF THE ENNEAGRAM

# 12장

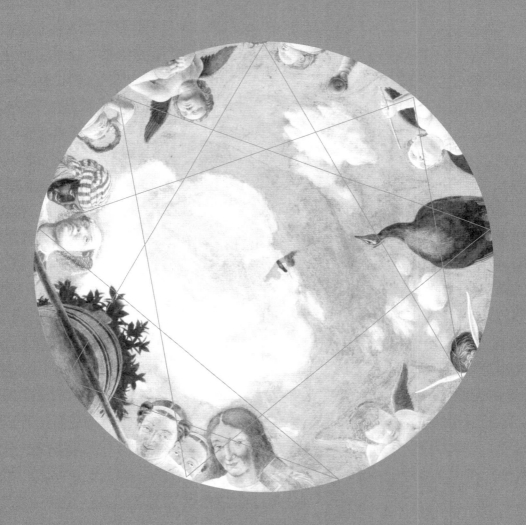

# 부속 유형
## THE SUBTYPES

인간의 진정한 가치는

자기로부터 얼마나 많은 자유로움을

얻었는지로 결정된다.

— 알베르트 아인슈타인Albert Einstein

이카조와 나란호가 가르친 에니어그램 이론에 따르면, 우리 모두는 다른 본능보다 더 몰두하는 본능이 하나씩 있으며, 이를 부속 유형이라 부른다. 본능에는 세 가지가 있다. 이카조는 이를 '보존, 사회, 동조'라 부르는 반면, 나란호는 '자기 보존적, 사회적, 성적'이라고 부른다. 그림 2에서 볼 수 있다. 보존 또는 자기 보존적 본능은 육체적 생존, 유지, 생계에 가장 초점을 맞춘다. 이카조는 이것을 확대시켜 감정적, 지적 욕구의 충족도 포함시키는 것 같다. 사회적 본능은 타인과의 관계, 사회 일반과의 관계에 초점을 둔다. 동조 또는 성적 본능은 친밀한 관계 그리고 타인과 동조하거나 일치하려는 욕구와 관계가 있다. 부속 유형 이론은 그 중에 우리 개개인마다 더 관심의 초점을 두는 영역이 있다는 것이다. 각자의 에니어그램 유형처럼 부속 유형도 변하지 않는다. 각각 그

407

특정한 삶의 영역이 초점의 중심이기 때문에 우리는 주로 그 영역에서의 만족을 향해 나아간다. 마치 우리가 자신의 '신성한 사고'에 민감한 방식으로 그 삶의 영역에도 민감하다고 말해도 될 것이다. 즉 이것은 우리가 취약하다고 느끼는 영역이며, 따라서 에너지의 많은 부분이 그쪽으로 소비된다.

자신이 자극받는 특정한 본능의 영역에서 자신의 유형과 연관된 격정이 가장 뚜렷하게 나타난다. 예를 들어, 사회적 2번 유형이라면 그의 자만은 사회적 위치나 신분과 관계된 상황이나 문제에서 가장 두드러지게 드러날 것이다. 만일 사회적 3번 유형이라면 바로 그 영역에서 그의 거짓말이 가장 현저하게 두드러질 것이다. 자신의 에니어그램 유형의 격정이 삶의 어떤 영역에서 가장 뚜렷하게 나타나는지 인지하는 것이 자신의 본능 유형을 찾는 한 가지 방법이다.

다음에 나올 각 본능 유형에 대한 설명과 첨부된 그림에서 보겠지만, 각 부속 유형의 행동양식과 중점적 관심을 설명하는 단어나 구절이 있다. 이 기술어記述語들은 대부분 나란호에게 배운 것이나, 어느 쪽이 더 정확해 보이는지에 따라 이카조의 기술어를 사용한 경우도 있다.

나란호에게 배운 이 이론의 또 다른 측면은 우세한 본능이 아닌 나머지 두 본능의 기술어가 서로 바뀐다는 것이다. 예를 들어 '의무'를 기술어로 하는 사회적 6번 유형이라면 자기 보존적 영역에서의 활동은 성별에 따라 '강함'이나 '아름다움'으로, 그리고 성적 영역에서의 활동은 '따뜻함'으로 특징지어질 것이다. 따라서 남성이라면 자기 보존과 관련된 상황에서는 강한 남자다움으로 접근하는 반면, 친밀한 관계에서는 태도가 따뜻하고 친절할 것이다. 두 부속 유형의 기술어가 서로 바뀌면 어떤 모습이 되는지 설명하지 않고, 다만 더 깊은 탐구를 위한 재료로 이 정보를 제공한다.

에니어그램 유형들이 전부 최초의 유형인 9번에서 분화된 모습이라고 볼 수 있는 것처럼, 각각의 부속 유형도 모두 각각의 본능의 에니어그램상에서 9번이 분화된 것이라고 볼 수 있다. 예를 들어 모든 자기 보존적 부속 유형은 9번의 기술어인 '욕구'가 의미하는 생존에 필요한 것들, 허기, 욕구의 충족에서 분화된 변이들이라고 볼 수 있다.

그럼 이제부터 자기 보존적 본능의 부속 유형부터 시작해서 27개 본능의 부속 유형을 살펴보겠다.

## 자기 보존적 부속 유형      **9번 — 욕구**(Appetite)

자기 보존적 9번의 초점은 자기 욕구와 허기를 충족시키는 데에 있다. 9번의 격정으로 정의되었던 '나태'가 여기서는 자신이 정말로 필요한 것 대신에 별로 중요치 않은 만족을 좇는 습성으로 나타난다. 가장 깊은 차원에서는 참된 정신적 만족을 물질적 만족으로 대신하는 데에서 드러난다. 이렇게 비본질적인 것으로 대체하는 성향이 더 표면적인 차원에서 드러난 예를 들자면, 이들은 정말로 영양가 있는 식사가 필요할 때 초코바를 먹는다. 또한 욕구라는 단어가 암시하듯이 자기 보존적 9번은 탐닉하는 경향이 있으며, 양분을 공급받지 못할까봐 불안한 마음 때문에 실제로 필요한 양보다 훨씬 많이 섭취하고 흡수한다.

### 1번 — **불안**(Anxiety)

자기 보존적 1번은 아주 기본적인 욕구를 충족시킬 때도 불안이 잔뜩

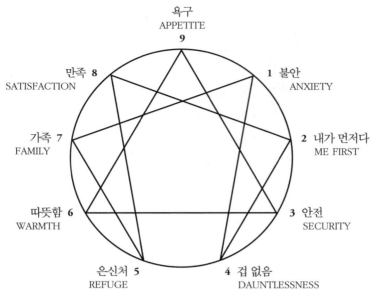

욕구
APPETITE
9

만족 8
SATISFACTION

1 불안
ANXIETY

가족 7
FAMILY

2 내가 먼저다
ME FIRST

따뜻함 6
WARMTH

3 안전
SECURITY

은신처 5
REFUGE

4 겁 없음
DAUNTLESSNESS

**그림6**
자기 보존적 부속 유형

따른다. 이들은 자기 욕구를 마땅히 충족시켜도 될 만큼 자신이 충분히 착하고 올바르지 못하다는 잠재적인 믿음이 있다. 그리고 그 때문에 무언가 잘못되고 자신의 생존이 위험에 처할 거라 예상한다. 이것은 스스로 성취되는 예언처럼 되어서 이들로 하여금 불안 때문에 선제 조치를 취하게 하거나 일을 망치게 만들 수도 있다. 이들의 격정인 '분개'는 누군가 자기 생존을 위협할 때 폭발하는데, 이는 완벽하지 못해서 생존할 가치가 없는 자신을 향한 더 깊은 분노가 반영된 것이다.

### 2번 — **내가 먼저다**(Me First)

자기 보존적 2번은 방치당하고 자신의 필요가 충족되지 않을까봐 두려워한다. 그래서 생존에 대한 불안 때문에 남을 돌봄으로써 그 사람이 자신을 돌보게 한다. 이들은 자기희생적인 면모가 있다. 이것은 속담에 나오는 유태인 어머니 같은 증후로, 유태인 어머니는 남을 먼저 생각하고 자기보다 우선순위에 두는 것처럼 보이지만 사실은 그런 식으로 그들이 자신을 위하게끔 조종하고 있는 것이다. 여기서 '자만'의 격정은 숨겨진 권리의식과 특권의식(자신의 순교에 대한 보상으로 남이 자기를 돌봐야 하고, 자신이 먹을 음식으로 제일 맛있는 부분을 떼어놓을 자격이 있다는 신념)으로 나타난다.

### 3번 — **안전**(Security)

자기 보존적 3번은 내면의 안전을 충분한 돈과 세상 속에서 믿을 만한 위치를 갖는 것과 동등하게 생각한다. 그래서 이들은 끊임없이 위태로워 보이는 자신의 생존을 보장하기 위해 가차 없이 노력한다. 이것은 휴식이라고는 모르는 일중독자 그리고 많은 부를 축적하고도 여전히 자기 생존이 불확실하다고 느끼는 자수성가한 사람의 부속 유형이다. 여기서 '거짓말'의 격정은 막대한 양의 재산을 축적하면 그것이 영혼에 결여된 안전감을 줄 거라고 자신을 속이는 것이다. 자기 보존적 3번은 자신이 갈망하는 안전을 줄 것처럼 보이는 대상을 얻기 위해서도 거짓말을 이용한다.

### 4번 — **겁 없음**(Dauntlessness)

이카조가 자기 보존적 4번에게 붙인 술어術語는 '방어적 행위'인데, 이

411

는 나란호가 이 부속 유형과 연관시킨 '겁 없음'과 반대된다. 존 릴리 John Lilly와 조셉 하트Joseph Hart의 인용에 따르면, 이카조는 방어적 행위를 '미래에 대한 자신의 꿈을 보호하는 것'[1]이라고 정의한다. 이들은 자신의 주변 환경에 제한받지 않으며, 자기가 원하는 것과 생존을 위해서 가져야 한다고 느끼는 것을 무모하게 뒤쫓는다. 이들은 자신을 보존하기 위해 행동을 취하지만 결과를 고려하지 않음으로써 사실상 자신의 생존을 위험에 처하게 만든다. 예를 들어, 자기 보존적 4번은 그것 없이는 살 수 없을 것 같아서 온갖 아름다운 물건을 사들이다가 결국 엄청난 빚더미에 빠질 수 있다. 아니면 지루한 직업의 속박을 견딜 수 없어서 신중함 따위는 집어던져버리고 순간적인 충동으로 이국의 섬으로 떠나는 비행기표를 살 수도 있다. '시기'의 격정이 여기서는 남들은 가진 것처럼 보이는 안전과 물질적 만족을 원하고 또 그것을 얻기 위해 무모하게 덤비는 형태로 나타난다.

### 5번 — 은신처(Refuge)

이 경우에는 나란호가 사용한 '근거지'보다 이카조가 자기 보존적 5번 부속 유형에 붙인 술어 '은신처'를 사용하겠다. 자기 보존적 5번이 추구하는 것의 느낌을 더 잘 전달하기 때문이다. 자기 보존적 5번은 자신이 물러나 움츠러들 수 있고 그 안에서 세상으로부터 자신을 격리시킬 수 있는 안전한 장소를 찾음으로써 자신의 생존을 지키려 한다. 그래서 개인의 은신처를 만들고 지키는 데에 몰두한다. 이들은 자신의 공간과 사생활을 보호하며, 자신을 돌보는 방법으로 타인과 세상으로부터 뒤로 물러서서 은거한다. 이 부속 유형에서는 '탐욕'의 격정이 은둔적으로 자신을 숨기고 자신의 자원, 특히 돈을 비축하는 형태로 나타난다.

412

### 6번 — **따뜻함**(Warmth)

따뜻함은 자기 보존적 6번의 행동양식을 묘사한다. 이들은 따뜻하고 친절하며 붙임성 있고, 자기 생존을 지키는 방법으로 타인이 자신을 좋아하게끔 만든다. 이카조가 이 부속 유형에 사용한 술어는 '애정'이며, 이들이 자신을 보존하는 열쇠로 본다. 타인을 자기 생존의 위협으로 인식하는 자기 보존적 6번은 자신의 싹싹함을 이용해 그들과 친구가 되고 제휴함으로써 타인이 자신을 공격할 가능성을 상쇄한다. 여기서는 '두려움'의 격정이 자기 보호를 둘러싼 염려로 나타난다.

### 7번 — **가족**(Family)

나란호는 자기 보존적 7번에 '가족'이란 술어를 사용했다. 이카조의 술어인 '보호자'는 같은 행동양식의 다른 느낌을 포착한다. 자기 보존적 7번은 타인과 단결하고 자신이 좋아하고 친밀감을 느끼는 사람을 돌봄으로써 자신의 생존을 보장받으려 한다. 이들은 가장이 되어 자신의 대가족을 보살핀다. 자기 보존적 7번은 이웃 번호인 6번이 가진 화친和親의 특성을 공유하며, 아량이 넓고 협력적이고 아버지 같은 모습을 보인다. '대식(gluttony)'의 격정이 여기서는 생존을 약속하는 것처럼 보이는 것은 무엇이든(아이디어든 이론이든 영양분의 지원이든 빨리 부자가 되는 법이든 간에) 맛을 보려는 허기로 나타난다.

### 8번 — **만족**(Satisfaction)

자기 보존적 8번은 자신의 욕구를 만족시켜줄 거라고 믿는 것에 집착하며, 자신이 필요하다고 생각하는 것에 덤비느라 진짜 욕구의 충족을 희생시킬 때가 많다. 즉 만족을 얻으려는 충동 때문에 자신에게 정

413

말로 필요한 것이 무엇인지 파악할 여지가 거의 없다. 자기 보존에 대한 이들의 불안은 자기 영역이라고 생각하는 부분과 생계에 필요한 양식과 지원을 둘러싸고 나타나는 지배적이고 통제적인 행동에서 볼 수 있다. 예를 들어, 냉장고에서 누가 무엇을 얼마나 꺼내 먹는지, 남편이 돈을 정확히 어디에 쓰고 있는지 계속 감시하는 행동 같은 것이다. '욕망'의 격정은 이들의 만족을 향한 욕구의 탐욕스러움에서 나타난다.

## 사회적 부속 유형

### 9번 — 참여(Participation)

사회적 9번은 소속되고 싶은 욕구가 있다. 자신이 참으로 소속되어 있다는 확신이 부족하기 때문이다. 자신이 정말로 환영받는지 아닌지에 대한 민감성 때문에 이들은 사교적 상황에서 편안한 느낌을 갖지 못한다. 이들은 어떻게 해야 모임의 일부가 될 수 있는지 모르겠다고 느낄 때가 많고, 있는 그대로의 자신이 되기보다 사회적으로 받아들여지는 행동과 친교 형태를 흉내 냄으로써 자신을 끼워 맞추려고 한다. 이는 필연적으로 타인과 진실로 접촉하고 있지 않다고 느끼게 만들고, 그 결과 소속되지 못하고 버려진 듯한 기분이 더욱 강화된다. 여기서 '나태'의 격정은 이렇게 사회적 관습을 통해 참여하려고 하는 태도와 거기에서 비롯한 타인과 피상적 접촉을 하는 경향으로 나타난다.

### 1번 — 적응성이 없음(Inadaptibility)

사회적 1번은 자신의 사회적 서투름과 불안을 경직성으로 표현한다.

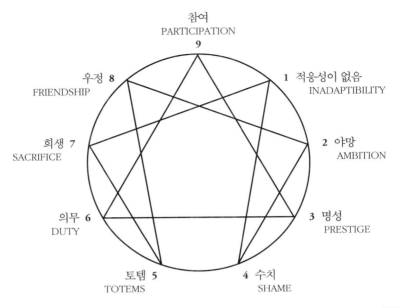

우정 **8**<br>FRIENDSHIP

1 적응성이 없음<br>INADAPTIBILITY

희생 **7**<br>SACRIFICE

**2** 야망<br>AMBITION

의무 **6**<br>DUTY

**3** 명성<br>PRESTIGE

토템 **5**<br>TOTEMS

**4** 수치<br>SHAME

**그림7**<br>사회적 부속 유형

이들은 자신과 타인이 사회적으로 어떻게 행동해야 하는지 완고한 기준이 있고, 그것이 지켜지지 않을 때 '분개'의 격정이 일어난다. 사회적인 모임 속에서 상황이 일어나는 대로 따라가기보다 자기가 예상하는 대로 상황을 강요하려고 한다. 이들은 자연스럽게 행동하는 것을 불편해하며, 이것은 자신이나 타인이 뭔가 나쁘거나 부적절한 행동을 할 것이라는 잠재적인 두려움을 반영한다. 이들은 비판적으로 되어 자신의 사회적 기준을 따르지 않는다는 이유로 타인을 틀렸다고 몰아세운다. 이것은 자신이 사회에 소속되기에 충분히 좋지 않다는 내면의 느낌에 대한 반동 형성이다.

415

### 2번 — 야망(Ambition)

사회적 2번은 사회적으로 출세하려고 노력하는 사람들이다. 사회적 계층구조를 매우 예민하게 감지하며, 소속되지 못했다는 느낌을 해결하기 위한 방법으로 꼭대기 층의 사람들에게 인정받고 그들과 어울리려고 애쓴다. 자신이 누구와 교제하며 그들이 얼마나 중요한 사람인지가 이들에게 높은 사회적 지위의 느낌을 준다. '자만'의 격정이 여기서는 자기입증과 자신이 좇던 사회적 위치와 신분을 얻었을 때 일어나는 스스로 가치 있는 기분으로 나타난다. 뿐만 아니라 자신이 일원이 되거나 연결되고 싶다고 동경하는 집단 안에서 특별하고 화려하게 보이고 싶어 하고, 하찮거나 평범하게 보이길 거부하는 데에서도 '자만'의 격정을 볼 수 있다.

### 3번 — 명성(Prestige)

사회적 3번은 타인과 관계를 맺을 수 있는 방법이 명성 있는 이미지를 통해서라고 느낀다. 이카조가 이 부속 유형에 대해 기술한 내용은 '좋은 대외적 이미지에 대한 욕구'[2]이다. 그렇다면 사회적 3번의 초점은 자신이 어떻게 보이는지에 맞춰져 있으며, 이들은 남들 눈에 좋게 보이기 위해 그 사회집단의 가치에 맞추려고 자기 이미지를 바꿀 것이다. 사회적 2번처럼 이들 역시 사회적으로 중요한 사람이 되고 싶어 한다. 그러나 자신이 어울리는 사람들을 통해 중요해지려는 2번과 달리, 이들은 자기 스스로 중요해지고 싶어 한다. '거짓말'의 격정이 여기서는 명성 있는 이미지를 만들어내는 데에 필요하다면 무엇이든 하는 것으로 나타난다. 이들의 가장 깊은 거짓말은 이 이미지가 곧 자신이라고 믿는 것이다.

## 4번 ― 수치(Shame)

사회적 4번은 사람들이 따라야 하는 올바른 방식이 있다는 관념이 있으며, 자신이 그런 방식이 아니기 때문에 끊임없이 수치심을 느낀다. 이들은 근원적으로 자신이 거기에 잘 맞지 않으며, 또 맞추기 위해서 해야 하는 일을 할 능력이 없다는 느낌을 갖는다. 사회적 4번은 형식에 사로잡히고 약간 경직된 경향이 있으며, 자신의 몸가짐에 많은 주의를 기울인다. 적절한 예법으로 행동하는 것이 이들에게는 매우 중요한데, 그렇게 해서 자신이 사회에 부적격하다는 내면 깊은 곳의 느낌을 감추고 싶어서다. 사회적 4번의 눈에는 스스로에게 적용하는 기준을 남들은 잘 따르고 있는 것처럼 보이기 때문에 그들을 향해 '시기'의 격정을 경험하며, 자신의 증오를 수치심의 형태로 자신에게 돌린다.

## 5번 ― 토템Totems

사회적 5번은 릴리와 하트가 설명하는 이카조의 정의대로, '자신이 따를 이상적 인물'[3]이 있다. 이들은 사회적 계급구조를 예민하게 알아차리며, 토템(미개사회에서 씨족, 부족과 특별한 혈연관계를 가진다고 생각해 신성시하는 특정 동식물 또는 자연물)이라는 단어가 암시하듯이 토템 기둥(숭배하는 자연물이나 동물을 그리거나 새겨서 집 앞 등에 세우는 기둥)에 새겨진 얼굴 중 하나가 되고 싶어 한다. 토템은 가족이나 사회집단을 나타내는 상징이나 표상이며, 사회적 5번은 그 그늘 아래 살고 또한 그것이 되고 싶어 한다. 이들은 사회적 원형原形을 매우 잘 알아채고 그것을 구현하고 싶어 하기 때문에 어떤 모범이나 지식의 원천이 된다. 뒤를 계승하고 싶다고 희망하는 특수한 분야에 대해 전문지식을 닦을 수도 있으며, 또 계승자처럼 보이고 싶어 한다. 이들이 가진 '탐욕'의 격정이 여기서는 자기에게 사회적 지위를 가져다줄 것으로 보이는 것은 무엇이든 꽉 붙잡는 습성으로 나타난다.

### 6번 ― 의무(Duty)

사회적 6번에게는 자신의 사회적 임무로 보이는 것을 충실하게 수행하는 것만이 소속될 수 있는 유일한 길이다. 이들은 어떤 종교나 집단이나 더 강력해 보이는 지도자에게 권위를 쥐여주고, 그 대상 또는 그 사람에게 헌신하고, 공손하게 순응하고, 유순하게 굴고, 충실함으로써 자신의 사회적 불안정을 해결하려 한다. 이들은 그 권위를 위한 임무라고 생각하면 무엇이든 충성스럽고 헌신적이고 심지어 비위를 맞추고 아첨하면서까지 수행한다. '두려움'의 격정이 여기서는 권위 인물에게 거역하기를 무서워하고 사회적 규범과 의무를 위반할까봐 두려워하는 것으로 나타난다.

### 7번 ― 희생(Sacrifice)

사회적 7번의 특징은 개인의 자유와 꿈을 사회적 이상에 양도하는 것이다. 이들은 타인에게 깊은 의무감을 가지며, 자기 책임이라고 여기는 일을 수행하기 위해 자신을 희생해야 한다고 느낀다. 이들의 희생은 이들이 상상하고 실현시키려고 계획하는 미래(이들에게 결여된 소속감, 사회에 받아들여진 느낌, 사회적 지위감을 약속하는 미래)를 위한 것이다. '대식'의 격정이 여기서는 이런 사회적 안정과 자신에게 사회적 안정을 주리라고 믿는 모든 것에 대한 갈망으로 나타난다. 릴리와 하트에 따르면, 이카조는 '사회적 제한'이라는 기술어를 사용하면서 이 부속 유형이 "자신의 사회적 활동의 방향을 미리 예정한다"[4]고 표현한다. 이것은 이 부속 유형의 또 다른 느낌을 부각시킨다. 즉 이것은 사회적 7번이 사회적 불안정을 해결하기 위해 자신의 사회적 참여를 설계하고 계획하는 경향을 가리킨다.

### 8번 — 우정(Friendship)

사회적 8번은 소속되지 못한 느낌을 해결하기 위한 시도로 친밀한 사회적 관계를 유지한다. '동지'가 되는 것이 사회적 8번이 생각하는 사회적 불안정을 해결할 열쇠이다. 여기서 우정이란 아주 깊은 유대감으로 영원한 신뢰와 충성, 형제애, 같은 무리의 일원이라는 뜻을 함축한다. 8번의 지배적이고 통제적인 성향이 사회적 8번의 경우에는 사회적 관계의 영역에서 나타난다. 신뢰나 우정의 배반은 복수를 부를 수도 있으며 사회적 8번에게는 절대 용서하기 쉬운 일이 아니다. '욕망'의 격정이 여기서는 타인과 맺은 이 유대관계의 격렬하고 독점욕 강한 성질로 나타난다.

## 성적 부속 유형

### 9번 — 결합(Union)

성적인 9번은 상대방의 사랑에 대한 욕구와 완전한 결합에 대한 욕구에 따라 움직이며 그것이 행복으로 가는 열쇠처럼 보인다. 성적인 9번에게는 상대방과의 완전한 융합이 자신이 완전해지는 데에 필요한 것으로 보인다. 이들은 타인에게 쉽게 몰입하고 그 과정에서 자신과 단절된다. 정말로 융합해야 하는 대상(자신의 본질적 바탕)을 타인으로 대체하는 것이 성적인 9번이 가진 '나태'의 격정의 핵심이다. 이것이 모든 성적 부속 유형의 원형原形이므로, 이렇게 '실재'와의 단절로 남겨진 구멍을 상대의 사랑으로 채우려는 시도가 다음부터 나오는 모든 부속 유형에서 공통적으로 나타난다.

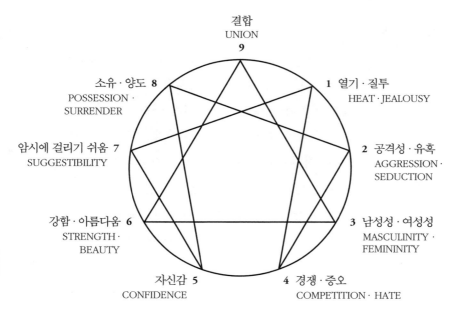

**그림8**
성적 부속 유형

### 1번 — 열기 · 질투(Heat/Jealousy)

성적인 1번은 쾌활하고, 열정적이고, 생기 넘치고, 감정이 풍성한 행동양식을 보여준다. 이렇게 지속적인 정열의 느낌(impassioned)은 성적인 '열기'가 성격 양식을 통해 새어나온 것이다. 만일 배우자나 애인이 있다면 이들은 더 완벽한 누군가가 나타나서 자기의 상대를 훔쳐갈 거라

420

고 끊임없이 두려워하면서 상대가 다른 사람을 원하는 기미가 있는지 언제나 경계한다. 만일 배우자나 애인이 없다면, 자신의 애정 대상이 누구든 자기보다 더 나은 사람을 원할 거라고 마음 깊이 확신한다. 이카조의 말대로 "상대와의 결합이 더 완벽한 누군가에게 항상 위협받는다."[5]

### 2번 — 공격성·유혹(Aggression/Seduction)

이카조는 이 부속 유형에게 '공격성'이라는 기술어만 주었고,[6] 나란호가 여성 2번의 유혹적 양식과 남성 2번의 공격적 양식으로 구별했다. 자신이 매력이 있는가에 대한 불안 때문에 성적인 2번은 성별에 따라 상대가 자신과 사귀게끔 유혹하거나 강요한다. 그리고 일단 사귀게 되면, 역시 성별에 따라 상대가 자기가 원하는 대로 하도록 꾀거나 혹은 밀어붙인다. 일반적으로 성적인 2번은 남성과 여성 모두 얻을 수 없는 상대에게 아주 강하게 끌린다. 여성 2번은 자신이 욕망의 대상이 되고 싶다는 욕구에 집착하고, 남성 2번은 결합을 위해 모든 장애물을 극복하는 것에 집착한다. 양쪽 모두 사랑을 통해 자신의 가치를 찾으려는 시도이다. '자만'의 격정이 여기서는 사람들이 자신을 원하는가 아닌가에 대한 극단적인 민감함으로 나타나며, 때로는 성적인 정복의 횟수에 대한 우쭐함으로도 나타난다.

### 3번 — 남성성·여성성(Masculinity/Femininity)

성적인 3번에게는 육체적, 성적 매력이 욕망의 대상이 될 수 있는 열쇠처럼 보인다. 그래서 이들은 자기 성별의 특징을 강조한다. 일반적으로 남성은 남자다움과 남성성을 과장하고, 여성은 여성성을 증대한다. 누군가에게 끌리면 이들은 그 사람이 생각하는 이상적 남성이나 이상적 여성의 속성을 취한다. 융의 용어로 설명하면, 자신을 상대의 아니무스animus나 아니마anima에 끼워 맞춘다. 이들은 누가 가장 매력적인가를 놓고 타인과 경쟁하고, 욕망의 대상인가 아닌가로 성공을 측정한다. '거짓말'의 격정이 여기서는 사랑이 모든 해답이며, 사랑받기 위해 상대의 이상에 자신을 끼워 맞춰야 하고, 궁극적으로 그 이미지가 곧 자신이라고 자신을 속이는 것으로 나타난다. 또한 경쟁자를 이기고 자기 욕구의 대상을 획득하기 위해 이중성을 이용하는 면모로도 나타난다.

### 4번 — 경쟁 · 증오(Competition/Hate)

성적인 4번은 사랑을 찾기 위해 같은 성별의 사람과 경쟁한다. 이들의 치열한 경쟁은 사랑이 희귀하고 싸워서 쟁취해야 하는 것이라는 관념에 근거한다. 이들은 자신의 경쟁자들과 애정 대상에게 자기가 그들보다 낫다고 확신시키려 애쓰며, 다른 도전자들이 '사라졌으면' 하는 바람이 이들 증오의 형태다. 욕구의 대상을 선택할 때는 얼마나 많은 사람이 그 사람을 원하는가로 결정되기 때문에 그것 역시 경쟁에서 비롯한다. 성적인 4번이 애정관계 영역에서만 경쟁적인 것은 아니다. 경쟁은 이들의 가장 주요한 행동 특성이다. 그러나 이 영역에서 그들의 경쟁의식이 가장 현저하게 드러난다. '시기'의 격정이 여기서는 다른 사람이 가진 것 혹은 원하는 것을 갖고 싶어 하는 속성과 경쟁자들을 향해 잠재된 증오로 나타난다.

### 5번 — 자신감(Confidence)

성적인 5번은 자기 매력과 연애 능력, 성적인 행동에 대한 자신감이 결여되어 있다. 그래서 이들은 자신이 무능하고 매력 없다는 느낌에 대한 보상으로 가장된 자신감을 나타낸다. 그럼에도 자신이 호감을 느끼는 대상에게 다가가기가 어렵다. 이카조의 말처럼 성적인 5번이 자신의 억압을 극복하기 위해서는 "함께 있으면 안전하다고 느끼는 사람(은 신처)이 필요하다." 7 '탐욕'의 격정이 여기서는 거부당할까봐 두려워 애정을 거둬들이는 것과, 일단 목표로 삼으면 애정 대상을 꽉 붙잡고 놓지 않는 것으로 나타난다.

### 6번 — 강함 · 아름다움(Strength/Beauty)

성적인 6번은 자신의 성적 매력과 사람들이 자신을 원할까에 대해 자기의심의 태도가 내재되어 있다. 근원적으로 이들은 사랑받지 못할 것 같아서 두려워하며, 이 부분에서 이들의 '두려움'이라는 격정이 가장 강하게 드러난다. 이들은 상대와의 친밀한 접촉을 두려워하고 자신의 강함(남성)이나 아름다움(여성)을 과장해 두려움을 감추려고 한다. 성적인 6번 남성은 강한 남자다움을 강조해 씩씩하고 사내답고 강인해 보이려 한다. 감정적으로는 무정하고 오만해 보일 것이다. 성적인 6번 여성은 자기 매력을 한껏 발휘해서 자신의 유혹 능력을 상대와 진정으로 결합하는 데에 대한 두려움을 가라앉히는 수단으로 이용한다.

### 7번 — 암시에 걸리기 쉬움(Suggestibility)

성적인 7번은 자신과 접촉하는 모든 아이디어, 계획 또는 사람과 융합하는 경향이 있어서 쉽게 영향을 받는다. 특히 배우자나 애인 또는 자기가 매력을 느끼는 사람에게 영향을 잘 받는다. 누군가와 사귈 거라고 예상하면 이들의 지도 만들기와 계획 세우기가 시작되고, 그 애정관계가 미래로 투사되어 무한한 가능성이 수평선 위로 막 떠오를 것처럼 보인다. 쉽게 동요하고 영향받을 뿐 아니라 애정관계에 대한, 또는 애정관계로 생겨난 무수한 환상 속에 쉽게 잘 빠진다는 뜻에서 이들은 암시에 걸리기 쉽다. '대식'의 격정이 여기서는 수없이 많은 사람에게 매력을 느끼는 경향과 한 사람과 진지하게 장기간 연애하기를 어려워하는 데에서 나타난다.

### 8번 — 소유 · 양도(Possession/Surrender)

성적인 8번 남성과 여성은 모두 자기 배우자나 애인을 소유하고 통제하려 한다. 이들은 공공연하게 지배적일 수 있는데 그것은 사람들이 과연 자신을 사랑하고 원할까에 대한 불안을 감추려는 시도이다. 성적인 8번 남성과 여성은 모두 관계를 정복으로 여기고 관계에서 주도권을 쥐고 싶어 하기 때문에 이들은 사랑에서 꼭 약하거나 의존적이지 않다. 성적인 8번 여성은 그럴 가치가 있어 보이는 상대에게 통제권을 양도하고 싶어 하고 겉으로는 열렬하게 그런 몸짓을 하겠지만 여전히 거의 지배권을 쥐고 있다. '욕망'의 격정이 여기서는 사랑하는 대상의 몸과 영혼을 소유하고 싶은 욕구로 나타난다.

# 13장

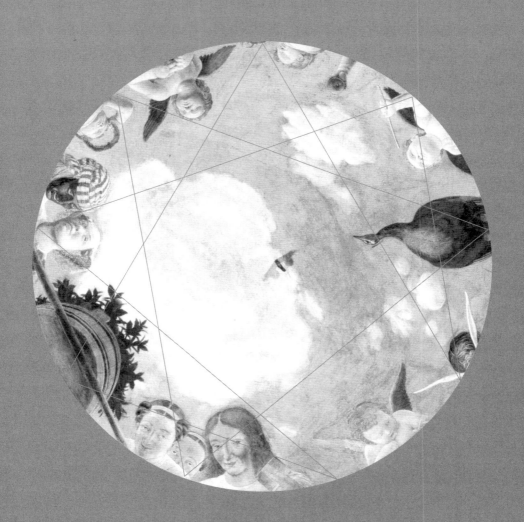

# 날개
## THE WINGS

당신이 아무리 멀리 가더라도

영혼의 한계를 찾을 수는 없을 것이다.

— 헤라클레이토스Heraclitus

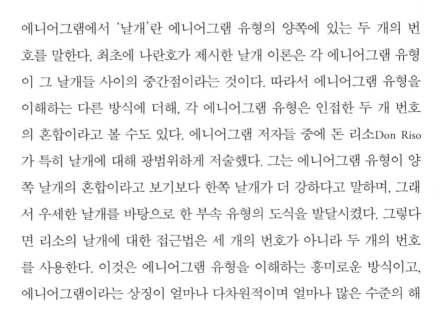

에니어그램에서 '날개'란 에니어그램 유형의 양쪽에 있는 두 개의 번호를 말한다. 최초에 나란호가 제시한 날개 이론은 각 에니어그램 유형이 그 날개들 사이의 중간점이라는 것이다. 따라서 에니어그램 유형을 이해하는 다른 방식에 더해, 각 에니어그램 유형은 인접한 두 개 번호의 혼합이라고 볼 수도 있다. 에니어그램 저자들 중에 돈 리소Don Riso가 특히 날개에 대해 광범위하게 저술했다. 그는 에니어그램 유형이 양쪽 날개의 혼합이라고 보기보다 한쪽 날개가 더 강하다고 말하며, 그래서 우세한 날개를 바탕으로 한 부속 유형의 도식을 발달시켰다. 그렇다면 리소의 날개에 대한 접근법은 세 개의 번호가 아니라 두 개의 번호를 사용한다. 이것은 에니어그램 유형을 이해하는 흥미로운 방식이고, 에니어그램이라는 상징이 얼마나 다차원적이며 얼마나 많은 수준의 해

427

석이 가능한지 다시 한번 보여준다. 내가 여기서 소개하는 내용은 리소의 접근법과는 다르다. 날개를 이해하고 설명하는 다른 방식과 독자가 혼동하지 않도록 미리 밝힌다.

각 에니어그램 유형을 그 날개들의 상호작용으로 보는 방식은 우리 내면의 역학(자신의 에니어그램 유형과 연관된 신념, 태도, 행동, 감정을 생기게 한 심리 내부의 밀고 당기는 힘의 놀이)을 이해하는 데에 새로운 빛을 밝혀주는 시각이다. 나란호가 날개에 대해 설명한 내용 중 한 가지는 에니어그램 유형의 '후방'에 있는 번호가 '전방'에 있는 번호로 떨어져 들어가면서 에니어그램의 주위를 시계방향으로 이동한다는 것이다. 예를 들어 당신이 7번이라면, 6번이 8번으로 떨어져 들어가고 그 결과가 에니어그램 유형 7번이라는 것이다. 날개에 대한 다른 내용과 마찬가지로 이 관점 역시 더 자세히 설명하거나 전개시키지 않고, 나중에 시도해보고 실험해볼 개념으로 남겨두겠다.

날개를 이해하면 정신 역학(발달기에 우리 개개인 안에서 작용하면서 영혼을 특정한 방식으로 모양 짓는 힘)에 대한 유용한 통찰을 얻을 수 있다. 어린시절과 사춘기를 되돌아보면 자기 유형의 어느 한쪽 날개가 더 우세한 시기가 있고 또 다른 쪽 날개가 더 우세한 시기가 있음을 알아차릴 수 있다. 그 동안에는 심지어 양쪽 날개가 마치 자신의 유형인 듯 보일 것이다. 어떤 사람들은 정체성이 자신의 에니어그램 유형으로 굳어지기 전까지는 성장하는 동안 양쪽 날개를 왔다 갔다 한 것 같다고 경험한다. 많은 사람들이 어른이 된 후에도 자신의 심리 안에서 어느 한쪽 또는 반대쪽 날개로 당기는 힘을 여전히 느낀다.

다음에 나오는 각 유형의 날개들의 상호작용에 대한 설명은 일부러 짧게 개요만 다루었다. 이 내용을 너무 구체화시키지 않는 것이 나의 목적이기 때문이다. 그보다 내가 전달하고 싶은 바는 독자 스스로 날개를 살펴보고 탐구하는 방법이다. 각 유형을 양 날개의 심리적 고착, 핵심적인 결핍 상태, 격정이 만나는 중간점으로 바라보는 시도는 특히 유익하다. 아래에서 우리는 날개들의 다양한 측면과 수준의 교차와 그것이 어떻게 각 에니어그램 유형의 일정한 특징으로 귀결되는지 살펴볼 것이다. 에니어그램 유형을 보여주는 그림3을 참고하면 원을 따라 돌아갈 때 도움이 될 것이다.

### 9번 유형의 날개

복수하는 자아(8번)가 한쪽 날개이고 분개하는 자아(1번)가 다른 쪽 날개인 9번은 에니어그램의 악동과 착한 아이 사이에 끼어 있다. 8번에서 강한 본능적 충동이 올라와서 1번의 강한 초자아의 억압을 만난다. 그 결과 자신의 욕구에 무감각해지고 늪에 빠진 듯 옴짝달싹하지 못한다. 이것은 두 가지 다른 방향으로 매우 강하게 당기는 힘(이는 주로 해결할 길 없는 절망스러운 갈등처럼 느껴진다)이기 때문에 9번 유형은 내면의 삶에 대해 자신을 마비시키고 내부보다 외부를 바라보게 된다. 마음 깊은 곳에 자리 잡고 있으며 대부분 무의식 속에 있는 내면의 불화不和 때문에, 9번은 주변을 조화롭게 유지하려고 노력하고 최대한 마찰을 회피한다.

### 1번 유형의 날개

나태한 자아(9번)와 아첨하는 자아(2번) 사이의 중간점인 1번은 한쪽 편에는 자신의 본질적 바탕에 눈을 뜨려 하지 않는 날개를 가지고 있고, 반대편에는 자만을 가지고 있다. 9번 측에는 내면 깊이 자신이 보잘것 없다는 느낌과 체념이 있고, 2번 측에는 자기팽창과 으스댐이 있다. 따

429

라서 한쪽에는 하찮다는 느낌이 있고, 다른 쪽에는 자신에 대한 과대평가가 있다. 그 결과, 1번은 뭔가 기본적으로 결함이 있다고 느낀다. 그러나 9번의 자신에게 무감각하고 외부 지향적인 속성에 2번의 자만이 합쳐져 그 나쁨이 외부로 투사되어, 나쁜 것은 다른 사람들이며 그들을 바로잡아야 한다고 생각한다.

게다가 자신은 모든 사람을 사랑하고 보살펴야 한다는 9번의 내적 요구와, 타인을 사랑하는 사람 그리고 타인에게 사랑받는 사람이 돼야 한다는 2번의 내적 요구 사이에 끼어 1번은 필연적으로 자신의 초자아와 동일시되어 완벽해지려고 애쓸 것이다. 그리고 또 필연적으로 이들은 극도의 사랑을 베풀어야 한다는 이 내적 요구에 부합할 만큼 자신이 근원적으로 충분히 훌륭하지 않다고 느낄 것이다. 완벽하지 않다는 기분은 9번의 부족하고 보잘것없는 느낌과 2번의 거부당했다는 근원적 느낌이 만난 상호작용에서도 올라온다.

## 2번 유형의 날개

분개하는 자아(1번)라는 날개와 허영적인 자아(3번)라는 날개 사이에 있는 2번은 한쪽 편에서는 완벽해야 한다는 내면의 요구를 받는 동시에 자신이 기본적으로 결함이 있다고 느끼고, 다른 편에서는 완벽한 이미지를 보여줘야 한다고 요구받는다. 이렇게 내면과 외부 모두 완벽해야 한다는 요구는 충족시킬 수 없기 때문에 2번은 자신에게 절망하고, 구원을 찾아 타인에게로 향한다. 그래서 이들은 타인에게 의존적이다. 다른 각도에서 보면, 1번의 엄격한 도덕성이 3번의 이중성과 비도덕성을 만난 결과로 2번은 끊임없이 죄책감을 느낀다. 또 다른 각도에서 보면, 좋은 사람이 되고자 하는 1번의 본능적 욕구와 사람들에게 깊은 인상을 남기려는 3번의 본능적 욕구가 합쳐져 남들에게 자신이 사랑스러운 사람이라는 동의와 인정을 구하는 2번의 패턴을 낳는다. 또한 스스로 자신을 창조하려는 3번의 충동과 좋은 사람이 돼야 한다는 1번의 필요가 만나면 아주 사랑스럽고 좋은 사람의 이미지에 자신을 끼워 맞추고 그렇게 보이려는 2번의 욕구가 된다.

### 3번 유형의 날개

아첨하는 자아(2번)와 우울한 자아(4번) 사이에 낀 3번은 고유의 방향성과 추진력의 느낌이 결여되어 있으며, 동시에 '실재'로부터 끊어져 나와 버려졌다고 느낀다. 그 결과 이들은 심원과 역동성 같은 모든 자연스러운 내적 느낌과 차단되었다고 느끼고, 그래서 자신의 표층에서 이미지로 삶을 살아야 한다고 느낀다. 또한 이들은 스스로 작은 신神이 되어 자신과 삶을 창조해내고 유지해야 한다고 느끼게 된다. 뿐만 아니라 2번의 의존성과 4번의 버려진 느낌 사이에 붙잡혀 3번은 타인에게 의지하거나 손 내밀기를 포기하고 자신이 전적으로 스스로 행동하고 결정해야 한다고 경험한다. 감정적인 측면을 보면, 우울과 절망에 빠지기 쉬운 가장 감정적인 두 개의 에니어그램 유형 사이에 끼어서 3번은 행동 속으로 돌진하고 활동에 깊이 몰두하며 성취에 초점을 맞추다가 자신이 무엇을 느끼는지 모르게 된다.

### 4번 유형의 날개

허영적인 자아(3번)와 인색한 자아(5번) 사이의 중간점인 4번에서는 자신만의 법칙과 우주를 만들어내는 독립적인 운영자라는 느낌과 근원적으로 별개의 개체라는 느낌이 만나는 곳이다. 그 결과는 삶의 역동성과

431

타인들로부터 멀리 떨어져 있다는 마음 깊은 곳의 느낌이다. 그래서 4
번의 욕구는 연결되는 것, 자신과 타인 안에 있는 진정한 무엇과 접촉
하는 것이다. 감정적 상태 측면에서는 5번의 메마른 공허감과 3번의 내
면은 가치 없다는 느낌이 상호 작용한 결과, 4번의 고립된 좌절과 절망
이 나온다.

　　또 다른 측면에서 보면, 3번의 성과와 목표 지향적 속성과 5번의
고립되고 연결이 결여된 느낌이 합쳐져 진정한 내적 근원과 다시 연결
되고자 하는 4번의 고군분투를 낳는다. 그래서 4번의 이미지는 진정한
무엇을 갈망하는 사람의 이미지가 된다.

### 5번 유형의 날개

우울한 자아(4번)와 두려운 자아(6번) 사이에 낀 5번은 원천과의 진정한
연결을 갈망하는 한쪽과 두려움, 자기의심, 불안정에 시달리는 다른 한
쪽의 혼합이다. 그 결과 5번은 알려 하고, 앞에 놓인 땅을 정찰하고 지
식을 통해 접촉하려 한다. 반면 경험적으로는 모든 것으로부터 안전한
거리에 머문다. 또한 4번의 단절되고 버려진 느낌과 6번의 생존 불안이
합쳐진 결과가 5번의 탐욕(빼앗길 거라는 두려움 때문에 자기가 가진 모든 것을
저장하고 꽉 붙잡고 있는 것)이다. 또 다른 각도에서 보면, 4번의 내면의 절
망감과 버림받았다는 확신에 6번의 타인과 세상 전반에 대한 두려움이
합쳐져 5번의 자기 안에 틀어박히는 성질과 고립을 낳는다.

### 6번 유형의 날개

인색한 자아(5번)와 계획하는 자아(7번)의 중간점인 6번은 사람과 세상
으로부터 물러나려는 5번과 탐욕스럽게 다가가려는 7번의 쉽지 않은

상호작용이다. 5번은 숨는 반면, 7번은 삶의 모든 것을 맛보려고 밖으로 나온다. 그 결과 6번은 의심 속에 망설이고 더듬거리면서 전진해야 할지 후진해야 할지, 혹은 손을 내밀어야 할지 거두어야 할지 자신이 없다. 5번의 공허하고 황량한 내적 느낌에 7번의 즐겁고 행복해야 한다는 필요가 합쳐져 6번은 자신이 무엇을 느끼는지 불확실한 채로 남겨진다.

또 다른 각도에서 보면, 5번의 내면의 건조한 공허감에 7번의 낙천주의가 합쳐져 6번이 빠지는 주요 대상관계를 낳는다. 즉 권위 인물을 이상화하여 높은 희망을 한 계단 낮은 위치에서 투사시킨다.

**7번 유형의 날개**

7번에서는 두려운 자아(6번)의 의심과 복수하는 자아(8번)의 욕망이 만난다. 그 결과가 삶에서 모든 것을 조금씩 맛보길 원하는 7번의 성향이다. 그러나 두려움과 의심 때문에 그 어떤 것에도 완전히 빠지지는 않는다. 8번처럼 7번도 세상 모든 것에 자극받고 흥분하지만, 두려움 때문에 그 접촉은 주로 머릿속에서, 즉 안전하다고 추정되는 차원에서 머문다. 8번은 감각 지향적이고 6번은 자기 경험을 의심하므로 7번은 많은 것을 시식하고 시음하지만 모든 것에 의심을 품게 된다.

거기에 더해 6번의 자기의심, 확신 부족, 불안정에, 8번의 두목이 되어 사람들을 지배하고 정복하고 싶은 욕구가 합쳐진 결과, 7번 특유의 자신이 성취하려는 내용에 대한 비전과 웅대한 계획이 나온다.

**8번 유형의 날개**

여기서는 계획하는 자아(7번)의 전부 괜찮아야 한다는 필요와 나태한 자아(9번)의 내면의 마비감이 만난다. 그 결과는 자기 안에 나약함이나 결핍감의 낌새가 있는 것은 무엇이든 부정하는 8번의 특징적 성향이다. 7번의 유토피아적인 계획과 공상이 9번의 관성을 만나, 8번이 마주치는 대상 전부를 향해 갖는 특유의 선입견을 낳는다. 즉 8번은 마치 참호를 파고 들어앉은 듯이 자신이 보고 싶은 것만 본다. 또한 무엇이 어떻게 될 수 있다는 7번의 상상력과, 초점이 외부로 향하는 9번의 성향이 만나 8번은 모든 것이 자신이 생각하는 방식을 따라야 한다고 요구하며 잘못된 것은 모두 바로잡으려 한다.

또 다른 각도에서 보면, 자극을 갈망하는 7번의 속성과 본질의 영역에 눈뜨지 않는 9번의 속성이 합쳐져 8번의 물질적 만족에 대한 욕망과 감각적 만족에 초점을 맞추는 성향을 낳는다.

바라건대
당신이 걸어가야 하는 텅 빈 길 위에서
당신과 해악 사이에 신이 서 계시기를
— 고대 이집트의 축복의 말 —

이 책의 서두에 언급한 구르지예프의 개념, 즉 에니어그램이 다차원적인 상징이며 '사람들의 수준만큼이나 수없이 많은 서로 다른 의미'를 내포한다는 개념으로 결론을 대신하고 싶다. 나에게는 다시 한번 이 말을 되풀이하는 것이 중요하다. 그래서 내가 이 책에서 전달한 내용이 에니어그램의 다양한 해석에 대한 최종적 내용이라고 생각하는 사람이 없길 바란다. 오히려 내가 독자들에게 에니어그램과 자신에 대한 이해를 깊어지게 할 생각의 재료와 탐구 방법을 제공했다면 나의 목적은 이루어졌다고 생각한다. 에니어그램은 일종의 암호 같아서 거기에 접근하고 문을 열어 그 지혜가 드러나도록 하려면 입구가 필요하다. 그것이 내가 이 책에서 하려고 한 작업이다.

둘째로, 역시 구르지예프가 말했듯이, 에니어그램은 우리에게 큰 힘을 준다. 에니어그램이 담고 있는 정보는 우리에게 깊이 영향을 미치고 심지어 동요시킬 수도 있으므로 앞서 했던 말을 다시 한번 반복하겠다. 에니어그램은 자신에게 이용할 때도 타인에게 이용할 때도 신중해야 한다. 유형을 파악하기 위해 자신의 여러 가지 특성이 타인의 입에 오르내릴 때 자신이 대상화됐다고 느끼는 사람들을 많이 보았다. 또한 부탁하지도 않았는데 상대를 분석하는 것은 상처를 줄 수 있고, 청하지도 않는데 그 사람이 알아차리지 못하고 있는 무언가를 상대에게 자각시키려 하면 공격처럼 느껴질 수도 있다. 무엇보다도 에니어그램을 타인을 비난하거나 판단하는 공격 수단으로 이용한다면 완전히 오용하는 것이다. 자신에게 이용할 때는 에니어그램이 당신의 초자아에 기름을 붓고 부채질하려는 것이 아님을 기억하라. 에니어그램은 자신을 더 깊이 이해하고, 그 이해를 통해 자신과 타인을 향해 연민의 마음을 열기 위한 것이다.

셋째로 에니어그램은 단지 지도일 뿐이다. 에니어그램과 그것이 밝히는 인간의 영혼과 그 영혼의 진화에 대한 정보는 그 자체로 끝이 아니며, 끝이 될 수도 없다. 에니어그램을 분해하고 해독해서 이해하는 것이 아무리 매혹적이어도, 이 정보가 직접적인 체험과 개개인의 의식 성장을 돕는 역할을 수행하지 않는다면 우리에게 근본적인 도움이 되지 않는다. 단독으로는 에니어그램과 이 책에 담긴 정보가 만병통치약이 아니다. 이것이 우리 문제를 해결하지도, 고질적인 문제를 설명하지도, 우리 안의 심원과 연결시켜주지도 않을 것이다. 이것은 단지 정보일 뿐이며 그 역할은 우리의 내적 작업에서 방향을 잡아주고 안내하는 것이다. 그 지식을 활용하지 않으면 아무 혜택도 얻을 수 없다. 만약 이것이 지식으로만 남는다면 정신을 자극하고 흥미로운 기분전환과 오락을 제공하긴 하겠지만 실질적인 변화의 작업과 혼동해선 안 된다.

그 노력은 금방 끝나지도, 쉽지도 않을 것이다. 내가 각 유형의 참된 인격적 변화에 필요한 내면작업에 대해 가리킨 방향들은 쉽게 몇 쪽으로 요약된다. 그러나 성격을 통과해 지나가는 실질적인 작업과, 그 결과로 우리의 영혼이 점차 폐색이 옅어지고 조금씩 투명해져 가는 데에는 전심전력을 다 해도 몇 년이 걸린다. 또한 혼자서 쉽게 할 수 있는 작업이 아니다. 참된 변화를 이루려면 성격과의 동일시 쪽으로 끌어당기는 관성적인 힘을 극복해야 하기 때문에 대개 정신수련 단체나 작업 그룹의 도움이 필요하다. 의식하게 된다는 것은 보지 못하던 것을 본다는 뜻이기 때문에 정신적 작업의 여정이 성공하려면 스승의 안내가 필요한 경우도 많다.

이 여정에서는 영혼 깊숙한 곳에 감춰진 자신의 고통스럽고 때로는 아주 무서운 측면도 대면해야 한다. 상황이 더 나빠지는 것처럼 보인 뒤에야 더 좋아지고, 성격의 깊은 지층에 더 가까워질수록 그곳에 있는 심연과 원초적 에너지가 마치 우리를 휩쓸어버릴 것만 같을 때가 있을 것이다. 이것은 쉬운 여정이 아니며 자신에 대해 대단히 정직해야 한다. 이는 우리가 자신이 누구인지 알고 싶다는 욕구가 있고 진실과 만나는 일이(아무리 불편한 진실이더라도) 마음에 기쁨을 줄 때만 가능하다.

이것을 감수하기로 선택한 사람들에게는 무한한 보상이 주어질 것이다. 온 우주가 우리 안에서 기다리고 있으며, 우주의 끝없는 광대함과 역설, 기묘함과 더없는 아름다움이 모두 완벽하게 갖추어져 있다. 때때로 시커먼 구멍과 거대한 텅 빈 공간들과 마주치겠지만 우주의 모든 아름다움이 스스로 펼쳐질 채비를 하고 거기에서 기다리고 있다. 이 여정을 시작하면 인간이 된다는 것이 무엇인지 점차 이해하게 된다. 인간이 된다는 것은 '신성'의 투명한 창문이 되는 것이고, 모든 창조물의 한 없는 아름다움 사이를 거니는 것이며, 존재의 알맹이로 심오하고 의미 있는 표현과 기여를 하며 삶을 산다는 것이다. 이 책이 내면의 땅에 빛을 밝혀서 '우리의 진정한 집으로 돌아가는 당신의 여정'에 지속적으로 도움이 되기를 진심으로 희망한다.

# 부록

**부록 A**
**나의 에니어그램 유형 찾기**

자신의 에니어그램 유형을 파악하는 일은 까다로운 문제일 수 있다. 각 유형에 대한 설명을 읽거나 듣는 즉시 자기 유형을 알아차리는 사람들도 있다. 어떤 사람은 에니어그램을 아는 사람이 보면 그 유형을 대번에 맞히는 반면, 스스로든 남이 보기에든 유형을 파악하기 어려운 사람도 있다. 왜 어떤 사람은 명쾌하게 드러나고 어떤 사람은 구별하기 어려운가 하는 문제는 에니어그램과 영혼의 수수께끼들 중 하나인 것 같다. 유형을 찾는 데에는 여러 가지 방법이 있다. 이카조의 아리카 훈련(Arica Training)에서는 얼굴의 특징을 이용한다. 왜냐하면 얼굴에서 특정 부위가 각 유형에 상응하는 듯 보이기 때문이다. 그동안 유용한 목록과 질문지를 보았는데 그 외에도 아마 내가 모르는 수많은 설문지와 방법이 있을 것이다. 우리가 여기서 다루는 것은 게슈탈트gestalt(신념, 감정적

441

상태, 행동적 패턴과 기타 요인의 복합적인 상호작용)이기 때문에, 사람의 유형을 결정하는 것은 하나의 특징이나 신체적 속성을 가리키는 것처럼 간단하지 않다. 유형 찾기는 자신의 주관적 시각에서 벗어나 상대방 영혼의 느낌과 접촉이 필요한 기술이다. 유형을 찾으려면 상대를 명확하게 봐야 한다. 즉 자신이 상대에게 원하는 모습이 아니라 있는 그대로의 모습을 봐야 한다. 이것은 자기와 가까운 사람일 경우 특히 어려울 수 있다. 유형이 매우 분명한 사람을 많이 경험하는 것도 다른 사람의 유형에 주파수를 맞추는 능력을 예민하게 해준다.

내가 개인적으로 선호하는 바는 사람들에게 나의 의견을 강요하기보다 자기 스스로 유형을 찾을 수 있도록 안내하는 것이다. 어떤 사람의 유형에 대해 틀릴 수도 있다는 가능성을 열어두는 태도가 항상 필요하다고 생각한다. 우리는 지금 사람이 어떻게 작동하는가에 대해 매우 강력한 정보를 다루고 있다. 타인의 유형을 정확하게 찾든 못 찾든 간에 이 정보가 타인에게 끼칠 수 있는 영향에 주의를 기울이는 것이 중요하다. 자기 스스로든 다른 사람에 의해서든 유형을 잘못 찾는 사람들을 수없이 보았다. 우리는 아홉 가지 유형 전부를 내면에 갖고 있기 때문에 그들은 자기 유형이라고 결정된 것에 초점을 맞추느라 자신의 구조에서 더 근원적인 것을 놓치고 만다. 또한 유형을 잘못 찾아서 에니어그램이 정확하지 않다고 생각하고 등을 돌리는 사람들도 보았다.

다음의 내용은 타인의 유형을 결정하고 자기 유형을 찾는 데에 도움이 될 유용한 지침과, 사람들이 유형을 찾으면서 흔히 겪는 혼동들이다.

## 어느 영역이
## 지배적인가?

에니어그램 유형을 찾는 과정을 시작할 한 가지 방법은 그 사람이 에니어그램의 어느 영역에 속하는가를 파악하는 것이다. 그 사람이 주로 두려워하는 경향이 강하고 두려움에 자극받아 움직이는 두려움 영역(에니어그램 6번 유형과 그 양쪽 번호들)에 속하는가? 아니면 주로 자신의 외양과 사람들에게 미치는 영향에 관심이 많은 이미지 유형(에니어그램 3번 유형이나 그 날개들 중 하나)인가? 아니면 그 사람의 중심적 태도가 자기망각적이고 관심의 초점이 외부로 향하는 에니어그램 9번 유형이나 그 날개들 중 하나의 위치에 있는가?

이 질문에 대답을 시작할 수 있는 방법에는 두 가지가 있는데, 둘 다 나란호의 독자적인 가르침에서 온 것이다. 첫째는 그 사람의 몸의 형태를 보는 방법으로 20세기 중반의 미국 심리학자 W. H. 셸던W. H. Sheldon[1]의 체형 분류를 이용한다. 아주 일반적으로 말하자면 에니어그램 꼭대기(8번, 9번, 1번)의 나태 영역에 속한 사람들은 중배엽형 체형인 경우가 많다. 즉 다부지고 근육질이며, 땅딸막하고 단단한 경향이 있다. 두려움 유형들(5번, 6번, 7번)은 외배엽형인 경향이 있다. 즉 마르고 호리호리하며 뻣뻣하다. 이미지 유형들(2번, 3번, 4번)은 내배엽형인 경향이 있다. 즉 곡선미가 있고 윤곽이 부드러운 체형에 얇은 손목과 발목, 허리를 가졌다. 각 영역들과 이런 체형 간의 상호 관계는 일반적으로 또는 평균적으로 맞는 것 같지만 예외도 많다. 체형만으로 그 사람의 영역을 결정하면 실수할 수 있다.

어떤 사람이 어느 영역에 속하는지를 찾을 수 있는 또 다른 방법은 자기망각, 두려움 또는 이미지 중에 어느 것이 그 사람의 관심과 행동양식을 지배하는지 파악하는 방법이다. 이 중점적인 지향에 조준

점을 맞출 수 있도록 나란호가 제시한 방법은, 두 사람이 참석해서 내면에 떠오르는 것은 무엇이든 소리 내어 말하는 '의식의 연속선 독백 (continuum-of-awareness monologue)' 실습이다. 독백 후에는 자신까지 포함해 세 사람이 평가하면서 살펴본다. 화자에게 가장 강하게 드러나는 경향이 두려움이라면, 한 말을 다시 거두고, 자신에게 요구하는 것을 할 수 없을까봐 두려워하며, 충동을 억제하고, 자신이 한 말에 회의를 품으며, 자기가 말하는 내용에 대한 의심이나 자학의 느낌이 있다. 화자에게 가장 강하게 드러나는 경향이 나태함이라면, 이야기 중에 방향을 잃으며 두서가 없고, 자신이 말하는 내용의 요점을 잊어버리며, 아주 사소한 내용에 주의를 빼앗기고, 자기 내면의 경험이 아니라 타인에게 초점을 맞춘다. 화자에게 드러나는 주요 경향이 이미지를 의식하는 것이라면, 잘난 체하는 태도에 자기 모습이 어떻게 보이고 남들이 자신을 어떻게 생각하는지 신경 쓰고, 이미지나 연극적인 모습을 보여주며, 그것이 가짜라는 느낌이 든다. 이런 실습이 결정적이진 않겠지만 전반적으로 어느 한쪽 영역으로 기운 경향이 있다는 느낌을 줄 것이다. 이 실습의 변형으로 쉬지 않고 20분 동안 글을 써내려간 후에, 그 내용과 어조의 느낌을 살펴보고 이 세 가지 경향 중 어느 것이 지배적인지 찾는 방법도 있다.

## 이상화한 측면

자신의 유형을 정확하게 찾아낼 수 있는 방법은 자신이 가장 흉내 내려고 노력하며 자신에게 모든 문제의 해답으로 보이는 '이상화한 측면'이 무엇인지 확인하는 것이다. 다음은 각각의 '측면'과 에니어그램 유형들이 그것을

444

구현시키려고 노력하는 방법에 대한 간략한 설명이다.

### 9번 유형 ― 빛 속의 삶

'빛 속의 삶(living Daylight)'은 우주 안의 모든 만물이 사랑으로 만들어졌다는 체험이다. 이것은 모든 발현을 지원하고 떠받치는 것이 '실재'이며, 우리 본성은 '실재'와 분리될 수 없다는 인식이다. 이것은 우리에게 따뜻하고 자비로운 존재에 안긴 느낌과, 삶과 우리 자신의 선함과 연결된 느낌을 준다. 9번은 자신에게 이런 속성들이 빠져 있어서 필요하다고 믿는다. 그래서 이들은 사람들 속에 소속되고 자신의 존재를 알리며 사랑받고 가치를 인정받고 싶어 하며, 삶의 선함과 접촉해 그 박애 속에 포함되어 있다는 느낌을 받길 원한다. 9번은 타인을 지원하고 베풀고 사랑함으로써 이 속성을 흉내 낸다. 이들은 뒷배경 속으로 숨으며 남들과 잘 화합하고 자기 권리를 거의 주장하지 않는다. 9번은 대립을 피하고 상황이 자신과 타인 모두에게 좋고 편안하도록 유지하려고 애쓴다. 이들의 초점은 외부, 즉 타인과 삶 속의 사건들로 향한다. 타인의 시각에 예민하고 개방적이며, 그래서 중재를 잘 한다. 동시에 자신이 무엇을 생각하고 느끼고 믿는지 결정하는 데에 어려움을 느낀다. 이들은 자신이 흐리멍덩하고, 정해진 모양이나 틀이 없으며, 살짝 초점이 벗어났다는 느낌을 갖고 있다.

### 1번 유형 ― 광명

'광명(Brilliancy)'의 상태는 완전함, 온전함, 완벽, 맑음이다. 1번은 이런 속성을 구현하고 타인과 주변 세상에 그것을 강요하려고 시도한다. 이들은 무엇이 옳고 그른지 매우 뚜렷한 관념이 있으며, 만약 남들이 이

기준에 맞춰 올바르게 행동하면 모든 것이 괜찮을 거라고 믿는다. 따라서 1번의 지배적인 특성은 불완전을 포착하는 눈과 여기에 흔히 따르는 비판과 흠잡기, 자신이 옳고 좋다고 생각하는 것을 남들이 따르게 만들려는 노력이다. 9번처럼 이들의 초점도 외부로 향하지만, 여기서는 세상이 완벽하지 않다는 분개와 그렇게 만들겠다는 의지가 들어간다. 1번은 자신의 초자아와 자신을 견고하게 동일시하며, 무엇이든 발생하는 일은 전부 옳다는 것을 이해하기 어려워한다. 1번에게는 혼란과 무질서가 견디기 어렵고, 그래서 개인의 외양과 여러 가지 주변 환경 모두를 까다롭고 깔끔하게 유지한다. 이들은 자신이 옳다고 여기는 모습이 되려고 애쓰고, 그렇지 않은 모습은 의식 밖으로 밀어낸다. 1번은 날카롭고 뻣뻣한 인상을 주며 흔히 때 묻지 않고 깨끗해 보이는 특성이 있다.

## 2번 유형 — 융합하는 황금

'융합하는 황금(Merging Gold)'의 상태는 더없이 행복하고 황홀한 결합의 그것이다. 이것은 성격의 분리적인 경계선이 용해되는 것이며, 상대 또는 '실재' 그 자체와 일치하는 느낌을 준다. 이것은 사랑에 빠진 상태, 사랑하는 대상과 하나로 합쳐지고 녹아드는 상태이다. 2번은 이런 종류의 결합을 갈망하며, 자신에게 가장 필요한 것은 육체적이든 감정적이든 친밀한 접촉이라고 믿는다. 그 특별한 상대에게 사랑받고 그와 연결되는 것이 2번의 가장 깊은 욕구이다. 2번은 '융합하는 황금'의 특성을 흉내 내어 사람들이 사랑하고 특별하다고 여기는 누군가가 되려고 시도한다. 이들은 타인의 감정 상태와 필요에 민감하며, 그들을 옆에서 도움으로써 그 대가로 사랑받으려고 노력한다. 2번은 남들에게 조금이라도 자신을 거부하는 인상이 있는지 매우 예리하게 주파수를 맞추고 있으며, 사랑받고 받아들여지기 위해서라면 무엇이든 할 것이다. 직접적으로 관심을 구하는 것은 어려워하지만 자신이 무시당하거나 간과당한다고 느끼면 상당히 요구가 많고 거드름이 심해질 수 있다. 사람들은 2번이 들러붙고 매달리고 요구가 많으며, 동시에 자존감으로 가득 찼다고 느낄 때가 많다.

### 3번 유형 — 펄

'펄Pearl' 또는 '개별적 본질(Personal Essence)'이란 의식과 삶과 인간관계가 '실재'로 채워진 사람이 된 상태이다. 이것은 진정으로 자주적인 상태, 즉 자신이 누구인지 정의하는 모든 대상관계와 정신적 구성체들로부터 자유로운 상태, 따라서 참된 사람('진정한 본성'의 개별적 구현)이 된 상태이다. 3번은 자신의 잠재력을 발휘하고 자신을 완전히 실현시키길 원하지만, 이는 실질적인 성장이 아니라 사회적, 물질적, 때로는 정신적 성공을 성격에 의해 그렇게 해석한다. 자신이 독립적으로 기능하고 있다고 믿음으로써 '개별적 본질'의 특성을 모방하지만, 실제로는 유력한 문화적 이미지에 맞춰 자신을 변형시키고 그 이미지를 따르고 있다. 3번은 사람들이 보고 싶어 하는 이미지로 자신을 변형시키며 자신의 활동과 성과에 초점을 맞춘다. 이들은 자기 가치를 자신의 실적이 얼마나 성공적인가로 결정하기 때문에 활동하지 않기가 힘들다. 맡은 일을 완수해내는 것이 가장 중요하기 때문에 이들은 무리하게 노력하며 신체적 필요, 감정, 내적 경험을 무시한다. 밖으로 드러나는 자신의 모습에 초점을 맞추기 때문에, 이들은 자기가 보여주려는 이미지를 성취하기 위해 자신과 타인을 기만한다. 3번은 흔히 말주변이 좋고 영리하게 교묘해 보일 뿐 아니라, 믿을 수 없고 솔직하지 않으며, 때때로 철저하게 가짜처럼 보인다.

### 4번 유형 — 궁극점

'궁극점(Point)'의 체험은 자기실현, 즉 자신이 '본질(Essence)'이라는 자각의 체험이다. 참된 경험이란 광대한 우주의 암흑 속에서 나타나는 빛나는 별처럼 자신이 찬란하고 눈부시고 의미와 가치와 중요성과 우리 개개인의 독특함에 대한 이해를 가졌다고 느끼는 순간이다. '실재'와 동일하다는 이 느낌이 없기 때문에 4번은 독특하고 독창적이고 진정한 무엇처럼 보이길 원한다. '실재'와 떨어져 있기 때문에 이들은 자주 외롭고 단절되었다고 느끼며, 타인과 관계가 연결된 느낌을 갈망한다. 4번은 버려지고 방치되는 것에 극도로 민감해 자신의 감정을 극적으로 과장하는 경향이 있으며, 자주 불만족스럽고 우울한 기분을 느낀다. 4번의 눈에 남들은 자신에게 결여된 것을 갖고 있는 듯 보이고, 자신이 가진 것과 자신의 모습이 절대로 충분해 보이지 않는다. 4번은 남들보다 더 괴로움을 겪는 듯이 보이며, 진정성을 향한 이들의 갈망이 자신과 타인을 통제하도록 만든다. 4번은 슬프거나 우울해 보일 수 있지만 모든 4번이 그렇지는 않다. 어떤 4번은 다소 불만족스러움은 있지만 충분히 행복해 보이며, 이들은 강렬한 감정을 분명하게 표현하는데도 공허한 분위기가 있다.

### 5번 유형 — 다이아몬드 안내

'다이아몬드 안내'의 경험은 깊이 구체화되고 체험적인 방식으로 이해하고 아는 경험이다. 이것은 현재의 정보와 과거의 정보를 즉각적으로 분석하고 종합해 무언가를 포괄적으로 파악할 수 있는 능력이다. 5번은 자신에게 필요한 것이 지식이라고 느끼며, 거리를 두고 삶을 관찰해 이치를 깨달으려고 노력함으로써 이 직관적인 이해를 모방한다. 5번은 얽매이지 않는 태도로 객관성을 대체하고, 지적 지식으로 삶에의 적극적인 참여를 대체한다. 고독한 경향이 있어서 많은 시간을 홀로 보내고, 다른 사람이 자신의 고독을 침해하면 화를 낸다. 이들은 자기만의 거품 방울 속에 살면서 고립된 감각을 느끼고 유지함으로써 이들이 두려워하는 침범과 요구로부터 자신을 보호한다. 내면의 궁핍감과 실체가 없다는 느낌에 쫓겨 5번은 공허하고 메마르고 약해 보인다. 이들은 흔히 한 발 물러서서 자기 안에 움츠러들어 자신의 생명력을 억제하고, 타인 그리고 삶 일반과 관계 맺기를 주저하는 것처럼 보인다. 5번은 에너지나 자원을 거의 낭비하지 않고 단순하고 검소하게 사는 경향이 있다.

### 6번 유형 — 의지

'본질적 의지'는 내면의 지원을 경험하는 것으로 어려움을 만났을 때 견뎌내고 금방 회복하는 우리의 능력에 대해 자신감을 준다. '의지'는 우리에게 확고함, 명확성, 단단한 기반, 견고함, 약속, 끈기, 불멸성의 느낌을 불어넣는다. '의지'와 연결을 잃은 6번은 스스로 방어하고 보호하는 자신의 능력에 대한 신뢰가 결여되어 무서움에 떨며, 무의식적으로 항상 생존의 위험에 처해 있다고 느낀다. 자기의심, 불확실성, 우유부단, 불안에 시달리는 6번은 만약 자신에게 확신을 주고 의심을 쫓아줄 무엇이나 사람을 찾으면 모든 두려움이 해결되리라고 생각한다. 두려움을 해결하기 위해 공포순응형 6번은 자신이 믿고 맹목적으로 충성할 수 있는 사람이나 명분을 원하며, 공포대응형 6번은 자신이 남들에

449

게 그런 대상이 되기를 원한다. 자기 의지를 종속시키는 것, 또는 반대로 자기 의지를 타인에게 강요하는 것은 성격이 진정한 '의지'를 흉내낸 모방이다. 마찬가지로 권위에 의심을 나타내고 은밀하게 또는 공공연하게 반항적인 것은 6번이 자기만의 의지를 갖는 방법이다. 사람들은 보통 6번을 두려워하고 의심이 많다고 느낀다.

### 7번 유형 — 옐로

'옐로'라는 '본질적 측면'은 즐거움, 기쁨, 감사, 소박한 행복의 경험이다. 이것은 마음속에 있는 따뜻함이며, 격렬하게 솟아오를 수도 있고 고요하고 깊을 수도 있다. 7번은 자신의 바싹 메마르고 건조한 내면의 공허감보다 이 부드러운 행복을 느끼길 원한다. 그래서 이들은 흥분을 느끼기 위해 자극을 주는 아이디어와 대상을 찾고, 이들의 행동양식은 낙천적이고 활기 넘치고 열광적이며 무엇보다도 만사가 전부 괜찮은 것처럼 보인다. 7번은 기쁨을 약속하는 것이라면 무엇이든 그것을 향해 항로를 구상하기 때문에 지도 만들기와 계획 세우기가 이들 내면 작용의 주요 활동이 된다. 자신이 자연스럽게 전개되리라는 신뢰가 결여되어 있어서 7번은 내면의 변화가 자신이 머릿속에 그려놓은 지도를 따르게 만들려고 애쓴다. 그렇게 하면 마침내 자기에게 행복을 가져다줄 보물에 이르게 될 것이라 희망한다. 상황이 어떻게 전개될지에 대한 두려움에 쫓기기 때문에 항상 예비 지도와 계획을 가지고 있다. 일반적으로 7번은 자기가 흥미를 갖고 흥분을 느낄 수 있는 대상이 많으며, 상황이 반복되고 어려워지면 흥미를 잃는다. 7번은 흔히 항상 기분이 좋고 머리가 잘 돌아가며 매력적이고 수다스러워 보이지만, 때때로 그 사람의 실체는 어디에 있는지 의아해진다.

## 8번 유형 — 레드

'레드'라는 '본질적 측면'은 우리에게 살아있음, 활기, 생동력, 강함, 능력의 느낌을 준다. 이것은 우리에게 스스로 무언가를 시작할 수 있는 기분, 힘찬 느낌, 용기, 담력을 준다. 8번은 힘이 모든 것의 해답이라고 믿으며, 힘의 감각을 느끼기 위해 사람을 통제하고 지배하고 괴롭힌다. 이들은 자신이 나약함이나 결함이라고 여기는 것을 거의 용인하지 못한다. 그래서 자신이든 타인이든 '부드러운' 감정, 특히 고통과 두려움을 보이면 힘들어한다. '레드'를 흉내 내어 이들은 온몸을 내던져 삶에 정열적으로 뛰어들며, 자신이 원하는 것을 힘차게 그리고 공격적으로 뒤쫓는다. 상황을 지휘하고 주도권을 잡아야 한다는 욕구 때문에 두목 노릇을 못 하고 상대의 희망대로 따라가야 할 때 힘들어한다. 8번은 자신이 믿는 것을 위해 싸우는 투사이며, '레드'가 내면의 진정한 무엇을 방어할 수 있는 힘이듯이 8번도 자기가 진실이라고 여기는 것에 대한 맹렬한 방어자이다. 8번은 남들 눈에 기운이 세보이며, 심지어 아무 말도 하지 않을 때조차 강하고 힘 있어 보이는 외모이다. 어떤 8번은 항상 시비조로 행동하면서 호전성과 거칠게 몰아붙이는 성향으로 삶에 대처한다. 이들은 약점을 드러내고 인정하기를 어려워하고, 거의 모든 통제권과 주도권을 쥐고 있으며, 기운이 세다고 느껴진다.

## 혼동하기 쉬운 유형들

사람들은 자주 뿌리번호와 그 사람의 실제 에니어그램 유형을 구별하기 어려워한다. 특히 내적 작업을 많이 한 사람일수록 더욱 그렇다. 왜냐하면 그들은 자신의 소울차일드를 더 의식화하고 통합했기 때문이다. 또한 어떤 사람들은 방어적 번호, 즉 더욱 외재화된 번호에서 더 많은 시간을 보내서 어떤 번호 유형이 가장 근원적인지 말하기 어렵다. 그런 경우에는 어떤 '신성한 사고'가 그 사람의 의식 속에 가장 결여되어 있으며 어떤 격정이 가장 우세한지 살펴보면 그 사람의 에니어그램 유형을 정확하게 찾는 데에 도움이 된다.

또 사람들이 잘 혼동하는 유형이 있다. 아래의 짧은 비교를 통해 혼동하는 근거를 설명하고 그 두 유형을 구별하는 데에 도움이 될 몇 가지 유의점을 지적하겠다.

### 9번과 5번

뒷배경 속으로 숨어들어 사람들의 주목을 끌지 않고 집단 안에서 말이 없는 경향은 9번과 5번 둘 다 가지고 있다. 5번과 9번을 구별하는 주요 방법 중 하나는 그 사람의 눈을 들여다보는 것이다. 9번은 눈빛이 죽거나 졸린 특성이 있는 반면, 5번은 자신의 안전을 관찰에 의존하기 때문에 응시하는 눈빛이 반짝반짝 빛나고 날카롭다. 일반적으로 체형도 다르다. 9번은 크고 무겁고 둥근 반면, 5번은 대개 마르고 야위었다. 9번은 자신이 주목받을 가치가 없다고 여기는 반면, 5번은 주목받는 것을 원치 않는다. 9번은 주변을 어지럽혀 어수선하고 물건을 모으는 경향이 있는 반면, 5번은 단순함과 최소한의 소유 쪽으로 기운다.

### 9번과 2번

여기서 공통적인 요소는 남들에게 베풀고 돌보는 자기희생적인 행위, 즉 어머니처럼 보살피는 경향이다. 주요한 차이점은 2번은 받기 위해서 준다는 것이다. 따라서 만약 2번에게 보답하지 않거나, 그들이 당신

에게 무엇을 베풀었고 얼마나 아량이 넓은지 감사하지 않는다면 당신
은 그들의 분노를 살 것이다. 그리고 일반적으로 2번은 남들이 자신의
진가를 알아보지 못하거나 과소평가 받고 있다고 느낀다. 한편 9번은
감사를 받으면 당황하고 어쩔 줄 몰라 한다. 뿐만 아니라 9번은 2번이
가진, 자신은 특별한 사람이라는 의식과 자만이 없다. 만일 9번이 무시
당하거나 간과당한다면 그것은 이들이 바라는 바이지만, 2번은 은근히
에둘러 또는 큰 목소리로 공공연히 불평할 것이다.

### 1번과 4번

이 두 유형은 모두 비판적이고 판단하는 경향뿐 아니라 통제하는 행위
와 훌륭하기 위해서 애쓰는 경향을 공유한다. 중요한 구별 요소 중 하
나는 1번은 초자아와 자신을 동일시하는 반면, 4번은 그 처분에 맡겨
져 있다는 점이다. 즉 1번은 타인의 불완전함을 지적함으로써 정의롭
고 정당화된 느낌을 받고 동시에 자신의 결함을 지적당하는 것을 비껴
나간다. 반면, 4번은 사람들 눈에 나쁘게 보였거나 자신의 완벽주의적
인 기준에 부합하지 못하면 엄청난 수치심과 자기증오를 경험한다. 일
반적으로 4번은 감정적으로 더 극적이고 자신의 고통과 연결되어 있으
며, 심미적인 경향이 있고 1번보다 접촉에 대한 갈망이 더 크다.

### 1번과 6번

이 둘에서 공통되는 초점은 권위주의와 불안이다. 1번은 무엇이 옳고
그른지에 대해 매우 명확하며 자신을 권위로 설정하고 남들로 하여금
자신의 기준을 따르게 만들려고 노력한다. 6번은 자신이 선택한 교의
나 권위 인물에 헌신적으로 충성하고 광신적인 전도사가 될 수 있다. 1

번과 6번 모두 불안해하고 의심이 많을 수 있으나 이 둘을 구별하는 것은 동기이다. 즉 1번은 틀리거나 무언가를 잘하지 못할까봐 두려워하는 반면, 6번은 이런 완벽주의적인 걱정에 쫓기지 않는다. 6번은 단순히 의심이 많고 무서워하며, 자기 내면의 분별과 능력에 대한 신뢰가 없다.

## 2번과 4번

여기서 공유하는 경향은 감정의 강렬함, 연극적 분위기, 시기, 경쟁, 관계에 대한 열중이다. 주요 차이점 중 하나는 4번은 자신의 감정을 수치스러워 하기 때문에 고통을 느끼면 자신을 고립시키는 경향이 있는 반면, 2번은 그럴 때 자신과 가까운 사람들에게 다가간다는 점이다. 4번은 멀리 떨어져서 접촉과 친밀함을 갈망하는 반면, 2번은 적극적으로 그것을 얻기 위해 뒤쫓는다. 대부분의 2번은 4번보다 더 행동이 자연스럽고 부끄러움이 없지만, 상당히 수줍은 2번도 있고 매우 표현이 풍부한 4번도 있다. 4번은 대개 자신의 고통에서 심오함과 아름다움을 끌어내는 반면, 2번은 거의 그렇지 않다. 2번은 자신이 남들에게 무엇을 해줄 수 있으며 어떻게 하면 그 답례로 사랑받을 수 있을지 초점을 맞추는 반면, 4번은 베푸는 일에 크게 마음이 기울지 않는다.

## 3번과 7번

3번과 7번은 때때로 혼동된다. 왜냐하면 두 유형 모두 활발하고 원기넘치며, 쾌활하고 낙천적이고 긍정적이기 때문이다. 차이점은 7번은 광범위한 관심사와 전문 영역을 가진 경향이 있으며, 한 가지 일로 고정되고 정의되기를 좋아하지 않는다. 한편 3번은 한 가지 대상에 달라붙

부록 A

어 그것을 가능한 한 최고의 수준까지 끌어올리고 싶어 한다. 7번에게는 무엇을 할지 계획을 세우는 일이 실제로 그 일을 하는 것보다 훨씬 재미있으며, 자신이 상상하고 공상했던 그림에서 아주 작은 일부만 성취한다. 3번은 자기가 실제로 생산하고 성취한 것에서 자신의 가치를 찾으며, 이들에게 계획은 완성품을 위한 보조적인 의미밖에 없다. 3번은 실리적이고 현실적이며, 7번은 이상주의적이고 공상적이다.

## 4번과 5번

4번과 5번은 모두 움츠러들고 자기 안에 틀어박히는 경향이 있기 때문에 두 유형을 구별하기 어려울 때가 있다. 주요 차이점 중 하나는 4번은 고립 속에서 접촉을 갈망하는 반면, 5번은 침범, 방해, 요구가 없음을 고맙게 여긴다. 또 다른 차이점은 4번은 감정이 풍부한 것과 반대로 5번은 메마르고 공허하다는 점이다. 5번은 4번이 가진 비극, 고통, 우울의 기분이 없다. 그러나 두 유형 모두 피폐하고 박탈된 느낌을 갖고 있을 것이다. 타인과의 갈등 상황에 부딪치면 5번은 무관심해지는 반면, 4번은 시기하고 심술궂어진다.

## 6번과 8번

그 사람이 공포대항형 6번인지 8번인지 구별하기 어려울 때가 있다. 왜냐하면 두 유형 모두 터프한 행동양식을 공유하고 자신이 얼마나 강한지 증명하는 데에 중점을 두기 때문이다. 둘 다 공격적이고 투쟁적이며, 방어보다는 공격 쪽이다. 주요 차이점 중 하나는 6번의 강한 남성 의식은 두려움에 내몰려서 나오는 것으로 흔히 그들의 눈 속에서 그 두려움을 볼 수 있다. 반면, 8번의 경우는 지배하고 싶은 충동에 바탕을 두고 있다. 6번은 자신의 두려움을 정복하려고 애쓰는 반면, 8번은 자신의 나약함을 극복하려고 애쓴다. 8번은 타인과의 관계에서 통제적이고 지배적인 반면, 6번은 그렇지 않다.

**부록B**
**그 밖의 몇 가지 에니어그램들**

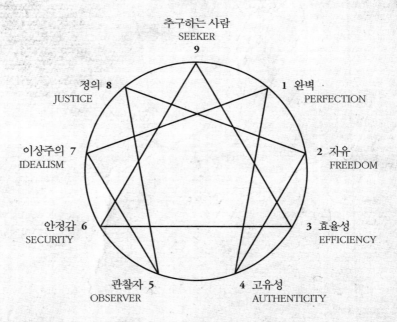

**그림9**
함정의 에니어그램

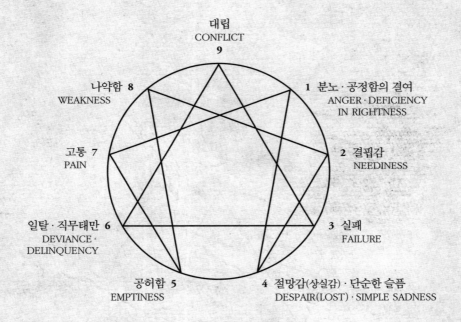

대립
CONFLICT
9

나약함 8
WEAKNESS

1 분노 · 공정함의 결여
ANGER · DEFICIENCY
IN RIGHTNESS

고통 7
PAIN

2 결핍감
NEEDINESS

일탈 · 직무태만 6
DEVIANCE ·
DELINQUENCY

3 실패
FAILURE

공허함 5
EMPTINESS

4 절망감(상실감) · 단순한 슬픔
DESPAIR(LOST) · SIMPLE SADNESS

**그림10**
**회피의 에니어그램**

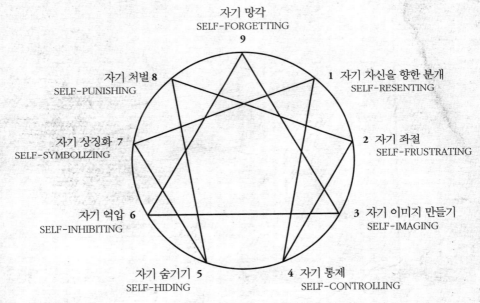

**그림11**
본질과 멀어지게 하는 행동의 에니어그램

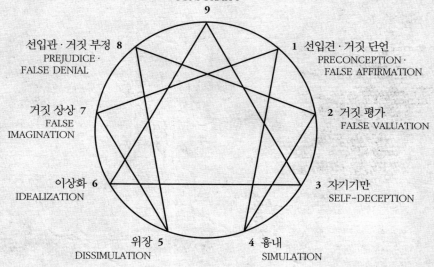

배려 · 기계적 순응
CONSIDERATION · MECHANICAL
CONFORMITY
9

선입관 · 거짓 부정 **8**
PREJUDICE ·
FALSE DENIAL

**1** 선입견 · 거짓 단언
PRECONCEPTION ·
FALSE AFFIRMATION

거짓 상상 **7**
FALSE
IMAGINATION

**2** 거짓 평가
FALSE VALUATION

이상화 **6**
IDEALIZATION

**3** 자기기만
SELF-DECEPTION

위장 **5**
DISSIMULATION

**4** 흉내
SIMULATION

**그림12**
거짓말의 에니어그램

# 추천 도서

Almaas, A. H. Diamond Heart, Books 1-4. Berkeley: Diamond Books, 1987-97.

—. The Elixir of Enlightenment, York Beach, Me.: Samuel Weiser, 1984.

—. Essence. York Beach, Me.: Samuel Weiser, 1986.

—. Facets of Unity. Berkeley: Diamond Books, 1998.

—. Luminous Night's Journey. Berkeley: Diamond Books, 1995.

—. The Pearl Beyond Price. Berkeley: Diamond Books, 1988.

—. The Point of Existence. Berkeley: Diamond books, 1996.

—. The Void. Berkeley: Diamond Books, 1986.

Bettelheim, Bruno. Freud and Man's Soul. New York: Vintage Books, 1982.

Brown, Byron. Soul without Shame: A Guide to Liberating Yourself from the Judge Within. Boston and London: Shambhala, 1999.

Davis, John. The Diamond Approach: An Introduction to the Teaching of A. H. Almaas. Boston and London: Shambhala, 1999.

Freud, Anna. The Ego and the Mechanisms of Defense. New York: International Universities Press, Inc., 1966.

Freud, Sigmund. The Standard Edition of the Comple Works of Sigmund Freud. New York: W. W. Norton & Co., 1949.

Greenberg, Jay R., and Stephen A. Mitchell. Object Relations in Psychoanalytic Theory. Cambridge, Mass.: Harvard University Press, 1983.

Horney, Karen. Neurosis and Human Growth. New York: W. W. Norton & Co., 1950.

—. Our Inner Conflicts. New York; W. W. Norton & Co., 1945.

Kaplan, Louise J. Oneness and Separateness: From Infant to Individual. New York: Simon & Schuster, 1978.

Mahler, Margaret, Fred Pine, and Anni Bergman. The Psychological Birth of the Human Infant. New York: Basic Books, 1975.

Mitchell, Stephen A., and Margaret J. Black. Freud and Beyond: A History of Modern Psychoanalytic Thought. New York: Basic Books, 1995.

Moore, James. Gurdjieff: The Anatomy of a Myth. Rockport, Mass.: Element, 1991.

Naranjo, Claudio. Character and Neurosis: An Integrative View. Nevada City, Calif.: Gateways/IDHHB, Inc., 1994.

Ouspensky, P. D. In Search of the Miraculous. New York: Harcourt Brace Jovanovich, Inc., 1949.

Rumi, Jelaluddin. Numerous titles, translations by A. J. Arberry, Coleman Barks, and Reynold Nicholson.

Shah, Idries. The Sufis. New York: Anchor Books, 1964.

—. Tales of the Dervishes. New York: E. P. Dutton, 1967.

—. Thinkers of the East. New York: Penguin Books, 1971.

—. Numerous other titles.

Suzuki, Shunryu. Zen Mind, Beginner's Mind. New York and Tokyo: Weatherhill, 1970.

Trungpa, Chögyam. Cutting Through Spiritual Materialism. Berkeley: Shambhala, 1973.

Winnicott, D. W. The Maturational Processes and the Facilitating Environment. New York: International Universities Press, Inc., 1965.

Zimmer, Heinrich. Philosophies of India. Princeton, N.J.: Bollingen Series/Princeton University Press, 1951.

### 들어가기 전에

1. See James Moore, Gurdjieff: The Anatomy of a Myth(Rockport, Mass.: Element, Inc., 1991).

2. See James Webb, The Harmonious Circle: The Lives and Work of G. I. Gurdjieff, P. D. Ouspensky, and Their Followers(New York: G. P. Putnam's Sons, 1980).

3. Quoted in P. D. Ouspensky, In Search of the Miraculous(New York: Harcourt Brace & Co., 1949), p.294.

4. 구르지예프는 성격이라는 단어의 일반적인 의미인 페르소나, 즉 외적인 모습보다 훨씬 큰 구조를 이루는 우리의 일부분을 규정하기 위해 성격이라는 단어를 사용했다. 심리학적으로 사용할 때 에고라는 단어는 의식적 자기(무의식의 반대)뿐 아니라 기억, 인지, 언어 능력, 방어기능 같은 인간 행동의 기초가 되는 일련의 기능들까지 가리킨다. 에고의 이 다른 의미들 때문

에 나는 자기에 대한 조건화된 감각을 부를 때 성격이라는 단어를 선호한다.

5. 나란호는 에니어그램과 타로가 같은 전통에 뿌리를 두고 있고, 타로가 근본적으로 깨달음의 단계에 관한 도해이며, 이카조의 학생들 중 한 사람이 전한 가르침이라고 가르쳤다.

6. Claudio Naranjo, M.D., Ennea-type Structures: Self-Analysis for the Seeker(Nevada City, Calif.: Gateways/IDHHB, Inc., 1990).

7. Ibid., P.333.

8. 우리 탐구에서 각각의 '신성한 사고'의 상실이 어떻게 성격 유형을 일으키는지 이해하는 것은 매우 중요하지만, '신성한 사고'에 대한 심도 깊은 연구는 그다지 다루지 않는다. '신성한 사고'는 알마스의 책《일치의 측면들-신성한 사고의 에니어그램》(Facets of Unity: The Enneagram of Holy Ideas, Berkeley: Diamond Books, 1999)에서 주제로 다루고 있으며, 두 개의 책이 서로 상호보완적이라고 볼 수 있다.

9. John C. Lilly and Joseph E. Hart, "The Arica Training," in Transpersonal Psychologies, ed. Charles T. Tart(New York: Harper & Row, 1975), P.334.

## 1장   내부 삼각형과 추락

1. Sigmund Freud, "The Ego and the Id," Standard Edition of the Complete Psychological Works of Sigmund Freud, ed. James Strachey(London: Hogarth Press and the Institute of Psycho-Analysis, 1953-74), vol. 19, P.26.

2. 안아주는 환경이라는 개념에 대해 더 상세한 정보를 원하면 D. W. 위니코트D. W. Winnicott의 작업과 알마스Almaas의 《일치의 측면들-신성한 사고의 에니어그램》(Facets of Unity: The Enneagram of Holy Ideas) 참고.

3. Ibid., pp.43-44.

4. Margaret Mahler, "On Human Symbiosis and the Vicissitudes of Individuation, "Journal of the American Psychoanalytic Association 15:740-63.(1967), p.750. Emphasis in original.

5. Freud, "An Outline of Psycho-Analysis"(1940), Standard Edition of the

Complete Psychological Works of Sigmund Freud, 23:144-207,p.145.

6.  몇몇 사람들은 프로이트가 카발라(유대교 신비주의)의 가르침을 접했고 실제로 영적 영역에 대한 이해가 있었다고 믿지만, 그의 저술 중에 그 주장을 명확하게 입증해줄 증거는 없다.

7.  A. H. Almaas, Essence: The Diamond Approach to Inner Realization(York Beach, Me.: Samuel Weiser, 1986),pp.97-98.

8.  For more on working with the superego, see Byron Brown's book, Soul Without Shame: A Guide to Liberating Yourself from the Judge Within(Boston and London: Shambhala Publications, 1999).

9.  The Essential Rumi, trans. by Coleman Barks(Harpersanfrancisco, 1995), p.153.

## 2장. 에니어그램 9번 유형 - 게으른 자아

1.  Almaas, Facets of Unity, pp.211-12.

2.  Ibid., p.210.

3.  The American Heritage Dictionary, Second College Edition, Boston: Houghton Mifflin Co., 1985.

4.  소련 문화는 9번 유형의 8번 날개 쪽에 가깝고, 중국 문화는 1번 날개 쪽에 가깝다. 그러나 두 나라 모두 국가 기능을 위해 개인을 종속시킨다는 의미에서 9번 유형과 비슷하다.

5.  "Eisenhower, Dwight D." Britannica. CD 99 Standard Edition© Encyclopaedia Britannica, Inc.

6.  이것과 그 후 이어지는 오스카 이카조의 덕목에 관한 모든 정의는 아리카 연구소(Arica Institute)의 미출판 문서에서 나온 것이다.

## 3장. 에니어그램 6번 유형 - 두려운 자아

1.  Almaas, Facets of Unity, p.235.

2.  For more on the genital hole, see Almaas's The Void-A Pyschodynamic

Investigation of the Relationship between Mind and Space(Berkeley: Diamond Books, 1987).

3. 그가 5번 유형인지 6번 유형인지에 대한 논란이 있다. 왜냐하면 앎에 대한 5번 유형 같은 집중과, 정신이 어떻게 기능하는지를 폭넓게 이해시켜준 프로이트의 꿰뚫어보는 지능은 그가 5번 유형임을 뒷받침하지만, 그가 발견한 내용은 특히 6번 유형과 밀접한 문제를 다루기 때문이다. 본능적 동인에 맞춰진 초점과 오이디푸스 콤플렉스, 불안에 대한 그의 이해가 그 예이다.

4. Charles Brenner, M. D., An Elementary Textbook of Psychoanalysis(New York: Anchor Books, 1974), P.72

5. Burness E. Moore, M.D., and Bernard D. Fine, M. D., Psychoanalytic Terms and Concepts(New Haven and London: The American Psychoanalytic Association and Yale University Press, 1990), p.149.

6. Webster's Third New International Dictionary, s. v. paranoia.

7. David Shapiro, Neurotic Styles(New York: Basic Books, Inc., 1965), p.56

8. Ursula Hegi, Stones from the River(New York: Simon & Schuster, 1994), p.207.

9. Quoted in George Stephanopoulos, All Too Human: A Political Education(Boston, New York, and London: Little, Brown & Company, 1999), p.69.

10. Quote from "The Core of the Teaching" on the Krishnamurti Foundation Web site.

11. For more on the Aspect of will, see A. H. Almaas's The Pearl Beyond Price-Integration of Personality into Being: An Object Relations Approach(Berkeley: Diamond Books, 1988), pp.299-308.

## 4장. 에니어그램 3번 유형-허영적인 자아

1. Almaas, Facets of Unity, p.265.

2. For more on the Pearl, see Almaas's The Pearl Beyond Price.

3. Webster's Third New International Dictionary of the English Language

Unabridged, s.v. vain.

4.      Ibid., s.v.vanity.

5.      Moore and Fine, Psychoanalytic Terms and Concepts, p.103.


## 5장. 에니어그램 1번 유형-분개하는 자아

1.      D. T. Suzuki, "A Few Statements about Zen," in The World of Zen: An East-West An-thology, ed. Nancy Wilson Ross(New York: Random House, 1960), p.30.

2.      Almaas, Facets of Unity, p.141.

3.      Naranjo, Character and Neurosis, p.40.

4.      Brenner, An Elementary Textbook of Psychoanalysis, p.85.


## 6장. 에니어그램 4번 유형-우울한 자아

1.      이 깨달음을 통합하고 실제로 사는 것은 또 다른 문제이며, 4장에서 설명한 펄Pearl 즉 개인적 본질과 더욱 직접적으로 연관된다.

2.      Jay R. Greenberg and Stephen A. Mitchell, Object Relations in Psychoanalytic Theory(Cambridge, Mass.: Harvard University Press, 1983), p.121.

3.      Ibid., pp.128-29.

4.      Naranjo, Character and Neurosis, p.97.

5.      Ibid., p.117.

6.      Freud, Mourning and Melancholia, Vol. 14 of the Standard Edition, 1957, p.249.

7.      Gertrude Blanck and Rubin Blanck, Ego Psychology: Theory and Practice, Vol.1(New York: Columbia University, 1974), p.260.

8.      Moore and Fine, Psychoanalytic Terms and Concepts, p.53.

9.      Ibid., p.181.

10.     Naranjo, Character and Neurosis, pp.115-16.

11. Ibid., p.116.

12. For more information about this transformation, see A. H. Almaas, The Point of Existence: Transformations of Narcissism in Self-Realization(Berkeley: Diamond Books, 1996).


## 7장. 에니어그램 2번 유형-아첨하는 자아

1. Almaas, Facets of Unity, p.121.

2. Ibid., p.130.

3. 모든 존재가 사랑으로 만들어졌다는 체험 ─ 9번 유형의 이상화된 측면인 빛 속의 삶(Living Daylight)과 대조적으로 여기서 초점은 분리된 자기에 대한 모든 감각을 사라지게 하는 더없이 행복한 일치의 체험이다.

4. Karen Horney, M.D., Neurosis and Human Growth: The Struggle toward Self-Realization(New York: W. W. Norton & Co., 1950), pp.239-40.

5. Ibid., pp.243-44.

6. Karen Horney, M.D., Our Inner Conflicts(New York: W. W. Norton & Co., 1945), pp.51-52.

7. Moore and Fine, Psychoanalytic Terms and Concepts, p.90.

8. Elsworth F. Baker, M. D., Man in the Trap(New York: Collier Books, 1967), p. 109.

9. Naranjo, Character and Neurosis, p.186.

10. Horney, Our Inner Conflicts, p.54.

11. Eric Berne, M. D., Games People Play(New York: Ballantine Books, 1964), pp. 116-22.


## 8장. 에니어그램 8번 유형-복수하는 자아

1. See Sogyal Rinpoche, Dzongchen and Padmasambbava(Berkeley: 꺄헴 Fellowship, 1989).

2. Heinrich Zimmer, Philosophies of India(Princeton: Bolligen Foundation,

1951), p.456.

3.    이교도에 대한 성전聖戰에 참여해야 한다는 이슬람교도의 종교적 의무.

4.    Horney, Neurosis and Human Growth, pp. 210-11.

5.    Horney, Our Inner Conflicts, pp. 68-69.

6.    Ibid., p. 68.

7.    Newsweek, Dec. 21, 1998, p. 65.

8.    Horney, Neurosis and Human Growth, p. 200.

9.    Fritz Perls, M. D., Ph. D., Gestalt Therapy Verbatim(Lafayette: Real People Press, 1969), p. 1.

10.   Naranjo, Character and Neurosis, p. 140. Emphasis in original.

11.   Ibid., p. 140.

## 9장. 에니어그램 5번 유형-인색한 자아

1.    Horney, Neurosis and Human Growth, pp. 263-64.

2.    Ibid., pp. 260-61. Emphasis in original.

3.    Horney, Our Inner Conflicts, pp. 91-92.

4.    Almaas, The Pearl Beyond Price, pp. 188-89.

5.    Naranjo, Character and Neurosis, p. 86.

6.    Horney, Neurosis and Human Growth, p. 264.

7.    Ibid., p. 66.

8.    에니어그램 1번 유형은 다른 종류의 항문기 특성을 갖는데, 정리정돈이나 청결에 대한 과도한 요구 같은 강박 유형의 행위를 통해 나타난다.

9.    Ibid., p. 66.

## 10장. 에니어그램 7번 유형-계획하는 자아

1.    Almaas, Facets of Unity, p. 170.

2.    Ibid.

3.    From the unedited of A. H. Almaas's Facets of Unity.

4.  Moore and Fine, Psychoanalytic Terms and Concepts, pp. 101-2.

5.  Ibid., p. 160.

6.  Naranjo, Character and Neurosis, p. 168.

7.  Ibid., pp. 165-66.

8.  Baba Ram Dass, Be Here Now(San Cristobal, N. Mex.: Lama Foundation, 1971), { unnumbered page } .


## 12장. 부속유형

1.  Lilly and Hart, "The Arica Training," in Transpersonal Psychologies, p. 348.

2.  Ibid., p. 347.

3.  Ibid.

4.  Ibid.

5.  Ibid., p. 349.

6.  Ibid.

7.  Ibid.


## 부록A


1.  W. H. Sheldon and S. S. Stevens, The Varieties of Temperament: A Psychology of Constitutional Differences(New York: Harper & Brothers, 1942).

우선 제일 먼저 하미드 알리(A. H. 알마스)에게 그의 자료를 내어준 관대함과 이 책을 쓰는 동안 나에게 할애해준 시간과 조언들에 감사를 전한다. 그의 작업이 내 삶에 끼친 영향에 대해 내가 진 개인적인 빚은 헤아릴 수가 없다. 또한 이 책에 담긴 에니어그램에 대한 내용을 포함해 나에게 가르침을 준 클라우디오 나란호에게도 감사를 전한다. 그의 가르침은 내 인생의 방향을 바꾸었다. 비록 한 번도 오스카 이카조를 만나지 못했지만 그는 이 내용의 궁극적 원천이다. 그에게도 감사한다. 30년 전에 카렌 존슨을 만남으로써 나는 정신적 작업에 관심을 갖게 되었고, 수년 후에 그녀는 나에게 '다이아몬드 접근법'을 소개해 주었다. 그녀에게도 역시 감사해 마지않는다.

　몇 년 전에 로도라 무스코스와 레니 모란이 나에게 이 책을 써보

472

라고 제안했고, 그것이 결국 이 책의 씨앗이었다. 셰리 앤더슨이 나의 훌륭한 에이전트 토마스 그레이디를 찾도록 도와주지 않았다면 이 책은 출판되지 못했을 것이다. 토마스 그레이디의 정확하고도 아낌없는 지도는 값을 매길 수 없을 만큼 귀중했다. 셰리에게는 또한 그녀가 보내준 격려와 신중하게 원고를 읽고 안내와 제안과 코멘트를 제공해준 것에 대해서도 감사한다. 제닌 로스는 이 책이 탄생할 때까지 훌륭한 코치가 되어주었고 서문을 써주겠다고 제안했다. 또한 그녀의 흔들리지 않는 열광적 지지와, 한 챕터가 나올 때마다 모두 읽어보겠다는 열의와, 내가 책을 쓰는 내내 쉬지 않고 제공해준 피드백과 안내에 대해 깊이 감사한다. 타처Tarcher 출판사에 있는 나의 편집장 미치 호로위츠는 이 책이 최종적인 형태로 틀이 잡히도록 도와주었으며, 나에게 수많은 질문을 던짐으로써 내가 모든 내용이 명료하고 완벽하다고 생각할 때조차도 더 깊이 조사하고 더 명확하게 설명할 수 있도록 해준 점에 감사한다. 뿐만 아니라 그는 이 프로젝트의 중요성에 대한 통찰과 믿음 그리고 이 초보 작가에게 인내와 친절함을 보여주었다. 이 책을 교열하면서 모든 세부 항목에 신중하게 주의를 기울이고 의견을 제안해줌으로써 이 책을 더 견고하게 만들어주고 이 책의 가치를 인정해 준 데보라 밀러에게도 감사한다. 그리고 이 책을 처음 쓰기 시작할 때 격려하고 이끌어준 토니 슈왈츠와, 내 개인적 성장과 전개에서 이 프로젝트의 위치를 맥락화하도록 도와준 마조리 네이단손에게도 감사를 전하고 싶다.

'다이아몬드 접근법'의 동료 지도자들이 자신만의 내적 체험과 사람들과 함께 한 여러 해의 작업을 토대로 갖게 된 통찰과 이해도 이 책에 담겨 있다. 특히 몇 년 동안 에니어그램을 가르치는 집단을 함께 지도하고 이 책에 나오는 자료의 일부를 발전시키는 데에 도움을 준 마리 알리에게 감사한다. 그녀는 자신의 에니어그램 유형에 대한 챕터에서 피드백과 코멘트도 제공해주었다. 나의 친구와 동료들인 크리스티나 베어, 제시카 브릿, 브라이언 브라운, 자넷 그린, 진 헤이, 린다 크리어, 스캇 실버스타인, 메리 엘렌 스탕케 그리고 패티 윌리스도 마찬가지다. 원고 전체를 주의 깊게 읽고 코멘트와 제안을 해준 로잔느 아노니와 크리스티나 베어, 사라 노우드 헐리에게 감사한다. 또한 폴 로젠블럼의 말로 다 할 수 없는 수고와, 그와 진 헤이의 절대적인 지지에도 감사를 표한다.

나의 모든 학생이 진실을 향한 진지함과 헌신을 보여주었고 그들과 작업할 수 있어서 나에겐 영광이었다. 그들에게도 역시 감사를 표하고 싶다. 그들의 내적 탐구를 목격하고 지도할 수 없었다면 이 책의 자료는 나오지 않았을 것이다. 자료에 관해 내가 곰곰이 생각하던 의문은 전에 그들과 함께 작업하면서 우리가 그들의 내면 영역을 함께 탐구할 때 발견된 내용을 통해 언제나 기적적으로 해답을 찾았다. 모든 학생이 간접적으로 이 책에 나오며, 그들이 나에게 가르쳐준 것과 이 프로젝트 때문에 함께하지 못하는 동안 보여준 이해에 감사한다.

비록 내가 수십 년 동안 해온 일을 완전히 이해하지는 못해도 우리 가족은 내가 해야 한다고 느끼는 것을 추구하도록 끊임없이 지지해 주었다. 그 모든 것에 감사를 전한다.

마지막으로 이 책을 쓰는 동안에 나의 남편이 된 밥 로젠부시에게 한없는 감사를 표하고 싶다. 처음에 이 프로젝트에 대한 그의 격려가 없었다면 이 책을 시작조차 할 수 없었을 것이다. 책의 중요성에 대한 그의 한결같은 믿음과 격려, 책을 쓰는 내내 나의 공명판이 되어주

474

고 조언과 피드백을 제공하겠다는 그의 끝없는 의지는 나에게 매우 귀중한 것이었으며, 무엇보다도 우리의 관계가 뜻밖의 새로운 사실들이 드러나는 끊임없는 원천이 되었다.

**THE SPIRITUAL DIMENSION OF THE ENNEAGRAM**
Copyright ⓒ 2000 by Sandra Maitri
All Rights Reserved

Korean translation copyright ⓒ 2016 by HANMUNHWA MULTIMEDIA
Korean translation rights arranged with The Fielding Agency
through EYA(Eric Yang Agency)

초판 1쇄 발행 2016년(단기 4349년) 4월 25일
초판 4쇄 발행 2020년(단기 4353년) 9월 15일
개정판 1쇄 인쇄 2023년(단기 4356년) 11월 22일
개정판 1쇄 발행 2023년(단기 4356년) 12월 11일

지은이 | 산드라 마이트리
옮긴이 | 황지연 · 김세화
펴낸이 | 심남숙
펴낸곳 | ㈜한문화멀티미디어
등록 | 1990. 11. 28. 제21-209호
주소 | 서울시 광진구 능동로 43길 3-5 동인빌딩 3층 (04915)
전화 | 영업부 2016-3500 편집부 2016-3507
홈페이지 | http://www.hanmunhwa.com

운영이사 · 이미향 | 편집 · 강정화 최연실 | 기획 홍보 · 진정근
디자인 제작 · 이정희 | 경영 · 강윤정 조동희 | 회계 · 김옥희 | 영업 · 이광우

만든 사람들
기획 | 명지대학교 산업대학원 에니어그램상담심리전공
책임 편집 | 강정화
디자인 | 섬세한 곰 www.bookdesign.xyz/
인쇄 | 천일문화사

ISBN 978-89-5699-464-2 03180